Professionelle Kompetenzen angehender Lehrkräfte
im Bereich Deutsch als Zweitsprache

Timo Ehmke, Svenja Hammer, Anne Köker,
Udo Ohm, Barbara Koch-Priewe (Hrsg.)

Professionelle Kompetenzen angehender Lehrkräfte im Bereich Deutsch als Zweitsprache

Waxmann 2018
Münster • New York

DaZKom [Professionelle Kompetenzen angehender LehrerInnen (Sek I) im Bereich Deutsch als Zweitsprache (DaZ)] ist ein Kooperationsprojekt der Universität Bielefeld (Fakultät für Erziehungswissenschaft und Fakultät für Linguistik und Literaturwissenschaft) und der Leuphana Universität Lüneburg (Institut für Bildungswissenschaft) und wurde vom BMBF im Rahmen der Förderinitiative „KoKoHs – Kompetenzmodellierung und Kompetenzerfassung im Hochschulsektor" gefördert (FKZ 01PK11010B).

Bibliografische Informationen der Deutschen Nationalbibliothek
Die Deutsche Nationalbibliothek verzeichnet diese Publikation in der Deutschen Nationalbibliografie; detaillierte bibliografische Daten sind im Internet über http://dnb.dnb.de abrufbar.

Print-ISBN 978-3-8309-3243-7
E-Book-ISBN 978-3-8309-8243-2

© Waxmann Verlag GmbH, 2018
Steinfurter Straße 555, 48159 Münster

www.waxmann.com
info@waxmann.com

Umschlaggestaltung: Pleßmann Design, Ascheberg
Gedruckt auf alterungsbeständigem Papier, säurefrei gemäß ISO 9706

Inhalt

Kapitel 1

Das *DaZKom*-Projekt – ein Überblick

BARBARA KOCH-PRIEWE

Zusammenfassung: Dieser Beitrag liefert eine Zusammenstellung aller bisher im Projekt *DaZKom* abgeschlossenen Arbeiten und ergänzt diese durch Verweise auf die folgenden Einzelbeiträge des Werks. Das Kapitel weist zudem auf die Relevanz des Themas hin und gibt eine knappe Übersicht über den bisherigen Stand im Bereich der Lehrerprofessionsforschung. Deutsch als Zweitsprache ist im Kontext der Lehrerausbildung ein neuer Kompetenzbereich, für den bisher Ausbildungs- und Performanzstandards fehlen, womit eine bedeutsame Forschungslücke korrespondiert. Zu den vier zentralen Zielen des Projekts *DaZKom* gehört: (1.) die Entwicklung eines Theoriemodells für DaZ-Kompetenz von angehenden Lehrerinnen und Lehrern, (2.) die Entwicklung des Tests zu DaZ-Kompetenz, (3.) die Entwicklung eines Testinstruments zu Überzeugungen/Beliefs zu Mehrsprachigkeit. Daneben wurden (4.) umfangreiche Anstrengungen zur Konstruktvalidierung unternommen. Zusammenfassend werden die Ergebnisse des *DaZKom*-Projekts dargestellt sowie ein Ausblick auf künftige Forschungen präsentiert.

Abstract: This article gives a broad overview of the works finished in the project *DaZKom*, supplemented by references to the single contributions presenting the particular issues in more detail. Essentially, this project established links between Competence Research in the tertiary sector (university), Empirical Educational Research on teacher professionalization and research in the field of German as a Second Language (DaZ, GSL). This chapter points out the relevance of the topic and gives a short overview of the current state of teacher professionalization research. There is still a lack of standards in GSL education and performance, simply due to the fact that GSL in the context of teacher education is a fairly new competence area, corresponding with a research gap. To this point, it had not been settled exactly what GSL competencies prospective secondary teachers need in order to support their students in handling the academic language demands (Language awareness in subject teaching). Therefore, the four main objectives of the *DaZKom* project are: (1) developing a theory model for prospective teachers' GSL competence; (2) generating a test of GSL competencies, (3) developing a test instrument on beliefs on multilingualism. Simultaneously, the construct's validity was assessed, especially the correlation of GSL competence and general cognitive abilities and on learning opportunities as well as the curricular validity of the instrument. A summary of the numerous results of the *DaZKom* project will be given and an outlook on future research will be provided.

1.1 Kompetenzforschung im Tertiären Sektor

Das *DaZKom*[1]-Projekt („Professionelle Kompetenzen angehender Lehrkräfte der Sek I im Bereich Deutsch als Zweitsprache") ist ein aktuelles Beispiel dafür, wie sich unterschiedliche Forschungsströmungen und wissenschaftliche Disziplinen durch kooperative universitäre Arbeitsstrukturen verbinden lassen. Im Kern geht es um das Weiterentwickeln von Ansätzen der erziehungswissenschaftlichen Lehrerprofessionsforschung durch Anstöße der empirischen Bildungsforschung und die Übertragung dieser Verknüpfung in Bezug auf hochschuldidaktische Anforderungen an die Lehre im Fach Deutsch als Zweitsprache.

Im Rahmen des durch das BMBF geförderten Forschungsclusters „Kompetenzmodellierung und Kompetenzmessung im Hochschulsektor" (KoKoHs I) sollte ein theoretisch begründetes Modell zur Messung von Kompetenzen von Lehramtsstudierenden des Fachs Mathematik im Bereich Deutsch als Zweitsprache entwickelt werden.[2] Zur empirischen Überprüfung der theoretischen Modellierung sollte ein Messmodell erarbeitet werden, das elaborierten forschungsmethodischen Ansprüchen genügte. Es sollten neben der Wissensdimension auch Aspekte der Überzeugungen (Beliefs) gemessen werden. Die Messungen sollten so durchgeführt werden, dass abschließend ein geeignetes Instrument zur Überprüfung der Kompetenzen von Lehramtsstudierenden im Bereich DaZ vorgelegt werden konnte. Dem Projekt ging eine Kooperation voraus zwischen der Fakultät Erziehungswissenschaft der Universität Bielefeld mit dem Schwerpunkt auf Lehrerprofessionsforschung, der Fakultät Literaturwissenschaft und Linguistik (Bereich DaF/DaZ) der Universität Bielefeld sowie dem Institut für Bildungswissenschaft der Leuphana-Universität Lüneburg (Schwerpunkt empirische Bildungsforschung). Der Verbund der drei Fakultäten war notwendig, um die Forschungen zu Kompetenzen von Lehramtsstudierenden im Bereich DaZ fachbezogen, aber auch professionstheoretisch zu begründen und auf den Erfahrungen mit empirischen Kompetenzmessungen aufzubauen.

Das Projekt ist zugleich Teil einer in der Bundesrepublik neu gestarteten Forschungsoffensive im Tertiärbereich. Ähnlich wie bei den auf Schule bezogenen Fachdidaktiken bestand im Hochschulsektor gegen Ende der 2000er Jahre im Vergleich zum schulischen Primar- und Sekundarbereich (wo bereits dauerhaft die Durchführung von auch international verankerten Leistungsvergleichsstudien wie IGLU, PISA etc. institutionalisiert worden war) ein Defizit an empirischen Untersuchungen, die zum einen den gewachsenen Ansprüchen an die Qualität von Forschungsmethoden gerecht wurden. Zum zweiten

---

[1]   DaZ-Kompetenz von angehenden Lehrkräften aller Unterrichtsfächer

[2]   Das Projekt *DaZKom* wurde im Rahmen dieser Förderinitiative KoKoHs I in den Jahren 2012 bis 2015 durch BMBF-Mittel gefördert (Koch-Priewe, Köker, Ohm, Ehmke, Carlson, Gültekin-Karakoç, Hammer & Rosenbrock, 2013). Ebenfalls in diesem Rahmen (KoKoHs II) schließt sich eine zweite Förderphase für das Nachfolgeprojekt *DaZKom*-Video (1/2017-12/2019) an.

war eine breite Übertragung derjenigen fruchtbaren Forschungslinien, die sich im schulischen Bereich, in der Lehrerausbildung und auch in der Erwachsenenbildung bereits dem Kompetenzbegriff gewidmet hatten, auf den Hochschulsektor noch nicht gelungen. Diese Forschungslücke bestand auch international. Auf Initiative von ausgewiesenen empirisch arbeitenden Bildungsforscherinnen (Blömeke & Troitschanskaia, 2011) wurde gemeinsam mit dem BMBF eine Förderlinie entwickelt, die auf diesen Nachholbedarf an Forschung reagierte. Das erwähnte Forschungscluster „Kompetenzmodellierung und Kompetenzmessung im Hochschulsektor" (KoKoHs I) vereinigte 23 Projekte, die in unterschiedlichen universitären Disziplinen und unterschiedlichen Domänen die Kompetenzen von Studierenden theoretisch konzipieren und das Konstrukt empirisch überprüfen wollten. Das *DaZKom*-Projekt war von 2012 bis 2015 Teil dieses nationalen Forschungsclusters (Koch-Priewe, Köker, Seifried & Wuttke, 2015; für das gesamte Cluster Blömeke & Zlatkin-Troitschanskaia, 2013; Zlatkin-Troitschanskaia, Kuhn & Toepper, 2014; Zlatkin-Troitschanskaia, Shavelson & Kuhn, 2015).

1.1.1 Lehrerprofessionsforschung

Seit Beginn der 1990er Jahre sind im deutschsprachigen Raum zur Frage der Lehrerprofessionalität neue theoretische Zugänge gefunden worden. Die bis dahin vorgelegten Studien (vgl. den geschichtlichen Überblick über die wechselnden Paradigmen der Lehrerforschung im letzten halben Jahrhundert bei Bromme, 1997) waren anfänglich eher geisteswissenschaftlich orientiert (vgl. z. B. die zur Persönlichkeit des „geborenen Erziehers" bei Spranger, 1958), später z. B. sozial- bzw. motivationspsychologisch ausgerichtet (z. B. in den noch neobehavioristisch geprägten Werken von Rosenthal & Jacobson, 1981; Heckhausen, 1976) oder hatten z. B. eine kognitivistische Basis (der Lehrer als Problemlöser bei Bromme, 1981, oder als Informationsverarbeiter bei Hofer, 1981).

Ein neues Paradigma für die Lehrerforschung boten der wissenspsychologische Zugang und das Novizen-Experten-Paradigma, dessen Rezeption in Deutschland vor allem durch die Verbreitung des Werks von Bromme (2014) gefördert wurde (vgl. auch den Überblick bei Tillmann, 2014). Sowohl die Vorstellungen von Shulmann (1986, 1987) zu professionellen Wissensbereichen der Lehrpersonen, zu Zielen, Werten und deren philosophischen Begründungen[3] als auch das Bild vom Reflektierenden Praktiker (Schön, 1987) fanden Eingang in die Lehrerprofessionsforschung. Die Entwicklungsstufen des Novizen-Experten-Paradigmas, wie sie u. a. von Dreyfus & Dreyfus (1986) formuliert worden waren, wurden ebenfalls rezipiert (vgl. u. a. Dick, 1994; Koch-Priewe, 1997, 2002; Kolbe, 1997). Dennoch dominierten in Deutschland bis in die beginnenden 2000er Jahre vor allem interaktionistisch, rollen- oder sozialisationstheoretisch geprägte empirische Studien die Forschungen zum Lehrerberuf (vgl. z. B. die Beiträge von Huber, 1993; Ulich, 1996; Jung-Strauss, 2000). Wie im Projekt *DaZKom* die Prämissen der Novizen-

---

[3] Bei Shulmann (1986, 1987) finden sich ausführliche Bestimmungen von Lehrerprofessionalität, die jedoch meist nicht zitiert werden: content knowledge (CK), curriculum knowledge, general paedagogical knowledge (GPK), paedagogical content knowledge (PCK), knowledge of learners and their characteristics, knowledge about the educational contexts ..., knowledge about educational ends, purposes and values and their philosophical and historical grounds ..., case knowledge, propositional knowledge und strategic knowledge.

Expertenforschung aufgegriffen worden sind, beschreibt das Kapitel 4 des vorliegenden Werks ausführlich.

1.1.2 Empirische Bildungsforschung und Lehrerprofessionalität

Bekanntermaßen erhielt ganz generell die empirische Schul- und Unterrichtsforschung nach 2001 in Folge der PISA-Studie einen enormen Bedeutungszuwachs. Die quantitativ ausgerichteten Large-Scale-Untersuchungen bzw. die internationalen Leistungsvergleichsstudien lieferten auch der Lehrerforschung und später auch der bereits erwähnten Hochschulforschung neue Impulse. Konkret wurde die Verbindung zur Lehrerprofessionsforschung in ihrer quantitativ-empirischen Orientierung vor allem durch das im Anschluss an die PISA-Studien in Deutschland durchgeführte Projekt „COACTIV", in dem ergänzend die Leistungen der Schülerinnen und Schüler in Beziehung zu Qualifikationen von Lehrern gesetzt wurden:[4] Von da an ließen sich hierzulande viele Untersuchungen zur Lehrerprofession von der Annahme leiten (Krauss, Kunter, Brunner, Baumert, Blum, Neubrand, Jordan & Löwen, 2004; Kunter, Baumert, Blum, Klusmann, Krauss & Neubrand, 2011), dass nicht so sehr die jeweils präferierten Rollenmodelle der Pädagoginnen und Pädagogen, sondern die individuell vorhandene Wissensbasis der Lehrpersonen entscheidenden Einfluss auf das jeweilige Lehrerhandeln hat (Details in Kapitel 3). Aus der deutschen Kompetenzdiskussion (u. a. Weinert, 2001) wurden ähnlich wie bei Shulman zusätzlich zu den Wissens- und Fähigkeitsdimensionen solche Aspekte integriert, die sich auf Überzeugungen/Werte/Ziele, motivationale Orientierungen (und neu: Selbstregulation) bezogen. Im Kontext des COACTIV-Projektes wurde erstmals ein Kompetenzmodell für Lehrerprofessionalität entwickelt, das einige der analytischen Trennungen im Bereich der Wissensbasis aufnahm, wie sie Shulman in den 1980er Jahren vorgelegt hatte. Eine Verbreitung erfuhr das Modell mit der Kurzformel „Wissen, Können und Beliefs".

Aus der Verbindung von empirischer Bildungsforschung mit der Lehrerprofessionsforschung resultierte ein neuer Blick auf die der Berufstätigkeit vorgelagerte Ausbildung und den Kompetenzzuwachs von Lehramtsstudierenden. Auf Grund dieser Kombination entstanden in den folgenden Jahren die internationalen Untersuchungen zur Lehrerprofessionalität von angehenden Mathematiklehrkräften wie TEDS-M (internationaler Vergleich von 17 Ländern) und MT 21 (internationaler Vergleich von sechs Ländern: Mathematics Teaching 21; Blömeke, Kaiser & Lehmann, 2008).[5] Im Anschluss an diesen theoretischen Ansatz wurden ebenfalls angehende Lehrkräfte der Fächer Deutsch und Englisch untersucht (TEDS-LT; Blömeke, Bremerich-Vos, Haudeck, Kaiser, Nold, Schwippert & Willenberg, 2011; Blömeke, Bremerich-Vos, Kaiser, Nold, Haudeck & Keßler, 2013). Das oben erwähnte Forschungscluster *KoKoHs* repräsentiert die Ausweitung dieser kompetenzorientierten Forschungsrichtung auf den gesamten Tertiärbereich, also andere, nicht lehramtsbezogene wissenschaftliche Disziplinen. Das aktuelle Bemühen um akzeptable Kompetenzmodelle hat augenblicklich eine große Bedeutung für die Lehrerprofessionsforschung und hat andere Paradigmen für das Modellieren von Lehrer-Expertise abgelöst.

---

[4]   Titel des Projekts COACTIV: „Professionswissen von Lehrkräften, kognitiv aktivierender Mathematikunterricht und die Entwicklung mathematischer Kompetenz."

[5]   Internationales Projekt auf Beschluss der IEA (International Assessment for the Evaluation of Educational Achievement): „TEDS-M: Learning to Teach Mathematics: Teacher Education Development Study."

In einem ergänzenden Exkurs sei hier darauf hingewiesen, dass der herausgehobene Platz, den die Kompetenzorientierung mit der Trias aus Wissen, Können und Beliefs inzwischen eingenommen hat, keineswegs unumstritten ist. Dies liegt einerseits an der Unsicherheit, mit der nach wie vor Definitionen von Kompetenz behaftet sind, und zum anderen an der auch theoretisch nicht vollends geklärten Frage nach der Kompetenzgenese.

Im Kontext mit den Datenerhebungen zu PISA werden Kompetenzen vor allem als kognitive Leistungsdispositionen angesehen (Klieme & Leutner, 2006), die als solche gemessen werden können und offenbar stark wissensbasiert sind. Wenn sie sich im Lösen von (Test-)Aufgaben zeigen, erweisen sie sich als Performanz. Im berufsbildenden Bereich gehen die einschlägigen Autoren im Unterschied dazu davon aus, dass Kompetenz auf keinen Fall als ein rein kognitives Phänomen bezeichnet werden und dass man von Kompetenz nur dann sprechen kann, wenn die Disposition sich auf das Verarbeiten eigener, auch emotional erlebter Handlungserfahrungen in unterschiedlichen Situationen beziehen kann (Erpenbeck & Sauter, 2016; Arnold & Erpenbeck, 2014). Folglich zweifeln die genannten Autoren eine Messbarkeit über Tests und Klausuren an, sondern fordern völlig neue Formate zur Kompetenzfeststellung, die ihrem Verständnis von Kompetenz als „Selbstorganisationsdisposition" angemessen ist. So weit gehen Blömeke, Gustafsson & Shavelson (2015) nicht in ihrer Definition, aber sie unterstellen in Annäherung an die Auffassung, Emotionen spielten bei Kompetenzen eine Rolle, sowohl Kognition als auch Affektmotivation als Grundbestandteile von Kompetenz, die über die Phasen der Wahrnehmung, Interpretation und Entscheiden in resultierende Performanz übergeht, die beim Handeln beobachtbar ist und von der aus man Rückschlüsse auf die vorhandenen Kompetenzen ziehen kann (vgl. auch Blömeke, König, Suhl, Hoth & Döhrmann, 2015). Auf das Thema der Kompetenzdiskussion und der angemessenen theoretischen Kompetenzmodelle, die für die vorliegende Studie relevant sind, gehen Kapitel 3 und ausführlicher Kapitel 4 ein.

Dort wird auch die Frage nach der Kompetenzgenese behandelt und im theoretischen Modell berücksichtigt. Da sich bisher viele der neueren kompetenzorientierten Studien zur Lehrerprofessionalität auf die Hochschulausbildung beschränken (bis auf das Projekt *Bilwiss-Beruf* zu Lehramtsreferendaren im Cluster *KoKoHs I*, Schulze-Stocker, Holzberger, Kunina-Habenicht & Terhart, 2015), ist verständlich, dass bisher vor allem die Annahme dominiert, in der späteren Berufstätigkeit werde universitär erworbenes Wissen mehr oder weniger gut angewandt. Einige ältere Ansätze waren noch davon ausgegangen, dass erfolgreiche Lehrpersonen besonders gut ausgebildete Fähigkeiten des Problemlösens besäßen; sie konnten dies jedoch mit ihren empirischen Studien nicht untermauern (Bromme, 1981). Vor allem auf Dewey (1933) gehen theoretische Konstrukte zurück, in denen zwar auch dem Problemlösen, aber verbunden mit dem Erfahrungslernen und vermittelt durch soziale Zusammenhänge große Aufmerksamkeit geschenkt wird. Professionswissen wird demnach auch diskursiv geformt. Radtke (1983) belegte dies sehr deutlich mit seiner Studie über die „Konventionen des Berufsstands", die auf Lehramtsreferendare prägend wirken und universitäre erworbenes Wissen nicht selten konterkarieren. Aus Sicht der Wissensverwendungsforschung wurde bereits vor langer Zeit argumentiert, dass die Vorstellung, universitär erworbenes Wissen werde in der Praxis verwendet, mit der Realität der Berufseinmündungswege wenig korrespondiere (Dewe &

Radtke, 1991; Bommes, Dewe & Radtke, 1996; Korthagen, Kessels, Koster, Lagerwerf & Wubbels, 2002). Kritisch gesehen wird von einer Reihe von Autorinnen und Autoren die kompetenzorientierte Forschung daher an den Stellen, an denen das „Können" einbezogen werden soll, das sich offenbar kaum oder nicht nur aus der universitär erworbenen Wissensbasis speist (vgl. die Communities of Practice bei Fraefel & Bernhardsson-Laros, 2016). Die Studie von Stürmer, Seidel & Kunina-Habenicht (2015) unterstützt diese Skepsis (vgl. auch Neuweg, 2015). In Kenntnis dieser Argumentation hat sich das Projekt *DaZKom* entschlossen, mit einem Kompetenzmodell zu arbeiten, das sich auf den niedrigeren Stufen durchaus am Paradigma des Problemlösens orientiert, jedoch zunehmend mehr die durch eigene Tätigkeit erworbenen Erfahrungen berücksichtigt (Dreyfus & Dreyus 1986). In dem Folge-Forschungsvorhaben *DaZKom-Video*, für das bereits Vorarbeiten durchgeführt worden sind (vgl. die Berichte über Varianten mit *Cognitive Labs* in Kapitel 11), wird diese Frage nach der Erfahrungsbasiertheit von Kompetenz explizit aufgegriffen werden.

1.1.3 Standards für Unterrichtsfächer und für die Ausbildung der Lehramtsstudierenden als Basis für Kompetenzforschung

In Bezug auf die Lehrerausbildung sind bislang innerhalb dieses internationalen Forschungsansatzes keine weiteren Schulfächer außer Mathematik, Deutsch und Englisch einbezogen worden. Bezüglich einiger zusätzlicher Unterrichtsfächer liegen inzwischen nationale Studien zur Kompetenzmessung bei angehenden Lehrkräften vor: für die Fächer Biologie, Chemie und Physik (Hartmann, Mathesius, Stiller, Straube, Krüger & Upmeier zu Belzen, 2015), für das Fach Geschichte (Brauch, Wäschle, Lehmann, Logtenberg & Nückles, 2015) und für das Fach Wirtschaftspädagogik mit dem Schwerpunkt Buchführung/Rechnungswesen (Berger, Bouley, Fritsch, Krille, Seifried & Wuttke, 2015) sind hier bereits erste Ergebnisse vorgelegt worden. Für viele dieser Fächer stellt sich ein ähnliches Problem wie für die bereits genannten Fächer Deutsch und Englisch (Blömeke et al., 2011, 2013): Sie gelten im Vergleich zur Mathematik als „gering strukturierte Domänen"; daher erscheinen auch die zur Lehrerexpertise notwendigen Kompetenzen als schwerer theoretisch zu modellieren und empirisch zu untersuchen. Dennoch besteht der Vorteil dieser Unterrichtsfächer im Vorliegen von Standards für Kompetenzen von Lehramtsstudierenden, die für die Fächer (KMK 2008 in der aktualisierten Fassung von 2015a) von der Kultusministerkonferenz beschlossen worden sind. Sie bieten eine zentrale Basis für die geplante Kompetenzmessung. Ähnliches gilt übrigens für die Standards der KMK (2015b) für die Schülerinnen und Schüler: Auch sie liegen für die eher strukturierten Domänen vor (Mathematik, Biologie, Chemie und Physik) und zusätzlich auch für Deutsch und für Englisch/Französisch. Für die weniger strukturierten Fächer wie Geschichte, Sozial- bzw. Gesellschaftswissenschaften, Geographie, Kunst, Musik, Religion, Sport, Philosophie etc. hat die KMK bisher keine Standards vorgelegt; allerdings haben inzwischen manche Bundesländer für alle Fächer einschließlich der gering strukturierten Domänen kompetenzorientierte Lehrpläne vorgelegt, in denen Äquivalente für Standards enthalten sind (vgl. dazu auch Tenorth, 2008; Klieme & Rakoczy, 2008, und die Beiträge zu den Fächern Religion und Geschichte im Thementeil der Zeitschrift für Pädagogik, Heft 2/2008).

In diesem Kontext von Kompetenzmessung und Standards stellen Anforderungen an den Lehrerberuf, die sich überhaupt nicht in einem klassischen Schulfach verorten lassen, eine Besonderheit dar. Einige Studien, in denen sich die Kompetenzmessung bei Lehramtsstudierenden auf fachübergreifende Bereiche bezieht, liegen inzwischen auch vor (zu Textkompetenzen Fischbach, Schindler & Siebert-Ott, 2015, und zu Medienkompetenzen Herzig, Martin, Schaper & Ossenschmidt, 2015). Zu ihnen hat die KMK keine Standards formuliert (Ausnahme sind die fächerübergreifende formulierten bildungswissenschaftlichen Kompetenzen von Lehramtsstudierenden: Schulze-Stocker, Holzberger, Kunina-Habenicht & Terhart, 2015). Unter diesen Rahmenbedingungen mussten für fachübergreifende Kompetenzen von Berufsanfängern gänzlich neue Theoriemodelle entwickelt und dazu passend angemessene empirische Vorgehensweisen konstruiert werden. Es ist daher nicht überraschend, dass in den referierten ersten Ergebnissen der o. g. fachübergreifend angelegten Studien (Koch-Priewe et al., 2015) die zu Grunde gelegten theoretischen Zugriffe als auch die gewählten empirischen Methoden deutlich variieren.

1.1.4 Empirische Hochschulforschung und das Fach Deutsch als Zweitsprache

Das vorliegende Werk greift die Perspektive auf das Messen überfachlicher Kompetenzen von Lehrpersonen unter der besonderen Fragestellung auf, wie man das Wissen, das Können und Beliefs von den angehenden Lehrkräften erfassen kann, die sich durch das Absolvieren einschlägiger Lerngelegenheiten (hier: universitäre Module aus dem Bereich Deutsch als Zweitsprache) auf den Unterricht in Klassen mit einer sprachlich heterogenen Schülerschaft vorbereitet haben (Köker, Rosenbrock, Ohm, Ehmke, Hammer, Koch-Priewe & Schulze, 2015). Auch hierzu liegen keine Standards der KMK für Lehrpersonen bzw. Lehramtsstudierende vor, weil das Fach Deutsch als Zweitsprache (DaZ) kein Unterrichtsfach ist, sondern die Kompetenzen der Lehrpersonen in allen Unterrichtsfächern zum Einsatz kommen sollen. In vielen Bundesländern wurden auch erst kürzlich die Ausbildungsvorschriften für Lehramtsstudierende dahingehend geändert, dass einige Module im Bereich DaZ (in der Regel müssen sechs Leistungspunkte erworben werden) verpflichtend zu absolvieren sind. Die im Bereich DaZ fehlenden Standards für Lehramtsstudierende sind ein Anlass für das Projekt, über dessen theoretische Basis (Kapitel 4), über dessen Forschungsdesign (Kapitel 5 und 6) und über dessen Ergebnisse (Kapitel 7, 8, 9 und 10) das vorliegende Werk Auskunft gibt.

1.2 Bestimmung der Forschungslücke: DaZ als neues Gebiet der Lehrerausbildung und fehlende Ausbildungs- oder Performanzstandards

Wie Furck (1998) und erneut Krüger-Potratz (2013) und Ehlich (2013) aufgezeigt haben, wurde in Deutschland die Rolle der Sprache vor mehr als 120 Jahren zu einem zentralen Thema in der Geschichte schulischer Bildung (vgl. auch Koch-Priewe & Krüger-Potratz 2016). Gerade bei dem Entstehen und Fördern einer nationalen Identität wurde Monolingualität sowohl unterstellt als auch erzwungen. Die öffentliche Schule sah es im Rahmen der gesellschaftlichen Integrationsfunktion des Schulwesens kontinuierlich als ihre Aufgabe an, sowohl Dialekte als auch Sprachen, die in Randgebieten vertreten waren (z. B. Dänisch, Sorbisch etc.), zurückzudrängen und auf Einsprachigkeit zu bestehen. Die Ablehnung von Mehrsprachigkeit änderte sich auch in den 1960er Jahren nicht, als immer mehr Migrantinnen und Migranten nach Deutschland kamen und ihre Kinder in deutschen Schulen aufgenommen wurden. Es gab für diese Schülerinnen und Schüler in der Regel Deutschförderangebote, manchmal, aber keineswegs durchgängig kombiniert mit Zusatzangeboten des Herkunftssprachenunterrichts, über dessen Funktion auch in der Fachwelt kein Konsens herrschte. Zwar spielte in der „Ausländerpädagogik" der 1970er Jahre und in der Interkulturellen Pädagogik der 1990er Jahre Sprachbildung in der Praxis neben anderen Fragen durchaus eine Rolle. Die Aufmerksamkeit der Forschung war jedoch auf Spezialisten in wenigen universitären Standorten (Deutsch als Fremdsprache/Deutsch als Zweitsprache) beschränkt. Vor allem durch die mit der PISA-Studie verbundene Vorstellung von „Literacy" als einer basalen Kompetenz für erfolgreiche Teilhabe am gesellschaftlichen und beruflichen Leben und den Ergebnissen der internationalen Leistungsvergleichsstudien wurde Anfang der 2000er Jahre offenbar, dass in Bezug auf die sprachlichen Kompetenzen der Schülerinnen und Schüler mit Migrationshintergrund nicht nur ein enormer Förderbedarf, sondern auch ein gravierendes Forschungsdefizit vorlag.

Dass die seit dem Beginn der 2000er Jahre realisierten Aktivitäten und Maßnahmen nach wie vor noch nicht zu den gewünschten Leistungssteigerungen dieser Schülerinnen und Schüler beigetragen haben, belegen die Ergebnisse unterschiedlicher PISA-Studien (Klieme, Artelt, Hartig, Jude, Köller, Prenzel, Schneider & Stanat, 2010; Prenzel, Sälzer, Klieme & Köller, 2013; Reiss, Sälzer, Schiepe-Tiska, Klieme & Köller, 2016) zu den Lesekompetenzen, den Kompetenzen im Bereich der Mathematik und in den Naturwissenschaften von Schülerinnen und Schülern mit und ohne Migrationshintergrund. Bezüglich der Mathematik zeigt sich, dass zwar die Jugendlichen mit Zuwanderungsgeschichte bis zum Jahr 2012 an Kompetenz gewonnen haben, dass aber in Deutschland die Differenzen zwischen Lernenden mit und ohne Zuwanderungsgeschichte deutlich höher sind als bei anderen OECD-Staaten (Prenzel et al., 2013, S. 276). Auf oder unter der niedrigsten Kompetenzstufe I befanden sich bei dieser Studie immerhin noch 35% der Schülerinnen und Schüler aus der 1. Generation, 29% aus der 2. Generation und 13% derer ohne Zuwanderungshintergrund (Prenzel et al., 2013, S. 306). Im Unterschied zu den Ergebnissen für die Naturwissenschaften aus PISA 2015 spielt es für die Mathematikkompetenz offenbar keine Rolle, ob zu Hause Deutsch gesprochen wird (Prenzel et al., 2013, S. 301). Bei PISA 2015 zeigt sich insofern ein ähnliches Bild, da im Europavergleich die Disparitäten bezüglich naturwissenschaftlicher Kompetenzen zwischen Schülerinnen und Schülern mit und ohne Zuwanderungshintergrund in Deutschland am höchsten sind (Reiss et al., 2016, S. 332). Anderen Ländern gelingt die Förderung von Schülerinnen und Schülern mit Migrationshintergrund im Durchschnitt besser. Zwar scheint es im Unterschied zu den mathematischen Kompetenzen bei den Naturwissenschaften relevant zu sein, ob zu Hause Deutsch gesprochen wird oder nicht (Reiss et al., 2016, S. 339), was die AutorInnen zu folgender Schlussfolgerung führt: „Dies spricht für die zentrale Rolle von Kompetenzen der Unterrichtssprache für den Kompetenzerwerb in naturwissenschaftlichen Fächern" (Reiss et al., 2016, S. 342). Mit dieser Begründung fordern sie eine gezielte individuelle Sprachförderung, die bereits im Kindergartenalter einsetzen müsse. Argumente für eine

Ausdehnung eines integrierten Sprachunterrichts bis in den beruflichen Bereich hinein finden sich bei Ohm (2016).

Die bereits zu Beginn der 1980er Jahre ausgesprochenen Empfehlungen der KMK zum Unterricht mit nichtdeutschen Schülerinnen und Schülern bekräftigten nur, was bereits mehr als 100 Jahre vorher prinzipiell als Aufgabe aller Lehrpersonen angesehen wurde, dass nämlich „allen Lehrerstudenten im Rahmen ihres Studiums für ein Lehramt – unabhängig von der Fächerverbindung, jedoch nach den Bedürfnissen der Schulart und Jahrgangsstufe – die wichtigsten Grundinformationen über die besondere Problematik des Unterrichts für ausländische Schüler, seine Ziele und Aufgaben" zu vermitteln seien (KMK, 1981). Daraus folgten jedoch nur marginale Änderungen im Bereich der Lehrerbildung, was sich auch nach der erneuten Initiative der KMK von 1996 nicht änderte: Es sollten „Zusatzstudiengänge zur Didaktik der Herkunftssprachen in anderssprachiger Umgebung" konzipiert werden. Das Problem wurde auch auf europäischer Ebene bearbeitet. Ein Projekt zur Konzipierung eines Europäischen Kerncurriculums für den Zweitsprachenunterricht in der Lehrerbildung (EUCIM-TE: European Core Curriculum for Mainstreamed Second Language Teacher Education) wurde 2010 abgeschlossen. Obwohl im „europäischen Kerncurriculum für inklusive Förderung der Bildungssprache" keine Standards definiert worden waren, findet sich dort jedoch ein Rahmencurriculum mit Vorschlägen für eine modularisierte Aus- und Fortbildung von Lehrpersonen. Es resultierten Empfehlungen, die vergleichbar waren mit denen, die die Stiftung Mercator (2009) für ein DaZ-Modul im Lehramtsstudium vorgelegt hatte. Vor allem in Nordrhein-Westfalen (NRW) befürworteten die zuständigen Ministerien eine Übertragung dieser europäischen Initiative auf universitäre Lehrangebote (EUCIM-TE, 2010, S. 7). Sie forderten, für den „inklusiven bildungssprachlichen Unterricht" müsse „in der Ausbildung von zukünftigen wie in der Fortbildung der bereits im Dienst befindlichen Lehrkräfte der wertschätzende Umgang mit Zwei- und Mehrsprachigkeit vermittelt" werden, ebenso „Methoden der Einbeziehung der Herkunftssprachen als Ressourcen im Rahmen der Didaktik inklusiven bildungssprachlichen Unterrichts, wie auch Verfahren für den Einsatz sprachdiagnostischer Instrumente" (EUCIM-TE, 2010, S. 17).

Die Bundesländer und Hochschulen haben unterschiedliche Wege gewählt, um allen ‚ihren' Lehrkräften zumindest eine Grundbildung in Deutsch als Zweitsprache im Kontext von Mehrsprachigkeit zu vermitteln. Bis heute ist nur in einigen Bundesländern das Fach „Deutsch als Zweitsprache" in den Pflichtkanon der Lehrerbildung integriert worden. Eine aktuelle Übersicht über die Bundesländer, die für Lehramtsstudierende das verpflichtende oder freiwillige Absolvieren von DaZ-Modulen eingeführt haben, findet sich bei Baumann & Becker-Mrotzek (2014) und bei Morris-Lange, Wagner & Altinay (2016). Die Analyse der Autorinnen und Autoren zeigt, dass trotz der o. g. Empfehlungen die Bezeichnungen für die Studieninhalte als auch die curricularen Bestandteile zwischen den Bundesländern stark variieren. Die Unterschiede beziehen sich auf den Umfang der Qualifizierungsangebote, den disziplinären Zuschnitt und die Frage, inwieweit und in welcher Weise Mehrsprachigkeit in die sprachliche Bildung einbezogen ist. Ein Beispiel für die rechtliche Untermauerung ist in Nordrhein-Westfalen der 2002 überarbeitete ministerielle Runderlass zur „Förderung in der deutschen Sprache als Aufgabe des Unterrichts in allen Fächern" (Ministerium für Schule, Jugend und Kinder, 1999, 2002).

Eine große Anzahl von Forschungsprojekten bezog sich bislang auf die Fragen der Umsetzung von Sprachförderangeboten im Schulunterricht (wie z. B. das Konzept der durchgängigen Sprachbildung im BLK-Modellprogramm *FörMig* von 2004–2009: „Förderung von Kindern und Jugendlichen"; Gogolin, Dirim, Klinger, Lange, Lengyel, Michel, Neumann, Reich, Roth & Schwippert, 2011). Der systematische Blick auf die Lehrerbildung in den beiden ersten Phasen war lange Zeit nicht Gegenstand der entsprechenden Aktivitäten. Eine der wenigen Ausnahmen bezieht sich auf pädagogische Fachkräfte im Vorschulbereich (Projekt *SprachKoPf* von 2012–2015: „Sprachliche Kompetenzen Pädagogischer Fachkräfte).[6] Vor allem die Stiftung Mercator hat sich mit der Gründung des „Mercator Instituts für Sprachförderung und Deutsch als Zweitsprache" in diesem Feld engagiert und sich mit den geförderten Projekten (wie z. B. *ProDaZ* von 2010–2018) auch auf die Professionalisierung von Lehrkräften konzentriert, um das pädagogische Personal für sprachsensiblen Unterricht (Leisen, 2010) zu qualifizieren.

Diese Strategie wird nachhaltig gestützt u. a. durch neuere Erkenntnisse der Zweitsprachenerwerbs- und Bilingualismusforschung, die davon ausgehen, dass sich eine Förderung des jeweiligen Zweitspracherwerbsprozesses nur dann optimal gestaltet, wenn sie nicht nur auf additiven Maßnahmen, also isolierten Unterrichtseinheiten, beruht, sondern als durchgängiges Prinzip in allen Unterrichtsfächern verfolgt wird (der ausführliche Bericht über den internationalen Forschungsstand über empirische Studien zu Zweitspracherwerbsprozessen findet sich in den Kapiteln 2 und 3). Die auf den Fachunterricht in allen Fächern gerichtete Zielsetzung wird auch durch Ausbildungsrichtlinien unterstützt, wie z. B. in Nordrhein-Westfalen durch die „Fächerspezifischen Vorgaben. Didaktisches Grundlagenstudium Deutsch": Lehrende aller Unterrichtsfächer sollen im Lehramtsstudium dazu „befähigt werden, [...] sprachliche Erwerbs- und Entwicklungsprozesse bei deutschsprachigen und bei nicht primär deutschsprachigen Schülerinnen und Schülern zu beurteilen" und diese „durch Fordern und Fördern zu unterstützen" (Ministerium für Schule, Jugend und Kinder NRW, 2004, S.4).

Zusätzlich zur Verpflichtung der Lehrpersonen aller Unterrichtsfächer zur Integration von sprachlichem Lernen in das fachliche Lernen wurden als Ergänzung oder als Vorbereitung auf die Teilnahme von Schülerinnen und Schülern mit einer anderen Muttersprache als Deutsch am Regelunterricht gesonderte Förderkurse angeboten, und zwar sowohl von Lehrpersonen des Regelsystems (oft von Lehrkräften mit einer Fakultas im Fach Deutsch bzw. einer Fremdsprache) als auch von Dozentinnen und Dozenten unterschiedlichster beruflicher Herkunft. Dies gilt auch für den Unterricht in sogenannten „Vorbereitungsklassen" bzw. „Auffangklassen", in denen zugewanderte Schülerinnen und Schüler so lange Sprachunterricht erhalten, bis sie in reguläre Klassen überwechseln können (vgl. z. B. Landesregierung NRW, 2015).

„Förderlehrkraft" für Deutsch ist jedoch bisher kein geschützter Begriff, für den standardisierte Qualifikationen definiert sind. Die Expertise der unter dieser Berufsbezeichnung

---

6   Vgl. dazu auch das 2015 abgeschlossene Programm des BMFSFJ „Schwerpunkt-Kitas Sprache und Integration" sowie das sich anschließende, 2016 startende Projekt „Sprach-Kitas". Eine weiterer Förderschwerpunkt im Rahmen des BMBF Rahmenprogramms ist mit „Sprachenvielfalt – Ressource und Chance" überschrieben. Hier geht es um Verbund- und Einzelprojekte zur „Professionalisierung des pädagogischen Personals in Zusammenhang mit dem Lernerfolg von Kindern und Jugendlichen"; URL: https://www.bmbf.de/pub/Flyer_Sprachvielfalt_Ressource_und_Chance.pdf [08.01.2016].

Tätigen reicht von formal qualifizierten bei denjenigen, die an Hochschulen ein BA- oder MA-Studium DaF/DaZ absolviert haben, bis zu formal wenig oder nicht qualifizierten Personen, z. B. bei ehrenamtlich unterrichtenden Seniorinnen und Senioren. Angesichts der im Jahr 2015 anschwellenden Flüchtlingsströme sind neuerdings unzählige ehrenamtliche Personen unterschiedlichster Expertise sowohl im informellen als auch institutionellen Sprachunterricht für Erwachsene und auch für Kinder aller Altersstufen tätig.

Bisher führten häufig Lehrkräfte mit DaZ-Zusatzqualifikationen oder Studierende im Rahmen der Mercator-Förderprogramme sowie Dozentinnen und Dozenten mit langjährigen DaF-Lehrerfahrungen im Bereich der Weiterbildung DaZ-Förderunterricht durch. Standardformulierungen zur Lehrerqualifizierung im Bereich DaZ gab es bisher nur für sogenannte BAMF-Kurse, die das Bundesamt für Migration und Flüchtlinge in Zusammenarbeit mit dem Goethe-Institut entwickelt hat (BAMF, 2005). Diese beziehen sich auf die Erwachsenenbildung im Kontext der Integrationskurse, die die Förderung der Integration von Migrantinnen und Migranten im Sinne gesellschaftlicher Teilhabe und Chancengleichheit als Ziel haben. Durch den gewachsenen Bedarf an Sprachlehrenden wird seit dem 1.9.2015 bei Kursleiterinnen und Kursleitern der BAMF-Kurse als Voraussetzung für ihre Lehrtätigkeit nur noch der Nachweis von Deutschkenntnissen auf dem sogenannten C1-Sprachniveau[7] mit mindestens gutem Prädikat gefordert; wer ein deutsches Abitur oder einen Hochschulabschluss in einem deutschsprachigen Studienfach erworben hat, kann inzwischen ohne weitere Zusatzqualifikation in den BAMF-Kursen als Deutschlehrkraft eingesetzt werden (BAMF, 2015). Hier hat man also das berufliche Anforderungsniveau deutlich gesenkt, inzwischen aber die Regelungen erneut modifiziert.

So verständlich es ist, aktuell die Kriterien für Qualifikationen von Lehrkräften im Bereich Deutsch als Fremdsprache zu senken, so wenig akzeptabel ist es gleichzeitig, dass im Hinblick auf die staatlich definierten professionellen Berufsanforderungen an zukünftige Lehrkräfte seitens der KMK bisher offenbar kein direkter Handlungsbedarf gesehen wird (Ohm, 2017). Denn bis heute bestehen Unklarheiten über die beruflichen Anforderungen an Lehramtsstudierende im Hinblick auf die Integration von Sprachförderung in den Fachunterricht sowie auf die im Studium zu erreichenden Kompetenzen im Bereich Deutsch als Zweitsprache. Es fehlt bislang eine bundesweite Verständigung darüber, wie die universitären Lerngelegenheiten (vor allem die Modulinhalte) beschaffen sein und was Studierende auf diesem Gebiet können sollten, wenn sie ihr Fachstudium *und* die DaZ-Module absolviert haben.

Diesem Problem der Kompetenzmodellierung und der anschließenden Kompetenzmessung hat sich das Projekt *DaZKom* gewidmet. Ziel war daher die Konstruktion eines ge-

---

[7] Definition des Sprachniveaus nach dem Gemeinsamen Europäischen Referenzrahmen für Sprache (GER): Niveau C: Kompetente Sprachanwendung; Niveau C 1: „Kann ein breites Spektrum anspruchsvoller, längerer Texte verstehen und auch implizite Bedeutungen erfassen. Kann sich spontan und fließend ausdrücken, ohne öfter deutlich erkennbar nach Worten suchen zu müssen. Kann die Sprache im gesellschaftlichen und beruflichen Leben oder in Ausbildung und Studium wirksam und flexibel gebrauchen. Kann sich klar, strukturiert und ausführlich zu komplexen Sachverhalten äußern und dabei verschiedene Mittel zur Textverknüpfung angemessen verwenden." Das höchste Niveau C 2 wird wie folgt definiert: „Kann praktisch alles, was er / sie liest oder hört, mühelos verstehen. Kann Informationen aus verschiedenen schriftlichen und mündlichen Quellen zusammenfassen und dabei Begründungen und Erklärungen in einer zusammenhängenden Darstellung wiedergeben. Kann sich spontan, sehr flüssig und genau ausdrücken und auch bei komplexeren Sachverhalten feinere Bedeutungsnuancen deutlich machen."

eigneten Theoriemodells für die DaZ-Kompetenz von Studierenden (Kapitel 4) und die empirische Überprüfung des Konstrukts (Kapitel 5 bis 10). Damit sollte sich die Lehrerprofessionsforschung das Fach DaZ als neues Gebiet erschließen.

Für die weitere Lektüre der Beiträge im vorliegenden Band ist zu berücksichtigen, dass bezüglich der Begrifflichkeit, mit der im Feld Deutsch als Zweitsprache/Mehrsprachigkeit gearbeitet wird, keine einheitliche Vorstellung herrscht, zumal die Fähigkeit zu sprachsensiblem Unterrichten solche Kompetenzen erfordert, die über Deutsch als Zweitsprache hinausgehen (auf das nicht unumstrittene Konstrukt „Bildungssprache" sowie einer möglichen Abgrenzung von Schul- und Unterrichtssprache sowie von Fachsprache geht das Kapitel 2 ausführlich ein). Denn der Unterricht erfordert die Fähigkeit von Lehrpersonen, alle Schülerinnen und Schüler in Bildungssprache einzuführen und zugleich mit mehrsprachigen Schülerinnen und Schüler zu interagieren. Wenn von Deutsch als Zweitsprache bzw. L2 die Rede ist, wird der Unterschied zu Deutsch als Erstsprache bzw. Muttersprache oder L1 betont. Begriffe wie Sprachbildung, durchgängige Sprachbildung und Ähnliches mehr machen nicht auf den ersten Blick darauf aufmerksam, dass es um Mehrsprachigkeit inklusive Deutsch geht. Auch international ist dieses Problem der angemessenen Begrifflichkeit noch nicht gelöst. Im angloamerikanischen Bereich wird z. B. mit Kürzeln wie ESL (*English as a Second Language*), ELL = *English Language Learner/Learning* (USA) sowie EAL = *English as an Additional Language* (GB) gearbeitet (Ross, 2013). Die Begriffe ELL und EAL erscheinen neutral, insofern die Begriffe nur darauf verweisen, dass Englisch zusätzlich gelernt wird. Im anglo-amerikanischen Kontext wird zudem von *Second Language Acquisition* (SLA) und von *Culturally and Linguistically Responsive Teaching* gesprochen (Acquah, Commins & Niemi, 2016; Viesca, Davidson & Hamilton, 2016; Lucas, 2011; Skinner, 2010).

1.3   Die Ausgangslage: fünf Besonderheiten des Faches DaZ

Während der Planung des Forschungsprojekts *DaZKom* erwies es sich — wie bereits erwähnt – sowohl theoretisch als auch methodisch als schwierig, bei der Konstruktion von Modellen ähnlich vorzugehen wie in den bereits gut untersuchten Domänen Mathematik, Naturwissenschaften oder auch in den Fächern Deutsch oder Englisch. Will man die bis vor kurzem dominierenden Besonderheiten des Fachs Deutsch als Zweitsprache charakterisieren, so kommen rückblickend dafür folgende Gesichtspunkte in Betracht:

– Zwischen dem Fach Deutsch als Fremdsprache/Deutsch als Zweitsprache und den lehrerbildenden Fakultäten existierten personell und curricular keine historisch gewachsenen Verbindungen, weder zu den klassischen Fachdidaktiken (und nur wenige zum Unterrichtsfach Deutsch) noch zur Erziehungswissenschaft bzw. den Bildungswissenschaften. Das Fach repräsentierte daher bisher keine Fachdidaktik, die sich in irgendeiner Weise im Kontext von Schulpädagogik verortet hatte (Koch-Priewe, Köker & Störtländer, 2018). Das Thema Unterricht wurde vor allem in seiner Perspektive auf Erwachsenenbildung betrachtet. Hier gab es partiell Berührungen mit der entsprechenden erziehungswissenschaftlichen Teildisziplin.

– Im Fach Deutsch als Fremdsprache selbst – in seiner Verknüpfung mit dem Fach Deutsch als Zweitsprache – sind die andernorts üblichen Trennungen zwischen wissenschaftlicher Disziplin und der darauf bezogenen Fachdidaktik weder personell noch curricular erkennbar. Um Irrtümern vorzubeugen: Das Fach Germanistik wird nicht als Basis des Fachs Deutsch als Fremdsprache/Deutsch als Zweitsprache verstanden. Da die Disziplin immer auf Spracherwerbs- und unterstützte Lernprozesse sowie Vermittlungsabsichten orientiert war, gehörten Fragen der unterrichtlichen Praxis im Prinzip immer zum klassischen Kanon der Fachinhalte, allerdings nicht die der Praxis im Regelschulsystem.

– Wie viele andere Fachdidaktiken auch besaß das Fach Deutsch als Fremdsprache/Deutsch als Zweitsprache keine ausgeprägte empirische Tradition (Bayrhuber, Harms, Muszynski, Ralle, Rothgangel, Schön, Vollmer & Weigand, 2011; Demantowsky & Zurstrassen, 2013; Koch-Priewe & Krüger-Potratz, 2016), vor allem waren selten quantitativ orientierte Studien mit großen Stichproben erforderlich oder möglich. Selbstverständlich lag eine Reihe von Studien zu Spracherwerbsprozessen vor, von denen sich nur einige wenige auf den Schulbereich bezogen. Ein Rückgriff auf ein Arsenal von früheren empirischen Studien, die sich mit schulischem Unterricht befasst hätten, war daher fast ausgeschlossen.

– Als dann im Kontext des Fachs Deutsch als Zweitsprache in den letzten Jahren der Schulbereich stärkere Aufmerksamkeit erhielt und die geänderten Lehrerausbildungsgesetze (z. B. ab 2011 in Nordrhein-Westfalen) verpflichtende Module in DaZ vorsahen, wurde offenbar, dass der professionelle Stamm an Dozentinnen und Dozenten mit dem gesamten Bereich der Lehrerausbildung und schulischer Praxis wenig vertraut war. Eine ergänzende Rekrutierung des Personals aus dem Schulbereich – wie es in vielen Fachdidaktiken üblich ist – war fast nicht möglich, weil an den Schulen zwar einige Förderlehrkräfte praktische Erfahrung gesammelt hatten, sie jedoch meist ohne einschlägiges, auch theoriebasiertes Fachstudium DaZ unterrichtet hatten. Eine mögliche Abordnung an die Universität erschien auch deswegen schwierig, weil sie ja weiterhin im Schulbereich gebraucht wurden.

– Die neu zu konzipierende Ausbildung von Lehramtsstudierenden im Fach DaZ richtet sich nicht auf Studierende mit einem speziellen Unterrichtsfach, sondern auf Studierende aller Fächer (Ohm, 2010). Selbst wenn Studierende als eins der zwei Hauptfächer Deutsch studieren, unterrichten sie später Deutsch und nicht Deutsch als Zweitsprache. Gelegentlich bezeichnet man DaZ daher mit dem nicht unproblematischen Begriff der "Querschnittsaufgabe". Denn zu den überfachlichen Aufgaben von Lehrkräften gehören unzählige Bereiche wie Medien-, Verkehrs-, Gesundheits-, Umwelt-, Sexualerziehung, Missbrauchs- und Drogenprävention, Interkulturelles Lernen, Demokratie-lernen, Berufsorientierung, Konflikt- und Gewaltprävention, geschlechtersensible Erziehung und vieles mehr. Wie stark sich die erworbenen Kompetenzen im Bereich Deutsch als Zweitsprache mit den fachdidaktischen Kompetenzen in den beiden studierten Unterrichtsfächern in der täglichen Schulpraxis verbinden werden, ist bisher eine offene Frage, die sich auf die Möglichkeit des Realisierens eines sprachsensiblen Fachunterrichts richtet. Kompetenzen im Bereich Deutsch als Zweitsprache sind also als überfachliche Kompetenzen zu modellieren. Gelegentlich wird dies auch als generische Kompetenz bezeichnet (zur Diskussion über die Angemessenheit dieses Begriffs vgl. Kunter et al., 2011, S. 210ff.).

Nach der Beschreibung der besonderen Ausgangslage des Fachs DaZ bleibt festzuhalten: Selbst im fachübergreifenden Bereich der Medienerziehung gab es für den Beginn der Konstruktion eines Kompetenzmodells einschlägige Vorarbeiten aus dem schulischen Bereich (Herzig, 2015) und eine auf Schule bezogene Theorie- und Forschungstradition. Die bisherigen Ausführungen machen plausibel, dass die Ausgangslage im Projekt *DaZKom* um einiges komplexer war.

1.4   Überblick: Zielsetzung, methodisches Vorgehen und Ergebnisse des *DaZKom*-Projekts

Das Projekt wurde an der Universität Bielefeld von den Vertreterinnen und Vertretern der beiden beteiligten Fakultäten (Erziehungswissenschaft und Lingustik/Literaturwissenschaft) ab April 2010 geplant; dabei wurde die Kooperation mit dem bildungswissenschaftlichen Institut der Leuphana-Universität Lüneburg begonnen und verbindlich verabredet. Im vom Antragsteam (Barbara Koch-Priewe, Timo Ehmke, Anne Köker und Udo Ohm) geleiteten Forschungsprojekt *DaZKom*, das von Mai 2012 bis November 2015 – wie bereits erwähnt – durch Mittel des BMBF gefördert wurde, sollten zwei Testinstrumente entwickelt werden, mit denen a) die eher kognitiven Kompetenzen von Studierenden des Unterrichtsfachs Mathematik (Sek I) im Bereich DaZ und b) die Überzeugungen (Beliefs) von Lehramtsstudierenden bezüglich des Unterrichts mit mehrsprachigen Schülerinnen und Schülern gemessen werden können.

Die zentrale Fragestellung lautete: Welche Kompetenzen brauchen angehende Lehrkräfte der Sekundarstufe I im Bereich Deutsch als Zweitsprache, um ihre Schülerinnen und Schüler hinsichtlich der bildungssprachlichen Anforderungen angemessen unterstützen und fördern zu können („Sprachsensibler Fachunterricht")? Die Projektziele richteten sich erstens auf die Entwicklung eines theoretisch begründeten Kompetenzmodells für DaZ-Kompetenz, zweitens auf die Erarbeitung eines Testinstruments zur empirischen Erfassung der Kompetenz Deutsch als Zweitsprache am Beispiel des Fachs Mathematik sowie auf die Bestimmung von Niveaustufen und Standards. Zugleich sollte drittens ein geeignetes Testinstrument für die entsprechenden Überzeugungen von Lehramtsstudierenden zu Mehrsprachigkeit als Teil der Kompetenz entwickelt werden. Zusätzlich sollte viertens überprüft werden, in welchem Zusammenhang das Nutzen universitärer Lerngelegenheiten durch Studierende mit den Ergebnissen der Tests stehen. In diesem Kontext sollten weitere Wege zur Konstruktvalidierung des DaZ-Kompetenzmodells beschritten werden. Die folgenden Abschnitte fassen die einzelnen Ergebnisse kurz zusammen und verweisen zugleich auf die jeweiligen späteren Kapitel des vorliegenden Werks, in denen die o. g. Zielsetzungen ausführlich aufgegriffen und die Ergebnisse detailliert dargestellt werden (ergänzend sei auf eine sich am Ende dieses Kapitels befindliche Liste mit weiteren Publikationen des *DaZKom*-Projekts verwiesen).

1.4.1 Entwicklung eines Theoriemodells für DaZ-Kompetenz im Kontext der Lehrerprofessionsforschung

Da für DaZ-Kompetenz bislang weder Standards noch Erhebungsinstrumente generiert wurden, war die Neukonstruktion von Test-Items unerlässlich. Um die Testentwicklung theoretisch begründen zu können, wurde ein Kompetenzmodell entwickelt, das zum einen am inhaltlichen Kanon des Fachs DaZ orientiert ist und in das zum anderen Annahmen über nach Studienabschluss zu erwartende Kompetenzen im Bereich DaZ bei Lehramtsstudierenden eingehen. Mit dieser Absicht wurden 60 einschlägige universitäre Module des Fachs DaZ inhaltlich analysiert und die Ergebnisse bezüglich der gefundenen zentralen DaZ-Dimensionen anschließend durch Expertinnen und Experten der Fächer DaZ sowie des Fachs Mathematik einer Validierung unterzogen. So entstanden die drei relevanten Dimensionen „Fachregister", „Mehrsprachigkeit" und „Didaktik", unterteilt in eine Reihe von Subdimensionen und Facetten der DaZ-Kompetenz (vgl. zum methodischen Vorgehen bei der Modulanalyse und der Prüfung der Inhaltsvalidität des Konstrukts insbesondere die Kapitel 5 und 6).

Das zu Beginn mit Hilfe dieser einschlägigen Expertinnen und Experten erarbeitete theoretische Modell (Rahmenkonzeption) bildet die ideale Professionsentwicklung von Fachlehrkräften bzgl. ihrer DaZ-Kompetenz ab und beantwortet die Frage: Was sollten angehende Lehrerinnen und Lehrer können, um ihre Schülerinnen und Schüler hinsichtlich der bildungssprachlichen Anforderungen angemessen zu unterstützen und zu fördern?

Neben den stark auf die Fachinhalte bezogenen theoretischen Anteilen des Kompetenzmodells waren Annahmen über Niveaustufen der Kompetenz zu entwickeln. Hierbei konnte man sich auf die bereits erwähnten Erträge der wissenspsychologischen Lehrerprofessionsforschung beziehen. Im *DaZKom*-Projekt wurde ein Kompetenzmodell präferiert, das sich an der Trias Wissen, Können und Beliefs orientiert und sich zugleich explizit auf die fünf Stufen vom Novizen zum Experten bezieht, wie sie von Dreyfus & Dreyfus (1986) vorgeschlagen worden sind (in Kapitel 4 wird das Novizen-Experten-Paradigma ausführlich dargestellt). Die Entwicklung eines für die weitere empirische Forschung notwendigen Theoriemodells machte es daher erforderlich, die fünf Stufen mit den fachinhaltlichen Anforderungen von Wissensbestandteilen im Fach DaZ zu verbinden.

Im bisherig durchgeführten *DaZKom*-Projekt konzentriert sich das Theoriemodell auf die drei unteren Stufen I bis III (Novize, Fortgeschrittener Anfänger, kompetent Handelnder), von denen anzunehmen ist, dass sie bereits im Studium erworben werden können, weil deren Basis vor allem aus dem Anwenden von Regelwissen besteht. Es erscheint plausibel, dass dessen Struktur durch Befragungen erfassbar gemacht werden kann. Im Sinne des Modells von Dreyfus & Dreyfus handeln Lehrende dagegen auf den beiden höheren Stufen IV und V (Gewandtheit und Expertentum) in Unterrichtssituationen auf Grund ihres mit zunehmender Berufserfahrung erworbenen fall- bzw. episodenbasierten Wissens (Neuweg, 2010; Haider, 2000). Die kognitiven Repräsentationen dieses Wissens sind u. a. auf Grund der situativen Gebundenheit schwerer zu erfassen. Die Wissensbasis für das Handeln von Expertinnen und Experten (Stufen IV und V) erschließt sich daher nur bedingt durch Befragungen; das Explizieren dieses Wissens, das sich zum Teil nur im Handeln zeigt, macht andere Datenerhebungsmethoden als Paper-Pencil-Tests erforderlich.[8] In der beschriebenen Projektphase von 2012 bis 2015 konzentrierten sich daher die Forschungsarbeiten auf die Stufen I bis III, von denen zu erwarten ist, dass ein Teil der Studierenden sie erreicht. Im Kapitel 4 wird – wie bereits erwähnt – detaillierter gezeigt, wie das resultierende Modell einerseits das Strukturmodell von DaZ-Kompetenz und den Kompetenzanstieg nach dem Ansatz Dreyfus & Dreyfus (1986) vereinigt. Die Abbildung 1.1 zeigt das Ergebnis der Arbeiten im Projekt zur Entwicklung einer theoretischen Rahmenkonzeption für DaZ-Kompetenz von Lehramtsstudierenden (die ausführlicher in Kapitel 4 erläutert wird).

Bei der anschließenden Testentwicklung sollte zwischen einem Instrument für das Messen kognitiver Kompetenzanteile (Wissen und Können) im Bereich DaZ (Abbildung 1.1) und einem weiteren Instrument für das Messen von Überzeugungen hinsichtlich Mehrsprachigkeit unterschieden werden. Auf die Konstruktion beider Messverfahren geht der folgende Abschnitt ein.

1.4.2   Entwicklung des Tests zu DaZ-Kompetenz

Methodisches Vorgehen bei der Entwicklung des *DaZKom*-Tests

Das theoretische Kompetenzkonstrukt und die qualitativ-empirisch herausgearbeiteten Kompetenzen und Kompetenzstufen bildeten die Grundlage für die Entwicklung der Items des Papier-Bleistift-Testinstrumentes (*DaZKom*-Test), das in Präpilotierungs-, Pilotierungs- und Normierungsstudien erprobt wurde. Nach der Generierung der oben geschilderten Rahmenkonzeption für DaZ-Kompetenzen auf der Basis von Dokumentenanalysen (DaZ-Module) und einer Expertenvalidierung (Arbeitsschritt eins; vgl. Kapitel 5 und 6) wurden die weiteren Arbeitsschritte zwei bis fünf durchlaufen (vgl. Kapitel 5):

(2.) Entwicklung von Stimulusmaterial und Testaufgaben, begleitet von *Cognitive Labs*

(3.) Aufgabenerprobungen sowie Pilotstudien zu den psychometrischen Eigenschaften der Aufgaben

(4.) Normierung der Aufgaben auf der Basis einer repräsentativen Stichprobe

(5.) Definition von Kompetenzstufen und Festlegung von Mindest-, Regel- und Optimalstandards

---

[8]   Ein zentraler Unterschied zwischen angehenden Lehrkräften (Kompetenzstufen I bis III) und professionellen Lehrkräften mit umfangreicher berufspraktischer Erfahrung (Kompetenzstufen IV und V) ist, dass die Kategorisierungen der Professionellen an den komplexen praktischen Anforderungen und situativen Merkmalen ihrer Arbeit orientiert sind, während sie bei angehenden Lehrkräften – notwendigerweise – noch stark vom fachlich strukturierten (Regel-)Wissen ausgehen, bei dem die situative Gesamtkomponente noch eine geringe Rolle spielt. Da sich das professionelle Wissen von Expertinnen und Experten u. a. durch eine fallspezifische, an funktionalen Zusammenhängen orientierte Organisation auszeichnet, „sehen" professionelle Lehrkräfte Unterricht anders als Berufsanfänger: Sie nehmen Unterricht i. d. R. bereits begrifflich, holistisch, abstrakt wahr und nutzen dabei selbst entwickelte, bedeutungsvolle und aus der Berufserfahrung gewonnene Kategorien (Bromme, 2014). Sie typisieren dabei Unterrichtsereignisse, einzelne Schüler oder Schülertypen, typische aber auch unerwartete Fehler in Einheit mit dem eigenen Können, also dem eigenen Handeln. Die Bedeutungseinheiten sind durch fallspezifische bzw. funktionale Zusammenhänge konstituiert und haben ihre Basis in früheren Handlungserfahrungen.

Abbildung 1.1: Strukturmodell DaZ-Kompetenz

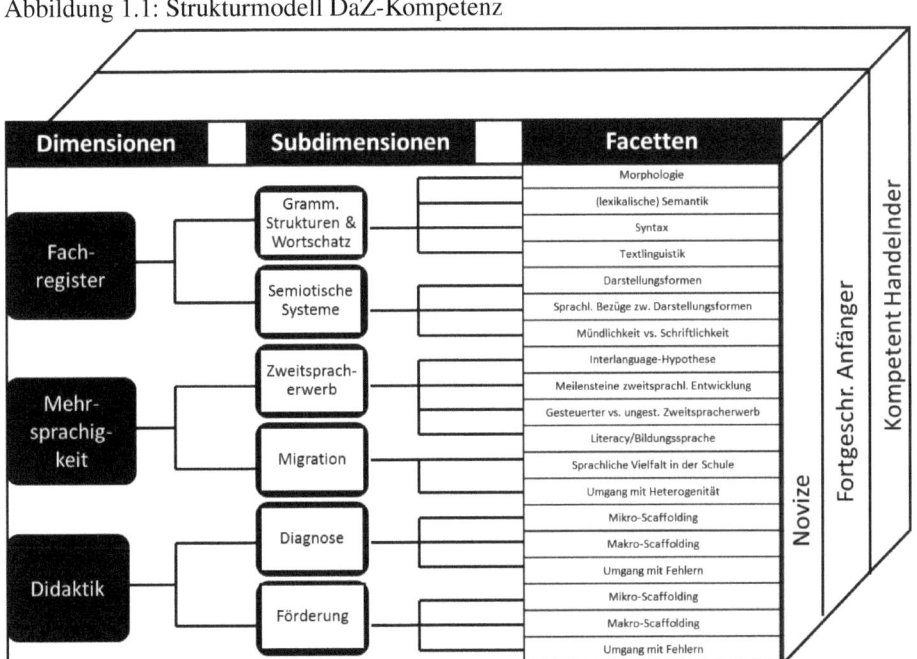

Zu (2.): Orientiert am theoretischen Kompetenzmodell wurden Stimulusmaterialien und Testaufgaben entwickelt, die geeignet sind, die Dimensionen bzw. Subdimensionen mit ihren inhaltlichen Facetten auch empirisch zu erfassen und auf Kompetenzstufen abzubilden. Es musste ein umfangreicher Item-Pool entwickelt werden. Die Items wurden in unterschiedlichen Arrangements erprobt und selektiert. Ausgangspunkt war ursprünglich die Beschränkung auf Lehramtsstudierende des Fachs Mathematik; u. a. deswegen, weil für diese Population eine Reihe von vergleichbaren Studien vorlag, die mit einem affinen Kompetenzmodell gearbeitet hatten, das sich auf Wissen, Können und Beliefs von Mathematik-Studierenden mit Berufsziel Lehrerin oder Lehrer bezog (Blömeke et al., 2008). Die Item-Konstruktion folgte dieser Logik und ging davon aus, dass das Wissen über DaZ mit dem auf Mathematik bezogenen fachdidaktischen Wissen verwoben sein könnte (Schleppegrell 2004, 2007).

Daher wurden zusätzlich zu Hinweisen aus einschlägiger Fachliteratur im Bereich Deutsch als Zweitsprache auch Mathematik-Lehrbücher sowie authentische Beispiele aus der Praxis des Mathematikunterrichts ausgewertet. Bei der Generierung des Stimulusmaterials wurde darauf geachtet, dass die Stimuli realitätsnahen Situationen entsprechen. Somit dienen nicht nur Textaufgaben aus Mathematiklehrbüchern, sondern auch Fallbeispiele, beschriebene Unterrichtsinteraktionen sowie schriftliche Schülerproduktionen als Stimuli. Wie sich an den später erzielten Ergebnissen (vgl. Kapitel 7, 8 und 10) ablesen lässt, erreichen Studierende des Fachs Mathematik keine höheren Niveaus als Studierende anderer Fächer, so dass davon ausgegangen werden kann, dass der Test fachübergreifend DaZ-Kompetenz erfasst und es sich dabei um eine generische Komponente der professionellen Kompetenz handelt.

Neben den verschiedenen Stimulusarten wurden auch möglichst unterschiedliche Antwortformate (offen, halb-offen, geschlossen; Bortz & Döring, 2006) berücksichtigt und jeweils mehrere Items zu den verschiedenen Dimensionen bzw. Subdimensionen und Facetten konstruiert. Die Testaufgaben, von denen jeweils mehrere in einer Aufgaben-Unit mit Bezug zu einem Stimulus zusammengefasst vorliegen, wurden einer Qualitätsprüfung durch mehrere Präpilotierungen mit mehr als 150 Lehramtsstudierenden und durch *Cognitive Labs* mit mehr als 30 Personen unterzogen. Bei *Cognitive Labs* handelt es sich um ein Verfahren des Lauten Denkens, bei dem kognitive Prozesse und Strategien identifiziert werden können, die zur Bearbeitung und Lösung der Aufgaben erforderlich sind und Hinweise darauf geben können, ob die Aufgabenformulierung und -intention verständlich ist (Terzer, Patzke & Upmeier zu Belzen, 2012). Auf der Basis der Ergebnisse dieser Qualitätsprüfung wurden Testaufgaben mit unzureichenden psychometrischen Kennwerten überarbeitet. War eine Überarbeitung nicht möglich, wurden die betreffenden Testaufgaben aus der jeweiligen Aufgaben-Unit eliminiert. Auf diese Weise entstand ein Testinstrument, das das theoretische Kompetenzmodell adäquat abbilden sollte.

Zu (3.) Die *Pilotierung* der Items fand zwischen November 2013 und Januar 2014 statt (vgl. Kapitel 5). Hierfür konnten Lehramtsstudierende der Sekundarstufe I an fünf deutschen Universitäten aus drei Bundesländern (Bayern, Niedersachsen, Nordrhein-Westfalen) sowie Studierende des Fachbereichs Deutsch als Fremd- und Zweitsprache bzw. Deutsch als Fremdsprache und Germanistik rekrutiert werden ($N = 252$, davon 234 Lehramtsstudierende und 18 Studierende des Faches DaZ). Das Testinstrument zur DaZ-Kompetenz enthielt insgesamt 70 Items, davon 44 Multiple-Choice, fünf halb-offene und 21 offene Items. Nach der Itemkonstruktion ist eine Inhaltsvalidierung durch Expertinnen und Experten durchgeführt worden.

Zu (4.) Die *Normierung* der Aufgaben erfolgte auf der Basis einer angemessen großen Stichprobe ($N = 496$). Auf dieser Datenbasis wurden schließlich 63 Items mit Methoden der Item-Response-Theorie Rasch-skaliert. Zur Beurteilung der Konstruktvalidität wurden drei weitere Testinstrumente eingesetzt, um zu überprüfen, inwiefern das Konstrukt der DaZ-Kompetenz mit verwandten Konstrukten korreliert (Hammer, Carlson, Ehmke, Koch-Priewe, Köker, Ohm, Rosenbrock & Schulze, 2015). Um die Konstruktvalidität zu beurteilen, wurden drei bestehende Testinstrumente herangezogen, die die Themengebiete pädagogisches Unterrichtswissen (König & Blömeke, 2010), mathematikdidaktisches Wissen (Buchholtz, Scheiner, Döhrmann, Suhl, Kaiser & Blömeke, 2012) sowie linguistisches Wissen (Nottbusch, Sahel, Civak, Stanojevic & Wiejowski, 2014) umfassten. Ferner wurden ein kurzer Fragebogen zur Erhebung der Beliefs hinsichtlich DaZ (Kapitel 8) entlang einer Likert-Skala sowie ein Fragebogen mit dichotomen Items zur Erfassung der Hintergrundinformationen (Geschlecht, Studienfach, Semesterzahl) und der studierten akademischen Lerngelegenheiten im Bereich DaZ eingesetzt (Köker et al., 2015; Hammer et al., 2015; Hammer, Fischer & Koch-Priewe, 2016).

Zu (5.) Das zusätzlich eingesetzte empirisch gestützte *Standardsetting-Verfahren*, bei dem wiederum DaZ-Experten und -Expertinnen eingebunden waren, beantwortet die Frage: Welche qualitativen Stufen von DaZ-Kompetenz lassen sich anhand des *DaZKom*-Tests identifizieren? Auf Grundlage der Ergebnisse der Normierungsstudie sind dann mit Hilfe dieses Standardstufen-Verfahrens Kompetenzstufen für Mindest- und Regelstandards für DaZ-Kompetenz bei Lehramtsstudierenden ermittelt worden (vgl. Kapitel 6 sowie Gültekin-Karakoç, Köker, Hirsch, Ehmke, Hammer, Koch-Priewe & Ohm, 2016). Die meisten Studierenden befinden sich auf den Stufen 1 und 2 und erreichen das höhere Niveau 3 nicht. Die Stufe 2 stellt den Mindeststandard dar und beschreibt *sensibilisierte*, aber nicht *informierte* (Regelstandard, Stufe 3) Studierende (Gültekin-Karakoç et al., 2016).

1.4.3   Ergebnisse der Erhebungen zum *DaZKom*-Test

Die Items des *DaZKom*-Tests verteilen sich inhaltlich auf die drei Dimensionen: (1) *Fachregister* mit dem Fokus auf Sprache, (2) *Mehrsprachigkeit* mit dem Fokus auf Lernprozessen und (3) *Didaktik* mit dem Fokus auf Lehrprozessen. Die IRT-Analysen bestätigen die Drei-Dimensionalität des Strukturmodells (theoretische Rahmenkonzeption), wobei auf Grund der Datenlage auch die Zusammenfassung auf eine Dimension möglich ist. Empirische Befunde aus der Erprobung mit Lehramtsstudierenden zeigen, dass der Test eine spezielle DaZ-Kompetenz misst, die im positiven Zusammenhang steht mit einer größeren Anzahl an DaZ-Lerngelegenheiten und mit Deutsch als Zweitsprache als Studienfach. Die zur Prüfung der Konstruktvalidität eingesetzten Instrumente (Lingustik-Test *Likom*, GPK: General Pedagogical knowledge, PCK: Pedagogical Content Knowledge in Mathematics) zeigen einen positiven, aber niedrigen Zusammenhang zwischen linguistischem Wissen und DaZ-Kompetenz. Es besteht ein niedriger, aber positiver Zusammenhang zum Subtest „Heterogenität" aus dem Test zu GPK und – wie bereits erwähnt – kein Zusammenhang zwischen DaZ-Kompetenz und fachdidaktischem Wissen Mathematik. Bezüglich der Personenmerkmale ist festzustellen, dass Probanden mit Migrationshintergrund bzw. mit einer anderen Erstsprache als Deutsch keinen Vorteil beim Lösen der Aufgaben des Tests haben. Das in diesem Kontext entwickelte Testinstrument zum Erfassen von Lerngelegenheiten, die von den Studierenden genutzt worden sind, wurde zusammen mit dem *DaZKom*-Test eingesetzt. Als Ergebnis resultiert die Einschätzung, dass die Daz-Kompetenz höher ist, je mehr entsprechende DaZ-Lerngelegenheiten von den Studierenden genutzt wurden (ausführliche Berichte zu diesen Resultaten finden sich in Kapitel 7, 8 & 10). Die Anzahl der studierten Semester begünstigt keinen Kompetenzzuwachs; allein die besuchten Lerngelegenheiten scheinen hier relevant zu sein.

Wie erwähnt kristallisierte sich im Kontext der Ergebnisse zum *DaZKom*-Tests heraus, dass mit dem Testinstrument die professionellen Kompetenzen nicht nur von angehenden Mathematik-Lehrenden im Bereich DaZ erfasst werden können, sondern dass der *DaZKom*-Test sich auch als ein geeignetes Instrument für Lehramtsstudierende aller Fächer erweist. Die detaillierten Ergebnisse der im Projekt vorgenommenen Messungen deuten darauf hin, dass es in der Dimension „Fachregister" des dreidimensionalen theoretischen und empirisch überprüften Modells durchaus Korrelationen zwischen den im Fachstudium Mathematik erworbenen Kompetenzen und der DaZ-Kompetenz (Dimension Fachregister) gibt, in den anderen beiden Dimensionen (Mehrsprachigkeit und Didaktik) eher nicht. Dies bedeutet, dass der *DaZKom*-Test entgegen der ursprünglichen Annahmen nicht ausschließlich für das Messen der Kompetenzen von Mathematik-Studierenden eingesetzt werden kann, sondern sich als generell einzusetzendes Instrument zum Messen von DaZ-Kompetenz eignet (Kapitel 9). Im Kontext dieser Ergebnisse muss auch die partielle Nicht-Übereinstimmung zwischen den theoretisch postulierten Kompetenzstufen und des mit Hilfe der empirischen Ergebnisse und weiterer Expertinnen und Experten vorgenommenen Standard-Setting-Verfahrens diskutiert werden (Gültekin-Karakoç et al., 2016; vgl. auch Kapitel 6). Hier zeigen sich kleine Abweichungen, die wiederum zu Rückfragen an das theoretische Konstrukt führen. Als Ergebnis der Diskussion über die angemessene dimensionale Struktur des Testinstruments zeigt Kapitel 7, dass die Kennwerte des dreidimensionalen Modells günstiger als des eindimensionalen Modells sind.

1.4.4   Entwicklung des Testinstruments zu Überzeugungen/Beliefs zu Mehrsprachigkeit

Wie in den Zielsetzungen angegeben, wurde parallel zur oben geschilderten Entwicklung eines kognitiv orientierten *DaZKom-Tests* im Kontext der Erhebung der Normierungsstichprobe (N = 496) ein Instrument entwickelt und erprobt, das *Überzeugungen* von Lehramtsstudierenden zum Unterricht mit mehrsprachigen Schülerinnen und Schülern misst. Auf Basis der einschlägigen Literatur zur Messung von Überzeugungen, die relevant sind, wenn Lehrpersonen im Unterricht mit mehrsprachigen Schülerinnen und Schülern konfrontiert sind, ergaben sich die drei Dimensionen a) Sprachsensibilität im Fachunterricht, b) Zuständigkeit für Sprachförderung und c) Wertschätzung von Mehrsprachigkeit. Der Belief-Test basiert auf einer Rasch-Skalierung und existiert inzwischen in einer Lang- und einer Kurzversion. Mit beiden Varianten wird untersucht, wie ausgeprägt die Überzeugungen von Lehramtsstudierenden hinsichtlich Mehrsprachigkeit sind (Hammer et al., 2016).

Das Vorgehen beim Entwickeln eines reliablen Testinstruments für das Messen von Überzeugungen von Lehramtsstudierenden hinsichtlich des Unterrichts mit mehrsprachigen Schülerinnen und Schülern beschreibt detailliert Kapitel 8. Auf Grund dieses im Projekt entwickelten Rasch-skalierten Tests für das Messen von Überzeugungen der Lehramtsstudierenden zu „Mehrsprachigkeit" (Hammer et al., 2016) lässt sich die Konsequenz ziehen, dass ein eigenes DaZ-Belief-Konstrukt entwickelt wurde, das zwar akzeptable psychometrische Kennwerte aufweist, möglicherweise jedoch auch noch optimiert werden sollte. Es zeigt sich dennoch, dass Studierende höheren Semesters, sowohl im Bachelor-/Master-System als auch beim Studium mit Staatsexamen, positivere Überzeugungen zu Mehrsprachigkeit besitzen.

Die Testergebnisse korrelieren mit den Ergebnissen im *DaZKom*-Test: Wer höhere kognitive Kompetenzen und mehr DaZ-Wissen erworben hat, hat auch positivere Überzeugungen bezüglich des Unterrichts mit mehrsprachigen Schülerinnen und Schülern. Überzeugungen scheinen also durch Wissenserwerb veränderbar zu ein. Auch ein Auslandsaufenthalt steht in positivem Zusammenhang zu entsprechenden Beliefs. Daraus folgt die begründete Annahme, dass sich Überzeugungen im Laufe des Studiums positiv verändern können, was notwendig erscheint, da z. B. die Wertschätzung von Herkunftssprachen mehrheitlich noch nicht so ausgeprägt ist, wie dies wünschenswert wäre. Die weitere Professionalisierung könnte sowohl durch einen weiteren Zugewinn an Wissen als auch durch intensivierte Praxiserfahrungen gesteigert werden. Es zeigt sich jedoch, dass ein Zuständigkeitsgefühl und Wertschätzung von Mehrsprachigkeit nicht zwangsweise mit Sprachsensibilität im Fachunterricht einhergeht. Dies lässt darauf schließen, dass den Studierenden das nötige Wissen fehlt, um Mehrsprachigkeit praktisch zu begegnen. Dies hat sich auch durch die Ergebnisse des DaZ-Kompetenztests bestätigen lassen (Hammer et al., 2016).

Es entsteht also der Eindruck, dass die Lehramtsausbildung die Studierenden zwar an das Thema Mehrsprachigkeit im schulischen Kontext heranführt, auf den entscheidenden Schritt der Umsetzung allerdings noch nicht ausreichend vorbereitet (vgl. die Ergebnisse zu den Lerngelegenheiten im Kapitel 10). Da die Phase der Testkonstruktion abgeschlossen ist, können nun mit Hilfe des Instruments bestehende Überzeugungen und Zusammenhänge zu Personenmerkmalen ermittelt werden; zusätzlich bietet es auch die Möglichkeit, Veränderungen im Studienverlauf festzustellen. Mit den Ergebnissen von Veränderungsmessungen im Bereich Beliefs ist es auch möglich, Konsequenzen für geeignete Lerngelegenheiten in der universitären Lehrerausbildung zu ziehen.

1.4.5 Konstruktvalidierungen

Obwohl eine Reihe von Ergebnissen der mit der Absicht der Konstruktvalidierung durchgeführten ergänzenden Studien bereits innerhalb der obigen Abschnitte Erwähnung fanden, sollen sie hier noch einmal zusammengefasst referiert werden.

Dimensionale Struktur, Hintergrundmerkmale, Lerngelegenheiten und DaZ-Kompetenz

Auch die ausführlichen Berichte zu Konstruktvalidierungen bezüglich der Hintergrundmerkmale und Lerngelegenheiten (Kapitel 10) zeigen, dass die psychometrischen Untersuchungen eher für eine dreidimensionale Struktur des Konstrukts sprechen. Bezüglich der Hintergrundmerkmale und der Erhebungen zu Lerngelegenheiten ist festzustellen, dass weibliche Studierende im *DaZKom*-Test leicht besser abschneiden und dass die Semesterzahl keinen Einfluss auf die DaZ-Kompetenz besitzt. Auch das Studienfach „Lehramt Mathematik" steht nicht in Zusammenhang mit höheren Testergebnissen, obwohl einige Items auf Beispielen aus dem Unterrichtsfach Mathematik fußen. Studierende mit der Erstsprache Deutsch erreichen höhere Werte als Studierende mit einer anderen Erstsprache. Wer mehr Lerngelegenheiten im Fach DaZ absolviert hat, erreicht durchschnittlich höhere Kompetenzen im *DaZKom*-Test. Das Instrument erreicht also annehmbare Kennwerte und die Zusammenhänge mit weiteren Variablen lassen es als theoretisch plausibel erscheinen, dass mit dem Instrument solche Kompetenzen gemessen werden können, die spezifisch für den Bereich DaZ sind.

Kognitive Fähigkeiten und DaZ-Kompetenz

Weitere empirische Untersuchungen zur Konstruktvalidierung legen nahe, dass DaZ eine generische Kompetenz darstellt, die in keiner Verbindung mit den Kompetenzen in anderen Studienfächern steht; also selbst als eine eigene Domäne definiert werden kann (Kapitel 9). Obwohl die Items des *DaZKom*-Tests auf das Fach Mathematik bezogen sind, hat die Wahl dieses Studienfachs keinen nachweisbaren positiven Zusammenhang zur Testleistung, und gleichzeitig finden sich keine Korrelationen zwischen den Werten in einem Test zur Mathematik-Angst und den Ergebnissen im *DaZKom*-Test. Kognitive Fähigkeiten und die Leistungen im *DaZKom*-Test kovariieren ebenfalls nicht (vgl. Kapitel 9). Lesefähigkeit (gemessen durch Lesegeschwindigkeits- und -verständnistest) und die Abiturnote stehen in positivem Zusammenhang zu den Leistungen im *DaZKom*-Test, was möglicherweise durch die Textlastigkeit der Items erklärt werden kann.

Differenzierte Analysen der Untersuchungen zu Lerngelegenheiten

Zwar besitzen die Abiturnote und das Geschlecht durchaus den Charakter eines Prädiktors für DaZ-Kompetenz. Entscheidender sind jedoch die absolvierten Lerngelegenheiten im Fach DaZ oder das Studienfach DaZ. Das Instrument ließ differenzierte Aussagen zu vier unterschiedlichen hochschuldidaktischen Konstellationen zu: Es wurde erfasst, welche a) Themen in den Veranstaltungen behandelt worden waren, ob b) Handlungen gefordert wurden, wie c) Praxis integriert wurde und d) welche Art der Leistungserbringung durchlaufen worden war (Kapitel 10). Hier führte die Detailanalyse der Aussagen der Studierenden zu den absolvierten Lerngelegenheiten zum Ergebnis, dass für die DaZ-Kompetenz der Bereich b), also der Handlungen (typische Texte, Beispiele oder authentische Unterrichtsinteraktionen analysieren), zum bedeutenden Prädiktor wird und die Bedeutung des Faktors Geschlecht abnimmt. Allerdings ist zu bedenken, dass etwa 50 % der Studierenden trotz Besuch von DaZ-Lehrveranstaltungen entsprechende Erfahrungen noch nicht gemacht hatten.

Curriculare Validität

Am Hochschulstandort Berlin wurde eine eigene empirische Studie zur curricularen Validität des *DaZKom*-Tests durchgeführt. In Berlin haben alle drei Hochschulen ihre DaZ-Module aufeinander abgestimmt und identische Qualifikationsziele festgelegt. Eine quantitativ-deskriptive Studie an sieben Dozentinnen und Dozenten, die im Lehramt das Fach DaZ unterrichten, zeigt, dass der Test im Verhältnis zu den Berliner BA-Modulen als auch den Berliner MA-Modulen eine hohe Passgenauigkeit besitzt (Kapitel 12). Die befragten Dozentinnen und Dozenten bestätigen, dass mit dem Instrument ein großer Teil der regulären Veranstaltungsinhalte erfasst wird; allerdings lässt die Studie erkennen, dass auf der einen Seite einige wenige Bereiche durch den Test noch nicht abgedeckt sind und auf der anderen Seite einige wenige Bereiche bisher in den Berliner Modulbeschreibungen fehlen. Damit gibt die Studie fruchtbare Impulse sowohl im Hinblick auf die Evaluation der Lehrveranstaltungen, der Konstruktion der Module als auch der Testkonstruktion.

1.5 Dissemination, Transfer und Ausblick auf künftige Forschungen

Nach der Entwicklungsphase wurde das *DazKom*-Testinstrument an einer Reihe von Universitäten in Deutschland eingesetzt. Das Kapitel 14 gibt darüber einen kurzen Überblick und nennt Einsatzorte sowie die jeweiligen Erhebungskontexte. Auch international bestand Interesse daran, die Kompetenz von (angehenden) Lehrkräften im Bereich *Linguistically Responsive Teaching* (Lucas & Grinberg, 2008) zu erfassen, daher liefert das Kapitel 13 eine englischsprachige Darstellung des theoretischen DaZ-Kompetenzstrukturmodells.

Über weitere Forschungs- und Transfervorhaben in Kooperation mit internationalen Wissenschaftlerinnen und Wissenschaftlern gibt das Kapitel 14 Auskunft.

Im Jahr 2017 begann als ein Folgeprojekt die Forschungsstudie *DaZKom*-Video, dessen Schwerpunkt zum einen die weitere Validierung des *DaZKom*-Tests ist sowie die Nutzung handlungsnaher Stimuli (Video-Vignetten), um zu prüfen, ob die mit dem bisher entwickelten Test vorgenommene Messung eine Prognose darüber erlaubt, wie erfolgreich Lehramtsstudierende in einer noch praxisnäheren Testung abschneiden. Es liegt eine Vorstudie vor (vgl. auch Kapitel 11), in der geprüft wurde, welche methodischen Zugänge sich zum Erfassen performanznaher Kompetenzstufen eignen. Das Thema „Mehrsprachigkeit im Unterricht" hat vor allem seit dem Jahr 2015 noch an gesellschaftlicher Relevanz zugenommen. Infolge der „Flüchtlingskrise" sehen sich die Schulen neben der alltäglichen Aufgabe, deutsche Schülerinnen und Schüler sowie die nichtdeutscher Herkunftssprache bei der Entwicklung ihrer Kompetenzen in der Zweitsprache Deutsch zu unterstützen, mit der zusätzlichen Herausforderung konfrontiert, eine bisher nie dagewesene Zahl sog. Seiteneinsteiger weitgehend unabhängig von Schuljahresrhythmen in den Regelunterricht zu integrieren. Diese Zielgruppe ist extrem heterogen. Ihre Integration in den Schulalltag erhöht noch einmal die Kompetenzanforderungen für alle Lehrkräfte. Tatsächlich sind vielerorts die Kompetenz-Standards für Lehrende, die in unterschiedlichen institutionellen Zusammenhängen in Sprachkursen für Deutsch als Zweitsprache eingesetzt werden, gesunken. Dies ist angesichts der Notlage verständlich und nachvollziehbar. Dessen ungeachtet bleibt es notwendig, bei den Kompetenzen von Lehramtsstudierenden, die universitäre Module in DaZ absolvieren, keine Niveausenkung zu akzeptieren. Im Gegenteil: Hier sind wie für die anderen Unterrichtsfächer auch verbindliche und einheitliche Standards für Kompetenzen erforderlich. Das Projekt *DaZKom (Professionelle Kompetenzen angehender Lehrkräfte (Sek I) im Bereich Deutsch als Zweitsprache)* hat sich dem Thema gewidmet und damit eine Basis für entsprechende Weiterarbeiten gelegt.

1.6 Bisher veröffentlichte Publikationen des Projekts

Fischer, N. & Lahmann, C. (under review). *Pre-Service teachers' beliefs about multilingualism in school: An evaluation of a course concept for introducing linguistically responsive teaching.*

Gültekin-Karakoç, N., Köker, A., Hirsch, D., Ehmke, T., Hammer, S., Koch-Priewe, B. & Ohm, U. (2016). Bestimmung von Standards und Stufen der Kompetenz angehender Lehrerinnen und Lehrer aller Fächer im Bereich Deutsch als Zweitsprache (DaZ). In B. Koch-Priewe & M. Krüger-Potratz (Hrsg.). Qualifizierung für sprachliche Bildung. Programme und Projekte zur Professionalisierung von Lehrkräften und pädagogischen Fachkräften, *Die Deutsche Schule*, Beiheft 13, 130–146.

Hammer, S., Carlson, S. A., Ehmke, T., Koch-Priewe, B., Köker, A., Ohm, U., Rosenbrock, S. & Schulze, N. (2015). Kompetenz von Lehramtsstudierenden in Deutsch als Zweitsprache: Validierung des GSL-Testinstruments, *Zeitschrift für Pädagogik*, Beiheft 61, 32–54.

Hammer, S., Fischer, N. & Koch-Priewe, B. (2016). Überzeugungen von Lehramtsstudierenden zu Mehrsprachigkeit in der Schule. In B. Koch-Priewe & M. Krüger-Potratz (Hrsg.), Qualifizierung für sprachliche Bildung. Programme und Projekte zur Professionalisierung von Lehrkräften und pädagogischen Fachkräften, *Die Deutsche Schule*, Beiheft 13, 149–174.

Hammer, S. & Koch-Priewe, B. (2015). Universitäre Lerngelegenheiten – kompetenzorientiert? Eine Studie zur „Kompetenzlyrik" ausgewählter universitärer Modulbeschreibungen. In B. Koch-Priewe, A. Köker, J. Seifried & E. Wuttke (Hrsg.), *Kompetenzerwerb an Hochschulen: Modellierung und Messung. Zur Professionalisierung angehender Lehrerinnen und Lehrer sowie frühpädagogischer Fachkräfte* (S. 13–37). Bad Heilbrunn: Klinkhardt.

Hammer, S. & Koch-Priewe, B. (2017). Kompetenzorientierung in universitären Modulbeschreibungen: Hochschuldidaktischer Fortschritt oder verzichtbare Lyrik? In W.-D. Webler & H. Jung-Paarmann (Hrsg.), *Zwischen Wissenschaftsforschung, Wissenschaftspropädeutik und Hochschulpolitik: Hochschuldidaktik als lebendige Werkstatt* (S. 219–228). UVW Universitätsverlag: Bielefeld.

Koch-Priewe, B., Köker, A., Ohm, U., Ehmke, T., Carlson, S. A., Gültekin-Karakoç, N., Hammer, S. & Rosenbrock, S. (2013). DaZKom – Professional competencies of pre-service teachers for secondary education in the field of german as a second language. In S. Blömeke & O. Zlatkin-Troitschanskaia (Eds.), *The german funding initiative "modeling and measuring competencies in higher education": 23 research projects on engineering, economics and social sciences, education and generic skills of higher education students.* (KoKoHs Working Papers, 3, pp. 58–62). Berlin & Mainz: Humboldt University & Johannes Gutenberg University.

Koch-Priewe, B., Köker, A., Seifried, J. & Wuttke, E. (Hrsg.). (2015). *Kompetenzerwerb an Hochschulen: Modellierung und Messung. Zur Professionalisierung angehender Lehrerinnen und Lehrer sowie frühpädagogischer Fachkräfte.* Bad Heilbrunn: Klinkhardt.

Koch-Priewe, B. & Krüger-Potratz, M. (2016). Qualifizierung für sprachliche Bildung. Programme und Projekte zur Professionalisierung von Lehrkräften und pädagogischen Fachkräften, *Die Deutsche Schule*, Beiheft 13.

Köker, A., Rosenbrock, S., Ohm, U., Ehmke, T., Hammer, S., Koch-Priewe, B. & Schulze, N. (2015). DaZKom – Ein Modell von Lehrerkompetenz im Bereich Deutsch als Zweitsprache. In B. Koch-Priewe, A. Köker, J. Seifried & E. Wuttke (Hrsg.), *Kompetenzerwerb an Hochschulen: Modellierung und Messung. Zur Professionalisierung angehender Lehrerinnen und Lehrer sowie frühpädagogischer Fachkräfte* (S. 189–220). Bad Heilbrunn: Klinkhardt.

1.7 Literatur

Acquah, E. O., Commins, N. L. & Niemi, T. (2016). Preparing teachers for linguistic and cultural diversity. Experiences of finnish teacher trainees. *Die Deutsche Schule*, Beiheft 13, 113–131.

Arnold, R. & Erpenbeck, J. (2014). *Wissen ist keine Kompetenz. Dialoge zur Kompetenzreifung.* Baltmannsweiler: Schneider Verlag Hohengehren.

BAMF = Bundesamt für Migration und Flüchtlinge. (2005). *Konzeption für die Qualifizierung der Lehrkräfte im Bereich Deutsch als Zweitsprache.* Verfügbar unter: https://www.ph-ludwigsburg.de/fileadmin/subsites/2b-spze-t-01user_files/Service/konzeption-fuer-die-zusatzqualifikation-von-lehrkraeften-pdf_IP.pdf [10.2.2016].

BAMF = Bundesamt für Migration und Flüchtlinge. (2015). *Zulassung von Lehrkräften in Integrationskursen.* Verfügbar unter: http://www.bamf.de/DE/Infothek/Lehrkraefte/Zulassung/zulassung.html [10.11.2015].

Baumann, B. & Becker-Mrotzek, M. (2014). *Sprachförderung und Deutsch als Zweitsprache an deutschen Schulen: Was leistet die Lehrerbildung?* Verfügbar unter: http://www.mercator-institut-sprachfoerderung.de/fileadmin/Redaktion/PDF/Themenportal/Mercator-Institut_Was_leistet_die_Lehrerbildung_03.pdf [10.11.2015].

Bayrhuber, H., Harms, U., Muszynski, B., Ralle, B., Rothgangel, M., Schön, L.-H., Vollmer, H. J. & Weigand, H.-G. (Hrsg.). (2011). *Empirische Fundierung in den Fachdidaktiken*. Münster: Waxmann.

Berger, S., Bouley, F., Fritsch, S., Krille, C., Seifried, J. & Wuttke, E. (2015). In B. Koch-Priewe, A. Köker, J. Seifried, & E.Wuttke (Hrsg.), *Kompetenzerwerb an Hochschulen: Modellierung und Messung. Zur Professionalisierung angehender Lehrerinnen und Lehrer sowie frühpädagogischer Fachkräfte* (S. 105–125). Bad Heilbrunn: Klinkhardt.

Blömeke, S., Bremerich-Vos, A., Haudeck, H., Kaiser, G., Nold, G., Schwippert, K. & Willenberg, H. (Hrsg.). (2011). *Kompetenzen von Lehramtsstudierenden in gering strukturierten Domänen. Erste Ergebnisse aus TEDS-LT*. Münster: Waxmann.

Blömeke, S., Bremerich-Vos, A., Kaiser, G., Nold, G., Haudeck, H., Keßler, J.-U. & Schwippert, K. (Hrsg.). (2013). *Professionelle Kompetenzen im Studienverlauf: Weitere Ergebnisse zur Deutsch-, Englisch- und Mathematiklehrerausbildung aus TEDS-LT*. Münster: Waxmann.

Blömeke, S., Kaiser, G. & Lehmann, R. (Hrsg.). (2008). *Professionelle Kompetenz angehender Lehrerinnen und Lehrer. Wissen, Überzeugungen und Lerngelegenheiten deutscher Mathematikstudierender und -referendare. Erste Ergebnisse zur Wirksamkeit der Lehrerausbildung*. Münster: Waxmann.

Blömeke, S. & Zlatkin-Troitschanskaia, O. (2011). Kompetenzmodellierung und Kompetenzerfassung im Hochschulsektor. Aufgaben und Herausforderungen des BMBF-Forschungsprogramms KoKoHs. *Das Hochschulwesen*, 59 (6), 205–209.

Blömeke, S. & Zlatkin-Troitschanskaia, O. (Eds.) (2013). *The German funding initiative "Modeling and Measuring Competencies in Higher Education": 23 research projects on engineering, economics and social sciences, education and generic skills of higher education students*. (KoKoHs Working Papers, 3, pp. 58–62). Berlin & Mainz: Humboldt University & Johannes Gutenberg University.

Blömeke, S., Gustafsson, J. E. & Shavelson, R. (2015). Beyond dichotomies: Viewing competence as a continuum. *Zeitschrift für Psychologie*, 223, 3–13.

Blömeke, S., König, J., Suhl, U., Hoth, J. & Döhrmann, M. (2015). Wie situationsbezogen ist die Kompetenz von Lehrkräften? Zur Generalisierbarkeit der Ergebnisse von videobasierten Performanztests. *Zeitschrift für Pädagogik*, 61 (3), 310–327.

Bommes, M., Dewe, B. & Radtke, F.-O. (1996). *Sozialwissenschaften und Lehramt. Der Umgang mit sozialwissenschaftlichen Theorieangeboten in der Lehrerausbildung*. Opladen: Leske und Budrich.

Bortz, J. & Döring, N. (2006). *Forschungsmethoden und Evaluation für Human- und Sozialwissenschaftler* (4. Aufl.). Heidelberg: Springer.

Brauch, N., Wäschle, K., Lehmann, T., Logtenberg, A. & Nückles, M. (2015). Das Lernergebnis im Visier – Theoretische Fundierung eines fachdidaktischen Kompetenzstrukturmodells „Kompetenz zur Entwicklung und Bewertung von Aufgaben im Fach Geschichte". In B. Koch-Priewe, A. Köker, J. Seifried, & E. Wuttke (Hrsg.), *Kompetenzerwerb an Hochschulen: Modellierung und Messung. Zur Professionalisierung angehender Lehrerinnen und Lehrer sowie frühpädagogischer Fachkräfte* (S. 81–103). Bad Heilbrunn: Klinkhardt.

Bromme, R. (1981). *Das Denken von Lehrern bei der Unterrichtsvorbereitung. Eine empirische Untersuchung zu kognitiven Prozessen bei Mathematiklehrern*. Weinheim: Beltz.

Bromme, R. (1997). Kompetenzen, Funktionen und unterrichtliches Handeln des Lehrers. In F. E. Weinert (Hrsg.), *Psychologie des Unterrichts und der Schule. Enzyklopädie der Psychologie* (S. 177–212). Göttingen: Hogrefe.

Bromme, R. (2014). *Der Lehrer als Experte. Zur Psychologie des professionellen Wissens* (Unveränderter Nachdruck des Werks von 1992). Münster: Waxmann.

Buchholtz, N., Scheiner, T., Döhrmann, M., Suhl, U., Kaiser, G. & Blömeke, S. (2012). *TEDS-shortM: Kurzfassung der mathematischen und mathematikdidaktischen Testinstrumente aus TEDS-M, TEDS-LT und TEDS-Telekom.* Hamburg: Universität.

Demantowsky, M. & Zurstrassen, B. (Hrsg.). (2013). *Forschungsmethoden und Forschungsstand in den Didaktiken der kulturwissenschaftlichen Fächer.* Bochum/ Freiburg: Projekt.

Dewe, B. & Radtke, F.-O. (1991). Was wissen Pädagogen über ihr Können? Professionstheoretische Überlegungen zum Theorie-Praxis-Problem in der Pädagogik. *Zeitschrift für Pädagogik*, Beiheft 27, 143–162.

Dewey, J. (1933). *How we think.* Boston: D. C. Heath.

Dick, A. (1994). *Vom unterrichtlichen Wissen zur Praxisreflexion. Das praktische Wissen von Expertenlehrern im Dienste zukünftiger Junglehrer.* Bad Heilbrunn: Klinkhardt.

Dreyfus, H. L. & Dreyfus, S. E. (1986). *Mind over machine. The power of human intuition and expertise in the era of the computer.* Oxford: Basil Blackwell.

Ehlich, K. (2013). Sprachliche Basisqualifikationen, ihre Aneignung und die Schule. *Die Deutsche Schule*, 105 (2), 199–209.

Erpenbeck, J. & Sauter, W. (2016). *Stoppt die Kompetenzkatastrophe! Wege in eine neue Bildungswelt.* Berlin: Springer.

EUCIM-TE = European core curriculum for mainstreamed second language teacher education (2010). Verfügbar unter: http://www.eucim-te.eu/data/eso27/File/Material/2008_3349_FR_EUCIM_TE_Annex_Confidential\%20Part_Product\%2049.1_European\%20Core\%20Curriculum.pdf [10.11.2015].

Fischbach, J., Schindler, K. & Siebert-Ott, G. (2015). Akademische Textkompetenzen modellieren – Entwicklung und Beschreibung eines Kompetenzmodells für das Beurteilen von Schüler/innentexten. In B. Koch-Priewe, A. Köker, J. Seifried & E. Wuttke (Hrsg.), *Kompetenzerwerb an Hochschulen: Modellierung und Messung. Zur Professionalisierung angehender Lehrerinnen und Lehrer sowie frühpädagogischer Fachkräfte* (S. 129–151). Bad Heilbrunn: Klinkhardt.

Fraefel, U. & Bernhardsson-Laros, N. (2016). *Das Prinzip der Hybridität beim Aufbau professionellen Handlungswissens in Hochschulstudiengängen. Jahrbuch für Allgemeine Didaktik: Allgemeine Didaktik und Hochschule* (S. 99–114). Baltmannsweiler: Schneider Verlag Hohengehren.

Furck, C.-L. (1998). Entwicklungstendenzen und Rahmenbedingungen. In C. Führ & C.-L. Furck (Hrsg.), *Handbuch der deutschen Bildungsgeschichte. 6. 1945 bis zur Gegenwart. Erster Teilband: Bundesrepublik Deutschland* (S. 245–260). München: Beck.

GER = Gemeinsamer Europäischer Referenzrahmen Sprache. (ohne Jahr). Verfügbar unter: http://www.europaeischer-referenzrahmen.de/sprachniveau.php [10.11.2015].

Gogolin, I., Dirim, I., Klinger, T., Lange, I., Lengyel, D., Michel, U., Neumann, U., Reich, H. H., Roth, H.-J. & Schwippert, K. (2011). *Förderung von Kindern und Jugendlichen mit Migrationshintergrund FÖRMIG. Bilanz und Perspektiven eines Modellprogramms.* Münster: Waxmann.

Gültekin-Karakoç, N., Köker, A., Hirsch, D., Ehmke, T., Hammer, S., Koch-Priewe, B. & Ohm, U. (2016). Bestimmung von Standards und Stufen der Kompetenz angehender Lehrerinnen und Lehrer aller Fächer im Bereich Deutsch als Zweitsprache (DaZ). *Die Deutsche Schule*, Beiheft 13, 132–148.

Haider, H. (2000). Implizites Wissen: Anmerkungen aus der Perspektive der experimentellen Psychologie. In G. H. Neuweg (Hrsg.), *Wissen. Können. Reflexion* (S. 175–197). Innsbruck.

Hammer, S., Carlson, S. A., Ehmke, T., Koch-Priewe, B., Köker, A., Ohm, U., Rosenbrock, S. & Schulze, N. (2015). Kompetenz von Lehramtsstudierenden in Deutsch als Zweitsprache: Validierung des GSL-Testinstruments. *Zeitschrift für Pädagogik*, Beiheft 61, 32-54.

Hammer, S., Fischer, N. & Koch-Priewe, B. (2016). Überzeugungen von Lehramtsstudierenden zu Mehrsprachigkeit in der Schule. *Die Deutsche Schule*, Beiheft 13, 149–174.

Hartmann, S., Mathesius, S., Stiller, J., Straube, P., Krüger, D. & Upmeier zu Belzen, A. (2015). Kompetenzen der naturwissenschaftlichen Erkenntnisgewinnung als Teil des Professionswissens zukünftiger Lehrkräfte: Das Projekt Ko-WADiS. In B. Koch-Priewe, A. Köker, J. Seifried, & E. Wuttke (Hrsg.), *Kompetenzerwerb an Hochschulen: Modellierung und Messung. Zur Professionalisierung angehender Lehrerinnen und Lehrer sowie frühpädagogischer Fachkräfte* (S. 39–58). Bad Heilbrunn: Klinkhardt.

Heckhausen, H. (1976). Lehrer-Schüler-Interaktion. In F. E. Weinert, C. F. Graumann, H. Heckhausen, & M. Hofer (Hrsg.), *Pädagogische Psychologie (Teil IV)* (S. 85–124). Weinheim: Beltz.

Herzig, B., Martin, A., Schaper, N. & Ossenschmidt, D. (2015). Modellierung und Messung medienpädagogischer Kompetenz – Grundlagen und erste Ergebnisse. In B. Koch-Priewe, A. Köker, J. Seifried, & E. Wuttke (Hrsg.), *Kompetenzerwerb an Hochschulen: Modellierung und Messung. Zur Professionalisierung angehender Lehrerinnen und Lehrer sowie frühpädagogischer Fachkräfte* (S. 153–176). Bad Heilbrunn: Klinkhardt.

Hofer, M. (Hrsg.). (1981). *Informationsverarbeitung und Entscheidungsverhalten von Lehrern. Beiträge zu einer Handlungstheorie des Unterrichtens.* München: Urban & Schwarzenberg.

Huber, G. L. (1993). Die Person des Lehrers. In K. Kunert (Hrsg.). *Schule im Kreuzfeuer* (S. 44–57). Baltmannsweiler: Schneider Verlag Hohengehren.

Jung-Strauß, E. M. (2000). *Widersprüchlichkeiten im Lehrerberuf. Eine Untersuchung unter Verwendung der Rollentheorie.* Frankfurt: Lang.

Klieme, E. & Leutner, D. (2006). Kompetenzmodelle zur Erfassung individueller Lernergebnisse und zur Bilanzierung von Bildungsprozessen. Beschreibung eines neu eingerichteten Schwerpunktprogramms der DFG. *Zeitschrift für Pädagogik*, 52 (6), 876–903.

Klieme, E. & Rakoczy, K. (2008). Empirische Unterrichtsforschung und Fachdidaktik. Outcomeorientierte Messung und Prozessqualität des Unterrichts. *Zeitschrift für Pädagogik*, 54 (2), 222–237.

Klieme, E., Artelt, C., Hartig, J., Jude, N., Köller, O., Prenzel, M., Schneider, W. & Stanat, P. (Hrsg.). (2010). *PISA 2009. Bilanz nach einem Jahrzehnt.* Münster: Waxmann.

KMK = Kultusministerkonferenz. (1981). *Empfehlungen zur Verbesserung der Lehrerbildung auf dem Gebiet des Ausländerunterrichts.* Beschluß der Kultusministerkonferenz vom 8.10.1981. KMK Erg.-Lfg., Nr. 810.

KMK = Kultusministerkonferenz. (1996). *Interkulturelle Bildung und Erziehung in der Schule.* Beschluß der Kultusministerkonferenz vom 25.10.1996. In: KMK, Nr. 671.1.

KMK = Kultusministerkonferenz. (2015a). *Ländergemeinsame inhaltliche Anforderungen für die Fachwissenschaften und Fachdidaktiken in der Lehrerbildung.* Verfügbar unter: http://www.kmk.org/fileadmin/veroeffentlichungen_beschluesse/2008/2008_10_16-Fachprofile-Lehrerbildung.pdf [9.11.2015].

KMK = Kultusministerkonferenz. (2015b). *Bildungsstandards (für die Allgemeine Hochschulreife und den Mittleren Schulabschluss, für den Hauptschulabschluss und für den Primarbereich).* Verfügbar unter: http://www.kmk.org/bildung-schule/qualitaetssicherung-in-schulen/bildungsstandards/dokumente.html\#c6318 [10.11.2015].

Koch-Priewe, B. (1997). Grundlegung einer Didaktik der Lehrerbildung. Der Beitrag der wissens-psychologischen Professionsforschung und der humanistischen Pädagogik. In M. Bayer, U. Car-le, & J. Wildt (Hrsg.), *Lehrerbildung im Brennpunkt. Strukturwandel und Innovation im europäi-schen Kontext* (S. 139–163). Opladen: VS.

Koch-Priewe, B. (2002). Der routinierte Umgang mit Neuem. Wie die Professionalisierung von JunglehrerInnen gelingen kann. In S. Beetz-Rahm, L. Denner, & T. Riecke-Baulecke, (Hrsg.), *Jahrbuch für Lehrerforschung und Bildungsarbeit* (Bd. 3, S. 311–324). Weinheim: Beltz Juventa.

Koch-Priewe, B., Köker, A., Seifried, J. & Wuttke, E. (Hrsg.). (2015). *Kompetenzerwerb an Hoch-schulen: Modellierung und Messung. Zur Professionalisierung angehender Lehrerinnen und Leh-rer sowie frühpädagogischer Fachkräfte*. Bad Heilbrunn: Klinkhardt.

Koch-Priewe, B., Köker, A. & Störtländer, J. C. (2018). Fachunterricht und Fachdidaktik. In M. Harring, M. Gläser-Zikuda, C. Rohlfs (Hrsg.), *Handbuch Schulpädagogik*. Münster: Waxmann.

Koch-Priewe, B., Köker, A., Ohm, U., Ehmke, T., Carlson, S. A., Gültekin-Karakoç, N., Hammer, S. & Rosenbrock, S. (2013). DaZKom – Professional competencies of pre-service teachers for secondary education in the field of german as a second language. In S. Blömeke & O. Zlatkin-Troitschanskaia (Eds.), *The german funding initiative "modeling and measuring competencies in higher education": 23 research projects on engineering, economics and social sciences, educa-tion and generic skills of higher education students*, (KoKoHs Working Papers 3) (pp. 58–62). Berlin & Mainz: Humboldt University & Johannes Gutenberg University.

Koch-Priewe, B. & Krüger-Potratz, M. (Hrsg.). (2016). Qualifizierung für sprachliche Bildung. Pro-gramme und Projekte zur Professionalisierung von Lehrkräften und pädagogischen Fachkräften. *Die Deutsche Schule*, Beiheft 13, 9–20.

Köker, A., Rosenbrock, S., Ohm, U., Ehmke, T., Hammer, S., Koch-Priewe, B. & Schulze, N. (2015). DaZKom – Ein Modell von Lehrerkompetenz im Bereich Deutsch als Zweitsprache. In B. Koch-Priewe, A. Köker, J. Seifried & E. Wuttke (Hrsg.), *Kompetenzerwerb an Hochschulen: Modellierung und Messung. Zur Professionalisierung angehender Lehrerinnen und Lehrer sowie frühpädagogischer Fachkräfte* (S. 189–220). Bad Heilbrunn: Klinkhardt.

König, J. & Blömeke, S. (2010). *Pädagogisches Unterrichtswissen (PUW). Dokumentation der Kurzfassung des TEDS-M-Testinstruments zur Kompetenzmessung in der ersten Phase der Leh-rerausbildung*. Berlin: Humboldt-Universität.

Kolbe, F.-U. (1997). Lehrerbildung ohne normative Vorgaben für das praktische Handlungswis-sen? In M. Bayer, U. Carle & J. Wildt (Hrsg.), *Brennpunkt: Lehrerbildung. Strukturwandel und Innovation im europäischen Kontext* (S. 121–137). Opladen: VS.

Korthagen F. A. J., Kessels, J., Koster, B., Lagerwerf, B. & Wubbels, T. (2002). *Schulwirklichkeit und Lehrerbildung. Reflexion der Lehrertätigkeit*. Hamburg: EB-Verlag.

Krauss, S., Kunter, M., Brunner, M., Baumert, J., Blum, W., Neubrand, M., Jordan, A. & Löwen, K. (2004). COACTIV: Professionswissen von Lehrkräften, kognitiv aktivierender Mathematik-unterricht und die Entwicklung von mathematischer Kompetenz. In J. Doll & M. Prenzel (Hrsg.), *Die Bildungsqualität von Schule: Lehrerprofessionalisierung, Unterrichtsentwicklung und Schü-lerförderung als Strategien der Qualitätsverbesserung* (S. 31–53). Münster: Waxmann.

Krüger-Potratz, M. (2013). Sprachenvielfalt und Bildung. Anmerkungen zum Kern einer historisch belasteten Debatte. *Die Deutsche Schule*, 105 (2), 185–198.

Kunter, M., Baumert, J., Blum, W., Klusmann, U., Krauss, S. & Neubrand, M. (Hrsg.). (2011). *Pro-fessionelle Kompetenz von Lehrkräften. Ergebnisse des Forschungsprogramms COACTIV*. Müns-ter: Waxmann.

Landesregierung NRW (2015). *Schulische Maßnahmen für zugewanderte Kinder und Jugendliche.* Verfügbar unter: https://land.nrw/sites/default/files/asset/document/8_schulische_massnahmen_ fuer_zugewanderte_kinder_und_jugendliche.pdf [10.11.2015].

Leisen, J. (2010). *Handbuch Sprachförderung im Fach – Sprachsensibler Fachunterricht in der Praxis.* Bonn: Varus.

Lucas, T. (2011). Toward the transformation of teacher education to prepare all teachers for linguistically diverse classrooms. In T. Lucas (Ed.), *Teacher preparation for linguistically diverse classrooms. A resource for teacher educators* (pp. 216–221). New York: Routledge.

Lucas, T. & Grinberg, J. (2008). Responding to the linguistic reality of mainstream classrooms. Preparing all teachers to teach english language learners. In M. Cochran-Smith, S. Feiman-Nemser & J. D. McIntyre (Eds.), *Handbook of research on teacher education. Enduring questions and changing contexts* (pp. 606–636). New York, London: Routledge.

Ministerium für Schule, Jugend und Kinder des Landes Nordrhein-Westfalen (Hrsg.). (1999). *Förderung in der deutschen Sprache als Aufgabe des Unterrichts in allen Fächern. Empfehlungen* (Unveränderter Nachdruck 2002). Frechen: Ritterbach.

Ministerium für Schule, Jugend und Kinder des Landes Nordrhein-Westfalen (2004): *Fächerspezifische Vorgaben. Didaktisches Grundlagenstudium Deutsch für das Lehramt an Grund-, Haupt- und Realschulen sowie den entsprechenden Jahrgangsstufen der Gesamtschulen.* Verfügbar unter: https://www.schulministerium.nrw.de/docs/Recht/LAusbildung/Studium/ Faecherspezifische-Vorgaben/GS-H-RS-GE/Grundlagenstudium-Mathematik.pdf [14.10.2017].

Morris-Lange, S., Wagner, K. & Altinay, L. (2016). *Lehrerbildung in der Einwanderungsgesellschaft. Qualifizierung für den Normalfall Vielfalt. Mercator Institut für Sprachförderung und Deutsch als Zweitsprache.* Policy Brief des SVR Forschungsbereichs 2016-4. Köln.

Neuweg, G. H. (2010). Grundlagen und Dimensionen der Lehrerkompetenz. In N. Reinhold, G. Pätzold, H. Reinisch & T. Tramm, T. (Hrsg.), *Handbuch Berufs- und Wirtschaftspädagogik* (S. 26–30). Bad Heilbrunn: Klinkhardt.

Neuweg, G. H. (2015). Kontextualisierte Kompetenzmessung. *Zeitschrift für Pädagogik,* 61 (3), 377–383.

Nottbusch, G., Sahel, S., Civak, S., Stanojevic, M. & Wiejowski, S. (2014). *LiKoM – Teilprojekt „Entwicklung sprachreflexiver Kompetenzen“-Sprachtest. Sprachkompetenztest.* Verfügbar unter: http://www.uni-bielefeld.de/lili/projekte/likom/Ergebnisse.html [24.03.2014].

Ohm, U. (2010). Fachliche Schwierigkeiten sind sprachliche Schwierigkeiten. Müssen Fachlehrer und Ausbilder auch Sprachlehrer sein? In C. Chlosta & M. Jung (Hrsg.), *DaF integriert: Literatur – Medien – Ausbildung.* Tagungsband der 36. Jahrestagung des Fachverbandes Deutsch als Fremdsprache 2008 (S. 271–284). Göttingen: Universitätsverlag.

Ohm, U. (2016). Berufsorientiertes und -begleitendes Sprachenlernen und -lehren. In Bausch, K.-R., Burwitz-Melzer, E., Krumm, H.-J., Mehlhorn, G. & Riemer, C. (Hrsg.), *Handbuch Fremdsprachenunterricht* (6., völlig überarb. u. erw. Aufl.). (S. 205–210). Tübingen: Francke.

Ohm, U. (2017). Literater Sprachausbau im Übergang Schule-Beruf. Sprachentwicklung als konstitutives Moment fachlichen Lernens und beruflichen Handelns mit einem Fokus auf Deutsch als Zweitsprache. In Daase, A., Ohm, U. & Mertens, M. (Hrsg.), *Interkulturelle und sprachliche Bildung im mehrsprachigen Übergangsbereich* (S. 213–247). Münster: Waxmann.

Prenzel, M., Sälzer, C., Klieme, E. & Köller, O. (Hrsg.) (2013). *PISA 2012. Fortschritte und Herausforderungen in Deutschland.* Münster: Waxmann.

Radtke, F.-O. (1983). *Pädagogische Konventionen. Zur Topik eines Berufsstandes*. Weinheim: Beltz.

Reiss, K., Sälzer, C., Schiepe-Tiska, A., Klieme, E. & Köller, O. (Hrsg.) (2016). *PISA 2015. Eine Studie zwischen Kontinuität und Innovation*. Münster: Waxmann.

Rosenthal. R. & Jacobson, L. (1981). *Pygmalion im Unterricht. Lehrererwartungen und Intelligenzentwicklung der Schüler*. Weinheim, Basel: Beltz.

Ross, K. E. L. (2013). Professional development for practicing mathematics teachers: a critical connection to english language learner students in mainstream USA classrooms. *Journal of Mathematics Teacher Education*, 17 (1), 85–100.

Schleppegrell, M. J. (2004). *The language of schooling. A functional linguistics perspective*. Mahwah, New Jersey: Lawrence Erlbaum.

Schleppegrell, M. J. (2007). The linguistic challenges of mathematics teaching and learning: A research review. *Reading & Writing Quarterly*, 23, 139–159.

Schön, D. A. (1987). *Educating the reflective practitioner*. San Francisco: Jossey-Bass.

Schulze-Stocker, F., Holzberger, D., Kunina-Habenicht, O. & Terhart, E. (2015). *BilWiss-Beruf*: Bildungswissenschaften in der Lehrerbildung – Ergebnisse des Studiums und Entwicklungen im Vorbereitungsdienst. In B. Koch-Priewe, A. Köker, J. Seifried, & E. Wuttke (Hrsg.), *Kompetenzerwerb an Hochschulen: Modellierung und Messung. Zur Professionalisierung angehender Lehrerinnen und Lehrer sowie frühpädagogischer Fachkräfte* (S. 207–217). Bad Heilbrunn: Klinkhardt.

Shulman, L. S. (1986). Those who understand: Knowledge growth in teaching. *Educational Researcher*, 15 (2), 4–14.

Shulman, L. S. (1987). Knowledge and teaching: Foundations of the new reform. *Havard Educational Research*, 57, 1–22.

Stürmer, K., Seidel, T. & Kunina-Habenicht, O. (2015). Unterricht wissensbasiert. Unterschiede und erklärende Faktoren bei Referendaren zum Berufseinstieg. *Zeitschrift für Pädagogik*, 61 (3), 345-359.

Skinner, B. (2010). English as an additional language as initial teacher education: views and experiences from Northern Ireland. *Journal of Education for Teaching*, 36 (1), 75-90.

Spranger, E. (1958). *Der geborene Erzieher*. Heidelberg: Quelle & Meyer.

Tenorth, H. E. (2008). Bildungsstandards außerhalb der Kernfächer. Herausforderung für den Unterricht und die fachdidaktische Forschung. Einleitung in den Thementeil. *Zeitschrift für Pädagogik*, 54 (2), 159–162.

Terzer, E., Patzke, C. & Upmeier zu Belzen, A. (2012). Validierung von Multiple-Choice Items zur Modellkompetenz durch lautes Denken. In U. Harms & F. X. Bogner (Hrsg.), *Lehr- und Lernforschung in der Biologiedidaktik* (S.45–62). Innsbruck: Studienverlag.

Tillmann, K.-J. (2014). Konzepte der Forschung zum Lehrerberuf. In E. Terhart, Y. Bennewitz, M. Rothland (Hrsg.), *Handbuch der Forschung zum Lehrerberuf*. 2. überarbeitete und erweiterte Auflage (S. 308–316). Münster: Waxmann.

Ulich, K. (1996). *Beruf: Lehrer/in. Arbeitsbelastungen, Beziehungskonflikte, Zufriedenheit*. Weinheim: Beltz.

Viesca, K. M., Davidson, A. O. & Hamilton, B. (2016). Preparing content teachers to work with emergent bilinguals: A case study and the project it inspired. *Die Deutsche Schule*, Beiheft 13, 100–112.

Weinert, F. E. (2001). Vergleichende Leistungsmessung in Schulen – eine umstrittene Selbstver-ständlichkeit. In F. E. Weinert (Hrsg.), *Leistungsmessung in Schulen* (S. 17–31). Weinheim u. a.: Beltz.

Zlatkin-Troitschanskaia, O., Kuhn, C. & Toepper, M. (2014). Modelling and assessing higher edu-cation learning outcomes in Germany. In H. Coates (Ed.), *Higher Education Learning Outcomes Assessment – International Perspectives* (pp. 213–235). Frankfurt/Main: Peter Lang.

Zlatkin-Troitschanskaia, O., Shavelson, R. J. & Kuhn, C. (2015). The international state of research on measurement of competency in higher education. *Studies in Higher Education*, 40 (3), 393-411.

Kapitel 2

Zur Relevanz (bildungs-)sprachlicher Förderung in Schule und Fachunterricht

ANNE KÖKER

Zusammenfasssung: Der Beitrag erörtert unter Bezugnahme auf linguistische Überlegungen die Bedeutung von Sprache im Fachunterricht und geht der Entwicklung des Konstrukts Bildungssprache nach. Hierbei werden spracherwerbstheoretische Überlegungen und sprachpsychologische und -soziologische Theorien mit einbezogen, die die Bedeutung der spezifischen Sprache im Fachunterricht nachvollziehbar werden lassen. Zudem wird herausgearbeitet, dass das Konstrukt Bildungssprache sich nicht nur auf linguistische Merkmale reduzieren lässt, sondern dass auch migrationspädagogische Aspekte, z. B. solche des Zweitspracherwerbs unter Migrationsbedingungen, einzubeziehen sind. Die sich hieraus ableitbaren Desiderate einer durchgängigen und alle Fächer umfassenden sprachlichen schulischen Sensibilität und Förderung werden zum Abschluss mit schon bestehenden Sprachförderkonzepten kontrastiv in Beziehung gesetzt.

Abstract: This article discusses the significance of language in subject teaching while also referring to linguistic considerations, and tracks the development of the construct "Bildungssprache" (lit.: language of education). In connection to this, (second-)language acquisition is discussed with reference to psycho- and sociolinguistic theories, as they allow for understanding the significance of the specific language variety in subject teaching. Additionally, it is argued that the construct "Bildungssprache" cannot be reduced to linguistic traits only, but migration pedagogic aspects have to be considered as well, such as those concerning second language acquisition under migration circumstances. Finally, the desideratum of a continuous, all subjects entailing linguistic sensitivity and facilitation in schools is contrasted with existing language facilitation concepts.

2.1   Einleitung

Sprache ist ein Medium der Kommunikation und Integration, kann aber ebenso ein Instrument zur sozialen Distinktion werden. Sprache ist wesentlich bei der Bildung der Identität, aber ebenso auch das zentrale Medium, über das Zugänge zu Bildung und somit zur Erschließung der Welt eröffnet werden oder versperrt bleiben. Da die Bildungsinstitutionen in Deutschland, so wie in den meisten anderen europäischen Ländern, monolingual ausgerichtet sind und die Bildungsangebote weitgehend ohne Berücksichtigung der Mehrsprachigkeit eines Großteils ihrer Zielgruppe ausrichten, ist für Schülerinnen und Schüler mit nicht deutscher Erstsprache der Erwerb der in der Institution dominanten Unterrichtssprache der zentrale Schlüssel zum Zugang zu Bildungsinhalten. Sprache wird somit gleichermaßen zum Gegenstand von als auch zum Medium zur Bildung. Da sich die in Unterrichtssituationen verwendete Sprache, die sog. Bildungssprache, zudem noch in wesentlichen Aspekten von der im außerschulischen Umfeld verwendeten Sprache, der sog. Umgangs- oder Alltagssprache, unterscheidet, sind von dieser spezifischen Herausforderung nicht nur Schülerinnen und Schüler mit einer anderen Herkunfts- oder Erstsprache als Deutsch betroffen, sondern auch Kinder und Jugendliche aus nicht privilegierten Schichten.

Das Bewusstsein für die Relevanz von bildungssprachlichen Erwerbsprozessen für den Erfolg in schulischen Bildungsprozessen wurde in der bildungspolitischen und bildungswissenschaftlichen Öffentlichkeit schlagartig mit dem „schlechten Abschneiden" von Schülerinnen und Schülern der deutschen Stichproben in den internationalen Leistungsvergleichsstudien (PISA, TIMSS und IGLU) geweckt. Hier wurde unter Kontrolle der Sozialfaktoren deutlich, dass vor allem Kinder und Jugendliche mit Migrationshintergrund erhebliche Nachteile erfahren und dass die Disparitäten im Kompetenzerwerb vom Vorschulbereich über die Primarstufe bis zur Sekundarstufe zunehmen (Böhme, Felbrich, Weirich & Stanat, 2013).

In diesem Kapitel soll erörtert werden, warum die Sprache im Fachunterricht für manche Schülerinnen und Schüler ein Hindernis darstellen kann, welche spezifischen Eigenschaften diese Sprache hat und welche Voraussetzungen zur Überwindung des Hindernisses geschaffen werden sollten.

2.2   SchülerInnen mit Zuwanderungshintergrund und ihre Benachteiligung im Bildungssystem

Im Mikrozensus 2016 wiesen rund 18,6 Millionen Menschen in Deutschland einen Migrationshintergrund auf, was etwa 22,6 Prozent der Gesamtbevölkerung entspricht (Statistisches Bundesamt, 2016). 31% der zwischen Sechs- und 20-Jährigen wurde der Gruppe „Schülerinnen und Schüler mit Migrationshintergrund" zugeordnet.[1] Laut Datenre-

---

[1]   Das Statistische Bundesamt attribuiert „mit Migrationshintergrund" „[…] Personen, die nach 1949 auf das heutige Gebiet der Bundesrepublik Deutschland zugezogen sind, sowie alle in Deutschland geborenen Ausländerinnen und Ausländer und alle in Deutschland als Deutsche Geborene mit zumindest einem Elternteil, der zugezogen ist oder der als Ausländerin bzw. Ausländer in Deutschland geboren wurde" (Statistisches Bundesamt, 2016, S. 70).

port 2016 erreicht diese Gruppe im Durchschnitt niedrigere Schulabschlüsse als die Ver-
gleichsgruppen ohne Migrationshintergrund: „Die deutlichsten Unterschiede der Zusammensetzung der Schülerschaft fanden sich erneut zwischen Hauptschulen und Gymnasi-
en. Der Anteil der Schülerinnen und Schüler mit Migrationshintergrund war mit 48 %
an Hauptschulen fast doppelt so hoch wie an Gymnasien (26 %)" (Statistisches Bundesamt (Destatis) & Wissenschaftszentrum Berlin für Sozialforschung (WZB), 2016, S. 86).[2]
Demzufolge besuchen autochthone Kinder und Jugendliche doppelt so häufig wie Kinder und Jugendliche mit Migrationshintergrund die Schulform mit dem höchsten, aber
nur halb so häufig diejenige Schulform mit dem niedrigsten Schulabschluss (Fereidooni,
2011).

Zuwanderungsbezogene Disparitäten im Kompetenzerwerb weisen auch alle großen
Schulleistungsstudien des letzten Jahrzehnts nach (Böhme et al., 2013). Die Bildungsbe-
nachteiligungen zeigten sich vor allem in den Ergebnissen der seit mehr als 15 Jahren
durchgeführten Schulleistungsvergleichsstudien (z. B. PISA vgl. Reiss, Sälzer, Schiepe-
Tiska, Klieme & Köller, 2016). Selbst die Resultate der jüngsten PISA-Studie sind –
bei allgemeiner Leistungssteigerung – in diesem Bereich weiterhin unbefriedigend. So
verringerte sich zwar bei den Mathematikergebnissen der Abstand der Kinder mit Migrationshintergrund zu den Schülerinnen und Schülern ohne Migrationshintergrund von 81
Punkten im Jahr 2003 auf 54 Punkte im Jahr 2012, das sind aber immer noch knapp an-
derthalb Schuljahre Unterschied. Fast jede/r dritte in Deutschland geborene Jugendliche
aus Migrantenfamilien erreicht in Mathematik nur die Kompetenzstufe 1. Der Anteil ist
damit mehr als doppelt so hoch wie bei Jugendlichen ohne Migrationshintergrund (14%,
Gebhardt, Rauch, Mang, Sälzer & Stanat, 2013).

Für diese Bildungsbenachteiligung werden in der Literatur überwiegend die „sprachlichen Defizite" der Schülerinnen und Schüler als Ursache ausgemacht bzw. „die nicht
bewältigte Hürde kompetenter Beherrschung der Verkehrssprache" (Baumert & Maaz,
2012, S. 298). Bei genauerer Betrachtung auch aus einer inklusionspädagogischen Perspektive wird schnell deutlich, dass die Defizite aber nicht bei den betroffenen Schülerinnen und Schülern zu suchen und zu finden sind, sondern im Bildungssystem selbst bzw.
bei den Bildungsinstitutionen, die nicht in der Lage sind, die Barrieren für die Schülerinnen und Schüler abzubauen. Uneingeschränkte Barrierefreiheit würde aus dieser Perspektive bedeuten, jeder Schülerin und jedem Schüler einen Zugang zu den Bildungsinhalten in ihrer/seiner Herkunftssprache zu gewährleisten. Angesichts der nicht nur durch
Migration bedingten und vermutlich noch zunehmenden Sprachenvielfalt in Deutschland[3] scheint eine Forderung nach einer solchen sprachlichen Barrierefreiheit unrealis-
tisch (Krüger-Potratz 2013). Eine realistische Forderung bzw. eine unabdingbare Voraussetzung ist jedoch die Einsicht aller Akteurinnen und Akteure des Bildungssystems, dass

[2]   Die Tatsache, dass auch Migrationshintergrund nicht gleich Migrationshintergrund ist, ergibt die Detailanalyse: „Die Zusammensetzung der Kinder mit Migrationshintergrund nach Herkunftsgruppen unterscheidet sich auch zwischen den Schularten deutlich. Schülerinnen und Schüler mit türkischen Wurzeln
(14 %) bildeten an Hauptschulen mit Abstand die größte Herkunftsgruppe. Dagegen stammten die meisten
Gymnasiasten mit Migrationshintergrund aus Staaten der Europäischen Union beziehungsweise aus sonstigen nicht europäischen Ländern" (Statistisches Bundesamt (Destatis) & Wissenschaftszentrum Berlin für
Sozialforschung (WZB) 2016, S. 86).

[3]   Krüger-Potratz kommt nach Auswertung diverser Statistiken zu der Schätzung von ca. 200 zugewanderten
Sprachen (Krüger-Potratz, 2013, S. 189).

Schülerinnen und Schüler mit Migrationshintergrund nicht sprachlos, spracharm oder sprachinkompetent sind, sondern eine im Vergleich mit ihren Mitschülerinnen und Mitschülern sehr viel größere Anstrengung oder Leistung vollbringen müssen, um die sich ihnen stellende zusätzliche sprachliche Hürde zu überwinden. Dass dies voraussetzungsreich ist und gezielter Unterstützung bedarf, wird deutlich, wenn Prozesse des Spracherwerbs und die Beschaffenheit der in Schule und Unterricht relevanten Sprache betrachtet werden.

2.3   Erstsprache, Zweitsprache, Mehrsprachigkeit

In der Sprachlehr- und lernforschung und in der Entwicklungspsychologie unterscheidet man drei Grundformen des Spracherwerbs: den Erwerb der Erstsprache (L1) beim Kind, den der Zweitsprache (L2) im „natürlichen" Kontext und den einer Fremdsprache (L2-Lx) in gesteuerten Lernumgebungen wie dem Fremdsprachenunterricht. Diese Unterscheidung ist stark vereinfachend und insofern zu differenzieren, als insbesondere der Zweitspracherwerb unter völlig unterschiedlichen Bedingungen stattfinden kann, d. h., der Erwerb einer oder mehrerer Sprachen kann nach Erwerbsform und Alter voneinander abweichen. Wenn ein Kind in den ersten Lebensjahren (je nach Lehrmeinung simultan oder zeitversetzt bis zum Abschluss des dritten Lebensjahrs) zwei Sprachen erwirbt, spricht man von bilingualem Erstspracherwerb, ab dem dritten bis vierten Lebensjahr von frühem Zweitspracherwerb (Ahrenholz, 2010a). Da es sich um eine Sprache handelt, die zeitlich versetzt zu der Erstsprache (L1) erworben wird, wird sie in Anlehnung an den englischen Fachterminus als L2 bezeichnet (Ahrenholz, 2010a). Ob bei der L2 von einer Zweit- oder aber einer Fremdsprache gesprochen wird, hängt zusätzlich von weiteren Erwerbsvariablen ab. Während eine Fremdsprache in gesteuerter Form im Kontext von spezifischen Lehr-Lern-Settings zumeist nicht im Zielsprachenland gelehrt und gelernt wird, erfolgt der Erwerb der Zweitsprache eher ungesteuert vor allem durch die alltägliche Interaktion und Kommunikation im sozialen Umfeld, in dem die L2 die dominante Sprache ist. Ein ungesteuerter Erwerb findet demnach auch dann statt, wenn ein Kind mit einer anderen L1 als der dominanten Umgebungssprache zwar eine Bildungseinrichtung wie Kindertageseinrichtung oder Schule besucht, hier aber nicht im Hinblick auf den Zweitspracherwerb gezielt und angemessen unterstützt wird. Im Unterschied zum gesteuerten Lernprozess im Fremdsprachunterricht, in dem der Spracherwerb durch einen didaktischen Aufbau vom Einfachen zum Schwierigen gemäß einer an den Lernenden orientierten sukzessiv steigenden Sprachkompetenz gesteuert wird, ist der Zweitspracherwerbsprozess dadurch charakterisiert, dass die Sprecherin / der Sprecher von Anfang an für sie bedeutsame kommunikative Herausforderungen mit einer unter Umständen unzureichenden Sprachkompetenz bewältigen muss. Dies betrifft in besonderem Maße Sprachhandlungssituationen im schulischen Kontext, wenn dieser monolingual ausgerichtet ist.

Dabei kommen Schülerinnen und Schüler mit sehr heterogenen sprachlichen Erfahrungen zur Schule: Im Vergleich zu monolingual aufwachsenden Kindern haben Schülerinnen und Schüler, deren Deutscherwerb erst mit der Einschulung beginnt, „[...] in Bezug auf die Kompetenz in der schulisch dominanten Sprache Deutsch schlechtere Startbedingungen, [und] müssen in der Folgezeit auch Entwicklungen nachholen, die Kinder mit

Erstsprache Deutsch bzw. frühzeitig mehrsprachig geförderte Kinder in Kernbereichen bereits vor dem Schuleintritt abschließen konnten" (Ohm, 2009, S. 30). Dies betrifft in besonderem Maße Schülerinnen und Schüler, die erst ab der frühen Adoleszenz in die zweitsprachige Umgebung eintreten, wie die sogenannten *migrationsbedingten Seiteneinsteiger*, die deshalb mit noch größeren Herausforderungen konfrontiert sind, weil – nach Stand der Zweitspracherwerbsforschung – die Ähnlichkeit des Zweitspracherwerbs mit frühkindlichen Spracherwerbsverläufen immer mehr abnimmt und ab dem Alter von sechs bis sieben Jahren eine sprachsensible Phase ausläuft (Kniffka & Siebert-Ott, 2012; Ohm, 2009).

Wenngleich eine „geschlossene Theorie des Zweitspracherwerbs" noch aussteht und nach Ahrenholz auch nicht in Sicht ist (2010b, S. 74), gibt es einige Spracherwerbshypothesen, die sich mehr oder weniger durchsetzten konnten. Eine auch nach dem heutigen Forschungsstand noch verbreitete, empirisch begründete Annahme ist die Interlanguage-Hypothese von Selinker (1972). Danach bildet eine Lernerin / ein Lerner beim Zweitspracherwerb ein spezifisches Sprachsystem aus, das Merkmale der L1 und der Zielsprache L2, aber ebenso von diesen Sprachen abweichende sprachliche Merkmale aufweist. Weil letztere sehr individuell sind, hat sich im deutschsprachigen Diskurs für die Interlanguage der Begriff *Lernersprache* durchgesetzt. Diese ist dynamisch, d. h. ständigen Änderungen unterworfen. Während dieses Spracherwerbsprozesses werden Regeln und Gewohnheiten aus der L1, der Zielsprache oder weiteren schon erworbenen Fremdsprachen in die Systematik der Lernersprache übernommen. Die Lernerin / der Lerner sucht und findet zudem neue Regeln heraus, überprüft diese und integriert, verwirft oder modifiziert sie. Dabei werden u.U. bisher erworbene Kenntnisse der Zielsprache durch falsche Analogien auch dort eingesetzt, wo es nicht den Regeln der Zielsprache entspricht, z. B. wenn die Regel der regelmäßigen Präteritumsbildung auf unregelmäßige Verben übertragen wird: arbeiten – arbeitete → laufen – laufte (*Übergeneralisierung*: Ahrenholz, 2010b). Da Interaktionen im Spracherwerb eine zentrale Rolle spielen, tragen Unterstützungsverfahren (z. B. Scaffolding: Gibbons, 2002) zur positiven Entwicklung der Lernersprache hin zur Zielsprache bei, wohingegen ungeeignete Lehrmaterialien bzw. Übungsformen zu Sondermerkmalen der Interlanguage führen können. Wenn Lernende kommunizieren wollen, ihnen dazu jedoch die zweitsprachlichen Mittel fehlen, dann wenden sie zur Bewältigung des Kommunikationsproblems diverse Strategien an, die ihnen die Interimsprache zur Verfügung stellt, oder sie entziehen sich der Situation.

2.4 Alltagssprache, Schulsprache, Unterrichtssprache, Fachsprache, Bildungssprache, Fachregister

Die Relevanz der spezifischen Sprache in Schule und Unterricht, die in fachwissenschaftlichen Publikationen schon länger thematisiert wurde, ist erst in den letzten Jahren nach dem Schock über die PISA- und TIMS-Studien-Ergebnisse ins Bewusstsein der (Bildungs-)Öffentlichkeit gelangt. Diese lösten u. a. eine Irritation darüber aus, dass Schülerinnen und Schüler mit Migrationserfahrung oder –hintergrund oftmals eine hohe alltagssprachliche Kompetenz in der Zweitsprache erworben haben, sich also mit ihren Lehrerinnen und Lehrern und den Peers in ihrer Zweitsprache problemlos verständigen und behaupten können, aber im Fachunterricht nicht selten (sprachlich) scheitern, weil ihnen hier anscheinend ‚die Worte fehlen':

> Nicht selten stellt das Ausformulieren für Schüler generell, für Schüler mit Deutsch als Zweitsprache jedoch insbesondere eine große Schwierigkeit dar. Häufig wissen sie nicht, wie sie ihren Gedanken eine sprachliche Form geben können, weil ihnen brauchbare Formulierungen oder Vokabeln fehlen. Sie vermeiden es daher, z. B. Fragen zu stellen oder ihre Lösungswege im Mathematikunterricht zu erklären. Ihnen fällt es oftmals schwer, Erklärungen zu folgen und Lösungsbeschreibungen von Lehrern und Mitschülern nachzuvollziehen. Wenn es darum geht, konkret zu werden, weichen sie häufig aus und bleiben oberflächlich, vermutlich weil ihnen die Übung und das geeignete Vokabular fehlen (Bollmann, 2015, S. 21).

Die Beobachtungen, die diese Lehrerin in ihrem Unterricht gemacht hat, decken sich mit den Beschreibungen im wissenschaftlichen Diskurs zum Thema. Solchen „Sprachnotsituationen" (Tajmel, 2013, S. 198), die entstehen können, wenn im Unterricht in der Zweitsprache eine Handlungssituation sprachlich bewältigt werden muss, sind SchülerInnen je nach Verweildauer in Deutschland und Kontakt zur Bildungssprache unterschiedlich häufig und intensiv ausgesetzt. Und der Erfolg bei diesen sprachlich zu bewältigenden Leistungssituationen entscheidet über den Zugang zu Bildungschancen.

Das wissenschaftliche Interesse an der Funktion von Sprache in Bildungskontexten wird international schon seit mehreren Jahrzehnten und in unterschiedlichen Disziplinen formuliert und verfolgt. Der russische Psychologe Vygotskij, der schon zu Beginn des letzten Jahrhunderts (1934 & 2002) anhand von empirischen und theoretischen Studien die innere Einheit von Denken und Sprechen untersuchte und den Zusammenhang zwischen der kognitiven und sprachlichen Entwicklung von Kindern herausarbeitete, lieferte hiermit die Vorarbeiten u. a. für die für den Diskurs um Bildungssprache wichtigen Untersuchungen der amerikanischen Erziehungswissenschaftlerin Schleppegrell und des britisch-australischen Linguisten Halliday. Folgt man Vygotskij (1934 & 2002), dann hat Sprache sowohl eine interaktive, soziale Funktion zur Gestaltung der sozialen Umwelt der Sprecherin / des Sprechers als auch eine intrapersonale, kognitive Funktion zur Anregung bzw. Erzeugung von kognitiven Prozessen. Beide Entwicklungsprozesse, also die Entwicklung von Sprache in der sozialen Interaktion eines Kindes mit seiner Umwelt und seine kognitive Entwicklung, finden simultan statt (Schleppegrell, 2004). Dabei unterscheidet Vygotskij die kognitive und sprachliche Entwicklung im Alltagskontext, sprich das Alltagsdenken mit Alltagsbegriffen, von der kognitiven und sprachlichen Entwicklung des Kindes in der Schule, d. h. dem wissenschaftlichen Denken und wissenschaftlichen Begriffen (1934 & 2002). Denken und Sprechen, d. h. das Durchdringen des inhaltlichen Gegenstandes und die Verbalisierung/verbale Bezeichnung sind dabei untrennbar miteinander verbunden und bedingen einander:

> Die pädagogische Erfahrung lehrt uns nicht anders als die theoretische Untersuchung, dass eine direkte Vermittlung von Begriffen faktisch unmöglich und pädagogisch fruchtlos ist. Ein Lehrer, der versucht, diesen Weg zu gehen, erreicht gewöhnlich nichts weiter als eine Aneignung von Worthülsen, einen nackten Verbalismus, der die Existenz von entsprechenden Begriffen beim Kind nur vortäuscht und imitiert, in Wirklichkeit aber eine Leere verdeckt (Vygotskij, 1934 & 2002, S. 255 f.).

Demzufolge stehen Spracherwerb und kognitives Lernen in einem komplementären Verhältnis, was übertragen auf die Beschulungssituation von Schülerinnen und Schülern, die die an der Schule dominante Sprache als L2 erwerben müssen, eine folgenreiche Annahme darstellt.

Den Zusammenhang von Sprache und Bildungspartizipation stellte erstmals der amerikanische Soziologe Basil Bernstein (1964) her, indem er Sprachcodes (elaboriert und restringiert) identifizierte und definierte und deren Gebrauch (horizontaler und vertikaler Diskurs) und die soziale Herkunft ihrer Sprecherinnen und Sprecher untersuchte. Sprache wurde hier als Distinktionsmerkmal enttarnt, das dazu dient, die gesellschaftliche Gruppenzugehörigkeit zu markieren und sich von anderen (unterprivilegierten) Gruppen abzugrenzen. Der französische Soziologe Bourdieu (2005) spricht von der „legitimen Sprache", deren Erwerb und kompetente Verwendung ein „kulturelles Kapital" darstellt und die SprecherInnen zur Teilhabe an sozialen Machtstrukturen legitimiert:

> Die Sprachkompetenz, die ausreicht, um Sätze zu bilden, kann völlig unzureichend sein, um Sätze zu bilden, auf die gehört wird [...]. Sprecher ohne legitime Sprachkompetenz sind in Wirklichkeit von sozialen Welten, in denen diese Kompetenz vorausgesetzt wird, ausgeschlossen oder zum Schweigen verurteilt (Bourdieu, 2005, S. 60).

Die deutsche Erziehungswissenschaftlerin Gogolin (2014; Gogolin & Lange, 2011) greift diese sprachsoziologische Perspektive für den erziehungswissenschaftlichen deutschen Diskurs unter Verwendung des Begriffes *Bildungssprache* auf. Sie lehnt sich dabei begrifflich an Habermas (1978) an, der Bildungssprache als die Sprache der Massenmedien, die sich zur einen Seite von der Umgangssprache durch die Verwendung des schriftlichen Ausdrucks abgrenze, zur anderen Seite von der Fachsprache dadurch unterscheide, dass sie im Rahmen der Schulbildung für alle zugänglich sei und offen stehe. Aber genau die Frage der Zugänglichkeit wird im nachfolgenden Diskurs in Frage gestellt.

Nach der *Functional Grammar* von Halliday (1978) ist die Bildungssprache ein Sprachregister, also eine Varietät einer Sprache. Im Gegensatz zu den Varietäten Dialekt oder Soziolekt, die sich mit der Person der Sprecherin / des Sprechers verbinden, wird das Register durch den konkreten kommunikativen Handlungsrahmen bestimmt (Thürmann & Vollmer, 2013) und findet seinen Ausdruck sowohl auf morphologischer als auch syntaktischer Ebene. Ähnlich wie eine Organistin an der Orgel kann eine kompetente Sprecherin je nach Handlungssituation das entsprechende ‚Register ziehen' und somit sowohl in formellen als auch informellen Situationen adäquat sprachlich interagieren. In der Schule als Institution ergeben sich diverse kommunikative Handlungsrahmen, und je nachdem, ob sich eine Schülerin / ein Schüler z. B. auf dem Schulhof oder im Unterricht befindet, werden unterschiedliche Register für gelungene Kommunikation und in der Folge auch für soziale Akzeptanz erforderlich sein.[4] Um diese zur Bewältigung unterschiedlicher schulischer Handlungssituationen notwendigen sprachlichen Fähigkeiten unterscheiden und darstellen zu können, führte der kanadische Pädagoge Jim Cummins bereits 1979 die Konzepte „Basic Interpersonal Communicative Skills" (BICS) und

---

[4]   Insofern sind die Begriffe Schulsprache (Vollmer & Thürmann, 2010) oder schulbezogene Sprache (Eckhardt, 2008) nicht differenziert genug, bezeichnen aber dasselbe Konstrukt.

„Cognitive Academic Language Proficiency" (CALP) ein. Während die BICS, die umgangssprachlichen Fähigkeiten, schon nach relativ kurzer Zeit (ein bis zwei Jahre) im zweisprachlichen Kontext erworben werden, benötigen Kinder mehr als fünf Jahre Unterricht in der Zweitsprache oder zweisprachige Unterstützung, um CALP, also bildungssprachliche Kompetenz zu erlangen. Dies führt Cummins (2000) darauf zurück, dass die umgangssprachliche Kommunikation eine Face-to-face-Interaktion darstellt, in der sich kontextuelle Hinweise (Umgebung, Gestik, Mimik, Intonation der Kommunikationspartnerin etc.) deuten lassen, wohingegen die bildungssprachliche Kommunikation ohne diese Kontextinformationen auskommen muss und sich auf die rein sprachliche Ebene bezieht. Die Bildungssprache als Grundlage schulspezifischer Sprachhandlungen ist auch nach den Linguisten Koch und Oesterreicher (1985) deshalb so voraussetzungsreich, weil sie sich durch eine konzeptionelle Schriftlichkeit in Unterrichtsmaterialien wie Schulbüchern aber auch in der Unterrichtskommunikation auszeichnet. Bei konzeptioneller Schriftlichkeit sowohl der schriftlichen als auch mündlichen Kommunikation befindet sich der Kommunikationsgegenstand in räumlicher und zeitlicher Distanz zur Kommunikationssituation, d. h., abstrakte Inhalte müssen unabhängig von der Interaktionssituation und mit rein sprachlichen Mitteln ausgedrückt werden können. Die Bildungssprache bedient sich somit immer der Strukturen der Schriftsprache, auch wenn sie Medium der mündlichen Kommunikation ist.

Wenngleich die Bildungssprache fächerübergreifend relevant ist, ist sie eng mit der jeweiligen Fachsprache verbunden (Schleppegrell, 2004) bzw. wird ihr eine die Alltagssprache und die jeweilige Fachsprache verbindende Funktion zugesprochen (Hövelbrinks, 2014). Somit sind Fachsprache und Bildungssprache nicht klar voneinander abzugrenzen. Dies mag ein Grund dafür sein, warum der wissenschaftliche Diskurs gerade auf Begriffsebene wenig konsistent ist: Unterrichtssprache, Schulsprache, fachliche Schulsprache etc. sind zum Teil Synonyme für Bildungssprache, zum Teil werden mit der Begriffswahl auch Schwerpunkte gesetzt:

> Sprache im Fach, das ist Fachsprache, weil jedes Fach z. B. eine eigene Begrifflichkeit schafft. Das ist kein neues Thema. Sprache im Fach ist Bildungssprache, weil bei der Behandlung von Fachinhalten über das rein Fachliche hinaus allgemein bildungsrelevante Sprachfunktionen und Formen eine grundlegende Rolle spielen; z. B. Zusammenfassen, Definieren, Erörtern. [...]. Und Sprache im Fach ist Schulsprache, weil und soweit die gebrauchte Sprache und Spracherwartungen selbst primär schulisch und didaktisch hergestellt und gemacht sind (Feilke, 2013, S. 113).

Ahrenholz (2010c), Gogolin (2009) und Rösch (2013) definieren Bildungssprache als fächerübergreifende Varietät, während Fachsprache als fachspezifische Verdichtung betrachtet wird (Hövelbrinks, 2014) und „Fachtermini und spezifische Kollokationen, aber auch Eigenarten fachspezifischer Diskurse und Textsorten" (Ahrenholz, 2010c, S. 16) umfasst. Nach Prediger (2013) wird die Fachsprache zwar in ähnlichen Kommunikationssituationen und Diskursmodi angewendet wie die Bildungssprache, ist aber noch weiter in Richtung Ökonomie und Eindeutigkeit der Kommunikation optimiert.

Vollmer und Thürmann (2010, 2013) lehnen sich, wie auch die meisten anderen den deutschsprachigen Diskurs bestimmenden Wissenschaftler und Wissenschaftlerinnen, mit ihren Konstrukten von „Sprache im Unterricht" an Schleppegrell (2004) an, die ihrerseits sowohl von „language of schooling", „academic language" oder „registers of schooling" spricht. Somit kann man davon ausgehen, dass mit „Bildungssprache" und „Schulsprache" nahezu identische Konstrukte bezeichnet werden. Laut Gogolin und Lange (2011) hat sich der Begriff Bildungssprache im deutschsprachigen Diskurs durchgesetzt. Auch wir schließen zunächst an diesen Begriff an, sprechen aber im Zusammenhang mit unserem Modell von „Fachregister", weil dieses nicht nur sprachliche Facetten im engeren Sinne, sondern auch bildliche und graphische Darstellungsformen und Symbolsprache umfasst (s. u.). Wichtig bei all dem Begriffswirrwarr ist jedoch, dass die sprachlichen Anforderungen für die Schülerinnen und Schüler deutlich werden, die sich durch die Differenz der Alltagssprache zu der für Bildungsprozesse im schulischen Kontext notwendigen Sprache ergeben (Frank & Gürsoy, 2014).

In Abgrenzung dazu verstehen wir unter Schul- und Unterrichtssprache die Sprache bzw. die verbalen und nonverbalen Kommunikationselemente, durch die der Unterricht strukturiert wird. So ist „Holt die Hefte raus!" eine spezifisch in der Schule vorkommende Aufforderung: Alle Schülerinnen und Schüler, die die Unterrichtssprache beherrschen, verstehen diese Ellipse, sprich syntaktische Verkürzung, und es ist klar, dass „raus" „aus der Schultasche" bedeutet. Ebenso erlernen schon Schülerinnen und Schüler der ersten Klasse mit der Schweigefuchsgeste die Bedeutung der Aufforderung zur Ruhe zu kommen. In dieser Semantik ist Schul- und Unterrichtssprache der Alltagssprache sehr nahe, also stark kontextbezogen, konzeptionell mündlich, d. h. auch bezüglich des grammatischen Aufbaus (Syntax), und stellt dementsprechend für Schülerinnen und Schüler mit anderer L1 eine aus dem nichtschulischen Kontext bekannte Herausforderung dar. Im Gegensatz hierzu steht die Bildungssprache, die als komplexes, vor allem aber weniger frequentes lexikalisches und syntaktisches System zu charakterisieren ist.

2.5 Implikationen von Bildungssprache respektive Fachregister

2.5.1 Linguistische Merkmale von Bildungssprache respektive Fachregister

Das Register der im Fachunterricht relevanten Sprache wurde für das Englische von Schleppegrell (2004) näher bestimmt. Schleppegrell legt wie auch schon Halliday (1978) in seinem viel zitierten Essay das Unterrichtsfach Mathematik als Referenzfach zugrunde und arbeitet fachspezifische und fächerübergreifende Charakteristika auf lexikalischer und syntaktischer Ebene heraus. Für das Deutsche steht eine solche umfassende Analyse noch aus, jedoch wurden in einer Vielzahl theoretischer und empirischer Studien ausgewählte sprachliche Spezifika für verschiedene Unterrichtsfächer mehr oder weniger umfassend herausgearbeitet: z. B. für das Unterrichtsfach Mathematik Prediger und Wessel (2011); für das Unterrichtsfach Physik Tajmel (2010), Leisen (2005), Hövelbrinks (2014); für Chemie Schmölzer-Eibinger und Langer (2010), Riebling (2013), Pineker-Fischer (2017). Bildungssprachliche Merkmale werden auf unterschiedlichen linguistischen Ebenen sichtbar (Schleppegrell, 2004; Ohm, Kuhn & Funk, 2007; Gogolin & Lange, 2011):

- auf der Wortebene durch einen fachbegrifflich geprägten Wortschatz (Lexik) und durch Wortbildungen (Morphologie) wie Ableitungen (Genau-igkeit), Nominalisierungen (Schärfe), Komposita (Gedichtanalyse, rechtwinklig), Präfix-/Suffixverben (ver-weisen) und -adjektive (gesetzmäßig, brennbar, beispielhaft), differenzierende und abstrahierende Ausdrücke (z. B. ,nach oben transportieren' statt ,raufbringen');

- auf der Satzebene durch Wortgruppen wie erweiterte Attribute (,die sich daraus ergebende Summe'), durch Satzbau wie Satzklammern mittels zweiteiliger Verben, durch Verbformen wie Passiv- und Passiversatzformen, durch Funktionsverbgefüge (z. B. ,zur Explosion bringen', ,einer Prüfung unterziehen', ,in Betrieb nehmen') und alle anderen Elemente, die bei der Bildung eines Satzes relevant werden;

- auf der Textebene durch Elemente, die Kohäsion, also Referenzen zwischen Textteilen herstellen, z. B. durch Konnektoren wie Konjunktionen (weil, obwohl, ...), Pronominaladverbien (darauf, darüber, ...), Relativsätze, Thema-Rhema-Struktur (Gliederung durch Einführung eines unbekannten Inhaltes zu Beginn eines Textes oder einer Sinneinheit und dessen Wiederaufnahme in der Fortführung) usw.

Hinzu kommt, dass in fast jedem Fachunterricht nichtsprachliche Darstellungsformen relevant sind, die im Unterricht in sprachliche Darstellungsformen überführt werden müssen und umgekehrt. Meyer und Prediger (2012) unterscheiden *bildliche Darstellungen*, die konkrete Objekte und Situationen repräsentieren, grafische Darstellungen, die abstrakte Beziehungen und Zusammenhänge abbilden (wie z. B. Säulendiagramme), und *numerisch-tabellarische Darstellungen*. Diese nichtsprachlichen Darstellungsformen tauchen in vielen Fächern auf und sind sowohl in den Fachsprachen wie in der Bildungssprache relevant. Daneben existieren fachspezifische Formen wie die *symbolisch-algebraische Darstellungen*, die in nichtnaturwissenschaftlichen Kontexten kaum Verwendung finden. Hier wird die Verbindung zwischen kognitiven, nichtsprachlichen und sprachlichen Operationen besonders sichtbar: „Erst wenn Lernende Fachbegriffe und Operationen flexibel nutzen und zwischen verbalen, symbolischen und grafischen Darstellungsformen hin und her übersetzen können [...], dürfen wir davon ausgehen, dass sie die Fachbegriffe erworben haben" (Meyer & Prediger, 2012, S. o. a.).

Sowie also die Grenze zwischen Fachsprache und Fachregister bzw. Bildungssprache nicht eindeutig zu ziehen ist, so ist auch die Frage, ob Bildungssprache fachspezifisch oder aber fächerübergreifend zu verorten ist, ambivalent zu beantworten. Nach Vollmer und Thürmann (2010) ist die fachliche Spezifik vorrangig auf der begrifflich-lexikalischen Ebene auszumachen sowie „in der unterschiedlichen Gewichtung von Arbeitsformen, Methoden, Medien, Textsorten/Genres und semiotischen Systemen (z. B. Formelsprache in der Mathematik und in den Naturwissenschaften)" (Vollmer & Thürmann, 2010, S. 112). Die Sprachhandlungen, die den Fachunterricht maßgeblich prägen, lassen sich anhand diverser Operatoren umschreiben, die sprachliche und kognitive Aktivitäten gleichermaßen miteinander verbinden (sprachlich realisiertes Denken, Strukturieren von Wissen und wissensbasierte Äußerungsformen). Vollmer und Thürmann (2010) bezeichnen sie als Diskursfunktionen. In einer Curriculumanalyse der Fächer Mathematik und Geschichte und des Lernbereichs Naturwissenschaften konnten sie zusammen mit Kollegen "ein breites Inventar von Diskursfunktionen auf mittlerer und unterer Ebene der Abstraktion"

(Vollmer & Thürmann, 2010, S. 117) bestimmen und insgesamt sechs Makrofunktionen *Erfassen/Benennen – Beschreiben – Erklären – Argumentieren - (Be-)Werten – Aushandeln* definieren. Vollmer (2011, S. 1) nimmt an, dass die Diskursfunktionen „[...] in allen Fächern und über alle Fächer hinweg von Anfang an zentral sind [...]" und deshalb in allen Schulformen des Primar- und Sekundarbereichs im Unterricht unterstützt werden sollten. Wenngleich die entsprechenden sprachlichen Kompetenzen in mehreren Fächern, d. h. fächerübergreifend identifiziert werden konnten, so kann derselbe Operator doch bei fachdifferenzierter Betrachtung unterschiedliche Bedeutungen haben. Feilke (2012) verdeutlicht dies an einem Operator der Mesoebene:

> Interpretieren Sie den Graphen der Integralfunktion als Zeit-Weg-Diagramm" (in der Mathematik). „Interpretieren Sie die Statistik in Hinblick auf die Einkommenssituation der Dorfbevölkerung im Jahre 1897" (im Fach Geschichte). „Interpretieren Sie das vorliegende Gedicht unter Berücksichtigung von inhaltlichen sowie formalen Aspekten" (im Fach Deutsch). Hier sind jeweils sehr spezifische fachliche, aber eben auch sprachliche Leistungen verlangt, die großenteils genuin schulsprachlichen Darstellungsformen oder Genres (Schleppegrell, 2010) zu folgen haben (Feilke, 2012, S.12).

Hövelbrinks (2014), die in einer Fallanalyse zwei Grundschulklassen divergierender Zusammensetzung von Kindern mit unterschiedlichen sozialen und herkunftssprachlichen Hintergründen untersucht hat, kommt ebenfalls zu dem Ergebnis, dass Diskursfunktionen schon im Grundschulunterricht eine zentrale Rolle spielen. Allerdings ergibt ein Vergleich der beiden Fallgruppen auch, dass „die mehrsprachigen Kinder unter vergleichbaren Unterrichtsbedingungen (Unterrichtszeit, Lehrkraft, Sprachsensibilität und Lerninhalte) in einem Großteil der untersuchten bildungssprachlichen Strukturen schwächere Leistungen zeigen als die überwiegend einsprachige Gruppe" (Hövelbrinks, 2014, S. 321). Bei diesen Kindern konnten auch „Strategien zur Bewältigung besonderer sprachlicher Herausforderungen, z. B. durch den Einsatz von vielseitig einsetzbaren Verben und Nomen, durch Verzögerungen in der Kommunikation sowie das Ausweichen auf Umschreibungen und Wiederholungen" (Hövelbrinks, 2014, S. 329) beobachtet werden. Hövelbrinks fordert dementsprechend frühe „Sprachfördermaßnahmen im Kontext naturwissenschaftlicher Lernumgebung und für die sprachsensible Ausgestaltung von frühem Fachunterricht" (Hövelbrinks, 2014, S. 333).

2.5.2   Migrationspädagogische Implikationen von Bildungssprache

Mehrsprachig aufwachsende Kinder und Jugendliche in Deutschland müssen in der Mehrheit, d. h., wenn ihre L1 und weitere Herkunftssprachen keine privilegierten Sprachen mit hohem sozialen Status sind, damit zurechtkommen, dass ihre individuelle Mehrsprachigkeit weniger als Wert, Reichtum oder Ressource geschätzt, sondern eher als Behinderung gesehen wird. So werden in der monolingual ausgerichteten Gesellschaft und ihren Bildungsinstitutionen zwar elitäre Formen der Mehrsprachigkeit als Ziel von Bildungsprozessen gesehen, migrationsbedingte Formen werden hingegen eher als Gründe für Bildungsdefizite und als Hindernis für den Erwerb des Deutschen interpretiert (Fürstenau & Gomolla, 2011). Zudem wird auch die institutionelle Mehrsprachigkeit, also die migrationsbedingte Sprachenvielfalt an der Schule, als Hürde, als Problem oder bestenfalls als

Herausforderung gesehen, mit der man (d. h. Lehrerinnen und Lehrer und weitere pädagogische Fachkräfte) lernen müsse umzugehen. Wenngleich es auf der Makroebene des
Bildungssystems in offiziellen Verlautbarungen heißt:

> Die Schule wertschätzt kulturelle Hintergründe und die Mehrsprachigkeit von Schüle-
> rinnen und Schülern und ermöglicht, dass sie ihre spezifischen Kenntnisse, Fähigkei-
> ten und Fertigkeiten einbringen können (Ministerium für Schule und Weiterbildung
> NRW, 2015, S. 31).

Dementsprechende Umsetzungen sind auf der Meso- und Mikroebene des Bildungssystems eine Zukunftsvision. So weisen Dirim und Mecheril (2010) auf die Praxis der Konstruktion der „Migrationsanderen" hin. Diese sozialen Konstruktionen, die durch die Zuschreibung ‚anderer' ethnischer Zugehörigkeiten, ‚anderer' Herkunftsländer und ‚anderer' Erstsprachen entstehen und die Sprache der (schul-) gesellschaftlichen Mehrheit als
legitime Norm betrachten, implizierten im stark selektierenden deutschen Schulsystem
ein Benachteiligungs- und Diskriminierungspotenzial, das zu wenig benannt und beachtet werde.

Auf die Gefahr, dass gerade das Konstrukt Bildungssprache im bildungspolitischen
und pädagogischen Diskurs zu einer Reduktion der mit der Thematik Migration und Bildung verbundenen Komplexität genutzt werde, weisen Mecheril und Quehl hin (2015).
So müsse sich das „[. . .] implizite Versprechen ‚Sprich (bildungssprachliches) Deutsch
und alles wird gut' in seiner reduktiven Suggestion als illusionär erweisen":

> Konzepte, die die Vermittlung von Bildungssprache nicht an die reflexive Auseinan-
> dersetzung mit (zumeist indirekten, subtilen) Diskriminierungsroutinen knüpfen, sind
> insofern gefährdet, einen Beitrag zur Stärkung von Assimilationspraktiken zu leisten,
> mit und in denen die ‚anderen Sprachen' herabgestuft und ihren Sprecher/innen ein
> inferiorer Ort zugewiesen wird (Mecheril & Quehl, 2015, S. 161).

Vermeidbar ist diese Gefahr sicherlich in erster Linie durch bi- bzw. multilinguale Modelle der Gestaltung von Bildungsinstitutionen. Die Erfahrungen und empirischen Evaluationen von Schulen, in denen in mehreren Sprachen – d. h. auch in Minoritätensprachen –
unterrichtet wird, weisen Erfolge nach (Dirim, 2015). Da jedoch in Deutschland der Zugang zu Bildungsinhalten und dementsprechend auch zu Bildungserfolg für Schülerinnen
und Schüler jeglicher sozialer, sprachlicher und kultureller Herkunft auch in den nächsten Jahrzehnten in der Regel nur über den umfassenden Erwerb der dominanten Sprache
Deutsch zu erhalten sein wird, werden Überlegungen über die Gestaltung und die kritische
Reflexion von Unterstützungssystemen umso wichtiger.

2.6   Sprachförderung

Die vorangegangenen Ausführungen machen deutlich, dass Schülerinnen und Schüler einer strukturierten Unterstützung bei ihren Spracherwerbsprozessen im und für den Fachunterricht bedürfen. Die bis vor einigen Jahren weit verbreitete Annahme, der Spracherwerb der L2 stelle sich mit dem Eintauchen ins Sprachbad der zielsprachlichen Lernumgebung automatisch ein, erwies sich bezüglich der bildungssprachlichen Kompetenz als
Irrtum. Doch wie kann eine solche Förderung aussehen?

2.6.1 Modelle von Sprachförderung an deutschen Regelschulen

Gerade in Anbetracht der Herausforderungen, die sich den Bildungsinstitutionen im Zusammenhang mit der seit Anfang 2014 stark gestiegenen Zahl der in Deutschland Asylsuchenden[5] stellen, steht zunächst die Frage, wie die neu zugewanderten Kinder und Jugendlichen in das Bildungssystem integriert werden können, im Vordergrund. In einer Bestandsaufnahme des Mercator Instituts (Massumi et al., 2015) mit einer Abfrage in allen bundesdeutschen Ländern konnten fünf schulorganisatorische Modelle ermittelt werden, nach denen die „migrationsbedingten Seiteneinsteiger" in den Schulen des Primar- und Sekundarbereichs beschult werden. So werden diese Kinder und Jugendlichen *submersiv* unterrichtet, wenn sie vom ersten Schultag an eine Regelklasse besuchen und an allgemeinen Förderangeboten teilhaben. Wenn die Schülerinnen und Schüler zwar Regelklassen besuchen, aber eine gesonderte additive Sprachförderung erhalten, spricht man von einem *integrativen Modell* (Massumi et al., 2015, S. 46) oder von *gestützter Submersion* (Kniffka & Siebert-Ott, 2012, S. 141). Bei *parallelen* oder *Immersionsmodellen* werden die Kinder und Jugendlichen in eigens für sie eingerichteten Klassen unterrichtet, die parallel zu den Regelklassen existieren. Hierbei steht in den meisten Fällen der Zweitspracherwerb zunächst im Vordergrund, es können aber auch Sprachenlernen und Fachlernen miteinander verbunden sein. In einigen Schulen bleiben die Schülerinnen und Schüler bis zum Ende ihrer Schulzeit in einem solchen parallelen Klassenverband[6], in der Mehrheit ist diese Sonderbeschulung aber auf einen gewissen Zeitraum begrenzt (Internationale Vorbereitungs-, Willkommens- oder Übergangsklassen etc.) mit dem Ziel der schnellstmöglichen Integration der Schülerinnen und Schüler in den Regelunterricht. Diese Übergangsklassen können – wie die obigen Ausführungen nahelegen – nicht nur aus migrations- und inklusionspädagogischer Sicht mehr als kritisch gesehen werden.

2.6.2 Desiderat der durchgängigen Sprachbildung in allen Fächern

Auch aus lerntheoretischer Perspektive ist eine Trennung von Sprach- und Fachlernen kontraproduktiv, und zwar sowohl für den fachlichen als auch für den sprachlichen Lerngegenstand. Da die „Bedeutung der Sprache und der enge Zusammenhang von Sprachkompetenz, Spracherwerb und Aneignung sachbezogenen Wissens und gedanklicher Verarbeitung und Aneignung von Wirklichkeit" außer Frage stehen (Ahrenholz, 2010c, S. 17), ist die bildungssprachliche Unterstützung bzw. Förderung der Schülerinnen und Schüler im Fachunterricht von der Primar- bis zur Sekundarstufe II unumgänglich. Diese „durchgängige Sprachbildung" in allen Fächern als „horizontale Querschnittsaufgabe von Unterricht" (Gogolin & Lange, 2011, S. 117) dient nicht nur als Kompensation bzw. als zu schaffende Lernvoraussetzung, sondern trägt somit auch wesentlich zum fachlichen Lernen bei: „Dies gilt insbesondere, wenn nicht nur die Rolle der Sprache als Lern-

---

[5] Seit 2006 hat sich die Anzahl zugezogener ausländischer Kinder und Jugendlicher zwischen sechs und 18 Jahren von 22.207 auf 99.472 im Jahr 2014 mehr als vervierfacht (Massumi, von Dewitz, Grießbach, Terhart, Wagner, Hippmann & Altinay, 2015, S. 6).

[6] Die Bildung von Übergangsklassen schließt strukturell an die sog. Ausländerklassen an, die seit den 1960er Jahren in bundesdeutschen Schulen eingerichtet wurden, um die Kinder der sog. „Gastarbeiter" in nach Nationen und Herkunftssprachen homogenen Lerngruppen zusammenzufassen (Gomolla & Radtke, 2009, S. 108 f.).

hindernis aufgriffen, sondern sie gleichzeitig auch adressiert wird als Lerngegenstand und gezielt eingesetztes und immer wieder reflektiertes Lernmedium" (Prediger, 2013, S. 168f.). Aus dieser (wissenschaftlichen) Perspektive muss jeder Fachunterricht auch als Sprachunterricht und jede Fachlehrerin/ jeder Fachlehrer auch als Sprachlehrperson gesehen werden. Fürstenau und Lange (2013), die für ein Forschungsprojekt (QUeSS) bildungssprachförderliches Lehrerhandeln durch Unterrichtsbeobachtung untersucht haben, kommen zu den vorläufigen Ergebnissen, dass bildungssprachlich fördernde Lehrende ihren Unterricht gut strukturieren und auf sprachlich präzise Aufgabenstellungen achten, ihren Schülerinnen und Schülern einen hohen Redeanteil im Unterricht einräumen, viel Zeit in Formulierungsarbeit investieren und insgesamt zusammen mit den Schülerinnen und Schülern viel über Sprache reflektieren. Zudem berücksichtigen sie explizite Zusammenhänge zwischen fachlichem und sprachlichem Lernen und erkennen, wann Letzteres Ersterem im Weg steht, und bringen den Schülerinnen und Schülern gegenüber eine wertschätzende Haltung zum Ausdruck. Doch was sind – neben einer wertschätzenden und den Schülerinnen und Schülern zugewandten Einstellung die wesentlichen Voraussetzungen, die LehrerInnen mitbringen müssen? Für Lehrerinnen und Lehrer, die ihren Fachunterricht sprachsensibel gestalten wollen, ist es – und das folgt aus dem oben Dargelegten – nicht nur wesentlich, die linguistischen Grundlagen der Sprache, in der sie unterrichten, zu kennen, sondern auch zu wissen, welche Relevanz die Erst-, Herkunfts- bzw. Familiensprache(n) (L1) für die individuelle Entwicklung der Schülerinnen und Schüler und den Erwerb der Zweitsprache (L2) hat, wie der Erwerb von Erst- und Zweitsprache vonstattengeht, wie dieser im Fachunterricht unterstützt werden kann und wie sprachliche Lernausgangslagen und Fortschritte im Erwerbsprozess diagnostizierbar sind. Darüber hinaus scheint auch die Reflexionsfähigkeit darüber, welche gesellschaftliche und soziale Bedeutung der Sprache der Mehrheit und den Sprachen der Minderheiten in der Gesellschaft und auch in der Schule zugesprochen werden, unabdingbar. Dies impliziert das Wissen darüber, welche individuelle Bedeutung Sprache und ‚Gehört- und Verstandenwerden' für die einzelnen Schülerinnen und Schüler haben und wie notwendig Akzeptanz und Wertschätzung der L1 der Schüler und Schülerinnen für die Persönlichkeits- und Lernentwicklung ist. Hierfür bedürfen die Lehrpersonen ihrerseits diverser, in einer qualifizierten Ausbildung erworbenen Kompetenzen.

Das *DaZKom*-Projekt hat sich zur Aufgabe gemacht, diese spezifischen Lehrenden-Kompetenzen zu beschreiben, Stufen ihrer Entwicklung zu modellieren und sie mit Hilfe eines Testinstrumentes messbar zu machen. Dieses umfangreiche Vorhaben wird in den folgenden Kapiteln dargestellt und reflektiert.

2.7   Literatur

Ahrenholz, B. (2010a). Bildungssprache im Sachunterricht der Grundschule. In B. Ahrenholz (Hrsg.), *Fachunterricht und Deutsch als Zweitsprache* (S. 15–35). Tübingen: Narr.

Ahrenholz, B. (2010b). Erstsprache – Zweitsprache – Fremdsprache. In B. Ahrenholz & I. Oomen-Welke (Hrsg.), *Deutsch als Zweitsprache* (2., neu bearbeitete Aufl., S. 3–16). Baltmannsweiler: Schneider Verlag Hohengehren.

Ahrenholz, B. (2010c). Zweitspracherwerbsforschung. In B. Ahrenholz & I. Oomen-Welke (Hrsg.),

Deutsch als Zweitsprache (2. neu bearbeitete Aufl., S. 64–80). Baltmannsweiler: Schneider Verlag Hohengehren.

Baumert, J. & Maaz, K. (2012). Migration und Bildung in Deutschland. *Die Deutsche Schule*, 104 (3), 279–302.

Bernstein, B. (1964). Elaborated and restricted codes: Their social origins and some consequences. *American Anthropologist*, 66 (6.2), 55–69.

Böhme, K., Felbrich, A., Weirich, S. & Stanat, P. (2013). Sprachliche Kompetenzen von Schülerinnen und Schülern mit Zuwanderungshintergrund am Ende der vierten Jahrgangsstufe: Ergebnisse des IQB-Ländervergleichs 2011. *Die Deutsche Schule*, 105 (2), 128–143.

Bollmann, L. (2015). Weniger Zahlen mehr Buchstaben. Mathematikunterricht mal etwas anders. *Lernchancen*, (104), 20–24.

Bourdieu, P. (2005). *Was heißt sprechen? Zur Ökonomie des sprachlichen Tausches* (2. neu bearbeitete Aufl.). Wien: Braumüller.

Cummins, J. (2000). *Language, power, and pedagogy: Bilingual children in the crossfire*. Clevedon, England: Multilingual Matters.

Dirim, I. (2015). Der herkunftssprachliche Unterricht als symbolischer Raum. In I. Dirim, I. Gogolin, D. Knorr, M. Krüger-Potratz, D. Lengyel, H. H. Reich & W. Weiße, *Impulse für die Migrationsgesellschaft. Bildung, Politik und Religion* (S. 61–74). Münster: Waxmann.

Dirim, I. & Mecheril, P. (2010). Die Sprache(n) der Migrationsgesellschaft. In P. Mecheril, M. do Mar Castro Varela, I. Dirim, A. Kalpaka & C. Melter (Hrsg.), *Migrationspädagogik* (S. 99–120). Weinheim: Beltz.

Eckhardt, Andrea G. (2008). Sprache als Barriere für den schulischen Erfolg. Potentielle Schwierigkeiten beim Erwerb schulbezogener Sprache für Kinder mit Migrationshintergrund. Münster: Waxmann.

Feilke, H. (2012). Bildungssprachliche Kompetenzen – fördern und entwickeln. *Praxis Deutsch*, (233), 4–13.

Feilke, H. (2013). Bildungssprache und Schulsprache am Beispiel literal-argumentativer Kompetenzen. In M. Becker-Mrotzek, K. Schramm, E. Thürmann & H. Vollmer (Hrsg.), *Sprache im Fach. Sprachlichkeit und fachliches Lernen* (S. 112–130). Münster: Waxmann.

Fereidooni, K. (2011). *Schule – Migration – Diskriminierung: Ursachen der Benachteiligung von Kindern mit Migrationshintergrund im deutschen Schulwesen*. Wiesbaden: VS Verlag für Sozialwissenschaften.

Frank, M. & Gürsoy, E. (2014). *Professionskompetenzen von Mathematiklehrkräften in der Mehrsprachigkeit: Zu Analyse und Diagnose mathematisch-sprachlicher Anforderungen und Schülerkompetenzen in der Sekundarstufe I*. Verfügbar unter: https://www.uni-due.de/imperia/md/content/prodaz/mathematik_analyse_diagnose_frank_g__rsoy.pdf.

Fürstenau, S. & Gomolla, M. (Hrsg.). (2011). *Migration und schulischer Wandel: Mehrsprachigkeit*. Wiesbaden: VS Verlag für Sozialwissenschaften.

Fürstenau, S. & Lange, I. (2013). Bildungssprachförderliches Lehrerhandeln: Einblicke in eine videobasierte Unterrichtsstudie. In I. Gogolin, I. Lange, U. Michel & H. Reich (Hrsg.), *Herausforderung Bildungssprache* (S. 188–219). Münster: Waxmann.

Gebhardt, M., Rauch, D., Mang, J., Sälzer, C. & Stanat, P. (2013). Mathematische Kompetenz von Schülerinnen und Schülern mit Zuwanderungshintergrund. In M. Prenzel, C. Sälzer, E. Klieme & O. Köller (Hrsg.), *PISA 2012. Fortschritte und Herausforderungen in Deutschland* (S. 275–308). Münster: Waxmann.

Gogolin, I. (2009). Zweisprachigkeit und die Entwicklung bildungssprachlicher Fähigkeiten. In I. Gogolin & U. Neumann (Hrsg.), *Streitfall Zweisprachigkeit – The Bilingualism Controversy* (S. 263–280). Wiesbaden: VS Verlag für Sozialwissenschaften.

Gogolin, I. (2014). Stichwort: Entwicklung sprachlicher Fähigkeiten von Kindern und Jugendlichen im Bildungskontext. *Zeitschrift für Erziehungswissenschaft*, 17 (3), 407–431.

Gogolin, I. & Lange, I. (2011). Bildungssprache und Durchgängige Sprachbildung. In S. Fürstenau & M. Gomolla (Hrsg.), *Migration und schulischer Wandel: Mehrsprachigkeit* (S. 107–127). Wiesbaden: VS Verlag für Sozialwissenschaften.

Gomolla, M. & Radtke, F.-O. (2009). *Institutionelle Diskriminierung: Die Herstellung ethnischer Differenz in der Schule* (3. neu bearbeitete Aufl.). Wiesbaden: VS Verlag für Sozialwissenschaften.

Habermas, J. (1978). Umgangssprache, Wissenschaftssprache, Bildungssprache. *Merkur*, 32 (359), 327–342.

Halliday, M. (1978). *Language as social semiotic*. London: Edward Arnold.

Hövelbrinks, B. (2014). *Bildungssprachliche Kompetenz von einsprachig und mehrsprachig aufwachsenden Kindern. Eine vergleichende Studie in naturwissenschaftlicher Lernumgebung des ersten Schuljahres*. Weinheim, Basel: Beltz Juventa.

Kniffka, G. & Siebert-Ott, G. (2012). *Deutsch als Zweitsprache. Lehren und lernen* (3. neu bearbeitete Aufl.). Paderborn: Schöningh.

Koch, P. & Oesterreicher, W. (1985). Sprache der Nähe – Sprache der Distanz: Mündlichkeit und Schriftlichkeit im Spannungsfeld von Sprachtheorie und Sprachgeschichte. *Romanistisches Jahrbuch*, (36), 15–43.

Krüger-Potratz, M. (2013). Sprachenvielfalt und Bildung. Anmerkungen zum Kern einer historisch belasteten Debatte. *Die Deutsche Schule*, 105 (2), 185–198.

Leisen, J. (2005). Muss ich jetzt auch noch Sprache unterrichten? – Sprache und Physikunterricht. *Unterricht Physik*, (3), 4–9.

Massumi, M., von Dewitz, N., Grießbach, J., Terhart, H., Wagner, K., Hippmann, K. & Altinay, L. (2015). *Neu zugewanderte Kinder und Jugendliche im deutschen Schulsystem*. Herausgegeben vom Mercator-Institut für Sprachförderung und Deutsch als Zweitsprache & Zentrum für LehrerInnenbildung der Universität zu Köln.

Mecheril, P. & Quehl, T. (2015). Die Sprache der Schule. Eine migrationspädagogische Kritik der Bildungssprache. In N. Thoma (Hrsg.), *Sprache und Bildung in Migrationsgesellschaften. Kultur und soziale Praxis* (S. 151–178). Bielefeld: transcript.

Meyer, M. & Prediger, S. (2012). Sprachenvielfalt im Mathematikunterricht – Herausforderungen, Chancen und Förderansätze. *Praxis der Mathematik in der Schule*, 54 (45), 2–9.

Ministerium für Schule und Weiterbildung Nordrhein-Westfalen (MSW NRW). (2015). *Referenzrahmen Schulqualität NRW*. Verfügbar unter: http://www.schulentwicklung.nrw.de/referenzrahmen/referenzrahmen-schulqualitaet/entwurf-referenzrahmen.html [29.05.2016].

Ohm, U. (2009). Zur Professionalisierung von Lehrkräften im Bereich Deutsch als Zweitsprache: Überlegungen zu zentralen Kompetenzbereichen für die Lehrerausbildung. *Zeitschrift für Interkulturellen Fremdsprachenunterricht*, 14 (2), 28–36. Verfügbar unter: tujournals.ulb.tu-darmstadt.de/index.php/zif/article/download/216/209 [10.01.2017].

Ohm, U., Kuhn, C. & Funk, H. (2007). *Sprachtraining für Fachunterricht und Beruf. Fachtexte knacken – mit Fachsprache arbeiten*. Münster: Waxmann.

Pineker-Fischer, A. (2017). *Sprach- und Fachlernen im naturwissenschaftlichen Unterricht. Umgang von Lehrpersonen in soziokulturell heterogenen Klassen mit Bildungssprache.* Wiesbaden: Springer VS.

Prediger, S. (2013). Darstellungen, Register und mentale Konstruktion von Bedeutungen und Beziehungen – Mathematikspezifische sprachliche Herausforderungen identifizieren und bearbeiten. In M. Becker-Mrotzek, K. Schramm, E. Thürmann & H. Vollmer (Hrsg.), *Sprache im Fach. Sprachlichkeit und fachliches Lernen* (S. 167–183). Münster: Waxmann.

Prediger, S. & Wessel, L. (2011). Darstellen – Deuten - Darstellungen vernetzen: Ein fach- und sprachintegrierter Förderansatz für mehrsprachige Lernende im Mathematikunterricht. In S. Prediger & E. Özdil (Hrsg.), *Mathematiklernen unter Bedingungen der Mehrsprachigkeit – Stand und Perspektiven der Forschung und Entwicklung* (S. 163–184). Münster: Waxmann.

Reiss, K., Sälzer, C., Schiepe-Tiska, A., Klieme, E. & Köller, O. (2016). *PISA 2015. Eine Studie zwischen Kontinuität und Innovation.* Münster: Waxmann.

Riebling, L. (2013). Heuristik der Bildungssprache. In I. Gogolin, I. Lange, U. Michel & H. Reich (Hrsg.), *Herausforderung Bildungssprache* (S. 106–153). Münster: Waxmann.

Rösch, H. (2013). Integrative Sprachbildung im Bereich Deutsch als Zweitsprache (DaZ). In C. Röhner & B. Hövelbrinks (Hrsg.), *Fachbezogene Sprachförderung in Deutsch als Zweitsprache. Theoretische Konzepte und empirische Befunde zum Erwerb bildungssprachlicher Kompetenzen* (S. 18–36). Weinheim, Basel: Juventa.

Schleppegrell, M. J. (2004). *The language of schooling: A functional linguistics perspective.* Mahwah, NJ: Erlbaum.

Schmölzer-Eibinger, S. & Langer, E. (2010). Sprachförderung im naturwissenschaftlichen Unterricht in mehrsprachigen Klassen. Ein didaktisches Modell für das Fach Chemie. In B. Ahrenholz (Hrsg.), *Fachunterricht und Deutsch als Zweitsprache* (S. 203–218). Tübingen: Narr.

Selinker, L. (1972). Interlanguage. *International Review of Applied Linguistics*, 10, 209–231.

Statistisches Bundesamt. (2016). *Statistisches Jahrbuch. Deutschland und Internationales.*

Statistisches Bundesamt (Destatis) & Wissenschaftszentrum Berlin für Sozialforschung (WZB). (2016). *Datenreport 2016: Ein Sozialbericht für die Bundesrepublik Deutschland.* Verfügbar unter: https://www.destatis.de/DE/Publikationen/Datenreport/Downloads/Datenreport2016.pdf?__blob=publicationFile [29.01.2017].

Tajmel, T. (2010). DaZ-Förderung im naturwissenschaftlichen Fachunterricht. In B. Ahrenholz (Hrsg.), *Fachunterricht und Deutsch als Zweitsprache* (S. 167–184). Tübingen: Narr.

Tajmel, T. (2013). Möglichkeiten der sprachlichen Sensibilisierung von Lehrkräften naturwissenschaftlicher Fächer. In C. Röhner & B. Hövelbrinks (Hrsg.), *Fachbezogene Sprachförderung in Deutsch als Zweitsprache* (S. 198–211). Weinheim: Juventa.

Thürmann, E. & Vollmer, H. (2013). Schulsprache und sprachsensibler Fachunterricht: Eine Checkliste mit Erläuterungen. In C. Röhner & B. Hövelbrinks (Hrsg.), *Fachbezogene Sprachförderung in Deutsch als Zweitsprache* (S. 212–233). Weinheim: Juventa.

Vollmer, H. (2011). *Schulsprachliche Kompetenzen: Zentrale Diskursfunktionen.* Verfügbar unter: http://www.home.uni-osnabrueck.de/hvollmer/VollmerDF-Kurzdefinitionen.pdf [29.12.2016].

Vollmer, H. & Thürmann, E. (2010). Zur Sprachlichkeit des Fachlernens: Modellierung eines Referenzrahmens für Deutsch als Zweitsprache. In B. Ahrenholz (Hrsg.), *Fachunterricht und Deutsch als Zweitsprache* (S. 107–132). Tübingen: Narr.

Vollmer, H. & Thürmann, E. (2013). Sprachbildung und Bildungssprache als Aufgabe aller Fächer der Regelschule. In M. Becker-Mrotzek, K. Schramm, E. Thürmann & H. Vollmer (Hrsg.), *Sprache im Fach. Sprachlichkeit und fachliches Lernen* (S. 41–57). Münster: Waxmann.

Vygotskij, L. (1934/2002). *Denken und Sprechen: Psychologische Untersuchungen*. Weinheim: Beltz.

Kapitel 3

Zur Relevanz der Ausbildung von Kompetenzen von Lehrkräften im Bereich DaZ

ANNE KÖKER

Zusammenfasssung: Der Beitrag spürt der Forderung nach einer spezifischen Expertise von Lehrkräften aller Fächer für den Umgang mit Mehrsprachigkeit nach. Dies ist die Grundlage für die zentrale Fragestellung des *DaZKom*-Projektes: Über welches Wissen und welche Fähigkeiten hinsichtlich Sprachbildung und -förderung verfügen Fachlehrer und Fachlehrerinnen und über welche Kompetenzen müssten sie verfügen, um allen Schülerinnen und Schülern diesbezüglich einen Zugang zu den jeweiligen fachlichen Lerninhalten gewährleisten zu können? Um diesen Aspekten nachzugehen, wird im Beitrag die aktuelle Situation von Lehrpersonen im Hinblick auf sprachsensiblen Unterricht diskutiert, bevor der bildungswissenschaftliche Diskurs um Lehrerkompetenzen knapp dargestellt wird. Dass das bildungswissenschaftliche und bildungspolitische Desiderat nach einer Modellierung von Lehrerkompetenz und -expertise für einen sprachsensiblen Fachunterricht auch international groß ist, wird abschließend deutlich.

Abstract: This article looks into the need for a specific expertise of teachers of all subjects in dealing with multilingualism. This forms the base of the *DaZKom* project's guiding question: What knowledge and what skills in language education and facilitation do subject-teachers have and what competences do they need in order to support all of their students in accessing specific subject learning contents? To investigate these aspects, this article discusses the current situation of teachers in regards to language awareness in the classroom. Additionally, the discourse on teacher competencies in educational science is addressed briefly. At last, it is outlined that the modeling of teacher competencies and expertise for language awareness in subject teaching is a major desideratum of research, also internationally.

3.1   Einleitung

Seit den Ergebnissen der großen internationalen Leistungsvergleichsstudien ist der politischen wie auch wissenschaftlichen Öffentlichkeit deutlich geworden, was beteiligten Akteurinnen und Akteuren sowie Expertinnen und Experten nicht neu war: Kinder
und Jugendliche mit Zuwanderungshintergrund haben aufgrund der sich ihnen stellenden
sprachlichen Barrieren erhebliche Nachteile im schulischen Kompetenzerwerb (vgl. Kapitel 2 und Böhme, Felbrich, Weirich & Stanat, 2013). Und die Situation hat sich trotz
diverser Maßnahmen zur Sprachförderung und erheblicher investierter Ressourcen in den
letzten fünfzehn Jahren nicht wesentlich verbessert. Fickermann (2013) konstatiert bei
einer Bilanz der seit dem „PISA-Schock" initiierten Modellprojekte und Programme zur
sprachlichen Förderung, dass deren „Ertrag" deutlich hinter den politischen und auch wissenschaftlichen Erwartungen bliebe, und ist bei seiner Erwägung von Gründen einer der
Wenigen, der neben schlechten Sprachstandsfeststellungsverfahren, falschen Förderkon-
zepten, unzureichender Zusammenarbeit mit den Eltern auch eine mangelnde Qualifikation der Lehrkräfte in Erwägung zieht.

Auch bei Lehrkräften herrscht die Einschätzung vor, nicht richtig auf die für eine mehrsprachige Schülerschaft angemessene Gestaltung schulischer Lerngelegenheiten und den
Anspruch, die Schülerschaft sprachsensibel zu unterrichten, vorbereitet zu sein (Becker-
Mrotzek, Hentschel, Hippmann & Linnemann, 2012). Die Forderung, dass jeder Fachunterricht auch Sprachunterricht sein sollte (vgl. Kapitel 2), verunsichert die Lehrerschaft
und führt unweigerlich zu der Frage: Welche Fähigkeiten oder welche Kompetenzen benötigen Lehrpersonen, um alle Schüler und Schülerinnen ihrer Lerngruppe im Fachunterricht angemessen bildungssprachlich[1] fördern zu können? Und wo erwerben sie diese
Fähigkeiten?

Im Folgenden soll zunächst eine Bestandsaufnahme des wissenschaftlichen Diskurses
um Lehrerexpertise im Bereich Deutsch als Zweitsprache erfolgen, bevor ein Abriss über
den professionstheoretischen und empirischen Stand zum Thema Lehrerkompetenz gegeben wird. Dieser dient als Ausgangspunkt für die Frage, inwieweit Erkenntnisse hier
auf den Bereich Deutsch als Zweitsprache übertragbar sind bzw. inwieweit die Diskurse
aneinander anschließen können. Das Kapitel schließt mit theoretischen Vorüberlegungen
zum Lehrer-DaZ-Kompetenz-Modell, das in Kapitel 4 detailliert vorgestellt wird.

3.2   Zur Situation von Lehrkräften aller Fächer im Hinblick auf sprachsensiblen Unterricht

Angesichts der Komplexität des Konstrukts *Bildungssprache*, wie sie in Kapitel 2 beschrieben wurde, und der Komplexität der Herausforderungen, die sich vor allem solchen
Schülerinnen und Schülern stellen, die erst und ausschließlich in Schule und Unterricht

---

[1]   Um die folgenden Ausführungen an bestehende Diskurse anschlussfähig zu machen, wird hier u.a. der
nicht unproblematische Begriff „Bildungssprache" verwendet. In Kapitel 2 des vorliegenden Werks ‚Zur
Relevanz (bildungs-)sprachlicher Förderung in Schule und Fachunterricht' greift Anne Köker die Frage
nach einer definitorischen Klärung ausführlich auf und erläutert die prinzipiellen Gründe, warum im Projekt alternative Bezeichnungen präferiert werden.

mit Bildungssprache in Kontakt kommen, dürfte klar sein, dass auch für Lehrpersonen die Anforderung, ihren Unterricht bildungssprachförderlich zu gestalten, mehr als voraussetzungsreich ist.

Jedoch wurde der Bestimmung dieser spezifischen Voraussetzungen bis vor einigen Jahren weit weniger Bedeutung beigemessen als der Entwicklung und Evaluation von Sprachförderkonzepten und -maßnahmen (Koch-Priewe & Krüger-Potratz, 2016; Krüger-Potratz & Supik, 2014). So wurde die Frage, was Lehrerinnen und Lehrer können müssen, um ihre Schüler und Schülerinnen sprachlich zu fördern, nicht wirklich ernsthaft gestellt. Fachunterricht war Fachunterricht, und wenn bei vereinzelten Schülerinnen und Schülern ein erkennbarer Förderbedarf in sprachlicher Hinsicht konstatiert wurde, so wurde versucht, diesen – wenn möglich in zusätzlichen, d. h. additiven Förderangeboten im Randstundenbereich zu decken. Aber auch bei den Förderlehrkräften spielte eine Qualifizierung bzw. der Nachweis einer spezifischen Expertise eine untergeordnete Rolle. DaZ-Förderunterricht wurde sowohl von Lehrpersonen des Regelsystems als auch von Dozentinnen und Dozenten unterschiedlichster beruflicher Herkunft erteilt. „Förderlehrer" ist in diesem Bereich bisher kein geschützter Begriff, für den standardisierte Qualifikationen definiert sind. Die Bandbreite der unter dieser Berufsbezeichnung Tätigen reicht von denjenigen, die an Hochschulen ein BA-/MA-Studium Deutsch als Fremdsprache (DaF)/DaZ absolviert haben, bis zu ehrenamtlich unterrichtenden Seniorinnen und Senioren. Lehrerinnen und Lehrer mit DaZ-Zusatzqualifikationen, Studierende im Rahmen der Mercator-Förderprogramme und Dozentinnen und Dozenten mit langjährigen DaF-Lehrerfahrungen im Bereich der Weiterbildung bieten DaZ-Förderunterricht an. Doch seit den Ergebnissen der Schulleistungsvergleichsstudien PISA, IGLU oder TIMSS, die darauf hinweisen, dass vor allem Kinder und Jugendliche zu den Bildungsverliererinnen und Bildungsverlierern zählen, die sowohl eine andere Erstsprache als Deutsch sprechen als auch einen niedrigen sozio-ökonomischen Status haben, wird die Reichweite additiver Sprachfördermaßnahmen in Frage gestellt. Unter Rückgriff auf schon ältere Analysen der spezifischen Sprache in Schule und Unterricht (u. a. Cummins, 2000) wurde die hohe Relevanz der Vermittlung der Bildungssprache und die Verknüpfung von fachlichem und bildungssprachlichem Lernen immer wieder herausgestellt (und so auch in Kapitel 2). Dies macht eine additive Sprachförderung zumal für neu zugewanderte Kinder und Jugendliche ohne jegliche Kenntnisse der Sprache in Schule und Unterricht nicht unbedingt überflüssig, klar ist jedoch, dass ein wesentlicher Teil der für den Zugang zu Bildung vorauszusetzenden Sprachkompetenz nur im Fachunterricht erworben werden kann und Fachlehrkräfte somit auch für die Schaffung der Voraussetzungen für diese Spracherwerbsprozesse verantwortlich sind.

Lehrerinnen und Lehrer in deutschen Regelschulklassen sind sich in der Mehrheit (82%) des sprachlichen Förderbedarfs ihrer Schülerinnen und Schüler durchaus bewusst, wie eine Befragung des Mercator-Instituts aus dem Jahr 2012 ergab. Jedoch fühlen sich

> 66% der Lehrerinnen und Lehrer [...] durch ihr Studium nur unzureichend auf das Unterrichten in kulturell und sprachlich heterogenen Klassen vorbereitet; 39% halten sich für den Umgang mit rein sprachlichen Problemen einzelner Schüler nicht ausreichend qualifiziert (Becker-Mrotzek et al., 2012, S. 12).

Ein großes Weiterbildungsbedürfnis von Lehrkräften in Bezug auf die Sprachförderung konnte auch im Rahmen des IQB-Ländervergleichs 2011 ermittelt werden (Böhme et al., 2013). Auch international und selbst in den klassischen Einwanderungsländern wird erst seit einigen Jahren der wissenschaftliche Fokus auf die diesbezügliche Qualifikation von Fachlehrerinnen und Fachlehrern gelenkt (Lucas & Grinberg, 2008; Skinner, 2010; Lucas, 2011; Santos, Darling-Hammond & Cheuk, 2012; Ross, 2013; Shaw, Lyon, Stoddart, Mosqueda & Menon, 2014). Eine US-amerikanische Studie konnte zeigen, dass Mathematik- oder Naturwissenschaftslehrerinnen und -lehrer sich in Bezug auf die Förderung ihrer Schülerinnen und Schüler mit EAL[2] nicht als selbstwirksam wahrnehmen und schlecht ausgebildet fühlen (Banilower, Smith, Weiss, Malzahn, Campbell & Weis, 2013; Ross, 2013). Andere Untersuchungen zeigten, dass selbst mehrjährige Unterrichtserfahrung von Fachlehrerinnen und -lehrern mit Schülerinnen und Schülern mit EAL oder DaZ nicht zwangsläufig, also durch „learning on the job", zu einer beobachtbaren sprachlichen Unterstützung respektive Förderung in ihrem Fachunterricht führt (z. B. Robinson, 2005), selbst dann nicht, wenn das Bewusstsein besteht, für die Förderung der Schülerinnen und Schüler auch in sprachlicher Hinsicht verantwortlich zu sein (Murakami, 2008).

Dementsprechend wird hier wie dort der Entwicklung von EAL/DaZ-Aus- und Fortbildungsprogrammen hohe Bedeutung beigemessen, und die Zahl der Entwicklungs- und Forschungsprojekte ist in den letzten Jahren erheblich angestiegen (Überblick s. Koch-Priewe & Krüger-Potratz, 2016). Doch weder die Ausgestaltung noch die Evaluation dieser Programme (Gogolin, Dirim, Klinger, Lange, Lengyel, Michel, Neumann, Reich, Roth & Schwippert, 2011; Shaw et al., 2014) erfolgten bislang auf der Basis theoretischer und empirischer Standards (Skinner, 2010). Dies gilt auch für die Gestaltung von Lerngelegenheiten in der Lehrerbildung. Baumann und Becker-Mrotzek (2014), die die Lerngelegenheiten von angehenden Lehrkräften im Bereich Sprachförderung und Deutsch als Zweitsprache in einem Überblick zusammengetragen haben, entdeckten hier ein sehr heterogenes Feld. So sind weder die Bezeichnungen der Studienangebote noch die Studieninhalte noch der Umfang der Studienelemente standardisiert. Während an einem Großteil der Hochschulen Lehramtsstudierende, die nicht Deutsch studieren, keine Angebote im Bereich Sprachförderung oder Deutsch als Zweitsprache erhalten (Baumann & Becker-Mrotzek, 2014), gibt es an einigen Universitäten fakultative, an anderen wiederum obligatorische Studienanteile in diesem Bereich. Eine einheitliche Landesregelung, die die Ausbildung von Sprachförderkompetenzen in der ersten Phase der Ausbildung aller Lehrämter gesetzlich festlegt, gab es Ende 2015 nur für die Bundesländer Baden-Württemberg, Berlin, Niedersachsen, Nordrhein-Westfalen, Rheinland-Pfalz und Schleswig-Holstein (Morris-Lange, Wagner & Altinay, 2016).

In den anderen Bundesländern existiert keine einheitliche Landesregelung oder die Vorgaben bleiben so vage, dass den Hochschulen ein weiter Gestaltungsspielraum gegeben wird (Baumann & Becker-Mrotzek, 2014). In der Zusammenschau der Hochschulen herrscht die Tendenz vor, verpflichtende Studienbestandteile in diesem Bereich einerseits domänenspezifisch auf das Fach Deutsch oder auf die Grundschule zu konzentrieren (Baumann & Becker-Mrotzek, 2014), was in Anbetracht der wissenschaftlichen

---

[2]   ELL = English Language Learner/Learning (US-amerikanischer Gebrauch), EAL = English as an Additional Language (UK-Gebrauch)

Forderung einer durchgängigen Sprachbildung (vgl. Kapitel 2) in allen Fächern von der Primarstufe über die Sekundarstufe I und II bis hin zur Berufsbildung anachronistisch ist.

Allerdings konnte Baumann bei einer Aktualisierung der Studiendaten im Herbst 2015 konstatieren, dass sich offensichtlich eine Entwicklung vollzieht und zumindest in den gesetzlichen Landesvorgaben für die erste Phase der Lehrerbildung eine Erweiterung der Zielgruppe beobachtbar ist und immer häufiger Lehrkräfte aller Fächer angesprochen werden (Baumann, 2017).

Auch das Fort- und Weiterbildungsangebot zeichnet sich durch eine große Heterogenität aus: Die Bundesländer entsprechen dem – auch in Anbetracht der seit Mitte 2014 stark angewachsenen Zahlen von geflüchteten Kindern und Jugendlichen – gestiegenen Bedarf an DaZ-Qualifikation im Bildungswesen mit sehr unterschiedlichen Maßnahmen und Programmen. So reagiert z. B. das Land Schleswig-Holstein, das Anfang 2016 die Lehrendenstellen im DaZ-Bereich um 700% (von 50 auf 408) erhöht hat, um dem Bedarf an den Schulen gerecht zu werden, mit einer Schulung durch neue Medien:

> Bisher konnten die DaZ-Stellen im allgemein bildenden Bereich in der Regel mit ausgebildeten Lehrkräften besetzt werden, die zusätzlich eine DaZ-Qualifikation haben. Um den Bedarf auch künftig decken zu können, wird die modularisierte DaZ-Qualifizierung derzeit umgestellt auf ein „Blended-Learning-Konzept", das Präsenzelemente mit online gestützten Lerneinheiten verbindet. So kann die Dauer der Qualifizierung verkürzt werden, ohne die Inhalte oder die Qualität zu reduzieren (Landesregierung Schleswig-Holstein, 18.12.2015).

Auch wenn solche und ähnliche Maßnahmen ob der Brisanz der historischen Lage ohne Alternative erscheinen, bleibt doch der Zweifel an der Effizienz von DaZ-Qualifikationen im Schnellverfahren. Massive Bedenken melden auch Vertreter und Vertreterinnen der Institute und Abteilungen für Deutsch als Fremd- und Zweitsprache in ihrer „Leipziger Erklärung zur sogenannten ‚Flüchtlingskrise'" an. Neben der Kritik, dass Lehrpersonen mit einem abgeschlossenen akademischen Studium (Magister oder Master) im Fach Deutsch als Fremd- oder Zweitsprache als Spezialistinnen und Spezialisten in den meisten Bundesländern keinen Zugang zum Schuldienst erhalten, jedenfalls nicht zu vergleichbaren Bedingungen wie das Regelschullehrpersonal, wird die Forderung gestellt, „[...] die DaF/DaZ-Infrastruktur in der Bundesrepublik nicht nur quantitativ auszubauen, wie es derzeit zu Recht geplant ist, sondern sie auch und zwar auf Dauer qualitativ zu verbessern" (Meyer & Müller-Böling, 1996, S. 2). Hiermit beziehen sich die Wissenschaftlerinnen und Wissenschaftler sowohl auf die Aus- und Weiterbildung von Lehrpersonen als DaZ-Spezialisten und DaZ-Spezialistinnen als auch auf die Qualifikation von angehenden Fachlehrerinnen und Fachlehrern.

So hat die Antwort auf die Frage, über welches Wissen und welche Fähigkeiten Fachlehrerinnen und Fachlehrer verfügen müssen, um einen sprachförderlichen Fachunterricht durchführen zu können, Relevanz auf allen Ebenen des Bildungssystems und zieht vor allem auch die Frage nach sich, wie die (akademischen) Lerngelegenheiten (angehender) Lehrkräfte gestaltet sein müssen, um kompetente Lehrpersonen auszubilden.

3.3   Eine Frage der Expertise: Lehrerkompetenzen

Die Frage nach der Relevanz von Lehrerkompetenzen als ein zentraler Prädiktor für gelingende Lehr-Lern-Prozesse steht seit Mitte der 1980er Jahre im Zentrum der Lehrerforschung (Überblick bei Lipowsky, 2006). Im Expertenparadigma, in dem der Lehrperson und ihrer Expertise eine entscheidende Rolle für gelingende Lernprozesse in Unterrichtssituationen zugesprochen wird, wird der Schwerpunkt auf die Kognitionen gelegt,
die dafür erforderlich sind, die komplexen beruflichen Aufgaben- und Problemstellun-
gen des Lehrberufs zu bewältigen. Der Expertenansatz, der seitdem der Lehrerforschung
als „theoretische Leitfigur" (Tillmann, 2011, S. 236) dient, fokussiert die berufsbezogenen Kognitionen und die daraus resultierenden Fähigkeiten, also Wissen und Können, der
Lehrperson (Bromme, 1992). Diese professionellen Fähigkeiten wurden in den letzten
Jahren durch die Lehrerprofessionsforschung für verschiedene Domänen (Unterrichtsfächer) unter dem Konstrukt „Kompetenz" modelliert.

Den meisten Kompetenzmodellen liegt ein umfassendes Verständnis des Kompetenz-
begriffs zugrunde. Dieses lehnt sich an die klassische Definition von Weinert (2001) an
und umfasst nicht nur die kognitiven Fähigkeiten, die zur Lösung spezifischer Probleme notwendig sind, sondern auch die hierfür erforderlichen motivationalen und sozialen
Bereitschaften und Fähigkeiten. Alle Aspekte des Konstruktes „Kompetenz" gelten als
Voraussetzung, um konkrete Anforderungssituationen erfolgreich und verantwortungs-
voll zu bewältigen. Somit weist der Begriff Kompetenz auf die Kontextabhängigkeit der
Leistungsdisposition hin – im Unterschied zu dem Konstrukt „Intelligenz" (Klieme &
Leutner, 2006; Hartig & Klieme, 2006). Kompetenzen sind also kontextspezifisch, mehr-
dimensional und – darüber hinaus – durch Erfahrung erwerbbar. Sie bezeichnen die Fähigkeiten, spezifische Situationen und Anforderungen zu bewältigen, und können als solche
in differenzierten Anforderungsbereichen und Niveaus beschrieben werden. Die Komplexität der professionellen Handlungskompetenz haben Krauss, Kunter, Brunner, Baumert,
Blum & Neubrand (2004) im Rahmen des COAKTIV-Projektes zur Kompetenzmessung
von Mathematiklehrkräften aufgefächert und als Modell dargestellt. Wesentliche Vorarbeiten zur Entwicklung dieses Modells lieferten u. a. Shulman (1986) und Bromme (1992)
durch ihre Differenzierung des Professionswissens von Lehrerinnen und Lehrern in *content knowledge* (CK Fachwissen), *pedagogical content knowledge* (PCK fachdidaktisches
Wissen) und *pedagogical knowledge* (PK allgemein pädagogisches Wissen). Das Modell
stellt einerseits die Vielfalt des professionellen Handlungswissens dar, das sich aus diversen Dimensionen bzw. Kompetenzbereichen zusammensetzt, andererseits verweist es
auch auf die komplexen Strukturen des professionellen Handlungsfeldes einer Lehrperson, den Unterricht, und auf die die Handlungskompetenz bestimmenden Überzeugungen
und die motivationalen, volitionalen und sozialen Bereitschaften.

Lehren und Lernen sind domänenspezifisch organisiert, und die fachspezifische Struktur des Unterrichtsfaches prägt die Instruktionsprozesse. Dementsprechend ist davon auszugehen, dass das fachspezifische Wissen der Lehrkraft, das sowohl durch die Ausbildung
als auch durch Erfahrung und Reflexion in der Berufspraxis erworben und erweitert wird,
die Unterrichtsqualität beeinflusst. Durch die COAKTIV-Studie, die die professionelle
Kompetenz von Lehrkräften mit Fokus auf den Mathematikunterricht (Kunter, Baumert,
Blum, Klusmann, Krauss & Neubrand, 2011) untersuchte, konnte „die Bedeutung des

Abbildung 3.1: Handlungskompetenz von Lehrkräften (nach Krauss et al., 2004, S. 35)

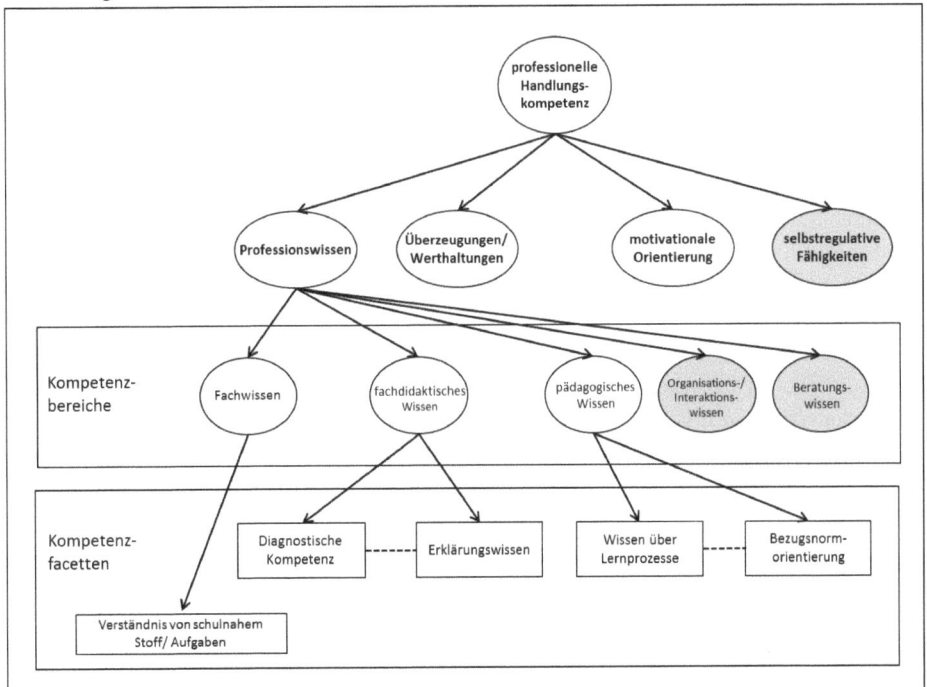

fachdidaktischen Wissens für qualitätsvollen Unterricht und Lernfortschritte von Schülerinnen und Schülern" bestätigen (Baumert & Kunter, 2011, S. 184).

Eine Reihe von weiteren Studien (MT21; TEDS-M; TEDS-LT u. a.; Buchholtz, Scheiner, Döhrmann, Suhl, Kaiser & Blömeke, 2012; s. a. KoKoHs, Blömeke & Zlatkin-Troinschanskaia, 2013a & b) hat diese Modellierung professionellen Wissens ihrer Forschung zugrunde gelegt und konnte Modelle professioneller Lehrerkompetenzen für die Domänen Mathematik, Deutsch und Englisch generieren (siehe auch Kapitel 7 in diesem Band) und empirisch überprüfen. In Anlehnung und Weiterentwicklung dieser Vorbilder werden seit einigen Jahren u. a. in dem vom Bundesministerium für Bildung und Forschung geförderten Programm KoKoHs (Kompetenzmodellierung und Kompetenzerfassung im Hochschulsektor) (Lehrer-)Kompetenzmodelle entwickelt und evaluiert: Medienpädagogische Kompetenz (Herzig, Martin, Schaper & Ossenschmidt, 2015), Geschichte (Brauch, Wäschle, Lehmann, Logtenberg & Nückles, 2015), naturwissenschaftliche Kompetenz (Hartmann, Mathesius, Stiller, Straube, Krüger & Upmeier zu Belzen, 2015), bildungswissenschaftliche Kompetenz (Schulze-Stöcker, Holzberger, Kunina-Habenicht & Terhart, 2015). Auch das *DaZKom*[3]-Projekt ist in diesem Programm angesiedelt und schließt an den oben ausgeführten Kompetenzbegriff an mit den Fragen: Welche spezifischen professionellen Kompetenzen benötigen Fachlehrkräfte, um Schülerinnen und Schüler beim Erwerb des für Lern- und Unterrichtsprozesse notwendigen Fachregisters

---

[3]   DaZ-Kompetenz von angehenden Lehrkräften aller Unterrichtsfächer

unterstützen zu können? Wie lässt sich diese spezifische professionelle Kompetenzentwicklung beschreiben und messen?

3.4   Lehrerkompetenzen im Bereich Deutsch als Zweitsprache

Dass für den professionellen Kompetenzbereich Deutsch als Zweitsprache im Unterschied zu den meisten Unterrichtsfächern (Ländergemeinsame inhaltliche Anforderungen für die Fachwissenschaften und Fachdidaktiken in der Lehrerbildung, Beschluss der KMK vom 16.10.2008 i. d. F. vom 12.06.2014) bisher keine Standards vorliegen, ist in Anbetracht der Tatsache, dass DaZ in der Regel kein Unterrichtsfach darstellt, auch nicht weiter verwunderlich. DaZ wurde bislang in erster Linie – wie oben bereits beschrieben – als Förderunterricht in Ergänzung oder als Vorbereitung zum Regelunterricht angeboten und von Lehrpersonen unterschiedlichster beruflicher Herkunft erteilt. Im Zuge des Diskurses um die unauflösbare Verknüpfung von Fachinhalten und Sprache, von fachlichem und sprachlichem Lernen und um die daraus resultierende Notwendigkeit einer sprachsensiblen Unterrichtsgestaltung seit Beginn der 2000er Jahre kristallisiert sich nun langsam die Erkenntnis heraus, dass Fachlehrkräfte auch Sprachlehrerinnen und Sprachlehrer sein sollten: Doch darüber, „über welches pädagogische (z. B. diagnostische, interkulturelle), fachdidaktische, sprachliche und Fachwissen Lehrende verfügen müssen, um den Unterrichtsaufgaben angesichts einer zunehmenden sprachlich-kulturellen Heterogenität der Lernenden gerecht zu werden" herrscht in den an der Lehrerbildung beteiligten Wissenschaften kein Konsens (Krumm, 2010, S. 187).

  Das Defizit einer empirisch abgesicherten Kompetenzmodellierung wird national wie international erst seit wenigen Jahren konstatiert. Gleichwohl fehlt es – national wie international – nicht an Vorschlägen und Katalogen über grundlegende Wissensbestände und Fähigkeiten von bildungssprachkompetenten Lehrerinnen und Lehrern, die zumeist aus den Ergebnissen der Bildungsforschung zur Sprachentwicklung von Schülerinnen und Schülern mit nicht unterrichtssprachlichen Herkunftssprachen und aus Entwicklungsprojekten von Sprachförderkonzepten in Unterricht abgeleitet werden (Leisen, 2015, Hopp, Thoma & Tracy, 2010). Hierdurch sind die meisten Kompetenzbeschreibungen normativ gesetzt und empirisch nicht abgesichert, wenngleich theoretisch begründet:

> Als Handwerkszeug für den unterrichtlichen Alltag benötigen Lehrkräfte natürlich Kenntnisse über zentrale Strukturen und funktionale Eigenschaften von Sprache. Diese Kenntnisse sind u. a. grundlegend für die Einschätzung der Sprachkompetenz der Schülerinnen und Schüler, die Auswahl bzw. Entwicklung von Lernmaterialien und die Formulierung von Aufgabenstellungen. Eine Lehrkraft, die nicht zumindest über Grundkenntnisse im Bereich der Syntax des Deutschen verfügt, kann keine begründete Einschätzung über die Sprachentwicklung bei Kindern nicht-deutscher Herkunftssprache vornehmen. Eine Lehrkraft, die nicht wenigstens die zentralen Unterscheidungsmerkmale zwischen konzeptioneller Mündlichkeit und Schriftlichkeit kennt, wird die Bedeutung dieser sprachlichen Varietäten für das Fachlernen kaum erkennen, geschweige denn reflektieren können, und dementsprechend auch nicht in der Lage sein, sie für ihre didaktisch-methodische Planung in Rechnung zu stellen. Eine

> Lehrkraft, die nicht wenigstens über Grundkenntnisse im Bereich der Morphologie des Deutschen verfügt, wird Schülerinnen und Schüler – übrigens auch solche mit Erstsprache Deutsch – schwerlich bei der Systematisierung von Fachwortschatz unterstützen können (Ohm, 2009, S. 34f.).

Das bildungswissenschaftliche wie bildungspolitische Desiderat einer abgesicherten und somit einheitlichen Modellierung von Lehrerkompetenzen als Voraussetzung eines sprachsensiblen Unterrichts besteht auch im englischsprachigen Diskurs. Schleppegrell und O'Hallaron, die 2011 eine Metaanalyse englischsprachiger Forschungspublikationen der bis dato fünf zurückliegenden Jahre zu Fragen des Lehrens und/oder Lernens von Bildungssprache in der Sekundarstufe durchführten, konstatieren grundsätzlich eine sehr spärliche empirische Forschungslage, kommen aber durch ihren Forschungsüberblick zusammenfassend zu drei Dimensionen, an denen sich erfolgreiches bildungssprachförderliches Unterrichten charakterisiert: Mit dem (1) Grundwissen der Lehrperson darüber, wie Sprache im Fach funktioniert, als Basis (2) flankiert von dem Wissen darüber, welche bildungssprachlichen Ziele die eigenen Schülerinnen und Schüler langfristig erreichen können und wie Unterstützungssysteme zu planen sind (Makro-Scaffolding) und (3) ergänzt um das Können darin, Unterrichtssituationen und –interaktionen entsprechend sprachförderlich zu gestalten (Mikro-Scaffolding):

> Taking into account the combined implications of the studies discussed in this article, we can conclude that effective teachers of ELLs[4] at the secondary level draw on knowledge about how language is used to achieve the specific purposes of discourse in their disciplines to integrate language and content in their teaching, have a long-term plan for development of academic language proficiency over time, have high expectations for their students, build bridges between students' prior knowledge and experience and what is being learned, scaffold students' moves from simple to complex understanding and expression of ideas, emphasize higher order thinking, and promote the use of related academic language through meaningful tasks that engage students in content and language learning simultaneously (Schleppegrell & O'Hallaron, 2011, S. 13).

Gitomer und Zisk (2015) weisen in ihrem Review über den Stand der internationalen Forschung zur Lehrerprofessionalität mehrfach auf die Forschungslücken bei der Bewertung von Lehrerkompetenz für den Unterricht mit Schülerinnen und Schülern anderer Herkunftssprache hin. Sie sehen eine Reihe nützlicher Ansätze und Vorschläge zur Beschreibung dieser Lehrerkompetenzen, aber keinen professionellen Konsens unter den Bildungsforscherinnen und -forschern und Lehrerausbildenden und eine mangelnde empirische Basis zur Begründung der theoretisch hergeleiteten Wissenskataloge (Gitomer & Zisk, 2015).

Die – bis zu Beginn des Projektes *DaZKom* – umfassendsten Standardformulierungen zur Lehrerqualifizierung im Bereich DaZ hat das Bundesamt für Migration und Flüchtlinge in Zusammenarbeit mit dem Goethe-Institut entwickelt (BAMF, 2007). Diese beziehen sich jedoch auf die Erwachsenenbildung im Kontext der Integrationskurse, die

---

[4] ELL = English Language Learners

die Förderung der Integration von Migrantinnen und Migranten im Sinne gesellschaftlicher Teilhabe und Chancengleichheit als Ziel haben. Auf die Sprachförderkompetenz von Fachkräften der Früh- und Primarpädagogik bezieht sich das von Hopp, Thoma und Tracy (2010) entwickelte Modell, das im Rahmen des Projektes „SprachKoPF Sprachliche Kompetenzen Pädagogischer Fachkräfte" operationalisiert wurde (Thoma, Tracy, Michel & Ofner, 2012). In Bezug auf DaZ im schulischen Kontext lag innerhalb der letzten zehn Jahre der Schwerpunkt der Untersuchungen vorrangig auf der curricularen Perspektive (Herstellung und Evaluation von Lehr- und Lernmaterial; z. B. FÖRMIG; Gogolin et al., 2011) sowie der Lernerperspektive (Evaluation von Maßnahmen des Förderunterrichts). Zwar sind im Rahmen des Projekts zur Konzipierung eines Europäischen Kerncurriculums für den Zweitsprachenunterricht in der Lehrerbildung (EUCIM-TE, Brandenburger, Bainski, Hochherz & Roth, 2011) und im Rahmen des *DaZ-Moduls im Lehramtsstudium* der Stiftung Mercator (Baur, Becker-Mrotzek, Benholz, Chlosta, Hoffmann, Ralle, Salek-Schwarze, Seipp & Özdil, 2009) jeweils Empfehlungen für die inhaltliche Gestaltung akademischer Lerngelegenheiten ausgesprochen worden, aber diese fokussieren eher Ausbildungsinhalte als Kompetenzen von Lehrpersonen, sind heterogen und empirisch nicht abgesichert.

Der umfassenden Aufgabe, die für Fachlehrkräfte erforderlichen Kompetenzen theoretisch begründet und empirisch abgesichert zu definieren bzw. zu modellieren, hat sich das Projekt *DaZKom* gestellt. Dabei stand das Projekt vor der Herausforderung, einerseits an die Vorarbeiten und Kompetenzmodellierungen der Lehrerprofessionsforschung anzuknüpfen, andererseits den spezifischen Charakteristika der zu modellierenden Kompetenz gerecht zu werden. So war eine einfache Übernahme oder Adaption bestehender Lehrer-Handlungskompetenzmodelle aus mehreren Gründen nicht möglich: (1) Zum einen ist Deutsch als Zweitsprache (DaZ) in der Regel kein schulisches Unterrichtsfach, sondern konstitutiv für das Lehren und Lernen in jedem Fach. Für die Lehrperson ist DaZ-Fachwissen dementsprechend für die Vermittlung von Fachwissen im jeweiligen Unterrichtsfach grundlegend. (2) Zum anderen ist das in der Ausbildung an Lehrkräfte zu vermittelnde DaZ-Fachwissen unmittelbar an didaktischem Handeln ausgerichtet, da es die Basis für (zweit-)sprachsensible Unterrichtsplanung und (zweit-)sprachsensibles Unterrichtshandeln bildet. Für die Modellierung von DaZ-Kompetenz war es demnach erforderlich, das DaZ-Fachwissen in seiner konstitutiven Funktion für die Vermittlung von fachunterrichtlichem Wissen bei gleichzeitiger Berücksichtigung der Handlungsorientierung abzubilden.

In der *DaZKom*-Studie wurde deshalb zunächst im Rahmen einer Dokumentenanalyse von DaF- und DaZ-Modulen deutscher Universitäten und Institutionen eine Rahmenkonzeption für DaZ-Kompetenz erstellt (ausführlich zum methodischen Vorgehen s. Kapitel 5). Die hierdurch empirisch ermittelten drei inhaltlichen Bereiche „linguistisches Fachregister", „Mehrsprachigkeit" und „Didaktik" wurden durch Expertenbefragung (vgl. Kapitel 6) bestätigt. Weitere Inhaltsanalysen ermöglichten eine Ausdifferenzierung der Inhaltsbereiche in Subkategorien. So entstand ein Modell mit drei Kompetenzdimensionen, die sich in jeweils zwei Subdimensionen und diverse Facetten aufteilen.

Als Basis für die Entwicklung eines Testinstruments war es notwendig, DaZ-Kompetenz neben der oben beschriebenen strukturellen Modellierung auch auf unterschiedlichen Niveaustufen zu beschreiben. Um Erfahrungslernen und Handlungsorientierung in die Beschreibung des Kompetenzerwerbs mit einbeziehen zu können, wurde das Kompetenzstufenmodell (Five-Stage Model of Adult Skill Acquisition) von Dreyfus & Dreyfus (1986, 1987) als Referenz gewählt. Es liefert die entsprechende Grundlage zur Modellierung von Professionalisierung, indem es das Entwicklungsmuster vom Novizen zum Experten in fünf Stufen abbildet und beschreibt (Dreyfus & Dreyfus, 1986, 1987). Im folgenden Kapitel wird das *Struktur- und Entwicklungsmodell DaZ-Kompetenz* ausführlich dargestellt.

3.5   Literatur

BAMF – Bundesamt für Migration und Flüchtlinge (2007). Konzeption für die Zusatzqualifizierung von Lehrkräften im Bereich Deutsch als Zweitsprache. Verfügbar unter: http://www.bamf.de/ SharedDocs/Anlagen/DE/Downloads/Infothek/IntegrationskurseLehrkraefte/konzeption-fuer-die-zusatzqualifikation-von-lehrkraeften-pdf.html [31.03.2014].

Banilower, E. R., Smith, P. S., Weiss, I. R., Malzahn, K. A., Campbell, K. M. & Weis, A. M. (2013). *Report of the 2012 national survey of science and mathematics education*. Chapel Hill, NC: Horizon Research.

Baumann, B. (2017). Sprachförderung und Deutsch als Zweitsprache in der Lehrerbildung – ein deutschlandweiter Überblick. In M. Becker-Mrotzek, P. Rosenberg, C. Schroeder & A. Witte (Hrsg.), *Deutsch als Zweitsprache in der Lehrerbildung*. Münster: Waxmann.

Baumann, B. & Becker-Mrotzek, M. (2014). *Sprachförderung und Deutsch als Zweitsprache an deutschen Schulen: Was leistet die Lehrerbildung?* Mercator-Institut für Sprachförderung und Deutsch als Zweitsprache. Verfügbar unter: http://www.mercator-institut-sprachfoerderung.de/ mediathek/publikationen.html [22.03.2016].

Baumert, J. & Kunter, M. (2011). Das mathematische Wissen von Lehrkräften, kognitive Aktivierung im Unterricht und Lernfortschritte von Schülerinnen und Schülern. In M. Kunter, J. Baumert, W. Blum, U. Klusmann, S. Krauss & M. Neubrand (Hrsg.), *Professionelle Kompetenz von Lehrkräften. Ergebnisse des Forschungsprogramms COACTIV*. Münster: Waxmann.

Baur, R., Becker-Mrotzek, M., Benholz, C., Chlosta, C., Hoffmann, L., Ralle, B., Salek-Schwarze, A., Seipp, B. & Özdil, E. (2009). *Modul „Deutsch als Zweitsprache" (DaZ) im Rahmen der neuen Lehrerausbildung in Nordrhein-Westfalen*. Stiftung Mercator. Verfügbar unter: http://stiftungmercator.de/fileadmin/user_upload/INHALTE_UPLOAD/Microsite% 20 Foerderuntericht/Fachmaterialien/DaZ_Modul_Endversion_20090507.pdf [31.03.2014].

Becker-Mrotzek, M., Hentschel, B., Hippmann, K. & Linnemann, M. (2012). *Sprachförderung in deutschen Schulen – die Sicht der Lehrerinnen und Lehrer. Ergebnisse einer Umfrage unter Lehrerinnen und Lehrern*. Durchgeführt von IPSOS (Hamburg) im Auftrag des Mercator-Instituts für Sprachförderung und Deutsch als Zweitsprache, Universität zu Köln.

Blömeke, S. & Zlatkin-Troitschanskaia, O. (2013a). *Kompetenzmodellierung und Kompetenzerfassung im Hochschulsektor: Ziele, theoretischer Rahmen, Design und Herausforderungen des BMBF-Forschungsprogramms KoKoHs* (KoKoHs Working Papers, 1). Berlin & Mainz: Humboldt-Universität & Johannes Gutenberg-Universität.

Blömeke, S. & Zlatkin-Troitschanskaia, O. (Eds.). (2013b). *The german funding initiative "modeling and measuring competencies in higher education": 23 research projects on engineering, economics and social sciences, education and generic skills of higher education students.* (KoKoHs Working Papers, 3). Berlin & Mainz: Humboldt University & Johannes Gutenberg University.

Böhme, K., Felbrich, A., Weirich, S. & Stanat, P. (2013). Sprachliche Kompetenzen von Schülerinnen und Schülern mit Zuwanderungshintergrund am Ende der vierten Jahrgangsstufe – Ergebnisse des IQB-Ländervergleichs 2011. *Die Deutsche Schule*, 105 (2), 128–143.

Brandenburger, A., Bainski, C., Hochherz, W. & Roth, H.-J. (2011). *EUCIM-TE- Adaption des europäischen Kerncurriculums für inklusive Förderung der Bildungssprache Nordrhein-Westfalen (NRW), Bundesrepublik Deutschland.* Verfügbar unter: http://www.eucim-te.eu/data/eso27/ File/ Material/NRW.\%20Adaptation.pdf [31.03.2014].

Brauch, N., Wäschle, K., Lehmann, T., Logtenberg, A. & Nückles, M. (2015). Das Lernergebnis im Visier – Theoretische Fundierung eines fachdidaktischen Kompetenzstrukturmodells ‚Kompetenz zur Entwicklung und Bewertung von Aufgaben im Fach Geschichte'. In B. Koch-Priewe, A. Köker, J. Seifried & E. Wuttke (Hrsg.), *Kompetenzerwerb an Hochschulen: Modellierung und Messung. Zur Professionalisierung angehender Lehrerinnen und Lehrer sowie frühpädagogischer Fachkräfte* (S. 81–103). Bad Heilbrunn: Klinkhardt.

Bromme, R. (1992). *Der Lehrer als Experte. Zur Psychologie des professionellen Lehrerwissens.* Göttingen: Hans Huber.

Buchholtz, N., Scheiner, T., Döhrmann, M., Suhl, U., Kaiser, G. & Blömeke, S. (2012). *TEDS-shortM: Kurzfassung der mathematischen und mathematikdidaktischen Testinstrumente aus TEDS-M, TEDS-LT und TEDS-Telekom.* Hamburg: Universität.

Cummins, J. (2000). *Language, power, and pedagogy: Bilingual children in the crossfire.* Clevedon, England: Multilingual Matters.

Dreyfus, H. L., Dreyfus, S. E. (1986). *Mind over machine. The power of human intuition and expertise in the era of the computer.* Oxford: Basil Blackwell.

Dreyfus, H. L., Dreyfus, S. E. (1987). *Künstliche Intelligenz. Von den Grenzen der Denkmaschine und dem Wert der Intuition.* Reinbeck bei Hamburg: Rowohlt.

Fickermann, D. (2013). Anforderungen an Maßnahmen zur Verbesserung der Effizienz und der Effektivität der vorschulischen und schulischen Sprachförderung. *Die Deutsche Schule*, 105 (2), 169–184.

Gitomer, D. H. & Zisk, C. (2015). Knowing what teachers know. *Review of Research in Education*, 39, 1–55.

Gogolin, I., Dirim, I., Klinger, T., Lange, I., Lengyel, D., Michel, U., Neumann,U., Reich. H. H., Roth, H.-J. & Schwippert, K. (2011). *Förderung von Kindern und Jugendlichen mit Migrationshintergrund FÖRMIG. Bilanz und Perspektiven eines Modellprogramms.* Münster: Waxmann.

Hartig, J. & Klieme, E. (2006). Kompetenz und Kompetenzdiagnostik. In K. Schweizer (Hrsg.), *Leistung und Leistungsdiagnostik* (S. 127–141). Berlin: Springer.

Hartmann, S., Mathesius, S., Stiller, J., Straube, P., Krüger, D. & Upmeier zu Belzen, A. (2015). Kompetenzen der naturwissenschaftlichen Erkenntnisgewinnung als Teil des Professionswissens zukünftiger Lehrkräfte: Das Projekt Ko-WADiS. In B. Koch-Priewe, A. Köker, J. Seifried & E. Wuttke (Hrsg.), *Kompetenzerwerb an Hochschulen: Modellierung und Messung. Zur Professionalisierung angehender Lehrerinnen und Lehrer sowie frühpädagogischer Fachkräfte* (S. 39–58). Bad Heilbrunn: Klinkhardt.

Herzig, B., Martin, A., Schaper, N. & Ossenschmidt, D. (2015). Modellierung und Messung medienpädagogischer Kompetenz – Grundlagen und erste Ergebnisse. In B. Koch-Priewe, A. Köker, J. Seifried & E. Wuttke (Hrsg.), *Kompetenzerwerb an Hochschulen: Modellierung und Messung. Zur Professionalisierung angehender Lehrerinnen und Lehrer sowie frühpädagogischer Fachkräfte* (S. 153–176). Bad Heilbrunn: Klinkhardt.

Hopp, H., Thoma, D. & Tracy, R. (2010). Sprachförderkompetenz pädagogischer Fachkräfte. *Zeitschrift für Erziehungswissenschaft*, 13 (4), 609–629.

Klieme, E. & Leutner, D. (2006). Kompetenzmodelle zur Erfassung individueller Lernergebnisse und zur Bilanzierung von Bildungsprozessen. Beschreibung eines neu eingerichteten Schwerpunktprogramms der DFG. *Zeitschrift für Pädagogik*, 52 (6), 876–903.

KMK – Kultusminister Konferenz. (2008 i. d. f. 2017). *Ländergemeinsame inhaltliche Anforderungen für die Fachwissenschaften und Fachdidaktiken in der Lehrerbildung.* Verfügbar unter: https://www.google.de/url?sa=t&rct=j&q=&esrc=s&source=web&cd=1&ved=0ahUKEwj9h4zpj63aAhUHyRQKHWDtDW0QFggnMAA&url=https\%3A\%2F\%2Fwww.kmk.org\%2Ffileadmin\%2FDateien\%2Fveroeffentlichungen_beschluesse\%2F2008\%2F2008_10_16-Fachprofile-Lehrerbildung.pdf&usg=AOvVaw0Z8zLbOL2VeypUtQzDqPH_, [22.09.2016].

Koch-Priewe, B. & Krüger-Potratz, M. (Hrsg.). (2016). Qualifizierung für sprachliche Bildung. Programme und Projekte zur Professionalisierung von Lehrkräften und pädagogischen Fachkräften. *Die Deutsche Schule*, Beiheft 13. Münster: Waxmann.

Krauss, S., Kunter, M., Brunner, M., Baumert, J., Blum, W. & Neubrand, M. (2004). COACTIV: Professionswissen von Lehrkräften, kognitiv aktivierender Mathematikunterricht und die Entwicklung von mathematischer Kompetenz. In J. Doll & M. Prenzel (Hrsg.), *Die Bildungsqualität von Schule: Lehrerprofessionalisierung, Unterrichtsentwicklung und Schülerförderung als Strategien der Qualitätsverbesserung* (S. 31–53). Münster: Waxmann.

Krüger-Potratz, M. & Supik, L. (2014). Deutsch als Zweitsprache in der Lehrerbildung. In B. Ahrenholz & I. Oomen-Welke (Hrsg.), *Deutsch als Zweitsprache* (3. neu bearbeitete Aufl.). Baltmannsweiler: Schneider Verlag Hohengehren.

Krumm, H. J. (2010). Lehrerwissen. In H. Barkowski & H. J. Krumm (Hrsg.), *Fachlexikon Deutsch als Fremd- und Zweitsprache* (S. 187). Tübingen: A. Francke.

Kunter, M., Baumert, J., Blum, W., Klusmann, U., Krauss, S. & Neubrand, M. (Hrsg.). (2011). *Professionelle Kompetenz von Lehrkräften. Ergebnisse des Forschungsprogramms COACTIV.* Münster: Waxmann.

Landesregierung Schleswig-Holstein / Ministerium für Schule und Berufsbildung. (2015). *Das Netz der DaZ-Zentren wird größer.* Verfügbar unter: https://www.schleswig-holstein.de/DE/Landesregierung/III/Presse/PI/2015/Dezember_2015/III_DaZ.html, [22.06.2016].

Leisen, J. (2015). Lehrerkompetenzen für den CLIL-Unterricht. *Zeitschrift für Interkulturellen Fremdsprachenunterricht*, 20 (2), 29–37. Verfügbar unter: http://tujournals.ulb.tu-darmstadt.de/index.php/zif/.

Lipowsky, F. (2006). Auf den Lehrer kommt es an. Empirische Evidenzen für Zusammenhänge zwischen Lehrerkompetenzen, Lehrerhandeln und dem Lernen der Schüler. *Zeitschrift für Pädagogik*, Beiheft 51, 47–70.

Lucas, T. (2011). Toward the transformation of teacher education to prepare all teachers for linguistically diverse classrooms. In T. Lucas (Ed.), *Teacher preparation for linguistically diverse classrooms. A resource for teacher educators* (S. 216–221). New York: Routledge.

Lucas, T. & Grinberg, J. (2008). Responding to the linguistic reality of mainstream classrooms. Preparing all teachers to teach english language learners. In M. Cochran-Smith, S. Feiman-Nemser & J. D. McIntyre (Eds.), *Handbook of research on teacher education. Enduring questions and changing contexts* (pp. 606–636), 3. Ed. New York/London: Routledge.

Meyer, H. J. & Müller-Böling, D. (1996). Leipziger Erklärung. In H. J. Meyer & D. Müller-Böling (Hrsg.), *Hochschulzugang in Deutschland – Status quo und Perspektiven* (S. 11–14). Gütersloh.

Morris-Lange, S., Wagner, K. & Altinay, L. (2016). *Lehrerbildung in der Einwanderungsgesellschaft. Qualifizierung für den Normalfall Vielfalt. Mercator-Institut für Sprachförderung und Deutsch als Zweitsprache.* Verfügbar unter: http://www.stiftung-mercator.de/media/downloads/3_Publikationen/SVR_Mercator_Institut_Policy_Brief_Lehrerbildung_September_2016.pdf [20.09.2017].

Murakami, C. (2008). "Everybody is just fumbling along": An investigation of views regarding EAL training and support provisions in a rural area. *Language and Education*, 22 (4), 265–282.

Ohm U. (2009). Zur Professionalisierung von Lehrkräften im Bereich Deutsch als Zweitsprache: Überlegungen zu zentralen Kompetenzbereichen für die Lehrerausbildung. *Zeitschrift für Interkulturellen Fremdsprachenunterricht*, 14 (2), 21–29.

Robinson, P. J. (2005). Teaching key vocabulary in geography and science classrooms: An analysis of teachers' practice with particular reference to EAL pupils' learning. *Language and Education*, 19 (5), 428–445.

Ross, K. E. L. (2013). Professional development for practicing mathematics teachers: A critical connection to english language learner students in mainstream USA classrooms. *Journal of Mathematics Teacher Education*, 17 (1), 85–100.

Santos, M., Darling-Hammond, L. & Cheuk, T. (2012). *Teacher development to support english language learners in the context of common core state standards. Understanding language. Language, literacy, and learning in the content areas.* Stanford, CA: Stanford University.

Schleppegrell, M. J. & O'Hallaron, C. L. (2011). Teaching academic language in L2 secondary settings. *Annual Review of Applied Linguistics*, 31, 3–18.

Schulze-Stocker, F., Holzberger, D., Kunina-Habenicht, O. & Terhart, E. (2015). BilWiss-Beruf: Bildungswissenschaften in der Lehrerbildung: Ergebnisse des Studiums und Entwicklungen im Vorbereitungsdienst. In B. Koch-Priewe, A. Köker, J. Seifried & E. Wuttke (Hrsg.), *Kompetenzerwerb an Hochschulen: Modellierung und Messung. Zur Professionalisierung angehender Lehrerinnen und Lehrer sowie frühpädagogischer Fachkräfte* (S. 207–217). Bad Heilbrunn: Klinkhardt.

Shaw, J. S., Lyon, E. G., Stoddart, T., Mosqueda, E. & Menon, P. (2014). Improving science and literacy learning for english language learners: Evidence from a pre-service teacher preparation intervention. *Journal of Science Teacher Education*, 25 (5), 621–643.

Shulman, L. S. (1986). Those who understand: Knowledge growth in teaching. *Educational Researcher*, 15 (2), 4–14.

Skinner, B. (2010). English as an additional language and initial teacher education: Views and experiences from northern ireland. *Journal of Education for Teaching*, 36 (1), 75–90.

Thoma, D., Tracy, R., Michel, M. & Ofner, D. (2012). *Schlussbericht des Vorhabens SprachKoPF, „Sprachliche Kompetenzen Pädagogischer Fachkräfte".* Berlin: Bundesministerium für Bildung und Forschung.

Tillmann, K. J. (2011). Konzepte der Forschung zum Lehrerberuf. In E. Terhart, H. Bennewitz & M. Rothland (Hrsg.). *Handbuch der Forschung zum Lehrerberuf* (S. 232–240). Münster: Waxmann.

Weinert, F. E. (2001). Vergleichende Leistungsmessung in Schulen – eine umstrittene Selbstverständlichkeit. In F. E. Weinert (Hrsg.), *Leistungsmessungen in Schulen* (S. 17–31). Weinheim und Basel: Beltz.

Kapitel 4

Das Modell von DaZ-Kompetenz bei angehenden Lehrkräften

UDO OHM

Zusammenfasssung: Der Beitrag befasst sich mit dem im *DaZKom*-Projekt entwickelten Modell für fachunterrichtsbezogene Kompetenz in Deutsch als Zweitsprache (DaZ-Kompetenz), das die theoretische Grundlage für die Entwicklung des *DaZKom*-Tests bildet. Das Konstrukt besteht aus einem Struktur- und einem Entwicklungsmodell. Das empirisch abgeleitete Strukturmodell beschreibt die dimensionale Struktur und konkretisiert sie anhand inhaltlicher Facetten. Das Entwicklungsmodell beschreibt DaZ-Kompetenz als kontextabhängige Leistungsdisposition. Es stützt sich auf das fünfstufige Modell des Fähigkeitserwerbs von Dreyfus & Dreyfus (1986). Für den bereits vorliegenden Paper-Pencil-Test wurden die ersten drei Stufen implementiert und empirisch überprüft. Im derzeit laufenden Folgeprojekt (*DaZKom*-Video) wird ein auf Video-Items basierender Test entwickelt, mit dem die höheren Stufen, die performanznahe Kompetenz beschreiben, erfasst werden können.

Abstract: This article focuses on the model for subject-teaching-related GSL competency (*DaZKom* model) that was developed in the *DaZKom* project and forms the theoretical basis of the *DaZKom* test. The construct consists of an empirically deducted structural model and a development model. The former describes the dimensional structure and specifies it using detailed subdimensions. The development model describes GSL competency as a context-dependent performance disposition. It is based on the Five-Stage Model of Skill Acquisition by Dreyfus & Dreyfus (1986). The first three stages of the already existing paper-pencil test were implemented and empirically validated. At present, the follow-up project *DaZKom Video* is developing a video-based test that allows for the performance-oriented measurement of higher levels of competency.

4.1   Einleitung

Im vorliegenden Beitrag werden das Struktur- und das Entwicklungsmodell für fachunterrichtsbezogene Kompetenz in Deutsch als Zweitsprache (DaZ-Kompetenz) vorgestellt. Ein Modell, das die inhaltlichen Dimensionen und die Entwicklung von DaZ-
Kompetenz für Fachlehrkräfte beschreibt, ist bisher ein Forschungsdesiderat. Es liegen
zwar Empfehlungen für die inhaltliche Ausgestaltung von akademischen Lerngelegenheiten, aber keine Standards auf Grundlage empirisch abgesicherter Kompetenzmodellierung vor (vgl. Kapitel 3 in diesem Band). Mit dem im Projekt *DaZKom* entwickelten
DaZ-Kompetenzmodell wird ein auf struktureller Ebene empirisch und auf der Ebene
der Kompetenzentwicklung theoretisch fundiertes und im Rahmen der Entwicklung des
DaZKom-Tests (vgl. Kapitel 5, 6 & 7) empirisch erprobtes Kompetenzmodell vorgestellt.
Die Darstellung erfolgt in zwei Teilen: Zunächst wird das Strukturmodell umrissen, das
auf einer Analyse universitärer Curricula und einer Validierung durch Expertinnen und
Experten fußt. Anschließend wird das auf Erfahrungslernen und Handlungsorientierung
basierende Entwicklungsmodell vorgestellt, das sich an dem fünfstufigen Modell der Fä-
higkeitsentwicklung vom Novizen zum Experten von Dreyfus & Dreyfus (1986, S. 16-51)
orientiert. Der Beitrag schließt mit einem zusammenfassenden Überblick.

4.2   Strukturmodell fachunterrichtsrelevanter DaZ-Kompetenz

Ausgangspunkt für das Strukturmodell bildete eine Rahmenkonzeption für DaZ-Kompetenz, die auf der Basis einer Analyse von 60 Curricula deutscher Universitäten und Institutionen generiert und durch sieben Expertinnen und Experten der größten universitären Standorte für Deutsch als Fremd- und Zweitsprache validiert wurde (s. ausführlich
Kapitel 5). Im Folgenden werden die im Prozess der Dokumentenanalyse und der sich
anschließenden Validierung für das Strukturmodell herausgearbeiteten Kompetenzdimensionen, deren Untergliederungen in Subdimensionen und die weitere Ausdifferenzierung
und fachliche Fundierung in den jeweiligen inhaltlichen Facetten exemplarisch umrissen
(Tabelle 4.1).

Die Untergliederung bzw. Ausdifferenzierung in Dimensionen, Subdimensionen und
Facetten ist analytisch zu verstehen. Im unterrichtlichen Handeln einer Lehrperson werden in vielen Fällen mehrere der beschriebenen (Sub-)Dimensionen wirksam werden,
selbst wenn eine klar im Vordergrund zu stehen scheint. So mag zwar bei einer fachregis-
teradäquaten Reformulierung der Äußerung einer Schülerin oder eines Schülers im Rahmen eines Unterrichtsgesprächs die Facette *Didaktik/Förderung/Mikro-Scaffolding* im
Fokus des Handelns der Lehrkraft stehen, nichtsdestotrotz basiert die Art und Weise des
Mikro-Scaffoldings mehr oder weniger auf der mit der Subdimension *Didaktik/Diagnose*
beschriebenen diagnostischen Kompetenz, mit der zusammen sie die Grundlagen des didaktischen Handelns bildet (Fokus auf Lehrprozess). Sowohl das sprachförderliche Handeln als auch die diagnostische Einschätzung wiederum stützen sich in unterschiedlichen
Ausprägungen auf die Subdimensionen, die in den Dimensionen *Fachregister* und *Mehrsprachigkeit* beschrieben werden. Dabei bezieht sich Erstere auf die strukturellen und

funktionalen Merkmale des anzueignenden sprachlichen Registers (Fokus auf Sprache), dessen fachlich adäquater Gebrauch das Ziel des förderlichen Handelns und den bedarfsmäßigen Ausgangspunkt von Diagnostik markiert, während Letztere die Berücksichtigung des Bedingungsgefüges der mehrsprachigen Entwicklung (Fokus auf Lernprozess), dessen Unterstützung der Gegenstand der diagnostischen Bewertung und des förderlichen Handelns ist, bezeichnet. Wenn im Folgenden also das Modell in seiner dimensionalen Ausprägung umrissen und dabei teilweise facettenartig aufgefächert wird, so werden jeweils Fokussierungen auf Teilaspekte vorgenommen, die in der Gesamtheit der modellierten DaZ-Kompetenz als miteinander verbunden und sich wechselseitig bedingend verstanden werden müssen.

Tabelle 4.1: Strukturmodell der DaZ-Kompetenz

Dimension	Subdimension	Facetten
Fachregister (Fokus auf Sprache)	Grammatische Strukturen und Wortschatz	Morphologie (Lexikalische) Semantik Syntax Textlinguistik
	Semiotische Systeme	Darstellungsformen Sprachliche Bezüge zwischen Darstellungsformen Mündlichkeit vs. Schriftlichkeit
Mehrsprachigkeit (Fokus auf Lernprozess)	Zweitspracherwerb	Interlanguage-Hypothese Meilensteine zweitsprachlicher Entwicklung Gesteuerter vs. ungesteuerter Zweitspracherwerb Literacy/Bildungssprache
	Migration	Sprachliche Vielfalt in der Schule Umgang mit Heterogenität
Didaktik (Fokus auf Lehrprozess)	Diagnose	Mikro-Scaffolding Makro-Scaffolding Umgang mit Fehlern
	Förderung	Mikro-Scaffolding Makro-Scaffolding Umgang mit Fehlern

4.2.1 Dimension *Fachregister*

Mit der Dimension *Fachregister* wird auf die für den jeweiligen Fachunterricht typischen sprachlichen Strukturen und deren Funktionen für das fachliche Lernen fokussiert. Der Begriff *Fachregister* bezeichnet mit Bezug auf Schleppegrell (2007), die sich hier auf die Beschreibung des mathematischen Registers von Halliday (1978) beruft, die für jedes

Fach spezifische Art und Weise des Gebrauchs von Sprache zur Konstruktion von Wissen. Dieser Sprachgebrauch müsse von Schülerinnen und Schülern beherrscht werden, um an dem Fachwissen bzw. dessen Aneignung partizipieren zu können. Das *Fachregister* ist somit nicht nur das Medium, über das fachliche Lehr- und Lernprozesse vermittelt werden, es ist auch das Medium, das Schülerinnen und Schüler beherrschen müssen, um ihre im Unterricht erworbene Fachkompetenz demonstrieren zu können (Schleppegrell, 2004, S. 21-42). Vielfach wird immer noch erwartet, dass mit dem Schuleintritt, verstärkt aber ab dem Übergang in die Sekundarstufe I und der damit verbundenen Einführung der Fächer, die für das Fachlernen und die Beteiligung am Fachunterricht notwendige Ausdifferenzierung des *Fachregisters* bei der Aneignung fachlicher Wissens- und Denkstrukturen quasi nebenbei mitvollzogen wird (Ohm, 2014). Tatsächlich gibt es Kinder, die bereits vor Schulbeginn – vor allem vom Elternhaus – auf den spezifischen Gebrauch von Sprache in der Schule vorbereitet werden und den Erwartungen, die auf sie zukommen, relativ problemlos entsprechen können (Schleppegrell, 2004). Insbesondere bei Schülerinnen und Schülern mit Zweitsprache Deutsch kann diese Fähigkeit aber nicht einfach vorausgesetzt werden (Ohm, 2017a), weshalb hier das *Fachregister* nicht selten explizit als Lerngegenstand in den Blick genommen werden muss (Kniffka & Siebert-Ott, 2012).

Lehrkräfte müssen die konstitutive Funktion des *Fachregisters* für die Partizipation am Unterrichtsgeschehen und für das Fachlernen kennen und den Zusammenhang zwischen fachlicher und sprachlicher Entwicklung im Fachunterricht beurteilen können. Fachregisterstrukturen dürfen daher nicht nur rein formal – etwa als sog. „Stolpersteine" oder gar als (unnötig) schwierige Strukturen einer zusätzlich zur Alltagssprache zu erlernenden (Bildungs-)Sprache – behandelt werden. Es geht im Fachunterricht vielmehr um eine funktionale Ausdifferenzierung von sprachlichen Formen mit Blick auf die Erschließung von sozialen und kognitiven Räumen, d. h. um die Aneignung fachlich adäquater Kommunikations- und Handlungsfähigkeit sowie fachlicher Wissens- und Denkstrukturen.

Der Begriff *Fachregister* bezieht sich dabei nicht nur auf Sprache im engeren Sinne, sondern umfasst auch alle semiotischen Systeme, die für die Aneignung fachlicher Inhalte benötigt werden, wie eine Symbolsprache oder graphische und bildliche Darstellungen (Schleppegrell, 2007). Die Dimension *Fachregister* ist somit in zwei Subdimensionen zu unterteilen: *Grammatische Strukturen und Wortschatz* (Fachregister im engeren, linguistischen Sinne) sowie *Semiotische Systeme* (Fachregister im weiteren Sinne als multimodales Medium der Aneignung und Vermittlung von Fachinhalten). In den folgenden Abschnitten wird die konstitutive Funktion des *Fachregisters* für das Fachlernen exemplarisch aufgezeigt.

4.2.1.1 Subdimension *Grammatische Strukturen und Wortschatz*

Die Facette *lexikalische Semantik* nimmt die häufig als zentrales Merkmal des *Fachregisters* erachtete Ebene des fachbezogenen Wortschatzes in den Blick. Wie in allen fachlichen Kontexten muss auch im Mathematikunterricht dabei gerade der Gebrauch der Wörter, die aus der Alltagssprache bekannt sind (Schleppegrell, 2007) oder bekannt zu sein scheinen (Ohm, 2014), als kritisch für das fachliche Verstehen und das fachgerechte Handeln betrachtet werden. Während Substantive wie „Addition", „Subtraktion" etc. und

die entsprechenden Verben erkennbar eine spezifisch mathematische und neu zu erler-
nende Bedeutung haben, müssen die fachregisterspezifischen Bedeutungen von Wörtern,
die von der lexikalischen oder morphologischen Form her aus der Alltagssprache bekannt
sind, im Sinne der Ausdifferenzierung von Form-Funktionsverbindungen (*mappings*[1]) angeeignet werden. Dies soll im Folgenden am Beispiel des Substantivs „Übertrag" und des
Verbs „übertragen" erläutert werden.

In der Arithmetik wird mit dem Substantiv „Übertrag" ein Teilschritt bei der Operati-
on mit Zahlen bezeichnet (z. B. der Übertrag der höheren Zifferposition auf die nächste
Stelle beim stellenweise schriftlichen Addieren, wenn das Addieren ein mehr als ein-
stelliges Zwischenergebnis liefert), während das Verb „übertragen" in der Geometrie das
Eintragen von Werten in ein Koordinatensystem meint (in Aufgabenstellungen i. d. R. im
Imperativ, z. B.: „Übertrage die Punkte *A (3/2)* und *B (9/4)* ins Koordinatensystem."). Das
Verb hat neben seiner teilgebietsspezifischen aber auch eine allgemeinere Bedeutung. In
beiden Teilgebieten wird es im Sinne von „abschreiben" oder „abzeichnen" für die Übernahme einer arithmetischen oder geometrischen Darstellung in die eigenen Unterlagen
(z. B. „Übertrage die Rechenbäume in dein Heft."; „Übertrage das Koordinatensystem
und die Punkte ins Heft.") verwendet. Von Schülerinnen und Schülern und/oder Fach-
lehrenden werden die beiden Wörter möglicherweise voreilig als bekannt vorausgesetzt,
weil angenommen werden kann, dass zumindest die Präposition „über" und das Verb
„tragen", vielleicht auch das abgeleitete Substantiv „Über-trag-ung", im Alltagssprach-
gebrauch vorkommen. Selbst an diesem einfachen Beispiel kann man erkennen, dass bei
der Ausdifferenzierung von *Fachregistern* Formen und Bedeutungen nicht einfach übernommen, sondern morphologische Ressourcen der Alltagssprache zur Bildung fachregis-
terspezifischer Form-Funktionsverbindungen verwendet werden. Im Beispiel geht es dabei auf der Formebene um Wortbildung durch Präfixderivation mit *über* („*über*-tragen"),
Imperativbildung mit *e* („übertrag-*e*") und Substantivbildung durch Konversion aus dem
Präsensstamm *übertrag* („*Übertrag*"). Diese lexikalischen Formen sind – wie gezeigt –
mit fachspezifischen Bedeutungen belegt, wobei innerhalb der Teilgebiete eines Faches
weitere semantische Ausdifferenzierungen erfolgen können.

Während Fachwortschatz als wesentlicher Indikator eines fachlichen Sprachgebrauchs
gilt und dabei häufig mit der semantischen Präzision von Fachbegriffen argumentiert wird,
wird auf der Ebene der fachlichen Syntax meist in einem allgemeinen Sinne mit hoher
struktureller Komplexität (z. B. Häufung von Nebensätzen) argumentiert, ohne auf fachliche Funktionalität Bezug zu nehmen. Dabei wird ausgeblendet, dass die analytische
Trennung zwischen den linguistischen Beschreibungsebenen – die auch von linguistischen Laien ansatzweise intuitiv mit der Unterscheidung von Wörtern und Sätzen nachvollzogen wird – die fachliche Funktionalität einer Registerdifferenzierung verdeckt. Mit
Blick auf die Aneignung des *Fachregisters* durch Schülerinnen und Schüler ist die Beherrschung von Fachbegriffen das Ergebnis einer sprachlich-fachlichen Ausdifferenzierung.

---

[1]   Gebrauchsbasierte Spracherwerbstheorien wie etwa die Associative-Cognitive-CREED-Theory (ACCT)
      von Ellis (2007) nehmen an, dass solche als Sprachwissen im Geist der Lernerin oder des Lerners veran-
      kerte, konventionalisierte Form-Bedeutungsverbindungen in dem Sinne symbolisch sind, als die sie defi-
      nierenden sprachlichen Formen jeweils mit bestimmten Bedeutungen bzw. Funktionen verbunden sind. Sie
      werden durch Beteiligung an Kommunikation und dabei insbesondere in Abhängigkeit von Frequenz und
      Salienz ihres Auftretens in dem jeweiligen Funktionszusammenhang erworben (Ellis, 2007; Ohm, 2017a).

Dabei ist wesentlich, dass sich mit der Ausdifferenzierung des *Fachregisters* i. d. R. ein zunehmend von Kontexten unmittelbaren Handelns losgelöster und in allgemeiner Weise auf Sachverhalte und Fachwissen bezogener Gebrauch sprachlicher Mittel entwickelt, der sich nicht an einen konkreten Interaktionspartner richtet, sondern auf einen generalisierten Anderen abstellt (Ohm, 2017b). Fluchtpunkt dieser Entwicklung sind Aussagen in Form von Sätzen. So entwickelt sich die Fähigkeit zum Verstehen bzw. Anwenden von Fachbegriffen in allen Fächern ausgehend von äußerungsbasierten Unterrichtgesprächen mit mehr oder weniger anschaulichen Beispielen über die Aneignung satzförmiger Definitionen, bei denen typischerweise Prädikativverben wie „sein" und „heißen" sowie bedeutungsähnliche Konstruktionen (z. B. „nennt man", „bezeichnet man als") verwendet werden (Ohm, Kuhn & Funk, 2007, S. 72–75). Der konstitutive Zusammenhang zwischen Sprachstrukturen und Fachinhalten im Sinne begrifflicher Präzision wird hier deutlich, wenn man z. B. – um im Fach Mathematik zu bleiben – identifizierende Definitionen mit Definitionen von Teil-Ganzes-Beziehungen vergleicht (Schleppegrell, 2007). Während bei Sätzen mit identifizierenden Prädikativen eine Vertauschung von Subjekt und Prädikativ möglich ist („Eine Zahl, die nur durch sich selbst und durch eins geteilt werden kann, ist eine Primzahl" ist identisch mit der Umkehrung „Eine Primzahl ist eine Zahl, die … ") ist die Satzgliedstellung bei Sätzen mit Prädikativen, die dem Subjekt eine Eigenschaft zuweisen, unumkehrbar. So kann man zwar sagen „Ein Quadrat ist ein Viereck", aber nicht „Ein Viereck ist ein Quadrat". Eine Umkehrung wäre syntaktisch zwar durchaus möglich, würde aber zu einer fachlich falschen Aussage führen, weil es gerade um die Definition einer Teil-Ganzes-Beziehung geht (das Quadrat bekommt die Eigenschaft zugewiesen, zur Klasse der Vierecke zu gehören) und die Beziehung zwischen dem Subjekt des Satzes und dem Prädikativ daher eindeutig sein muss.

4.2.1.2   Subdimension *Semiotische Systeme*

Die inhaltliche Facette *Darstellungsformen* bezeichnet das Wissen über die in den *Fachregistern* vorkommenden Symbolsysteme wie z. B. mathematische Notation, graphische und bildliche Darstellung sowie gesprochene und geschriebene Sprache (Schleppegrell, 2007). *Sprachliche Bezüge zwischen Darstellungsformen* thematisiert die Interaktionen zwischen den Symbolsystemen, die sowohl beim Lesen bzw. Bearbeiten von Fachtexten und Aufgaben als auch bei der Behandlung von Gegenständen im Unterrichtsgespräch rekonstruiert bzw. konstruiert werden müssen. So wird von Schülerinnen und Schülern bei einer Kurvendiskussion im Mathematikunterricht beispielsweise erwartet, dass sie sich im Unterrichtsgespräch mit den Mitteln gesprochener Sprache auf Merkmale des Graphen einer Funktion beziehen und dessen geometrische Eigenschaften nachvollziehbar darstellen können. Die inhaltliche Facette *Mündlichkeit/Schriftlichkeit* fokussiert in diesem Zusammenhang auf den etwa beim Wechsel von Sozialformen erwarteten Registerwechsel. So wird von Schülerinnen und Schülern, die eine Kurvendiskussion in Partnerarbeit durch einen dialogischen, handlungsbegleitenden, mit Zeige-Gesten bzw. deiktischen Ausdrücken („hier oben", „da, über dem Punkt") unterstützten Sprachgebrauch vorbereitet haben, im Plenumsgespräch idealerweise eine monologische, einem festgelegten Argumentationsmuster folgende, auf fachregistertypische Begriffe gestützte Darstellung erwartet („der Graph verläuft oberhalb der x-Achse").

4.2.2 Dimension *Mehrsprachigkeit*

Der Ausbau sprachlicher Kompetenz in Richtung auf Fachregistergebrauch ist konstitutiv für die Aneignung von Fachinhalten und wird daher prinzipiell von allen Lernenden erwartet (Schleppegrell, 2007). Schülerinnen und Schüler mit Zweitsprache Deutsch werden in diesem sprachlichen Entwicklungsprozess mit besonderen Anforderungen konfrontiert, die Fachlehrkräfte erkennen und berücksichtigen müssen. Die Dimension *Mehrsprachigkeit* legt daher den Fokus auf den zweitsprachlichen Lernprozess und das ihn konstituierende Bedingungsgefüge. Die zweitsprachlichen Lernprozesse, die Kinder und Jugendliche in ihrer biographischen Entwicklung durchlaufen, führen zu einer in der Registerdifferenzierung verankerten *Mehrsprachigkeit* (Maas, 2008). Kinder mit Zweitsprache Deutsch, die in der Familie und möglicherweise auch im Freundeskreis vornehmlich eine nichtdeutsche Herkunftssprache sprechen, wachsen im Laufe ihrer biographischen Entwicklung in unterschiedliche gesellschaftliche Domänen hinein (Kita, Geschäfte, Schule etc.). Diese müssen sie sich durch den Erwerb der Zweitsprache Deutsch und ggf. weiterer Sprachen erschließen, wobei der Registergebrauch sich durch einen zunehmenden Grad an Öffentlichkeit und Formalität auszeichnet, bis schließlich im derzeit noch vornehmlich auf Deutsch stattfindenden Fachunterricht der Schule (Ausnahmen sind z. B. der bilinguale Sach-/Fachunterricht sowie das berufsorientierte und -begleitende Sprachenlernen, vgl. Ohm, 2016) auch ein Fachregistergebrauch erwartet wird.

4.2.2.1 Subdimension *Zweitspracherwerb*

Die *Interlanguage-Hypothese* geht von der Grundannahme aus, dass Zweitsprachenlernende im Erwerbsprozess eine mentale „Zwischensprache" ausbilden, die ein eigenständiges grammatisches System repräsentiert, das seinen eigenen Regeln folgt (Selinker, 1972). Aus der Perspektive der Interlanguage-Hypothese werden Lernersprachen nicht nur im Hinblick auf zielsprachliche Merkmale, sondern auch mit Blick auf ihre eigenen Entwicklungsschritte beurteilt. So wird beispielsweise die Bildung des Präteritums unregelmäßiger Verben durch Anwendung der Konjugation regelmäßiger Verben („er schreibte" statt „er schrieb"), die im Hinblick auf das Erreichen zielsprachlicher Kompetenz als defizitär einzustufen wäre, aus Sicht einer sich systematisch und dynamisch entwickelnden Lernergrammatik als Entwicklungsschritt eingestuft (der oder die Lernende zeigt, dass er oder sie die Regel beherrscht, auch wenn er oder sie sie noch übergeneralisiert). Solche Entwicklungsschritte markieren *Meilensteine zweitsprachlicher Entwicklung*. Außer für die Verbalflexion sind für den zweitsprachlichen Erwerb des Deutschen Erwerbssequenzen, die lernersprachliche Systeme durchlaufen müssen und die infolgedessen durch unterrichtliche Maßnahmen weder verändert noch übersprungen werden können, auch für die Entwicklung von Satzmodellen und des Kasussystems nachgewiesen worden (Kniffka & Siebert-Ott, 2012). Daneben gibt es Bereiche, die offenbar keiner festen Abfolge unterliegen (u. a. Erwerb des Präpositionalkasus und des Genus). Die Unterscheidung zwischen *gesteuertem und ungesteuertem Zweitspracherwerb* macht klar, dass eine weitere Sprache nach der Erstsprache sowohl unter unterrichtlichen Bedingungen als auch unter Bedingungen alltäglicher Kommunikation erworben werden kann. Im ersten Fall findet das Lernen i. d. R. in Bildungsinstitutionen statt, die Lernenden erhalten vorrangig kontrollierten, strukturierten Input, die sprachliche Progression ist geplant,

Fehler werden korrigiert, Bewertungen sprachlicher Leistungen und Prüfungen sind vorgesehen. Im zweiten Fall findet das Lernen i. d. R. im alltäglichen sozialen Umfeld statt, die Lernenden erhalten im Kontakt mit Zielsprachensprechern vorrangig unkontrollierten, nicht strukturierten Input, der nicht selten in kommunikationsstützender und/oder diskriminierender Absicht formal und funktional reduziert ist. Die sprachlichen Anforderungen ergeben sich aus der Notwendigkeit zur Bewältigung kommunikativ bedeutsamer Aufgaben. Die inhaltliche Facette *Bildungssprache/Literacy* thematisiert die Perspektive der Entwicklung bildungssprachlicher[2] bzw. literaler Fähigkeiten bis hin zur Aneignung des *Fachregisters* im Fachunterricht (vgl. Abschnitt 4.2.1). Angesprochen ist damit vor allem die Entwicklung der Fähigkeit, Sprache auch darstellend und nicht nur kommunikativ und handlungsbegleitend einsetzen zu können, Inhalte aus einer sachbezogenen und allgemeinen Perspektive darstellen und den Sprachgebrauch dabei auf einen generalisierten Anderen abstellen zu können. Dies ist verbunden mit der Aneignung der sprachlichen Formen und Funktionen, die von einem fachregistertypischen Sprachgebrauch, der als eher monologisch, schriftorientiert und informationsverdichtend charakterisiert werden kann (Maas, 2008; Ohm, 2014), verlangt werden.

4.2.2.2 Subdimension *Migration*

Diese Subdimension wird über die Facetten *Sprachliche Vielfalt in der Schule* und *Umgang mit Heterogenität* inhaltlich gefüllt. *Sprachliche Vielfalt* thematisiert dabei die von allen Schülerinnen und Schülern in den Sozialraum Schule eingebrachten Sprachen bzw. sprachlichen Varietäten. *Mehrsprachigkeit* wird im vorliegenden Kompetenzmodell – wie oben bereits angedeutet – funktional auf die Ausdifferenzierung des Sprachgebrauchs nach Registern bezogen. Demnach müssen sich Kinder nichtdeutscher Herkunftssprache die Zweitsprache Deutsch bei der Erschließung gesellschaftlicher Domänen im Rahmen ihrer biographischen Entwicklung aneignen, was mit einer Ausdifferenzierung des Registergebrauchs einhergeht. Dieser individuellen *Mehrsprachigkeit*, die auf äußere gesellschaftliche *Mehrsprachigkeit* (auf mehreren Sprachen basierend) zurückgeht, ist aber nur ein Teil der sprachlichen Vielfalt in der Schule. Auch Kinder mit Erstsprache Deutsch müssen sich im Rahmen ihrer biographischen Entwicklung gesellschaftliche Domänen mit einem zunehmenden Grad an Öffentlichkeit und Formalität erschließen. Dies ist vielfach – wenn auch regional sehr unterschiedlich – mit einer Sprachentwicklung von einem intimen, dialektalen Registergebrauch über einen informellen, öffentlichen bis hin zu einem i.d.R. in der Standardsprache Deutsch erwarteten formellen Registergebrauch in der Schule verbunden. Diese individuelle *Mehrsprachigkeit*, die auf innere *Mehrsprachigkeit* (auf dialektalen Varietäten unter einer gemeinsamen Standardsprache basierend) zurückgeht, vervollständigt das Bild der sprachlichen Vielfalt an Schulen. Hierbei kommen sogleich Fragen des *Umgangs mit Heterogenität* ins Spiel: Auf die Schule bezogen stellt sich z. B. die Frage, inwieweit der Gebrauch der von den Schülerinnen und Schülern mitgebrachten weiteren Sprachen bzw. sprachlichen Varietäten neben der Standardsprache

---

2   Um die folgenden Ausführungen an bestehende Diskurse anschlussfähig zu machen, wird hier u. a. der nicht unproblematische Begriff „Bildungssprache" verwendet. In Kapitel 2 greift Anne Köker die Frage nach einer definitorischen Klärung ausführlich auf und erläutert die prinzipiellen Gründe, warum im Projekt alternative Bezeichnungen präferiert werden.

Deutsch im schulischen Raum akzeptiert, wertgeschätzt oder gefördert bzw. abgelehnt, misstrauisch beobachtet oder gar untersagt wird. Für den Fachunterricht stellt sich u. a. die Frage des produktiven Einsatzes der mitgebrachten sprachlichen Ressourcen, z. B. indem Schülerinnen und Schüler angeregt werden, sich beim Arbeiten in Gruppen in ihren Herkunftssprachen auszutauschen. Die dialektale Kommunikation zwischen Schülerinnen und Schülern – und nicht selten sogar zwischen Lehrkraft und Schülerinnen und Schülern – wird in dieser Hinsicht i. d. R. eher als unproblematisch erachtet.

4.2.3 Dimension *Didaktik*

Die mit den Dimensionen *Fachregister* und *Mehrsprachigkeit* fokussierten Kompetenzen befähigen Fachlehrkräfte noch nicht, einen sprachsensiblen und die Spezifika zweitsprachlicher Entwicklungsprozesse berücksichtigenden Fachunterricht zu planen und durchzuführen. Hierzu sind spezifische didaktische Kompetenzen notwendig. Die Dimension *Didaktik* fokussiert mit ihrer Kompetenzbeschreibung somit auf den Lehrprozess und unterscheidet dabei die Subdimensionen *Diagnose* und *Förderung*. Diagnose wird hier in einem umfassenden Sinn verstanden. Angesprochen sind nicht nur standardisierte Verfahren der Sprachstandserhebung, sondern alle Formen der Einschätzung sprachlicher Fähigkeiten von Schülerinnen und Schülern mit Zweitsprache Deutsch. Förderung bezeichnet das gesamte Spektrum von Unterstützungsmaßnahmen für Schülerinnen und Schülern mit Zweitsprache Deutsch im Fachunterricht beginnend mit sprachsensibler Unterrichtsinteraktion und Materialgestaltung bis hin zu langfristiger Unterrichtplanung unter systematischer Nutzung von Diagnostik. Da beide Subdimensionen im Handeln der Lehrkraft mehr oder weniger eng miteinander verknüpft sind, werden sie inhaltlich über die gleichen Facetten (*Mikro-Scaffolding, Makro-Scaffolding* und *Umgang mit Fehlern*) beschrieben.

Der für die Dimension *Didaktik* grundlegende Begriff des *Scaffoldings*, der als Modebegriff derzeit vereinfachend mit jeglicher Form von Hilfestellung gleichgesetzt zu werden droht, ist untrennbar mit dem Modell der Zone der nächsten Entwicklung (*zone of proximal development*, ZPD) verbunden. Das Modell besagt, dass Sprachaneignung in dem Sinne sequentiell verläuft, als „jede gelernte Struktur einen Hof von ihr aus erreichbaren Strukturen projiziert" (Maas, 2008, S. 281 f.). Bei der frühkindlichen Sprachentwicklung wird die ZPD von Bezugspersonen weitgehend intuitiv berücksichtigt (Maas, 2008; Ohm, 2017a). Da von Lehrkräften eine intuitive Diagnostik und Förderung der zweitsprachlichen Entwicklung unter den Bedingungen des schulischen Fachunterrichts i. d. R. nicht geleistet werden kann, wird auf das didaktische Prinzip des Scaffolding zurückgegriffen. Dem Prinzip zufolge soll durch geeignete Unterstützungsmaßnahmen sichergestellt werden, dass sich die sprachlichen Anforderungen bei der Ausdifferenzierung des *Fachregisters* im Rahmen des fachlichen Lernens innerhalb der ZPD der Lernenden bewegen. Das gilt sowohl für den Fall, dass Lehrkräfte sowie Mitschülerinnen und Mitschüler unmittelbar interagieren, als auch für alle Fälle von Interaktion, die über Medien, Aufgaben und Materialien vermittelt werden.

Die Facette *Mikro-Scaffolding* thematisiert alle kurzfristigen, in unmittelbarer Unterrichtsinteraktion stattfindenden Einschätzungen des Sprachstands der Schülerinnen und Schüler mit Zweitsprache Deutsch sowie Maßnahmen zur Unterstützung der zweitsprachlichen Entwicklung. Die Einschätzungen der Lehrkraft sind unmittelbar handlungsrelevant, weil sie den Ausgangspunkt für die Fortführung von Unterrichtsgesprächen und für ggf. notwendige Unterstützungsmaßnahmen bilden. So muss eine Lehrkraft, die feststellt, dass eine Schülerin bei einer Versuchsbeschreibung im Plenumsgespräch einen beobachteten Vorgang nur unvollständig beschrieben hat, entscheiden, ob die Schülerin über die sprachlichen Ressourcen verfügt, die Beschreibung auf Nachfrage zu vervollständigen, wenn sie auf den verbesserungswürdigen Teil der Darstellung aufmerksam gemacht wird, ob es angezeigt ist, andere Schülerinnen und Schüler zu bitten, der Schülerin zu Hilfe zu kommen, ob sie der Schülerin sprachliche Ressourcen (z. B. in Form von Begriffen oder syntaktischen Konstruktionen) bereitstellt, ob Lücken in den fachlichen Wissens- und Denkstrukturen vorliegen, die im Plenumsgespräch, ggf. unter Nutzung von Beiträgen von Mitschülerinnen und Mitschülern, geschlossen werden können und dergleichen mehr.

Die Facette *Makro-Scaffolding* hebt auf die langfristigen, in die Unterrichtsplanung eingebetteten Maßnahmen der sprachlichen Diagnose und Förderung ab. Hier geht es um die systematische Beurteilung und Berücksichtigung des Sprachstands in der Zweitsprache Deutsch mit Blick auf die Anforderungen im Fachunterricht sowie den fachlichen und sprachlichen Entwicklungsstand und die Heterogenität der Lerngruppe. So muss eine Lehrkraft bei ihrer Unterrichtsplanung nicht nur die fachliche Progression auf der Basis curricularer Vorgaben und mit Bezug auf den fachlichen Lernstand der Lerngruppe bzw. jeder einzelnen Lernenden planen, sondern auch die für den Erwerb von Fachwissen und fachlicher Handlungskompetenz notwendige Ausdifferenzierung des *Fachregisters* in der Zweitsprache Deutsch sowie die im Hinblick auf die zweitsprachliche Entwicklung vorliegenden individuellen und lerngruppenspezifischen, ggf. auch schulbezogenen Aneignungsbedingungen berücksichtigen. Je nach Zusammensetzung der Lerngruppe kann die Lehrkraft beispielsweise eine fachlich begründete Nutzung von Herkunftssprachen im Rahmen von Partner- oder Gruppenarbeiten planen. Das ließe sich etwa damit begründen, dass Schülerinnen und Schüler, die über einen guten Fachregisterausbau in der Zweitsprache Deutsch verfügen, für Mitschülerinnen und Mitschüler gleicher Herkunftssprache bei der Bearbeitung von fachlichen Aufgabenstellungen sprachliche Vorbildfunktionen[3] übernehmen können, wobei die Herkunftssprache als Medium sowohl für die Aneignung von Fachwissen als auch für die Ausdifferenzierung des zweitsprachlichen *Fachregisters* fungieren kann.

Der Umgang mit Fehlern lässt sich zwar prinzipiell in das oben umrissene Zusammenspiel von Diagnose und Förderung beim Mikro- und Makro-Scaffolding integrieren, er wird hier aber mit je einer weiteren Facette belegt, weil Fehler in besonderer Weise auf sprachliche Leistungen verweisen. Mit der Facette *Umgang mit Fehlern* wird daher auf den Faktor Fehler als Indikator für die Entwicklung des lernersprachlichen Systems (Facette *Interlanguage-Hypothese*) und eine mit Blick auf *Meilensteine zweitsprachlicher Entwicklung* ressourcenorientierte Bewertung und lernförderliche Behandlung des Sprachstands fokussiert. Lehrkräfte müssen sich in diesem Zusammenhang mit Kriterien für die Identifizierung von Fehlern auseinandersetzen und sich u. a. folgende Fragen

---

[3] Dieser pädagogisch-normative Begriff lässt sich mit Blick auf die Modellierung von Zweitspracherwerbs-prozessen m. E. angemessener mit dem Begriff der Strukturzuweisung von Maas beschreiben (Ohm, 2017a, 2017b).

stellen (Kleppin, 2010, S. 1061-1063): Liegt ein Verstoß gegen das Regelsystem vor? Behindert ein Fehler die Kommunikation? Ist ein Fehler/eine Normabweichung in der Unterrichtssituation akzeptabel? Ist ein Fehler mit Blick auf den Lernstand, den Lernfortschritt der Schülerin tolerierbar? Nach der Identifizierung muss mit Blick auf die Unterstützung der sprachlichen Entwicklung eine mündliche bzw. schriftliche Fehlerkorrektur im Sinne einer lernförderlichen Rückmeldung erfolgen. Der Umgang mit Fehlern beinhaltet im schulischen Lernkontext zudem häufig eine Bewertung, die den Ansprüchen eines sprachförderlichen Fachunterrichts nicht zuwiderlaufen sollte.

4.3 Entwicklungsmodell der Kompetenz angehender Fachlehrkräfte im Bereich Deutsch als Zweitsprache

In Abschnitt 4.2 wurden der inhaltliche Rahmen des Kompetenzmodells umrissenen und dessen dimensionale Strukturierung im Sinne von Dimensionen des Wissens und Könnens einer DaZ-kompetenten Fachlehrkraft aufgezeigt. Dabei wurde allerdings noch nicht der Grad der Kompetenz im Sinne einer kontextabhängigen Leistungsdisposition in den Blick genommen. Im Folgenden wird ein theoretisch fundiertes Entwicklungsmodell von DaZ-Kompetenz vorgestellt, das neben dem oben umrissenen Strukturmodell Grundlage für die Entwicklung des *DaZKom*-Testinstruments ist und das im Rahmen der Entwicklung und des Einsatzes des Instruments empirisch überprüft wurde (Kapitel 9).

In die mit dem Entwicklungsmodell zu beschreibenden Kompetenzstufen sollen Erfahrungslernen und Handlungsorientierung mit einbezogen werden, weil die in die Lehrerausbildung integrierten praxisbezogenen Lerngelegenheiten für die Aneignung von DaZ-Kompetenz (Unterrichtserfahrungen aus der Lehrenden-Perspektive, Erfahrungen mit der Praxisrelevanz von Theorien, Konzeptionen und Methoden sowie ansatzweise mit eigenen Unterrichtsplanungen etc.) von hoher Relevanz sind (Koch-Priewe, 2002). Eine einschlägige theoretische Basis für eine entsprechende Modellierung von Professionalisierung liefert das fünfstufige Modell des Fähigkeitserwerbs von Erwachsenen (*Five-Stage Model of Adult Skill Acquisition*) von Dreyfus & Dreyfus (1986, S.16-51), das ein Entwicklungsmuster vom Novizen zum Experten abbildet: Neuling (*novice*), Fortgeschrittener Anfänger (*advanced beginner*), Kompetenz (*competence*), Gewandtheit (*proficiency*), Expertentum (*expertise*). Der Gebrauch des Begriffs Stufe (*stage*) wird von den Autoren wie folgt begründet:

> We refer to 'stages' because (1) each individual, when confronting a particular type of situation in his or her skill domain, will usually approach it first in the manner of a novice, then of the advanced beginner, and so on through the five stages, and (2) the most talented individuals employing the kind of thinking that characterizes a certain stage will perform more skillfully than the most talented individuals at an earlier stage in our model (Dreyfus & Dreyfus, 1986, S. 21).

In der ersten Phase des *DaZKom*-Projekts beschränkte sich die Instrumentenentwicklung auf die Modellierung der ersten drei Stufen des Modells von Dreyfus & Dreyfus, die zwar auch das Erfahrungslernen berücksichtigen, laut den Autoren aber noch deutliche Parallelen zum Konzept des Problemlösens in der kognitiven Psychologie aufweisen (Dreyfus &

Dreyfus, 1986, S. 21). Die derzeit laufende zweite Projektphase (*DaZKom-Video*) basiert auf der Erweiterung des Entwicklungsmodells auf die Stufen IV und V des Expertenmodells von Dreyfus & Dreyfus. Diese Kompetenzstufen sind von einer stärker intuitiven Wahrnehmung der zu bewältigenden Aufgaben geprägt und erfordern daher andere Formen der Operationalisierung als das für die Stufen I-III verwendete aufgabenbasierte Verfahren mit Testheften im *Paper-Pencil*-Format (Kapitel 7). Handelnde der Kompetenzstufen IV und V beurteilen eine Aufgabe, mit der sie konfrontiert werden, i. d. R. nicht mehr, indem sie sie analytisch zergliedern und die dadurch gewonnen Einzelfaktoren bewerten. Vielmehr nehmen sie die Aufgabe aus der spezifischen Perspektive von Vorerfahrungen mit ähnlichen Situationen wahr, sodass bestimmte Eigenschaften der aktuellen Situation als besonders relevant hervortreten (Dreyfus & Dreyfus, 1986, S. 28). Eine Operationalisierung auf diesen Kompetenzstufen muss daher auf unmittelbare und spontane Reaktionen auf beobachteten Unterricht setzen und diese Beobachtungsverfahren (Videoanalysen von Unterricht) mit rekonstruktiven Verfahren (z. B. fokussierte Interviews) kombinieren (mehr zu den methodischen Zugängen in Kapitel 11).

Im Folgenden werden die Stufen des Modells von Dreyfus & Dreyfus kurz umrissen und ihre Anwendung im *DaZKom*-Entwicklungsmodell an Beispielen erläutert. Die Stufen I-III, die bereits in der ersten Projektphase für den *Paper-Pencil*-Test operationalisiert, in mehreren Erhebungen erprobt und in Standardsettings überprüft wurden (Kapitel 7), werden differenziert beschrieben, während bei der die Kompetenzstufe III überschreitenden performanznahen Kompetenz derzeit nicht nach Stufen differenziert wird, da noch keine Aussagen darüber getroffen werden können, ob eine solche Stufung im Rahmen der videobasierten Testentwicklung zu produktiven Ergebnissen führen wird.

4.3.1   Stufe I: Neuling (*novice*)

Der Neuling ist nach Dreyfus & Dreyfus (1986) in der Lage, unterschiedliche objektive Tatsachen wahrzunehmen und relevant erscheinende Muster zu identifizieren. Zusammen mit der Wahrnehmung von Fakten und Mustern sind ihm zugleich auch einige Regeln für möglicherweise dazu passende Handlungen bekannt. Merkmale der Situation, die er als relevant erkennt, erscheinen dem Neuling eindeutig und die Prinzipien für die erforderlichen Reaktionen nimmt er als universell geltend wahr, sodass es ihm nicht nötig erscheint, die Handlungsregeln zusätzlich mit dem jeweiligen situativen und kontextgebundenen Umfeld abzustimmen. Weil der Neuling die Handlungsaufforderung der von ihm nach wenigen Mustern typisierten Situationen so einschätzt, als könne er sich dabei an den ihm bis dahin bekannten, präzise definierten Regeln orientieren, wählen Dreyfus & Dreyfus für dieses Stadium der Professionalisierung die Kennzeichnung „Informationsverarbeitung" (1986).

Die Beschreibung der Kompetenzstufe soll mit Fokus auf die der Subdimension *Grammatische Strukturen und Wortschatz* der Dimension *Fachregister* erläutert werden: Eine angehende Fachlehrkraft hat gelernt, dass die Aneignung von Fachinhalten durch das Vorkommen unbekannter Wörtern in Fachtexten, Übungen und Aufgaben erschwert wird (vgl. Abschnitt 4.2.1.1). Aus diesem erlernten Faktum ergibt sich für die Lehrkraft die Regel, dass sie überprüfen muss, ob in Fachtexten sowie in Übungen und Aufgaben, die sie im Unterricht einsetzen will, unbekannte Wörter vorkommen. Dies ist eine Voraussetzung dafür, dass sie die sprachliche Lernschwierigkeit „unbekannte Wörter" in ihrem Unterricht berücksichtigen kann. Auf der Grundlage der gelernten Regel stuft die Lehrkraft beispielsweise Fachwörter wie „addieren", „subtrahieren" als potentiell schwierig ein, weil sie in der Alltagssprache nicht vorkommen und für ihre Schülerinnen und Schüler damit potentiell unbekannt und schwierig sind. Die Lehrkraft handelt hier kontextfrei, weil sie jede unterrichtliche Situation sprachlich auf dem objektiv definierbaren sprachlichen Muster „ein unbekanntes Wort ist ein schwieriges Wort und deshalb eine relevante Lernschwierigkeit" beurteilt, ohne sich auf andere Elemente der Gesamtsituation zu beziehen.

4.3.2   Stufe II: Fortgeschrittener Anfänger (*advanced beginner*)

Den fortgeschrittenen Anfänger beschreiben Dreyfus & Dreyfus (1986) als jemanden, der sich einige Erfahrungen angeeignet hat und weiß, dass der Alltag oft nicht mit einfachen, mechanischen Regeln, sondern mit einem komplizierteren Regelwerk bewältigt werden muss. Dazu hat vor allem beigetragen, dass er in konkreten Situationen praktische Erfahrungen gemacht hat (eine „Handlung" ist erfolgreich/nicht erfolgreich) und diesen Gelegenheiten eine persönliche Bedeutung beigemessen hat. Taucht eine neue Situation auf, entdeckt er ggf. Ähnlichkeiten mit Situationen, die er bereits erfolgreich bewältigt hat. So schafft er sich ein Arsenal von für ihn bedeutungsvollen Fällen. Die neu entstehenden Handlungsregeln sind also nicht mehr kontextfrei, sondern an die eigenen früheren Erfahrungen in ähnlichen Situationen gebunden. Immer seltener werden in diesem Stadium mechanische Regelhaftigkeit und das Orientieren an vermeintlich universell geltenden Prinzipien beobachtet, die ohne Bezug zum situativen Kontext eingehalten werden. Häufiger gelingt es dem fortgeschrittenen Anfänger nach Dreyfus & Dreyfus, sich „situationsbezogen" (*situational*) und dem jeweiligen Kontext angepasst zu verhalten (1986).

Im Unterschied zu einer angehenden Lehrkraft auf Stufe I hat die angehende Lehrkraft auf der Stufe II bereits die Erfahrung gemacht, dass die Relevanz von Elementen einer Unterrichtssituation für ihr Handeln nicht immer eindeutig und objektiv definierbar ist, sondern sich nicht selten erst in der Situation selbst zeigt. Sie hat als fortgeschrittene Anfängerin – beispielsweise in der Praxisphase ihres Lehramtsstudiums – die Erfahrung gemacht, dass das Vorkommen unbekannter Wörter (vgl. Stufe I) kein allgemeingültiger Indikator für potentielle sprachliche Schwierigkeiten bei der Aneignung von Fachinhalten ist, sondern dass die Aneignung von Fachinhalten häufig mit struktureller und funktionaler Ausdifferenzierung von aus der Alltagssprache bereits bekannten sprachlichen Ressourcen einhergeht (vgl. Abschnitt 4.2.1.1). Die angehende Lehrkraft weiß nun beispielsweise, dass nicht nur vermeintlich schwierige Wörter wie „subtrahieren" zu Verständnisschwierigkeiten führen, sondern dass vermeintlich leichte, aus der Alltagssprache bekannte Verben wie „abziehen" („Du musst die beiden Zahlen voneinander *abziehen*.") unerwartete Schwierigkeiten nach sich ziehen können, weil sie beispielsweise die sprachliche Komplexität von Fachtexten, Übungen und Aufgaben auf syntaktischer Ebene erhöhen können. So bilden finit gebrauchte Partikelverben (trennbare komplexe Verben) eine Satzklammer, sodass das Verb von der Partikel getrennt steht („Man *zieht* den Betrag, der sich aus der Berechnung ergibt, von der Summe *ab*."). Solche komplexen Strukturen können das Verstehen und Erstellen von Texten erschweren (vgl. dazu entsprechend der Facette *Erwerbssequenzen* der Dimension *Mehrsprachigkeit* die Aneignung des Modells des deutschen Satzes, z. B. Tracy, 2008, S. 127–155). Auf Kompetenzstufe II kann die angehende Lehrkraft somit auf der Basis grundlegender Einblicke in die Komplexität dieser und vergleichbarer sprachlicher Strukturen und Funktionen die sprachlichen Anforderungen von Fachtexten, Übungen und Aufgaben einschätzen. Die Lehrkraft handelt situationsbezogen, weil sie potentielle sprachliche Schwierigkeiten im Fachunterricht daran erkennt, dass sie Ähnlichkeiten mit in früheren Situationen bereits als schwierig erkannten sprachlichen Strukturen und Funktionen aufweisen.

4.3.3   Stufe III: Kompetenz (*competence*)

Die kompetente Person beschreiben Dreyfus & Dreyfus als planvoll Handelnde (1986). Auf Stufe II hat sich der fortgeschrittene Anfänger ein reichhaltiges Fallrepertoire sowohl von bedeutungsvollen Merkmalen der Situationen als auch von komplexer gewordenen, aber noch kontextfreien Regeln erworben, das allerdings in der Summe die eigene Gedächtnisleistung überfordert. Es stellt sich heraus: Manche Details sind für die Einschätzung einer Situation wichtiger, andere unwichtiger. Hieraus ergibt sich die Notwendigkeit, die erkannten Situationskonstellationen aufgrund weniger, aber bedeutungsvoller Merkmale zu klassifizieren und die zu betrachtenden Details nach ihrer Wichtigkeit zu ordnen. Dreyfus & Dreyfus unterstellen, dass Menschen auf der Stufe III (*competence*) in der Lage sind, die unterschiedliche Bedeutungshaftigkeit von charakteristischen Merkmalen einer konkreten Situation in einer Rangfolge zu ordnen. So müssen vor einer Handlung nicht mehr alle Fakten detailliert betrachtet und untersucht werden, sondern nur noch diejenigen, die für die Einordnung der komplexen Konstellation als typisch und für die zu wählenden Reaktionen als notwendig erscheinen. Auch die entsprechenden Handlungen sind an die hierarchische Struktur gebunden und werden durch eine Art Meta-Plan gesteuert. Dies geschieht dadurch, dass sich der Handelnde für einen Grobplan entscheidet, aus dem dann später die einzelnen Aktionen folgen (Dreyfus & Dreyfus, 1986). Auf dieser Stufe ähnelt der Zusammenhang zwischen Erkennen und Handeln nicht mehr dem „Informationsverarbeitungsmuster", sondern aufgrund der Wahl eines vom Handelnden selbst entworfenen Organisationsplans dem „Problemlösungsmuster". Der Handelnde ist auf neue Weise persönlich involviert, da er sich selbst für die Wahl der Handlungsstrategien verantwortlich fühlt, zugleich erfordert dieses Herangehen eine gewisse Distanzierungsfähigkeit gegenüber der zu bewältigenden Aufgabe[4] (Dreyfus & Dreyfus, 1986).

Eine in Deutsch als Zweitsprache kompetente Fachlehrkraft plant den Einsatz von Fachtexten, Übungen und Aufgaben auf der Basis einer systematischen Analyse der sprachlichen Anforderungen aus der Fachregisterperspektive. Als Grundlage hierfür beurteilt sie Schülerproduktionen systematisch und kontinuierlich mit Blick auf den geplanten Ausbau des Fachwissens und die dazu notwendige Ausdifferenzierung des *Fachregisters*. Die Lehrkraft stellt sich u. a. die Frage, wann die durch trennbare Verben erzeugte Satzklammer aus fachlicher Sicht rezeptiv bzw. produktiv beherrscht werden muss, welche

---

[4]   Dreyfus & Dreyfus weisen an dieser Stelle auf die enge Verbindung zwischen der subjektiven Einschätzung der Situation und der Notwendigkeit zu entscheiden hin. Nachdem sie mit der Frage nach einem geeigneten Plan gerungen habe, fühle sich die kompetent handelnde Person für das Ergebnis ihrer Wahl verantwortlich und sei demgemäß auch gefühlsmäßig engagiert (Dreyfus & Dreyfus, 1986.)

Verben jeweils bekannt sein müssen (Wortschatz), welche nichttrennbaren bzw. synonymen Verben möglicherweise bereits bekannt sind („subtrahieren", „abziehen") und bezieht diese Überlegungen in ihre Planung mit ein. Mit diesen und ähnlichen Überlegungen knüpft sie einerseits an objektiv vorliegende bzw. bestimmbare Faktoren an, definiert aber andererseits die Situation, indem sie die Faktoren miteinander in Beziehung setzt und gewichtet. Auf der Grundlage solcher Einschätzungen werden von ihr Entscheidungen getroffen und Planungen vorgenommen.

4.3.4 Performanznahe Kompetenz (*proficency, expertise*)

Um auch die Kompetenzen von berufserfahrenen Lehrpersonen in der Instrumentenentwicklung erfassen zu können, ist es notwendig, die Stufen IV und V des Kompetenzmodells von Dreyfus & Dreyfus (*proficency, expertise*) in der Modellierung von DaZ-Kompetenz zu berücksichtigen. Professionelle bzw. Expertinnen und Experten auf den Stufen IV und V „sehen" Unterricht anders als Berufsanfängerinnen und Berufsanfänger: Sie nehmen Unterricht i. d. R. bereits begrifflich, holistisch, abstrakt wahr und stützen sich dabei auf selbst entwickelte, bedeutungsvolle und aus der Berufserfahrung gewonnene Kategorien. Sie typisieren einzelne Ereignisse oder Ereigniskonstellationen, einzelne Interaktionspartner oder ganze Gruppen, typische, aber auch unerwartete Merkmale der Situation jeweils in Einheit mit dem eigenen Können, also den eigenen früheren (erfolgreichen) Handlungserfahrungen. Die Bedeutungseinheiten sind durch fallspezifische bzw. funktionale Zusammenhänge konstituiert und haben ihre Basis in früheren Könnenserfahrungen. Ein zentraler Unterschied zwischen solchen professionellen Lehrkräften mit umfangreicher berufspraktischer Erfahrung und denen auf niedrigeren Kompetenzstufen ist demnach, dass auf diesen hohen Stufen keine Entscheidungen mehr getroffen werden: weder über die Wahl der als wichtig zu betrachtenden Merkmale bzw. situativen Merkmalskonstellationen noch über einen zu wählenden Organisations- oder Handlungsplan. Keine noch so kurze Phase von „Überlegungen" oder Analyse ist mehr notwendig. Handelnde der Kompetenzstufen IV und V zergliedern die Anforderungsstruktur nicht mehr und bewerten weder Einzelfaktoren noch die Gesamtsituation (Dreyfus & Dreyfus, 1986). Die kategorial zu nennende Wahrnehmung der Professionellen hat sich in den komplexen praktischen Anforderungen und situativen Merkmalen ihrer Arbeit im Zusammenhang mit ihrem Können entwickelt. Dass die so entstandenen Wahrnehmungsmuster es ermöglichen, in neuen Konstellationen Ähnlichkeiten zu früheren zu erkennen, ist dem Handelnden in der Regel selbst nicht bewusst. Beim Erreichen dieser Kompetenzstufen nimmt die Wahrnehmung einen intuitiven Charakter an, wobei die Intuition jedoch aufgrund des eigenen Erfahrungsschatzes entwickelt wurde und nicht mit irrationaler Emotionalität zu verwechseln ist. Beobachtbar ist nur noch ein rasches, flüssiges Handeln, das spontanes und dennoch zielgerichtetes Agieren erlaubt, jedoch eng mit den früheren Handlungserfahrungen und dem eigenen Können verbunden ist (Dreyfus & Dreyfus, 1986).

In Übereinstimmung mit neueren Forschungen im Bereich der handlungsnahen Kompetenzen von Lehrpersonen ist bei Personen mit hoher DaZ-Kompetenz zu erwarten, dass diese in DaZ-bezogenen Unterrichtssituationen eine effektive Performanz zeigen, die durch folgende Aspekte gekennzeichnet werden kann: (a) Sie sollten in einer Unterrichtssituation im Sinne eines „noticing" (van Es & Sherin, 2002, 2008; Seidel, Prenzel,

Schwindt, Stürmer, Blomberg & Kobarg, 2009) sehr schnell professionell wahrnehmen können bzw. erkennen, worin ggf. eine Schwierigkeit liegt; (b) sie handeln situationsspezifisch angemessen und können unmittelbar ohne Verzögerungen Entscheidungen treffen (vgl. „action-related competencies", Lindmeier, Heinze & Reiss, 2012) und (c) sie können ihr Handeln und mögliche Handlungsoptionen im Sinne eines „knowledge based reasoning" begründen. Um die genannten Aspekte performanznaher Kompetenz zumindest ansatzweise aufzeigen zu können, wird im Folgenden eine DaZ-relevante Unterrichtssituation beschrieben und diskutiert (zur Erprobung methodischer Zugänge zu performanznaher Kompetenz siehe Kapitel 11).

Im Fach Natur und Technik sollen Schülerinnen und Schüler einer 7. Klasse einer Stadtteilschule in einer thematisch einführenden Unterrichtsstunde in Arbeitsgruppen Fragen zum Themenbereich Wasser sammeln und notieren. Eine Arbeitsgruppe von Schülern mit Zweitsprache Deutsch formuliert u. a. folgende Frage: „Kann ein Wasserfall leer werden?" Da die Schüler offensichtlich unsicher sind, ob man die Frage in dieser Form stellen kann, richten sie sie noch während der Gruppenarbeit an die Lehrerin. Diese geht nicht auf die Frage ein, sondern fordert die Schüler auf, sie zu notieren, damit sie ins Plenum eingebracht werden kann. Obwohl die Schüler erkennbar unzufrieden mit der Formulierung sind, notieren sie sie mangels Alternativen im Wortlaut. Beim Zusammentragen der in der Arbeitsgruppe gesammelten Fragen im Plenum weicht der präsentierende Schüler bei dieser Frage jedoch von der notierten Formulierung ab und wählt nach zwei Fehlstarts eine Formulierung, die den prädikativen Gebrauch des Adjektivs „leer" vermeidet: „äh kann man äh kann ein wasserfall also so dass da kein wasser mehr fließt?"

Von einer DaZ-kompetenten Fachlehrkraft (vgl. Abschnitt 4.3.3) kann erwartet werden, dass sie im Rahmen ihrer Unterrichtsplanung auf Formulierungsschwierigkeiten der Schülerinnen und Schüler vorbereitet ist. In der vorliegenden Situation wird sie sich daher vermutlich entscheiden, Sprache bereits in der Gruppenarbeitsphase, spätestens aber im Plenum zum Gegenstand des Fachunterrichts zu machen und ihre didaktischen Maßnahmen auf den Ausbau der Fähigkeiten der Schülerinnen und Schüler zum Fachregistergebrauch auszurichten. Das kann etwa dadurch geschehen, dass sie die alltagssprachliche Umschreibung „zu fließen aufhören" sowie das fachregistertypische Verb „versiegen" oder „austrocknen" selbst einführt („Kann ein Wasserfall aufhören zu fließen?" „Kann ein Wasserfall versiegen?" „Kann ein Wasserfall austrocknen?") oder versucht, hierbei das ggf. vorhandene sprachliche Wissen anderer Schülerinnen und Schüler im Plenumsgespräch zu nutzen. Allerdings ist eine solche, lediglich auf die Behebung der unmittelbaren Artikulationsnot gerichtete sprachliche Unterstützung oft nicht nachhaltig, weil sie fachliche Zusammenhänge, die den Artikulationsbedarf motivieren, ausblendet.

Von einer Fachlehrkraft mit performanznaher DaZ-Kompetenz wird man deshalb erwarten, dass sie die in der Situation hervortretenden wesentlichen Aspekte der konstitutiven Funktion zweitsprachlicher Entwicklung für das fachliche Lernen der Schülerinnen und Schüler wahrnimmt und durch produktive Handlungsentscheidungen Lerngelegenheiten schafft, die einerseits die sprachliche Entwicklung der Schülerinnen und Schüler mit Zweitsprache Deutsch unterstützen und die andererseits produktiv für das sprachliche und fachliche Lernen aller Lernenden sind. Dazu zählen u. a. folgende Aspekte: 1. Den Formulierungsschwierigkeiten der Jugendlichen liegt nicht nur ein Wortfindungsproblem zugrunde (Lücke im Wortschatz des *Fachregisters*: „versiegen"). Vielmehr bemerken die

Schülerinnen und Schüler beim Versuch, das fragliche Phänomen zu benennen, dass mit dem Adjektiv „leer" der von ihnen gemeinte Zustand eines Wasserfalls nicht angemessen beschrieben und ein Wasserfall demzufolge nicht analog zu einem mit Wasser gefüllten Gefäß als stehendes Gewässer verstanden werden kann. 2. Die Aufgabe, die Fragen schriftlich zu fixieren, veranlasst die Lernenden somit offensichtlich nach einer fachlich angemesseneren Form der Artikulation des Sachverhalts zu suchen. Dass der Schüler bei der Präsentation im Plenum von der notierten Formulierung mit dem Adjektiv „leer" abweicht und spontan eine kommunikativ ausgerichtete, anakoluthische Äußerung vorbringt, ist daher weniger als Unfähigkeit zu präziser Artikulation, als vielmehr als Hinweis auf das Bedürfnis, sich sprachlicher Mittel zur fachlich angemessenen Benennung des Sachverhalts anzueignen, zu verstehen. 3. Bei der Formulierung der Frage, ob ein Wasserfall leer werden kann, nehmen die Schülerinnen und Schüler einen Kategorienwechsel vor. Während eine Reihe von Fragen die Eigenschaften von Wasser selbst betreffen (z. B. „Warum kann man nicht über Wasser laufen?"), thematisiert diese Frage die Eigenschaft eines Gewässers. Die Lernenden werfen somit eine fachlich und sprachlich relevante Frage auf, die nach fachlicher und sprachlicher Differenzierung (z. B. Gewässer „versiegen", aber Wasser „versickert") verlangt.

4.4 Zusammenfassung

Im vorliegenden Beitrag ging es darum, DaZ-Kompetenz als generische Kompetenz mit Bezug auf die Anforderungen fachunterrichtlichen Handelns in der Sekundarstufe I inhaltlich zu präzisieren und mit Blick auf die für die Entwicklung des Testinstruments (vgl. Kapitel 5, 6 & 7 in diesem Band) notwendige Operationalisierung strukturell auszudifferenzieren. Dazu wurden ein Struktur- und ein Entwicklungsmodell vorgestellt. Das empirisch auf Dokumentenanalysen basierende Strukturmodell bildet die Dimensionen *Fachregister, Mehrsprachigkeit* und *Didaktik* ab, wodurch sich Fokussierungen auf Leistungsdispositionen im Bereich linguistischen Wissens mit Schwerpunkt *Fachregister*, sprachlicher Entwicklungsprozesse im mehrsprachigen Kontext und Lehrkrafthandeln im Rahmen von Unterrichtsinteraktion und Unterrichtsplanung ergeben. Dass diese Fokussierungen auf Sprache, Lernprozess und Lehrprozess analytisch sind, zeigte sich bei den Darstellungen aller drei Dimensionen.

Das Entwicklungsmodell von DaZ-Kompetenz bezieht Erfahrungslernen (z. B. im Schulpraktikum der Lehrerausbildung) und Handlungsorientierung in die Beschreibung des Kompetenzerwerbs von Lehrkräften mit ein (vgl. Kapitel 10 in diesem Band) und orientiert sich an dem fünfstufigen Modell des Fähigkeitserwerbs von Erwachsenen von Dreyfus & Dreyfus (1986), das ein Entwicklungsmuster vom Novizen zum Experten abbildet. Dabei wird eine Entwicklung der Kompetenz von Lehrkräften modelliert, die auf der untersten Stufe von der Befolgung kontextfreier Regeln, d. h. der Anwendung von erworbenem Wissen bei weitgehender Absehung von Spezifika der aktuellen Unterrichtsituation, gekennzeichnet ist. Für die folgende Stufe wird angenommen, dass durch erfahrungsbezogenes Lernen die Fähigkeit zur Berücksichtigung ähnlicher Merkmale zwischen Unterrichtssituationen erworben wurde. Die Stufe der kompetent handelnden Lehrkraft zeichnet sich dadurch aus, dass die Fähigkeit zur planvollen Analyse einer überschaubaren Menge von Faktoren einer Unterrichtsituation vorliegt. Die kompetente Lehrkraft kann Faktoren miteinander in Beziehung setzen und gewichten und auf diese Weise zu einer Bewertung der Situation kommen und begründete Entscheidungen für unterrichtliches Handeln treffen. Das Expertenniveau ist erreicht, wenn die Lehrkraft eine Unterrichtsituation nicht mehr analytisch zergliedern muss, um Entscheidungen zu treffen, sondern, wenn sie die Unterrichtssituation als Ganzes aus der spezifischen Perspektive von Vorerfahrungen mit ähnlichen Situationen wahrnimmt, wobei bestimmte Eigenschaften als handlungsrelevant hervortreten.

4.5   Literatur

Dreyfus, H. L. & Dreyfus, S. E. (1986). *Mind over machine. The power of human intuition and expertise in the era of the computer*. Oxford: Basil Blackwell.

Ellis, N. (2007). The associative-cognitive CREED. In B. Van Patten & J. Williams (Eds.). *Theories in second language acquisition. An introduction* (S. 77–95). New York et al.: Routledge.

Halliday, M. A. K. (1978). *Language as social semiotic*. London: Edward Arnold.

Kleppin, K. (2010). Fehleranalyse und Fehlerkorrektur. In H.-J. Krumm, C. Fandrych, B. Hufeisen, & C. Riemer (Hrsg.). *Deutsch als Fremd- und Zweitsprache. Ein internationales Handbuch, Band 1* (S. 1060–1072). Berlin & New York: de Gruyter.

Kniffka, G. & Siebert-Ott, G. (2012). *Deutsch als Zweitsprache. Lehren und Lernen*. 3. neu bearbeitete Aufl. Paderborn: Schöningh.

Koch-Priewe, B. (2002). Der routinierte Umgang mit Neuem. Wie die Professionalisierung von JunglehrerInnen gelingen kann. In S. Beetz-Rahm, L. Denner, & T. Riecke-Baulecke (Hrsg.), *Jahrbuch für Lehrerforschung und Bildungsarbeit, Band 3* (S. 311–324). Weinheim & München: Juventa.

Lindmeier, A., Heinze, A. & Reiss, K. (2012). Eine Machbarkeitsstudie zur Operationalisierung aktionsbezogener Kompetenz von Mathematiklehrkräften mit videobasierten Maßen. *Journal für Mathematik-Didaktik*, 34 (1), 99–119.

Maas, U. (2008). *Sprache und Sprachen in der Migrationsgesellschaft*. Göttingen: V & R unipress mit Universitätsverlag Osnabrück.

Ohm, U. (2014). Ohne sprachliche Qualifizierung keine berufliche Qualifizierung. Zum konstitutiven Verhältnis zwischen der Aneignung von Fachwissen bzw. beruflicher Handlungskompetenz und Sprachentwicklung. *Deutsch als Zweitsprache* 1, 7–19.

Ohm, U. (2016). Berufsorientiertes und -begleitendes Sprachenlernen und -lehren. In K.-R. Bausch, E. Burwitz-Melzer, H.-J. Krumm, G. Mehlhorn & C. Riemer (Hrsg.), *Handbuch Fremdsprachenunterricht* (S. 205–209). 6. neu bearbeitete und erweiterte Aufl. Tübingen: Francke.

Ohm, U. (2017a). Literater Sprachausbau im Übergang Schule-Beruf. Sprachentwicklung als konstitutives Moment fachlichen Lernens und beruflichen Handelns mit einem Fokus auf Deutsch als Zweitsprache. In A. Daase, U. Ohm & M. Mertens (Hrsg.), *Interkulturelle und sprachliche Bildung im mehrsprachigen Übergangsbereich* (S. 211–247). Münster: Waxmann.

Ohm, U. (2017b). Literater Sprachausbau als konstitutives Moment fachlichen Lernens und beruflichen Handelns im Übergang Schule-Beruf. In B. Lütke, I. Petersen & T. Tajmel (Hrsg.), *Fachintegrierte Sprachbildung Forschung, Theoriebildung und Konzepte für die Unterrichtspraxis (DaZ-Forschung, Band 8)* (S. 287–304). Berlin: De Gruyter.

Ohm, U., Kuhn, C. & Funk, H. (2007). *Sprachtraining für Fachunterricht und Beruf. Fachtexte knacken – mit Fachsprache arbeiten*. FörMig Edition; Band 2. Münster: Waxmann.

Schleppegrell, M. J. (2004). *The language of schooling. A funtional linguistics perspective*. Mahwah, New Jersey: Lawrence Erlbaum.

Schleppegrell, M. J. (2007). The linguistic challenges of mathematics. Teaching and learning: A research review. *Reading & Writing Quarterly*, 23, 139--159.

Seidel, T., Prenzel, M., Schwindt, K., Stürmer, K., Blomberg, G. & Kobarg, M. (2009). LUV and observe: Two projects using video to diagnose teachers' competence. In T. Janik & T. Seidel (eds.), *The power of video studies in investigating teaching and learning in the classroom* (pp. 243–258). Münster: Waxmann.

Selinker, L. (1972). Interlanguage. *International Review of Applied Linguistics* 10 (2), 209–231.

Tracy, R. (2008). *Wie Kinder Sprachen lernen: Und wie wir sie dabei unterstützen können*. 2. Aufl. Tübingen: Francke.

Van Es, E. A. & Sherin, M. G. (2002). Learning to notice: Scaffolding new teachers' interpretations of classroom interactions. *Journal of Technology and Teacher Education*, 10 (4), 571–596.

Van Es, E. A. & Sherin, M. G. (2008). Mathematics teachers' "learning to notice" in the context of a video club. *Teaching and Teacher Education*, 24, 244–276.

Kapitel 5

Der Prozess der Aufgabenentwicklung im *DaZKom*-Projekt: von der Rahmenkonzeption bis zur Pilotierung des Testinstruments

Sonja A. Carlson & Désirée Präg

Zusammenfasssung: In diesem Kapitel wird der Prozess der Aufgabenentwicklung von der Rahmenkonzeption bis hin zur Erstellung des Testinstruments beschrieben. Nach einer Darstellung der durchgeführten Dokumentenanalyse und Entwicklung der Rahmenkonzeption inklusive der sich daran anschließenden Inhaltsvalidierung anhand von ersten Interviews mit Expertinnen und Experten wird detailliert auf die Entwicklung und Optimierung der Testaufgaben eingegangen. Die dafür durchgeführten *Cognitive Labs* und insgesamt fünf Aufgabenerprobungen mit anschließender Pilotierung des Testinstruments werden einschließlich der Ergebnisse vorgestellt und ausgewertet. Anhand einer Aufgaben-Unit mit unterschiedlichen Aufgaben und Antwortformaten wird beispielhaft der Zyklus der Itementwicklung in den verschiedenen Entwicklungsstufen dargestellt.

Abstract: The following chapter focusses on the process of test item generation, including the development of the framework and the test instrument itself. The document analysis and the development of the framework, including the subsequent content validation on the basis of expert interviews, will be introduced first, followed by a detailed discussion of the development and optimization of the test items. Cognitive labs as well as five task trials that were carried out will be presented and evaluated in combination with the final results of the test instrument's pilot run. The different developmental steps of the item generation process will be outlined by means of one example unit, which offers a variety of task types and forms.

5.1   Einleitung

Angesichts der Notwendigkeit von Standards für Deutsch als Zweitsprache[1]-relevante Kompetenzen von Lehramtsstudierenden aller Fächer, um vor allem Lernende mit nichtdeutscher Herkunftssprache im regulären Unterricht angemessen fördern zu können (vgl. Kapitel 2 & Kapitel 4 in diesem Band), und der aber bereits bestehenden, jedoch nicht einheitlichen Angebote in Form von Lerngelegenheiten innerhalb von DaZ-Lehramtsstudiengängen, setzte sich das *DaZKom*-Projekt zum Ziel, diese Lücke mit einer theoretischen Rahmenkonzeption, einem darauf aufbauenden Kompetenzmodell sowie einem standardisierten Testinstrument zur empirischen Überprüfung dieser Kompetenz zu schließen. Die einzigen bis dato existenten Standardformulierungen waren lediglich für sogenannte BAMF-Kurse ausgelegt, welche von dem Bundesamt für Migration und Flüchtlinge in Zusammenarbeit mit dem Goethe-Institut entwickelt worden sind (BAMF, 2005). Diese Formulierungen beschreiben die Anforderungen, die an Lehrkräfte für Erwachsenenkurse im Bereich DaZ (sogenannte Integrationskurse) gestellt werden. Das Projekt *DaZKom* knüpft an theoretischen Rahmenkonzeptionen von Studien zur Messung von Lehrerkompetenzen im Fach Mathematik wie TEDS-M (Blömeke, Kaiser & Lehmann, 2010) oder MT21 (Schmidt, Tatto, Bankov, Blömeke, Cedillo, Cogan, Han, Houang, Hsieh, Paine, Santillan & Schwille, 2007) an und soll empirisch abgesicherte Erkenntnisse darüber liefern, wie Lerngelegenheiten in der Lehrerausbildung beschaffen sein müssen, damit fachlich begründbare und standardisierte DaZ-Kompetenzen erreicht werden (Hammer, Carlson, Ehmke, Koch-Priewe, Köker, Ohm, Rosenbrock & Schulze, 2015). Die fachunterrichtsrelevanten DaZ-Kompetenzen wurden aus Curricula von DaF-/DaZ-Studiengängen und -Modulen gewonnen und durch Expertenbefragungen validiert (vgl. Kapitel 6). Auf der Basis des daraus entwickelten Modells wurden, gestützt u. a. auf die Auswertung von Unterrichtsmitschnitten, Testaufgaben erstellt, die das Konstrukt „fachunterrichtsrelevante DaZ-Kompetenz", zum Teil exemplarisch am Fach Mathematik ausgerichtet, systematisch beschreiben. Die Testaufgaben wurden dann in *Cognitive Labs*, Aufgabenerprobungen und einer Pilotierung erprobt und überarbeitet, um gute psychometrische Kennwerte zu erzielen. Die ersten Arbeitsschritte des Projektes, nämlich die Aufstellung der Rahmenkonzeption durch Befragung von Expertinnen und Experten und der nachfolgenden Itementwicklung inklusive *Cognitive Labs* und Aufgabenerprobungen bzw. Pilotierung, stellen den Gegenstand dieses Artikels dar und sollen im Folgenden erläutert werden.

5.2   Rahmenkonzeption

Kompetenzmodelle in Lehrerprofessionalisierungsstudien wie u. a. TEDS-M und MT21 bauen auf den Arbeiten von Shulman (1986) und Bromme (1992) auf, die Professionswissen von Lehrkräften in *content knowledge* (Fachwissen), *pedagogical content knowledge* (fachdidaktisches Wissen) und *pedagogical knowledge* (allgemein pädagogisches Wissen) unterteilen (vgl. Kapitel 1 in diesem Band). Hieraus ergibt sich bereits ein Wi-

---

[1]   Deutsch als Zweitsprache = DaZ

derspruch zum Wesen der DaZ-spezifischen Kompetenz, die kein abgegrenztes Fach darstellt, sondern in jedem Schulfach kontextualisiert wird und zur sprachsensiblen Vermittlung bzw. Förderung von mehrsprachigen Schülerinnen und Schülern beim Erwerb der jeweiligen Fachinhalte beitragen soll (Köker, Rosenbrock-Agyei, Ohm, Carlson, Ehmke, Hammer, Koch-Priewe & Schulze, 2015; siehe auch Kapitel 13 in diesem Band). Entsprechend wird ein Modell benötigt, welches zugleich DaZ-spezifisches Fach- bzw. fachdidaktisches Wissen mit einem handlungsorientierten *Können* verknüpft (Köker et al., 2015). Auf diesem Grundgedanken basierte die im nachfolgenden beschriebene Dokumentenanalyse, die zum Ziel hatte, aus sämtlichen relevanten DaZ-bezogenen Curricula mit unterschiedlichen Foki und Schwerpunkten einen inhaltlichen Kern herauszufiltern, welcher eine DaZ-Kompetenz abbildet.

5.2.1 Dokumentenanalyse

Als Ausgangspunkt für eine solche Rahmenkonzeption für DaZ-Kompetenzen dienten Curricula bzw. Inhalts-, Lernziel- und Kompetenzbeschreibungen von akademischen Lerngelegenheiten im Bereich DaZ. Letztere werden hier als solche *Dokumente* verstanden, welche „alle materiellen Zeugnisse, die sich als Quelle für eine differenzierte Beschreibung bzw. Erklärung" (Buhren, Killus & Müller, 2002, S. 70) des zu untersuchenden Objektbereiches umfassen. Die hier im Rahmen des Projektes analysierten Dokumente bildeten innerhalb des ersten Arbeitsschrittes den Untersuchungsgegenstand, da aus jenen Schlussfolgerungen hinsichtlich der erforderlichen Strukturelemente und Kompetenzformulierungen von DaZ abgeleitet werden konnten. Dazu wurden in einem ersten Schritt als relevant erachtete Dokumente zusammengetragen und daraufhin analysiert und miteinander verglichen. Ziel dieser Herangehensweise war die Beantwortung der Frage, wie anerkannte und empirisch begründbare Standards von DaZ-Kompetenz beschrieben werden können.

Die Analyse umfasste insgesamt 60 Curricula bzw. Inhalts-, Lernziel- und Kompetenzbeschreibungen, darunter das DaZ-Modul der Mercator-Stiftung (Baur, Becker-Mrotzek, Benholz, Chlosta, Hoffmann, Ralle, Salek-Schwartze, Seipp & Özdil, 2009), das europäische Kerncurriculum für den Zweitsprachunterricht in der Lehrerbildung (EUCIM-TE; Brandenburger, Bainski, Hochherz & Roth, 2011) sowie die Standardformulierungen für die Kompetenzen von Lehrkräften für Sprach- und Integrationskurse (Bundesamt für Migration und Flüchtlinge [BAMF], 2005). Neben den hier erwähnten Dokumenten sind ferner akademische Curricula analysiert worden. Da es zum Zeitpunkt der Dokumentenanalyse (im Jahr 2012) in Deutschland kaum eigenständige Deutsch-als-Zweitsprache-Vollstudiengänge gab, sondern Deutsch-als-Zweitsprache-Lerngelegenheiten meist in Deutsch-als-Fremdsprache-Vollstudiengängen inbegriffen waren, wurden letztere auch in der Analyse berücksichtigt. Unter den berücksichtigten akademischen Curricula lassen sich drei Großformate ausmachen: (1) Vollstudiengänge Deutsch als Fremdsprache bzw. Deutsch als Zweitsprache in der Bundesrepublik Deutschland (nachfolgend BRD), darunter Magister- bzw. Bachelor- und Masterstudiengänge, (2) Aufbaustudiengänge bzw. Zusatzqualifikationen für Lehramtsstudierende in der BRD sowie (3) DaZ-Module innerhalb von lehramtsbezogenen Bachelor- und Masterstudiengängen oder innerhalb von grundständigen Lehramtsstudiengängen in der BRD. Darüber hinaus wurden einschlägige empirische Untersuchungen zur Rolle der Zweitsprache Deutsch im Fachunterricht gesichtet und mit Blick auf die Frage ausgewertet, über welche Kompetenzen Lehrkräfte den Ergebnissen zufolge im Bereich DaZ verfügen sollten, damit Schülerinnen und Schüler nichtdeutscher Herkunftssprache auch im Fachunterricht effektiv gefördert werden können. Da eine umfassende Auswahl aller zum Auswertungszeitpunkt vorliegenden Dokumente vorgenommen worden ist, kann eine durch Subjektivität erfolgte Selektion ausgeschlossen werden (Mayring, 2002).

Jegliche gesammelten Dokumente sind mittels eines Codierschemas analysiert worden. Die dabei getätigte Vorgehensweise war sowohl deduktiv als auch induktiv. Kompetenzbereiche, die bereits vor der Analyse hinsichtlich der DaZ-Kompetenz anzunehmen waren, sind bereits als vorab festgelegte Kategorien definiert und als Grundlage verwendet worden, während Kompetenzbereiche, welche nur vereinzelt Erwähnung fanden, während des Codierprozesses aufgenommen und erst nachfolgend an das Material herangetragen worden sind. So wurden zum Beispiel grundliegende Bereiche eines DaF-/DaZ-Studiums wie *Linguistik*, *Zweitsprachenerwerbsforschung* und *Didaktik/Methodik* vorab festgelegt, während zusätzliche Bereiche wie beispielsweise *Literacy* oder *Fachsprache* als weitere Kategorien induktiv zum Codierschema hinzugefügt wurden.

5.2.2 Rahmenkonzeption für DaZ-Kompetenzen

Als ein erstes zentrales Ergebnis der Dokumentenanalyse ließ sich die Unterteilung der DaZ-Kompetenzen in die drei Bereiche *Fachregister*, *Mehrsprachigkeit* und *Didaktik* ausmachen (Tabelle 5.1). Diese stellen den Kern des Fachbereiches Deutsch als Fremd- und Zweitsprache dar, sind jedoch zum Teil noch unabhängig von einer Operationalisierung im Fachunterricht der Sekundarstufe I.

Zu den insgesamt zwölf Facetten der *Fachregister* zählten neben den klassischen Dimensionen der Linguistik wie Morphologe, Syntax oder Textlinguistik auch die Grundzüge der Besonderheiten von konzeptionell gesprochener und geschriebener Sprache. Ferner spielte insbesondere in DaF-/DaZ-Studiengängen das Erlernen einer Kontrastsprache insbesondere in Bezug auf häufige Herkunftssprachen eine wesentliche Rolle. Letzteres wurde allerdings aufgrund niedriger Werte in der Expertenbefragung ($M = 2.50$, $SD = 0.55$) mit der Begründung, dies sei spezialisiertes Expertenwissen, welches im Fachunterricht weniger Anwendung findet, im Kompetenzmodell nicht übernommen. Ebenso wurde der Bereich Phonetik / Phonologie aufgrund niedriger Wichtigkeit gestrichen ($M = 3.29$, $SD = 0.49$).

Die Dimensionen *Mehrsprachigkeit* mit insgesamt vier Teilbereichen umfassten den wesentlichen Bereich der Zweitsprachenerwerbsforschung mit der Erweiterung um die Bereiche *Migration* und *Mehrsprachigkeit*. Hierfür waren grundlegende Modelle und Hypothesen zum Zweitspracherwerb und sich daran orientierende Abfolgen von Erwerbsstufen des Deutschen relevant. Weiter gehörten unterschiedliche Erwerbsszenarien, -parameter und -phänomene zu diesem Bereich. Der Erwerb von Literacy im familiären und schulischen Kontext sowie Aspekte sprachlicher Vielfalt in Gesellschaft und Schule im Kontext von Migration vervollständigten ihn.

Zur *Didaktik* gehörten ebenfalls zwölf Facetten. Neben der Vermittlung sprachlicher Strukturen und Fähigkeiten wurde ferner der Umgang mit Fehlern im Unterricht diesem

Tabelle 5.1: Erster Vorentwurf zu einer Rahmenkonzeption mit Facetten

Dimensionen	Facetten (Beispiele)
Fachregister	– Phonetik/Phonologie
	– Lexik, Morphologie, Syntax
	– Mündlichkeit/Schriftlichkeit
	– Kontrastsprache
Mehrsprachigkeit	– Zweitsprachenerwerb
	– Individuelle Faktoren
	– Literacy
	– Migration und Mehrsprachigkeit
Didaktik	– Umgang mit Fehlern
	– Unterrichtsplanung
	– Didaktisierung von Unterrichtsmaterial
	– Sprachstandsdiagnostik

Bereich zugerechnet. Grundlegende Theorien, Konzepte und Methoden eines kommunikativ ausgerichteten Unterrichts bildeten das Fundament für Lehr- und Lernprozesse, die entsprechend in der Unterrichtsplanung oder sprachsensiblen Didaktisierung von Unterrichtsmaterial umgesetzt werden. Ein weiterer wesentlicher Teilbereich stellt die Sprachstandsdiagnose dar, auf dessen Basis die entsprechende didaktische Förderung von Schülerinnen und Schülern letztendlich beruht.

5.2.3 Interviews mit Expertinnen und Experten zur Sicherung der Inhaltsvalidität

Die Rahmenkonzeption wurde sieben Expertinnen und Experten des Fachbereichs für Deutsch als Zweitsprache zur Validierung vorgelegt. Nach der Bewertung der generellen Relevanz der drei Dimensionen *Fachregister*, *Mehrsprachigkeit* und *Didaktik* entlang einer vierstufigen Likert-Skala von 1 = sehr wichtig bis 4 = unwichtig ist den Expertinnen und Experten jede Dimension mit ihren jeweils ausdifferenzierten Teilbereichen vorgelegt worden, die sie ebenfalls einzeln anhand der Likert-Skala bewerten sollten.

Die hohen Mittelwerte mit geringen Streuungen zeigte die Zustimmung der Expertinnen und Experten zur Wichtigkeit der drei Bereiche für die DaZ-Kompetenz angehender Lehrkräfte (siehe Tabelle 5.2). Die Expertinnen und Experten hielten die Dimensionen *Fachregister* sowie *Mehrsprachigkeit* für *sehr wichtig* bis *eher wichtig*; bei Didaktik ergab sich eine sehr hohe Übereinstimmung mit der Bewertung *sehr wichtig*. Teilbereiche, die mit einem Mittelwert $M \geq 2.5$ bewertet wurden, wurden aus der Rahmenkonzeption gestrichen. Parallel zur empirischen Bewertung wurden die Expertinnen und Experten dazu aufgefordert, in Anlehnung an die Methode des Lauten Denkens (Ericsson & Simon,

1980) ihre Gedanken bei der Bewertung zu äußern, damit später die Begründungen für die Entscheidungen aufgenommen und nachvollzogen bzw. ausgewertet werden konnten.

Tabelle 5.2: Ergebnisse der Expertenbefragung zur Validierung der Rahmenkonzeption

	M	SD	Min	Max
Fachregister	1.71	0.49	1	2
Mehrsprachigkeit	1.71	0.76	1	3
Didaktik	1.00	0.00	1	1

Auf dieser Grundlage ist die Rahmenkonzeption ein weiteres Mal überarbeitet und ausdifferenziert worden. Daran knüpfte in einem nächsten Schritt die Entwicklung des Kompetenzmodells an, welches die Inhalte der Rahmenkonzeption weiterhin auf die fachintegrative Förderung von Schülerinnen und Schüler nichtdeutscher Herkunftssprache der Sekundarstufe I spezifizierte. Die daraus entstandenen Dimensionen mit unterteilten Subdimensionen *Fachregister* (Subdimensionen *Grammatische Strukturen und Wortschatz* sowie *Semiotische Systeme*), *Mehrsprachigkeit* (Subdimensionen *Zweitspracherwerb* und *Migration*) und *Didaktik* (Subdimensionen *Diagnose* und *Förderung*) wurden weiterhin in erste drei Kompetenzstufen vom *Neuling* (*novice*) über den *fortgeschrittenen Anfänger* (*advanced beginner*) zur *Kompetenz* (*competence*) in Anlehnung an Dreyfus & Dreyfus (1986) fünfstufiges Modell des Fähigkeitserwerbs von Erwachsenen ausdifferenziert und in Kann-Beschreibungen operationalisiert (siehe Kapitel 4 in diesem Band; Köker et al., 2015).

5.3   Testentwicklung

In Anschluss an die Entwicklung des Kompetenzmodells erfolgte die sich daran orientierende Entwicklung des psychometrischen Tests zur Messung der DaZ-Kompetenz angehender Lehrkräfte. Vor dem Hintergrund, dass vor dem *DaZKom*-Projekt im Bereich von Deutsch als Zweitsprache bzw. sprachsensiblem Fachunterricht noch keine standardisierte Kompetenzmessung angehender oder praktizierender Lehrkräfte durchgeführt worden war, fand die Entwicklung von ausschließlich neuen Items entlang der Dimensionen bzw. Subdimensionen des Kompetenzmodells statt (Köker et al., 2015). Durchgeführte *Cognitive Labs* ermöglichten Einblicke in die Verständlichkeit der Items und eine anschließenden Modifizierung der Items. Anschließend wurden die Items in Aufgabenerprobungen und in einer Pilotierung des Testinstruments nach den klassischen Kriterien des Schwierigkeitsgrades und der Trennschärfe ausgewählt bzw. in mehreren Durchgängen überarbeitet und erneut erprobt. Daraufhin erfolgte eine Inhaltsvalidierung der ausgewählten Items anhand eines zweiten Expertenratings (siehe Kapitel 6 in diesem Band).

5.3.1   Itementwicklung

Der Paper-Pencil-Test zielt darauf ab, DaZ-Kompetenzen angehender Lehrkräfte exemplarisch am Fach Mathematik zu messen. Das Fach Mathematik ist bislang das am häufigsten untersuchte Schulfach in Bezug auf sprachsensiblen Fachunterricht bzw. die fach-integrative Sprachförderung (Prediger, Tschierschky, Wessel & Seipp, 2012; Prediger & Özdil, 2011; Moschkovich, 2010). Weiterhin exemplifiziert das Fach Mathematik als Schlüssel- und Hauptfach den verzahnten Erwerb von Sprachstrukturen und Fachinhalten bzw. die daran anknüpfende Vermittlung von Fachregistern (Duarte, Gogolin & Kaiser, 2011). Da allerdings Lehramtsstudierende aller Fächer als Zielgruppe festgelegt wurden, sollten die Items auch ohne spezifische mathematische fachdidaktischen Kenntnisse ge-löst werden können. Manche Items, beispielsweise innerhalb der Subdimension *Migration*, waren auf die Schülerinnen und Schüler zentriert und daher fächerunabhängig (zur Validierung des Testinstruments siehe Kapitel 9 in diesem Band).

Ziel der Itemkonstruktion war eine möglichst genaue Abbildung der inhaltlichen Facetten sowie der Kompetenzstufen des Konstrukts der DaZ-Kompetenzen (Köker et al., 2015; Wilson, 2005). Die Itemkonstruktion erfolgte durch die Entwicklung eines Aufgabenpools mit möglichst vielen Items entlang der Inhalte einer jeden Subdimension des Kompetenzmodells (Bühner, 2006). Hierfür wurde einschlägige Literatur hinzugezogen, die bereits bei der Entwicklung des Kompetenzmodells einbezogen wurde (siehe Kapitel 4 in diesem Band). Um die Items bzw. Units realitätsnah einzubetten, wurde authentisches Stimulus-Material verwendet, darunter beispielsweise Schüler-Lehrer-Interaktionen aus Unterrichtsmitschnitten, in anderen Projekten erhobene und zur Verfügung gestellte authentische Schülertexte oder Sachrechenaufgaben aus aktuellen Mathematikschulbüchern (Köker et al., 2015). Während die Dimension *Fachregister* mit den Subdimensionen *Grammatische Strukturen und Wortschatz* sowie *Semiotische Systeme* häufig anhand von authentischen Mathematikaufgaben erarbeitet werden konnte, waren etwa Unterrichts-dialoge für die Messung der Dimension *Didaktik* mit den Subdimensionen *Diagnose* und *Förderung* relevant. Facetten der Dimension *Mehrsprachigkeit* mit ihren Subdimensionen *Zweitspracherwerb* und *Migration* ließen sich vor allem an Fallbeispielen oder Schüler-äußerungen bzw. -texten verdeutlichen. Als Beispiel dient der Stimulus der Unit *Winkel* (siehe Abbildung 5.1), welches einen Ausschnitt aus einem authentischen Dialog zwi-schen einem Schüler und einer Lehrkraft während eines Mathematikunterrichts darstellt. Anhand des Stimulus sollen angehende Lehrkräfte sprachliche Fehler herleiten und di-daktisch reagieren (Gültekin-Karakoç, Köker, Hirsch, Ehmke, Hammer, Koch-Priewe & Ohm, 2016). Die auf diesen Stimulus aufbauenden Items sind insbesondere den Subdi-mensionen *Diagnose* und *Förderung* der Dimension *Didaktik* zuzuordnen.

Die beteiligten Itementwicklerinnen waren Mitarbeiterinnen des *DaZKom*-Projektes, die alle im Forschungsbereich Deutsch als Zweitsprache tätig waren und zusätzlich Er-fahrung im Lehren des Deutschen als Zweitsprache (innerhalb und/oder außerhalb des Kontextes Schule) gemacht hatten. Die entwickelten Items mit entsprechenden Antwor-ten wurden einzeln und ausführlich im Team mit der Projektleitung aus diesem und dem Bereich der Bildungs- bzw. Erziehungswissenschaft besprochen. Somit wurden die Items inhaltlich sowie formal überprüft, ggf. verbessert und zugleich einer Dimension des Kom-petenzmodells zugeordnet.

Um eine hohe Objektivität des Tests zu erreichen, sollte eine Großzahl an gebundenen Antwortformaten mit sowohl dichotomen als auch Mehrfachwahl-Aufgaben entwickelt werden (Jankisz, Moosbrugger & Brandt, 2012). Im Prozess der Itemgenerierung wurde als erster Schritt eine Anzahl von Items in einer ersten Aufgabenerprobung als Item mit

Abbildung 5.1: Eine Schüler-Lehrer-Interaktion als Stimulusmaterial (Unit *Winkel*)

Winkel

Folgende Interaktion entsteht im Mathematikunterricht einer 7. Klasse Gesamtschule zwischen dem Mathemaiklehrer und Ismael, dessen Eltern aus Kirgisistan stammen und der seit seinem 7. Lebensjahr in Deutschland lebt.

Ismael: „Es gibt kein rechte Winkel nicht."

Lehrer: „Es gibt also einen rechten Winkel?"

Ismael: „Nein, es gibt nicht rechten Winkel."

Lehrer: „Ja, eben hast du gesagt, es gäbe nicht keinen rechten Winkel. Das ist eine doppelte Verneinung, also sagst du: Ja, es gibt einen rechten Winkel."

Ismael: „Egal."

---

freiem Antwortformat getestet, anschließend geschlossen und wiederholt erprobt. Einige der falschen Antworten wurden hierbei als Distraktoren mit hoher Qualität verwendet, die durch ihre Plausibilität die Ratewahrscheinlichkeit verringerten (Bühner, 2006; Rost, 2004). Dieser Vorgang führte zu einer höheren Validität der Testwertinterpretation, da mögliche Reaktionen auf die Items mit einkalkuliert bzw. ausgeschlossen werden konnten (Rost, 2004). Items mit offenem Aufgabenformat eigneten sich besonders gut, um einen hohen Fähigkeitsgrad zu testen.

5.3.2 Cognitive Labs

Vor den Aufgabenerprobungen wurden alle Items in *Cognitive Labs* mit über 30 Personen getestet. Die Probanden waren sowohl Studierende von Studiengängen der Fachrichtung Deutsch als Fremd- und Zweitsprache als auch Lehramtsstudierende mit wenigen bis keinen Vorkenntnissen im Bereich Deutsch als Zweitsprache. Um die Probanden kognitiv nicht zu überlasten, wurden jedem Probanden maximal fünf bis sechs Units mit durchschnittlich drei Aufgaben vorgelegt.

Cognitive Labs sind Verfahren, die dem lauten Denken zugeordnet werden können und dienen der Möglichkeit, Einblicke in kognitive Prozesse und Strategien beim Lösungsprozess von Aufgaben zu bekommen (Terzer, Patzke & Upmeier zu Belzen, 2012). Das Ziel der *Cognitive Labs* ist die Überprüfung der Verständlichkeit der Stimuli und der Aufgabenformulierung, die Aufnahme von möglichen Antworten bzw. fehlerhaften Lösungen sowie die Nachvollziehbarkeit der Lösungswege und Gedankengänge beim Lösen der Aufgaben (Terzer et al., 2012). Hierfür werden den Probanden Items vorgelegt mit der Bitte, alle Gedanken beim Bearbeiten der Aufgaben laut zu äußern. Diese Äußerungen werden aufgenommen, anschließend transkribiert und von den Itementwicklern hinsichtlich der genannten Aspekte ausgewertet.

Da es sich bei der Verbalisierung der Gedanken hauptsächlich um Informationen handelt, die bereits innerlich verbalisiert worden sind, handelte es sich bei den durchgeführten *Cognitive Labs* um eine Introspektion (Ericsson & Simon, 1980; Konrad, 2010). Nachteile der Methode sind parallel zu denen des Lauten Denkens anzusehen: Da es für Probanden schwierig ist, gleichzeitig zu ihren Gedankenvorgängen diese auch zu verbalisieren, ist die Validität über die Aussage eingeschränkt, dass tatsächlich alle Gedankenprozesse erheben zu können. Dies führt ebenfalls zur Einschränkung der Vollständigkeit der Daten. Ferner kann der Aufwand der Verbalisierung insgesamt die kognitive Leistung einschränken (Konrad, 2010); da es sich allerdings bei diesen *Cognitive Labs* um eine Introspektion handelt, ist der zuletzt aufgeführte Kritikpunkt aufgrund des geringeren Aufwands durch die bereits mental vorliegende Verbalisierung minimiert.

5.3.3 Darstellung des Entwicklungsprozesses der Items am Beispiel der Unit *Kamila und Ivan*

Im Folgenden soll am Beispiel der Aufgaben-Unit *Kamila und Ivan* der Entwicklungsprozess inklusive Streichungen, Schließungen und Verbesserung von Items dargestellt werden. Die Items wurden mehrfach getestet und überarbeitet; aufgrund der guten psychometrischen Kennwerte diente diese Aufgaben-Unit später in der Pilotierung als eine Ankerunit für unterschiedliche Testhefte (Multi-Matrix-Design).

Abbildung 5.2 zeigt die Unit in ihrer ersten Version. Der Stimulus der Unit soll die Heterogenität der Gruppe der Schülerinnen und Schüler mit Deutsch als Zweitsprache thematisieren und in nachfolgenden Items erfragen (Gültekin-Karakoç et al., 2016). Die Antwort Ivans ist authentisch. Der Name, die Erstsprache sowie das Herkunftsland des Schülers wurden jedoch geändert. Der Fall bzw. die Antwort Kamilas wurde in Anlehnung an eine andere Schülerin frei konstruiert, um eine Vergleichbarkeit mit der Sprachverwendung Ivans herstellen zu können. Ziel der ersten beiden Items ist es, unterschiedliche Zweitsprachenerwerbsverläufe von Schülerinnen und Schülern mit Deutsch als Zweitsprache zu erkennen, insbesondere beim Erwerb konzeptioneller Mündlichkeit bzw. Schriftlichkeit (Koch & Oesterreicher, 1985) sowie für das Erkennen von Erwerbsstufen sprachlicher Strukturen.

Beide Items sind der Dimension *Mehrsprachigkeit* bzw. der Subdimension *Zweitspracherwerb* zuzuordnen. Sie vereinen mehrere Facetten, darunter *Meilensteine zweitsprachlicher Entwicklung, gesteuerter vs. ungesteuerter Zweitspracherwerb* sowie *Literacy*. Jedoch ist eine klare Trennung von anderen Dimensionen nicht gegeben: Die Items stützen sich auf Kenntnisse aus der Facette *Mündlichkeit vs. Schriftlichkeit* aus der Dimension/Subdimension *Fachregister / Semiotische Systeme* und verlangen gewisse *diagnostische Fähigkeiten* (Subdimension aus *Didaktik*).

Die Unit wurde in mehreren *Cognitive Labs* erprobt. Bereits hier zeigte sich, dass vor allem Probanden aus der Fachrichtung Deutsch als Fremd- und Zweitsprache die Items erfolgreicher und differenzierter als Studierende anderer Fachrichtungen ohne DaZ-Kenntnisse bearbeiten konnten. Hinsichtlich der Formulierung des Items wurden daher einige Änderungen vorgenommen, um den Arbeitsauftrag entweder zu spezifizieren oder zu öffnen. Beim Lösen des zweiten Items wurde beobachtet, dass die Vorgabe, genau zwei Gründe zu nennen, die Probanden entweder einschränkte oder verwirrte, da es generell mehr als nur zwei mögliche Gründe hierfür gibt. Außerdem erschwerte die Nennung von mehr als einer korrekten Antwort die Kodierung der Antworten. Die überarbeiteten Items 1 und 2 der Aufgaben-Unit *Kamila und Ivan* sind in der Abbildung 5.3 dargestellt.

Abbildung 5.2: Erste Version der Unit *Kamila und Ivan* mit Items 1-2

Kamila und Ivan

Sie beobachten zwei Ihrer Lernenden aus der 7. Klasse einer Realschule und machen folgende Feststellung:

Kamila kommt aus Polen und ist seit neun Monaten in Deutschland. Obwohl sie zweimal wöchentlich Förderung in Deutsch als Zweitsprache bekommt, macht sie immer noch Äußerungen wie „Gestern ich nicht machen Hausaufgaben", schreibt aber zu Mathematikaufgaben Antwortsätze wie „Herr Jens bekommt nach 3 Jahren €530 Zinsen".

Ihr Mitschüler Ivan, der in Deutschland aufgewachsen ist und einen ukrainischen Migrationshintergrund hat, kann anscheinend fehlerlos Deutsch sprechen. Er schreibt hingegen Antwortsätze wie „Der Zinssatz ist das ein Kunde kriegt sind 5,7%".

1. Geben Sie zwei Gründe, warum Kamila immer noch mündliche Äußerungen in dieser Form verwendet, schriftlich aber korrekte Grammatik verwendet.

2. Warum hat Ivan im Gegensatz zu Kamila nicht im Mündlichen, sondern im Schriftlichen sprachliche Schwierigkeiten? *Nennen Sie zwei Gründe.*

Abbildung 5.3: Items 1 und 2 der Aufgaben-Unit *Kamila und Ivan* in der vierten psychometrischen Erprobung (E4)

---

1. Warum verwendet Kamila immer noch mündliche Äußerungen in dieser Form, jedoch im Schriftlichen bereits korrekte Grammatik? *Geben Sie mindestens zwei mögliche Gründe.*

2. Warum hat Ivan im Gegensatz zu Kamila nicht im Mündlichen, sondern im Schriftlichen sprachliche Schwierigkeiten? *Geben Sie eine mögliche Erklärung dafür.*

Tabelle 5.3: Kennwerte der Items 1 und 2 der Unit *Kamila und Ivan* aus der ersten psychometrischen Erprobung

	Falsch %	Teilweise %	Richtig %	Schwierigkeit (logit-Werte)	Trennschärfe
Kamila_Ivan1	41.7	36.1	22.2	-6.36	0.35
Kamila_Ivan2	83.3	5.6	11.1	-1.71	0.29

Die darauffolgend in der ersten psychometrischen Erprobung getesteten Items erzielten sehr gute Trennschärfen ($r_{it} = 0.35$ bzw. 0.29) (siehe Tabelle 5.3). Allerdings zeigte das zweite Item eine sehr niedrige prozentuale Lösungshäufigkeit mit 11 % richtigen Antworten und war somit sehr schwierig zu lösen. Mit dem Ziel das Item 2 zu vereinfachen, wurde das ursprünglich offene Antwortformat in ein gebundenes Antwortformat gebracht

Abbildung 5.4: Beispiel für eine überarbeitete Teilaufgabe der Aufgaben-Unit *Kamila und Ivan* im geschlossenen dichotomen Antwortformat

2. Warum hat Ivan im Gegensatz zu Kamila nicht im Mündlichen, sondern im Schriftlichen sprachliche Schwierigkeiten? *Kreuzen Sie in jeder Zeile an.*
Ja   Nein
$\square_1$ $\square_2$ Da Ivan die deutsche Sprache aus dem Alltag kennt, kann er fehlerlos sprechen. Im Schriftlichen jedoch überträgt er noch die Struktur aus dem Ukrainischen.

und gleichzeitig in sechs dichotome Einzelitems unterteilt. Abbildung 5.4 zeigt als Beispiel das erste Item im dichotomen Antwortformat zur Aufgabe 2.

In der darauf erfolgenden Aufgabenerprobung erzielten alle Aufgaben im nun dichotomen Antwortformat bessere Werte (Tabelle 5.4) als in der ersten Erprobung. Einzige Ausnahme bildete das zweite Item (Kamila_Ivan_2_2). Entsprechend wurde dieses eine Item aufgrund einer zu niedrigen Trennschärfe von $r_{it} = 0.06$ gestrichen. Trotz des gebundenen Antwortformats behielten die Items der zweiten Aufgabe einen relativ hohen Schwierigkeitsgrad. Die sehr guten Trennschärfen von bis zu $r_{it} = 0.54$ zeigen, dass diese Items sehr gut Eigenschaftsausprägungen von Personen differenzieren können (Tabelle 5.4). An dieser Stelle sei bereits darauf hingewiesen, dass sich hinsichtlich des Erreichens des Regelstandards im Standardsetting alle Items dieser Unit eignen, um zwischen Personen auf hohen Kompetenzstufen von solchen auf niedrigeren Kompetenzstufen zu unterscheiden (Gültekin-Karakoç et al., 2016).

Tabelle 5.4: Kennwerte der Aufgaben 2 im gebundenen Aufgabenformat der Aufgaben-Unit *Kamila und Ivan*

	Falsch %	Richtig %	Schwierigkeit (logit-Werte)	Trennschärfe r_{it}
Kamila_Ivan_2_1	85.19	14.81	1.73	0.39
Kamila_Ivan_2_2	59.26	40.74	0.29	0.06
Kamila_Ivan_2_3	70.37	29.63	0.81	0.54
Kamila_Ivan_2_4	48.15	51.85	-0.18	0.33
Kamila_Ivan_2_5	77.80	22.20	1.22	0.32
Kamila_Ivan_2_6	62.96	37.04	0.46	0.37

5.3.4   Aufgabenerprobungen und Pilotierung des Testinstruments

Stichprobe

Die Stichprobe der Aufgabenerprobungen bestand aus mehr als $N = 150$ Lehramtsstudierenden aller Fächer sowie Studierenden des Fachbereichs Deutsch als Fremd- und Zweitsprache der jeweiligen Universitäten des *DaZKom*-Projektes. Drei Erhebungen fanden abwechselnd an den jeweiligen Universitäten Bielefeld und Lüneburg, zwei Erhebungen an beiden Universitäten statt. Die Pilotierung des Testinstruments fand an fünf ausgewählten Universitäten aus drei Bundesländern mit einer Stichprobe von insgesamt $N = 252$ hauptsächlich Lehramtsstudierender und einigen Deutsch als Fremd- und Zweitsprache Studierender statt. Die Hälfte der Lehramtsstudierenden hatten Mathematik als Unterrichtsfach (Hammer et al., 2015; Carlson, Hammer, Ehmke, Rosenbrock, Köker & Koch-Priewe, eingereicht).

Durchgeführt wurden die insgesamt fünf Aufgabenerprobungen und die abschließende Pilotierung im Sommer bis Winter 2013. Die Probanden wurden mit 10 € pro Stunde entlohnt. Die Durchführungsdauer für das Testinstrument betrug 60 Minuten. Zusätzlich zu den Items wurden zu Beginn des Tests soziodemographische Daten wie Geschlecht und Studienfachrichtung erfragt. Anschließend an den *DaZKom*-Test wurden weitere Instrumente zur Erhebung des pädagogischen, mathematikdidaktischen und linguistischen Wissens (Hammer et al., 2015) sowie der Beliefs der Studierenden bezüglich Sprache im Fachunterricht (Hammer et al., 2016; Kapitel 8 in diesem Band) mit entsprechender Erhebungsdauerverlängerung eingesetzt. Weiterhin wurde in der Pilotierung ein Fragebogen zu den besuchten Lerngelegenheiten im DaZ-Bereich eingesetzt, um Zusammenhänge zwischen diesen und den Personenfähigkeiten der Probanden zu überprüfen (vgl. Kapitel 10).

Testhefte

Das Ziel der Aufgabenerprobungen war die Qualitätsüberprüfung der Items. In insgesamt fünf Erhebungen wurde ein Itempool von 258 Items, welche 41 Units zugeordnet waren, erprobt, wobei einige dieser Items in teilweise überarbeiteter Form eingesetzt wurden. Bei der Zusammensetzung der Testhefte wurden Positions- und Reihenfolgeeffekte berücksichtigt, indem in jeder Erhebung drei Testheftvarianten mit den gleichen Aufgaben an unterschiedlichen Positionen eingesetzt wurden (Rost, 2004). Jedes Testheft enthielt ca. 14-16 Units mit im Durchschnitt drei Aufgaben.

Kodierung und Auswertung

Bei der Entwicklung des Kodierschemas wurde eine dichotome Antwortkategorie festgelegt. Eine Berücksichtigung des Kriteriums der Signiererobjektivität fand bei der Kodierung der freien Antworten insofern statt, als Teams von zwei Ratern die gleichen Testhefte zunächst unabhängig voneinander kodierten und anschließend ihre Übereinstimmungen überprüften (Rost, 2004). Weiterhin dienten die Aufgabenerprobungen wie zuvor die *Cognitive Labs* auch dazu, die Kodierung hinsichtlich möglicher korrekter Antwortvarianten entsprechend zu erweitern. Die Verwendung von Ankeritems mit sehr guten psychometrischen Kennwerten ermöglichte die gemeinsame Kalibrierung der Items aus unterschiedlichen Testheften.

Als Kennwerte zur Itemauswahl wurden die Aufgabenschwierigkeit, d. h. die absolute bzw. prozentuale Lösungshäufigkeit, sowie die Trennschärfe berücksichtigt (Rost, 2004). Die Trennschärfe drückt den korrelativen Zusammenhang zwischen dem Itemwert und dem Wert des gesamten Tests aus. Es wird also geprüft, wie sehr ein Item zwischen den Eigenschaftsausprägungen von Personen differenziert und mit dem Summenscore der verbleibenden Items zusammenhängt (Rost, 2004; Kelava & Moosbrugger, 2012). Items mit unzureichenderen Kennwerten, d. h. einer Trennschärfe ($r_{it} < 0.2$) und/oder einer prozentualen Lösungshäufigkeit von unter 10 % bzw. über 80 %, wurden entweder gestrichen oder überarbeitet und erneut erprobt. Mehrere Items wurden nach ihrer Erprobung in einem offenen Antwortformat geschlossen und ebenfalls wiederholt erprobt. Hierfür eigneten sich vor allem Items mit offenen Antwortformat, die zwar eine hohe Trennschärfe, jedoch eine zu hohe Schwierigkeit aufwiesen. Da sich die Größe des Itempools in den jeweiligen Dimensionen aufgrund der Streichungen und Schließungen bei jeder Erprobung änderte, fand eine zeitgleiche Generierung neuer Items statt.

Ergebnisse

Nach Abschluss der Aufgabenerprobungen wurden 89 Items, zugeordnet in 16 Units, für das Testheft der Pilotierung übernommen. Davon wiesen 48 Items ein geschlossenes Antwortformat auf, d. h. waren dichotom oder als Mehrfachauswahl formatiert. Weitere 15 Items hatten ein halboffenes Antwortformat. Bei 26 Items wurde das offene Antwortformat beibehalten. Nach der Pilotierung wurden 21 Testitems aufgrund niedriger Trennschärfe herausgenommen, so dass für die finale Skalierung 68 Items verblieben.[2] Tabelle 5.5 zeigt die Kennwerte der pilotierten Items. Das Testinstrument hat eine *EAP-Reliabilität* = 0.80, was als ausreichend hoch zu bewerten ist.

Tabelle 5.5: Kennwerte der Items aus der Pilotierung

	M	SD	Min	Max
Lösungshäufigkeit (in %)	48.95	18.25	15.13	82.54
Person parameter (WLE)	0.00	0.78	-3.16	2.23
Itemschwierigkeit	0.07	0.88	-1.70	1.77
Trennschärfe	0.32	0.10	0.13	0.57
Weighted fit MNSQ	1.00	0.06	0.83	1.10

---

[2] Zu weiteren Angaben bezüglich des Testheftes der Pilotierung siehe Hammer et al. (2015) und Carlson et al. (eingereicht).

5.4   Zusammenfassung und Diskussion

Der vorliegende Artikel zeigt die Arbeitsschritte, die mit der Erstellung einer Rahmen-konzeption sowie der Entwicklung von Testitems einhergehen. Im vorliegenden Fall ge-schieht dies für das bislang nicht erfasste Fachgebiet DaZ im Fachunterricht. Eine Her-ausforderung bestand darin, eine Kompetenz zu einem Zeitpunkt zu erfassen, die bislang bei nur wenigen Studierenden stark ausgeprägt war. Gründe hierfür liegen vermutlich in der zum Zeitpunkt der Erhebung noch gering ausgeprägten DaZ-Lerngelegenheiten in Lehramtsstudiengängen. Daraus entstanden kaum Referenzpunkte für die Itementwick-lung; z. T. sollten schwierige Items von Studierenden gelöst werden, die diese Items aufgrund von fehlenden Kenntnissen kaum beantworten konnten. Demgegenüber fehlte Studierenden des Fachbereichs Deutsch als Zweitsprache der fachdidaktische Bezug im Kontext der Sekundarstufe I, da diese Studiengänge sich der Vermittlung des Deutschen als Fremd- und Zweitsprache im Kontext von fachunabhängigen Sprachkursen widmen. Dennoch hatte der entwickelte Test keine Decken- oder Bodeneffekte, da genügend DaZ-Fachstudierende bei der Erprobung teilhaben konnten. Der Test erzielte eine akzeptable Reliabilität von $\alpha = 0.80$ und die Itemschwierigkeiten ($M = 0.07$, $SD = 0.88$) zeigen eine hohe Übereinstimmung mit den Personenparametern ($M = 0.00$, $SD = 0.78$).

Die Dokumentenanalyse ermöglichte eine umfassende Abbildung des Faches Deutsch als Zweitsprache, welche auf Basis der Inhaltsvalidierung durch die Expertinnen und Ex-perten insbesondere für den Kontext schulischer Bildung spezifiziert werden konnte. Die auf Basis des daraus entstanden Kompetenzmodells entwickelten Testitems, welche eben-falls von Expertinnen und Experten inhaltsvalidiert wurden (Kapitel 6 in diesem Band), können das facettenreiche Konstrukt der DaZ-Kompetenzen angehender Lehrkräfte mes-sen bzw. anhand des unterschiedlichen Stimulus-Materials die verschiedenen Bereiche der Vor- und Nachbereitung sowie Durchführung eines sprachsensiblen Fachunterrichts abbilden. Am Beispiel der Aufgabenunit *Kamila und Ivan* konnte dargestellt werden, wie die Modifizierung von Items mit entsprechend angepasster Kodierung der Antworten bzw. die Veränderung von Itemformaten zu Items mit hohen Trennschärfen führte; Items im gebundenen Antwortformat behielten jedoch einen relativ hohen Schwierigkeitsgrad.

Dem *DaZKom*-Projekt ist es trotz der Herausforderungen gelungen, ein erstes Funda-ment für das Konstrukt der DaZ-Kompetenz angehender Lehrkräfte zu bilden und die-ses auch empirisch zu belegen. Die wiederholte Erprobung und anschließende Modifizie-rung von Testitems führte zu einem Testinstrument mit guten psychometrischen Werten, welches im nachfolgenden Schritt der Normierung standardisiert wurde und letztendlich zur Überprüfung von universitären Lerngelegenheiten im Bereich DaZ eingesetzt werden kann (siehe Kapitel 10 in diesem Band; Gültekin-Karakoç et al., 2016).

5.5   Literatur

Baur, R., Becker-Mrotzek, M., Benholz, C., Chlosta, C., Hoffmann, L., Ralle, B., Salek-Schwartze, A., Seipp, B. & Özdil, E. (2009). *Modul „Deutsch als Zweitsprache" (DaZ) im Rahmen der neuen Lehrerausbildung in Nordrhein-Westfalen*. Verfügbar unter: http://www.mercator-institut-sprachfoerderung.de/fileadmin/user_upload/DaZ_Modul_03.pdf [15.06.2016].

Blömeke, S., Kaiser, G. & Lehmann, R. (Hrsg.). (2010). *TEDS-M 2008. Professionelle Kompetenz und Lerngelegenheiten angehendes Primarlehrkräfte im internationalen Vergleich*. Münster: Waxmann.

Brandenburger, A., Bainski, C., Hochherz, W., Roth, H.-J. (2011). *EUCIM-TE – Adaption des europäischen Kerncurriculums für inklusive Förderung der Bildungssprache Nordrhein-Westfalen (NRW), Bundesrepublik Deutschland*. Verfügbar unter: http://www.eucim-te.eu/data/eso27/File/Material/NRW.\%20Adaptation.pdf, [15.06.2016].

Bromme, R. (1992). *Der Lehrer als Experte. Zur Psychologie des professionellen Lehrerwissens*. Göttingen: Hans Huber.

Bühner, M. (2006). *Einführung in die Test- und Fragebogenkonstruktion* (2. Aufl.). München: Pearson.

Buhren, C. G., Killus, D., Müller, S. (2002). *Wege und Methoden der Selbstevaluation. Ein praktischer Leitfaden für Schulen* (5. Aufl.). Dortmund: IFS-Verlag. (Beiträge zur Bildungsforschung und Schulentwicklung, 6.)

BAMF – Bundesamt für Migration und Flüchtlinge (Hrsg.). (2005). *Konzeption für die Zusatzqualifizierung von Lehrkräften im Bereich Deutsch als Zweitsprache*. Verfügbar unter: https://www.bamf.de/SharedDocs/Anlagen/DE/Downloads/Infothek/Integrationskurse/Lehrkraefte/konzeption-fuer-die-zusatzqualifikation-von-lehrkraeften-pdf.pdf?__blob=publicationFile#page=1&zoom=auto,-82,619 [15.06.2016].

Carlson, S. A., Hammer, S., Ehmke, T., Rosenbrock, S., Köker, A., Koch-Priewe, B. (submitted). *Measuring pre-service teachers' competency in german as a second language (GSL competency).*

Dreyfus, H. L. & Dreyfus, S. E. (1986). *Mind over machine. The power of human intuition and expertise in the era of the computer*. New York: Free Press.

Duarte, J., Gogolin, I. & Kaiser, G. (2011). Sprachlich bedingte Schwierigkeiten von mehrsprachigen Schülerinnen und Schülern bei Textaufgaben. In S. Prediger & E. Özdil (Hrsg.), *Mathematiklernen unter Bedingungen der Mehrsprachigkeit. Stand und Perspektiven der Forschung und Entwicklung in Deutschland* (S. 35–53). Münster u. a.: Waxmann.

Ericsson, K. A. & Simon, H. A. (1980). *Protocol analysis. Verbal reports as data*. Cambridge, London: MIT Press.

Gültekin-Karakoç, N., Köker, A., Hirsch, D., Ehmke, T., Hammer, S., Koch-Priewe, B. & Ohm, U. (2016). Bestimmung von Standards und Stufen der Kompetenz angehender Lehrerinnen und Lehrer aller Fächer im Bereich Deutsch als Zweitsprache (DaZ). In B. Koch-Priewe & M. Krüger-Potratz (Hrsg.), *Qualifizierung für sprachliche Bildung. Programme und Projekte zur Professionalisierung von Lehrkräften und pädagogischen Fachkräften* (S. 130–146). Münster u. a.: Waxmann.

Hammer, S., Carlson, S. A., Ehmke, T., Koch-Priewe, B., Köker, A., Ohm, U., Rosenbrock, S. & Schulze, N. (2015). Kompetenz von Lehramtsstudierenden in Deutsch als Zweitsprache. *Zeitschrift für Pädagogik*, 61 (61), 32–54.

Jankisz, E., Moosbrugger, H., Brandt, H. (2012). Planung und Entwicklung von Tests und Fragebogen. In H. Moosbrugger & A. Kelava (Hrsg.), *Testtheorie und Fragebogenkonstruktion* (S. 27–74) (2. neu bearbeitete Aufl.). Berlin u. a.: Springer.

Kelava, A. & Moosbrugger, H. (2012). Deskriptivstatistische Evaluation von Items (Itemanalyse) und Testwertverteilung. In H. Moosbrugger und A. Kelava (Hrsg.), *Testtheorie und Fragebogenkonstruktion* (S. 75–102) (2. neu bearbeitet Aufl.). Berlin u. a.: Springer.

Koch, P. & Oesterreicher, W. (1985). Sprache der Nähe – Sprache der Distanz. Mündlichkeit und Schriftlichkeit im Spannungsfeld von Sprachtheorie und Sprachgeschichte. In O. Deutschmann, H. Flasche, B. König, M. Kruse, W. Pabst & W.-D. Stempel (Hrsg.), *Romanistisches Jahrbuch, Band 36* (S. 15–43). Berlin, New York: Walter de Gruyter.

Köker, A., Rosenbrock-Agyei, S., Ohm, U., Carlson, S. A., Ehmke, T., Hammer, S., Koch-Priewe, B. & Schulze N. (2015). DaZKom – Ein Modell von Lehrerkompetenz im Bereich Deutsch als Zweitsprache. In B. Koch-Priewe, A. Köker, J. Seifried & E. Wuttke (Hrsg.), *Kompetenzerwerb an Hochschulen: Modellierung und Messung. Zur Professionalisierung angehender Lehrerinnen und Lehrer sowie frühpädagogischer Fachkräfte* (S. 177–205). Bad Heilbrunn: Klinkhardt.

Konrad, K. (2010). Lautes Denken. In G. Mey & K. Mruck (Hrsg.). *Handbuch Qualitative Forschung in der Psychologie* (S. 476–490). Wiesbaden: VS-Verlag für Sozialwissenschaften.

Mayring, P. (2002). *Einführung in die qualitative Sozialforschung. Eine Anleitung zu qualitativem Denken* (5. neu bearbeitete Aufl.). Weinheim: Beltz.

Moschkovich, J. N. (2010). *Language and mathematics education. Multiple perspectives and directions for research.* Charlotte, NC: Information Age Pub.

Prediger, S. & Özdil, E. (Hrsg.). (2011). *Mathematiklernen unter Bedingungen der Mehrsprachigkeit* (S. 35–53). Münster: Waxmann.

Prediger, S., Tschierschky, K., Wessel, L. & Seipp, B. (2012). Entwicklung und Erprobung eines Konzepts für die universitäre Fachlehrerausbildung. *Zeitschrift für Interkulturellen Fremdsprachenunterricht,* 17 (1), 40–58.

Rost, J. (2004). *Lehrbuch Testtheorie – Testkonstruktion* (2.neu bearbeitet Aufl.). Bern: Huber.

Schmidt, W. H., Tatto, M. T., Bankov, K., Blömeke, S., Cedillo, T., Cogan, L., Han, S. I., Houang, R., Hsieh, F. J., Paine, L., Santillan, M. & Schwille, J. (2007). *The preparation gap: Teacher education for middle school mathematics in six countries. MT21 report.* East Lansing: Michigan State University.

Shulman, L. (1986). Those who understand: Knowledge growth in teaching. *Educational Researcher,* 15 (2), 4-14.

Terzer, E., Patzke, C. & Upmeier zu Belzen, A. (2012). Validierung von Multiple-Choice Items zur Modellkompetenz durch lautes Denken. In F. Harms und X. Bogner (Hrsg.), *Lehr- und Lernforschung in der Biologiedidaktik* (S. 45–62). Innsbruck: Studienverlag.

Wilson, M. (2005). *Constructing measures. An item response modeling approach.* New Jersey: Lawrence Erlbaum.

Kapitel 6

Sicherung der Inhaltsvalidität und Festlegung von Kompetenzstufen durch Expertenbefragungen

Nazan Gültekin-Karakoç

Zusammenfassung: Validität gehört neben der Objektivität und Reliabilität zu den Hauptgütekriterien in der Testtheorie. Als wichtigstes Gütekriterium prüft die Validität, ob ein Test tatsächlich das misst, was er zu messen vorgibt. Dabei wird die Validität in Konstrukt-, Kriteriums- und Inhaltsvalidität unterteilt. Mit letzterer kann angegeben werden, inwieweit das zu messende Konstrukt im Test inhaltlich erschöpfend abgebildet wird. Die Sicherung dieser Inhaltsvalidität fällt jedoch im Vergleich mit den anderen Validitätsarten schwerer, da sie nicht numerisch, sondern nur theoriegeleitet und subjektiv bestimmt werden kann. Möglichkeiten die Inhaltsvalidität zu prüfen sind z. B. Einbeziehung von bisherigen Studien oder bereits entwickelte Testverfahren zum entsprechenden Konstrukt und Befragungen von Expertinnen und Experten. Da zu Beginn des Projekts *DaZKom* weder Untersuchungen noch Testverfahren zur Messung des Konstrukts „DaZ-Kompetenz bei angehenden Lehrkräften" vorlagen, wurden in dessen Verlauf drei Befragungen von Expertinnen und Experten durchgeführt, um die Inhaltsvalidität zu prüfen und Kompetenzstufen zu definieren. Im vorliegenden Artikel wird die Vorgehensweise dafür beschrieben und diskutiert, welche Aussagen bezüglich der Inhaltsvalidität und bezüglich der Stufen der DaZ-Kompetenz abgeleitet werden können.

Abstract: Validity is, next to objectivity and reliability, one of the key quality criteria in test theory. Being the most important criterion, validity assesses whether a test can actually measure what it pretends to measure. Validity is divided into construct-, criteria-, and content validity, the latter indicating whether the construct's content is addressed exhaustively in by the test. Compared to other types of validity, however, securing the content validity is more difficult, since it can only be ascertained theoretically and subjectively instead of numerically. Content validity can be tested by considering results of former studies, already developed test procedures related to the construct in question, or by expert ratings. Since examinations or test procedures related to the measurement of the construct, i. e. GSL competency of pre-service teachers, did not exist in the beginning of the project, expert ratings were conducted at three points in time throughout the project to secure its content validity. In this article, the procedure adopted in the expert ratings is described and possible implications concerning content validity are discussed.

6.1   Einleitung

Deutsch als Zweitsprache (DaZ) ist seit der Neustrukturierung der Lehramtsausbildung im Jahr 2009 in einigen Bundesländern obligatorischer Bestandteil des Studiums für alle angehenden Lehrkräfte (LABG, 2009; Pitton & Scholten-Akoun, 2013). Durch die DaZ-Expertise sollen angehende Lehrkräfte dazu befähigt werden, vor allem Schülerinnen und Schülern mit nicht deutscher Herkunftssprache im regulären Fachunterricht sprachlich angemessen zu fördern. Empirische Forschungsarbeiten über die dazu notwendigen professionellen Kompetenzen von Lehrkräften liegen bisher jedoch nicht vor. So waren die Ziele des *DaZKom*-Projekts, fachunterrichtsrelevante DaZ-Kompetenz angehender Lehrerinnen und Lehrer zu definieren und ein Testinstrument zu entwickeln, das geeignet ist, diese Kompetenz zu erfassen (Köker, Rosenbrock, Ohm, Ehmke, Hammer, Koch-Priewe & Schulze, 2015; vgl. Kapitel 7). Die Ausbildung der hierzu notwendigen Kompetenzen wurde im vorliegenden Projekt vor allem auch mit Blick auf die Lerngelegenheiten (opportunities to learn, Blömeke, Suhl, Kaiser, Felbrich & Schmotz, 2010) von Lehramtsstudierenden betrachtet, die von Universität zu Universität sehr unterschiedlich sind (Hammer, Carlson, Ehmke, Koch-Priewe, Köker, Ohm, Rosenbrock & Schulze, 2015; vgl. Kapitel 10).

Da zu Beginn des Projekts weder auf Untersuchungen noch auf Testverfahren zur Messung des Konstrukts „DaZ-Kompetenz bei angehenden Lehrkräften" zurückgegriffen werden konnte, musste zunächst das Konstrukt operationalisiert werden. Mit Operationalisierung ist die „[…] Messbarmachung von Begriffen und Konstrukten im Hinblick auf ihre empirische Überprüfbarkeit" (Skiba, 2010, S. 234) gemeint. Die schrittweise Überführung des Konstrukts in messbare Merkmale als Grundlage für die Entwicklung eines Testinstruments (vgl. Kapitel 5) wurde im *DaZKom*-Projekt begleitet von Befragungen von Expertinnen und Experten. Im vorliegenden Artikel wird die Vorgehensweise dafür beschrieben und diskutiert, welche Aussagen bezüglich der Inhaltsvalidität und bezüglich der Festlegung von Kompetenzstufen abgeleitet werden können.

6.2   Inhaltsvalidität

Validität gehört neben der Objektivität und Reliabilität zu den Hauptgütekriterien in der Testtheorie. Als wichtigstes Gütekriterium prüft die Validität, ob ein Test tatsächlich das misst, was er zu messen vorgibt. Dabei wird die Validität in Konstrukt-, Kriteriums- und Inhaltsvalidität unterteilt (Bortz & Döring, 2006). Mit letzterer kann angegeben werden, ob „das zu messende Merkmal auch wirklich bzw. hinreichend genau erfasst [wird]. Das heißt, dass die Testitems eine repräsentative Itemmenge aus dem ‚Universum' von Items umfassen, die das interessierende Merkmal abbilden" (Bühner, 2006, S. 36). Hartig, Frey und Jude (2012, S. 149) sprechen in diesem Zusammenhang von *Repräsentationsschluss*, bei dem es bei operational definierten Merkmalen um die „*verallgemeinernde Interpretation* von Testergebnissen" geht. Bei operational definierten Merkmalen wird vom Verhalten in einer Testsituation auf das Verhalten außerhalb der Testsituation generalisiert, d. h. von einer Person mit einem hohen Testresultat wird angenommen, dass diese auch weitere über den Test hinausgehende Aufgaben, die das Merkmal repräsentieren, lösen könnte. Werden Iteminhalte beispielsweise aus Lehrplänen abgeleitet, um die zu erfassende Kompetenz operational zu definieren, steht insbesondere die Frage im Vordergrund, inwieweit ein Item ein dort gefordertes Lernziel erfasst und als wie prototypisch es für einen Lernbereich angesehen werden kann (Jenßen, Dunekacke & Blömeke, 2015, S. 15). Bei theoretisch definierten Merkmalen bezieht sich Inhaltsvalidität zusätzlich zur Verallgemeinerung auf eine erklärende Interpretation von Testergebnissen auf der Ebene der Items: Es wird angenommen, dass Unterschiede in den Itemantworten durch Unterschiede im zu erfassenden Konstrukt erklärt werden können. Diese Annahme muss allerdings durch theoretische Grundlagen gestützt werden, was nicht immer möglich ist, „weil es meist an umfassenden Theorien über Personenunterschiede in einem bestimmten Merkmal mangelt" (Jenßen et al., 2015, S. 14). Dies ist ein Grund, weshalb die beiden Ansätze als Pole auf einem Kontinuum angesehen werden und es keine strikte Trennung zwischen operational definierten und theoretisch definierten Merkmalen gibt (Hartig et al., 2012; Jenßen et al., 2015).

Die Sicherung der Inhaltsvalidität fällt im Vergleich mit den anderen Validitätsarten schwerer, da sie nicht numerisch (z. B. über Korrelationskoeffizienten bei der Bestimmung der Konstruktvalidität), sondern nur theoriegeleitet und subjektiv bestimmt werden kann (Bühner, 2006; Bortz & Döring, 2006). Eine Möglichkeit, die Inhaltsvalidität zu prüfen, ist etwa die Einbeziehung von bisherigen Studien oder bereits entwickelten Testverfahren zum entsprechenden Konstrukt zusammen mit Befragungen von Expertinnen und Experten (Brosius, Koschel & Haas, 2008; Moosbrugger & Keleval, 2012).

Aufgrund des empirischen und theoretischen Defizits im vorliegenden Forschungskontext lag der DaZ-Kompetenzmodellierung eine operationale Definition zugrunde. Die Bestimmung der Inhaltsvalidität bezog sich sowohl auf die Operationalisierung des Konstrukts als auch auf die Ebene der einzelnen Items sowie auf die Gesamtheit aller Items, die das interessierende Konstrukt abbilden und seine Ausprägungen erklären sollen (Hartig et al., 2012). Für die inhaltliche Validierung in verschiedenen Phasen des Entwicklungsprozesses wurden im Rahmen des *DaZKom*-Projekts Befragungen von Expertinnen und Experten als Methode gewählt.

6.3   Befragungen von Expertinnen und Experten

Der Begriff Expertenbefragung[1] wird im vorliegenden Beitrag als Oberbegriff verwendet und schließt das Experteninterview, das Expertenrating[2] und damit einhergehend auch qualitativ-offen sowie standardisiert durchgeführte „Befragungen" mit ein. Befragungen von Expertinnen und Experten kommen als wichtiges Erhebungsinstrument dann zum Tragen, wenn Forschungsfragen aus Mangel an theoretischen und / oder empirischen Quellen nicht beantwortet werden können. Das Ziel von Expertenbefragungen ist das Herausarbeiten überindividuell-gemeinsamer Wissensbestände (Meuser & Nagel, 1991).

Das wenig strukturierte Experteninterview[3] gilt dabei als eines der „am häufigsten eingesetzten Verfahren in der empirischen Sozialforschung" (Meuser & Nagel, 2009, S. 465) wie auch in der Bildungsforschung, wird aber gleichzeitig in der Literatur kaum gesondert als Methode der Befragung behandelt (Meuser & Nagel, 2009; Lenz, 2012). Dieser Widerspruch hängt u. a. damit zusammen, dass diese Form der qualitativen Datenerhebung sich in der Durchführung und Auswertung nicht von üblichen Interviewformen unterscheidet (Flick, Kardorff & von Steinke, 2015) und sich daraus die Frage ergibt, was das besondere Spezifikum des Experteninterviews ist (Kassner & Wassermann, 2005).[4]

Nach Pickel und Pickel (2009; Deeke, 1995) liegt das Besondere an diesem Verfahren in der Probandenauswahl: den Expertinnen und Experten. Die Auswahl der Stichprobe ist der wichtigste Schritt bei der Anwendung von Expertenbefragungen, da die Auswahl der Expertinnen und Experten über die Qualität der gewonnenen Informationen entscheidet (Lenz, 2012). Eine Person wird als Experte angesehen, wenn sie „über ein Wissen verfügt, das sie zwar nicht notwendigerweise alleine besitzt, das aber doch nicht jedermann in dem interessierenden Handlungsfeld zugänglich ist. Auf diesen Wissensvorsprung zielt das Experteninterview" (Meuser & Nagel, 2009, S. 467). Ein Experte

- gilt als „Sachverständiger" in Hinblick auf einen interessierenden Sachverhalt,
- verfügt über exklusives und reflexives Wissen,
- zeichnet sich durch „Sachlichkeit" in der Begründung des Wissens aus und
- besitzt die Fähigkeit, sein Wissen für praktische Zwecke nutzbar zu machen (Deeke, 1995, S. 9).

Der Expertenstatus ist jedoch relational, da die Frage, wer als Expertin oder als Experte bezeichnet wird, immer auch mit dem Untersuchungsgegenstand oder Forschungsinteresse verbunden ist (Meuser & Nagel, 1991).

---

[1]   Für die Vielzahl der verwendeten Begrifflichkeiten, die in der Literatur für die Einbindung von Expertinnen und Experten im Forschungsprozess gebraucht werden (Expertenbeurteilung, Experteneinschätzung, Expertengespräch, Experteninterview, Expertenpanel, Expertenrating, Expertenurteil), gibt es keine verbindlichen Begriffsregelungen.

[2]   Bei einem Expertenrating handelt es sich um eine standardisierte Beurteilung oder Einschätzung, die die Expertinnen und Experten beispielsweise durch Ankreuzen entlang einer Skala angeben können.

[3]   Der Begriff des Experteninterviews ist am weitesten verbreitet, jedoch existiert auch für diesen Begriff kein einheitliches Verständnis (Bogner & Menz, 2005).

[4]   Es wird betont, dass es DAS Experteninterview nicht gibt und somit keine Verallgemeinerungen möglich sind, da diese Datenerhebungsmethode stark kontextgebunden und gegenstandbezogen ist (Kassner & Wassermann, 2005). Jedoch wird vor allem mit Blick auf die Forschungspraxis auf bereits gesammelte Erfahrungen mit der Methode verwiesen, die „hilfreiche Richtschnur" sein können, wenn es um die Durchführung von Expertenbefragungen in der eigenen Forschung geht (Kassner & Wassermann, 2005).

> Im Experteninterview als Erhebungsverfahren interessiert demnach nicht die Person der Experten oder deren berufliche Position in einer [...] Organisation, sondern das Wissen der Experten um die Sachverhalte, die im Kontext der Fragen zum Untersuchungsgegenstand für die Forscher relevant sind. Grundsätzlich ist damit aus methodischer Sicht völlig offen, wer im Untersuchungsfeld für den Erhebungsprozeß die relevanten Experten sind. Dies wird allein über das Forschungsinteresse, den damit verbundenen theoretisch-analytischen Ansatz und die Begründung der zu untersuchenden Problemstellung als Untersuchungsgegenstand entschieden (Deeke, 1995, S. 11).

Die Befragung von Expertinnen und Experten kann zu unterschiedlichen Zeitpunkten im Forschungsprozess stattfinden. In der Literatur wird dabei zwischen einem explorativen Gespräch und einer systematisierenden Befragung unterschieden (Vogel, 1995; Meuser & Nagel, 2009). Ersteres wird vornehmlich zu Beginn eines Forschungsprojekts durchgeführt und dient z. B. der Hypothesenformulierung sowie -generierung oder auch der Operationalisierung der Forschungsfragen. Die systematisierende Befragung findet dagegen eher im Verlauf des Forschungsprozesses statt und dient der „Informationsgewinnung, die auf Vergleichbarkeit angelegt ist, d. h. in der der Forschungsgegenstand von verschiedener (Experten-)Seite beleuchtet wird" (Vogel, 1995, S. 74). Dabei sollte darauf geachtet werden, dass in aufeinanderfolgenden Expertenbefragungen im Rahmen eines Projekts, wenn möglich, ein Wechsel der beteiligten Expertinnen und Experten erfolgt, „um eine Zirkularität der Urteile zu vermeiden, indem in verschiedenen Phasen über die eigene Vorarbeit geurteilt wird" (Jenßen et al., 2015, S. 27).

Diesem berechtigten Kritikpunkt konnte im Rahmen des vorliegenden Projekts durch Hinzuziehung von unterschiedlichen Expertinnen und Experten für jede durchgeführte Expertenvalidierung entgegengewirkt werden.[5] In Hinblick auf die Auswahl der insgesamt 14 Expertinnen und Experten ist festzuhalten, dass diese aus den für den vorliegenden Forschungskontext relevanten Bezugsdisziplinen stammten (Deutsch als Zweitsprache, Erziehungswissenschaft und Mathematik[6]) und eine langjährige wissenschaftliche und/oder praxisbezogene Expertise aufweisen konnten. Es wurden sowohl Experteninterviews als auch Expertenratings durchgeführt.

In den nachfolgenden Abschnitten werden – bezugnehmend auf die oben erwähnten theoretischen Aspekte von Inhaltsvalidität und Expertenbefragung – die Durchführung und die Auswertung der Expertenbefragungen sowie die sich daraus ergebende Evidenz für die Inhaltsvalidität im *DaZKom*-Projekt dargestellt.

---

[5] Lediglich eine Expertin / ein Experte nahm an allen drei und ein(e) weitere(r) an zwei Expertenbefragungen teil.

[6] Bei der Entwicklung des *DaZKom*-Testinstruments diente das Unterrichtsfach Mathematik exemplarisch als Bezugsrahmen, weshalb auch hierzu Expertise im Standard-Setting-Verfahren vertreten war.

6.4   Expertenbefragungen im *DaZKom*-Projekt

6.4.1   Expertenbefragung zur Rahmenkonzeption

Als ein erster Schritt wurde im *DaZKom*-Projekt eine Rahmenkonzeption für DaZ-Kompetenz erstellt, die auf der Basis einer Analyse von 60 Curricula deutscher Universitäten und Institutionen generiert wurde. Zu den analysierten Dokumenten zählten u. a. das DaZ-Modul der Mercator-Stiftung (Baur, Becker-Mrotzek, Benholz, Chlosta, Hoffmann, Ralle, Salek-Schwarze, Seipp & Özdil, 2009), das europäische Kerncurriculum für den Zweitsprachenunterricht in der Lehrerbildung (Brandenburger, Bainski, Hochherz & Roth, 2011) sowie die Standardformulierungen für die Kompetenzen von Lehrkräften für Sprach- und Integrationskurse (BAMF, 2007). Weiterhin wurden die folgenden akademischen Curricula untersucht: (1) Vollstudiengänge Deutsch als Fremdsprache bzw. Deutsch als Zweitsprache[7] in der Bundesrepublik Deutschland (Magister- bzw. Bachelor- und Masterstudiengänge), (2) Aufbaustudiengänge bzw. Zusatzqualifikationen für Lehramtsstudierende in der BRD und (3) DaZ-Module innerhalb von lehramtsbezogenen Bachelor- und Masterstudiengängen oder innerhalb von grundständigen Lehramtsstudiengängen in der BRD. Ein zentrales Ergebnis der Dokumentenanalyse stellte die Unterteilung der DaZ-Kompetenz in drei Dimensionen dar: *Fachregister*, *Mehrsprachigkeit* und *Didaktik*. Die so gewonnene inhaltliche Strukturierung von DaZ-Kompetenz spiegelt näherungsweise auch den inhaltlichen Kern des Faches Deutsch als Fremd- und Zweitsprache wider, der die Bereiche Linguistik des Deutschen, Fremd- bzw. Zweitsprachenlehr- und -lernforschung sowie Didaktik und Methodik umfasst.

Die auf der Basis der Dokumentenanalyse erstellte Rahmenkonzeption mit den drei inhaltlichen Bereichen wurde weiter in Subdimensionen unterteilt und durch inhaltliche Facetten beschrieben (siehe Kapitel 4). Das Ziel dieser Expertenbefragung war es, die Rahmenkonzeption nach der Beurteilung der Expertinnen und Experten zu präzisieren, indem ggf. Subdimensionen und Facetten stärker gewichtet, gestrichen oder auch ergänzt wurden, was für die nachfolgende Itemkonstruktion eine relevante Vorarbeit darstellte.

6.4.1.1   Methodisches Vorgehen bei der Expertenbefragung zur Rahmenkonzeption

Die Expertenbefragung wurde im Oktober 2012 mit insgesamt sieben Expertinnen und Experten der größten universitären Standorte für Deutsch als Fremd- und Zweitsprache durchgeführt und verfolgte das Ziel, die Rahmenkonzeption zu validieren. Die Expertinnen und Experten wurden zu diesem Zweck jeweils von zwei Mitgliedern des Projektteams besucht. Die auf etwa zwei Stunden angesetzte Expertenbefragung unterteilte sich in zwei Phasen, in denen sowohl qualitativ-offene als auch standardisierte Daten erhoben wurden. Die erste Phase, das Experteninterview, wurde durch die Einstiegsfrage eingeleitet, welche Bereiche nach Ansicht der befragten Expertinnen und Experten zur DaZ-

---

[7]   Da es zum Zeitpunkt der Dokumentenanalyse (2012) in Deutschland bislang kaum eigenständige Deutsch-als-Zweitsprache-Vollstudiengänge gab, sondern DaZ-Lerngelegenheiten meist in Deutsch-als-Fremdsprache-Vollstudiengängen inbegriffen waren, wurden somit auch eigenständige Deutsch-als-Fremdsprache-Vollstudiengänge in der Analyse berücksichtigt.

Kompetenz angehender Lehrkräfte gehören. Nach diesem etwa halbstündigen Gespräch wurden die sieben Expertinnen und Experten in einer zweiten Phase gebeten anzugeben, für wie wichtig sie die drei inhaltlichen Bereiche *Fachregister*, *Mehrsprachigkeit* und *Didaktik* halten (Globalbewertung). Die Expertinnen und Experten konnten die drei Bereiche entlang einer vierstufigen Likert-Skala von 1 (= sehr wichtig) bis 4 (= unwichtig) bewerten (Abbildung 6.1). In einem zweiten Schritt wurde den Expertinnen und Experten

Abbildung 6.1: Inhaltliche Bereiche der DaZ-Kompetenz

Wie bewerten Sie die folgenden Bereiche in Bezug auf ihre Wichtigkeit für die DaZ-Kompetenz angehender Lehrkräfte für die Sek. I?			
Didaktik/Methodik			
$\Box_1$	$\Box_2$	$\Box_3$	$\Box_4$
(sehr wichtig)	(eher wichtig)	(eher unwichtig)	(unwichtig)
Linguistik			
$\Box_1$	$\Box_2$	$\Box_3$	$\Box_4$
(sehr wichtig)	(eher wichtig)	(eher unwichtig)	(unwichtig)
Dimensionen der Mehrsprachigkeit			
$\Box_1$	$\Box_2$	$\Box_3$	$\Box_4$
(sehr wichtig)	(eher wichtig)	(eher unwichtig)	(unwichtig)

die vorläufige Rahmenkonzeption auf einem A3-Papier vorgelegt, in der jede Dimension und jede Facette durch Merkmale definiert und mit Beispielen veranschaulicht war und auf welchen sie die Wichtigkeit der einzelnen Subdimensionen analog zum ersten Schritt bewerten konnten (Abbildung 6.2). Im dritten Schritt hatten die Expertinnen und Experten die Möglichkeit, die aufgeführten Inhalte als wichtig zu markieren, zu streichen, zu gewichten oder auch neue, ihrer Ansicht nach wichtige Inhalte zu ergänzen. Diese Rückmeldungen wurden handschriftlich durch die Expertinnen und Experten auf der gedruckten Version festgehalten.

6.4.1.2 Ergebnisse der Expertenbefragung zur Rahmenkonzeption

In einem ersten Auswertungsschritt wurden die in der ersten Phase durchgeführten Experteninterviews transkribiert und im Anschluss gesichtet. Die Aussagen der Expertinnen und Experten zur Frage „Was gehört Ihrer Ansicht nach zur DaZ-Kompetenz angehender Lehrkräfte?" wurden tabellarisch festgehalten. Dabei wurden Kommentare der Expertinnen und Experten zu den Bereichen und Subdimensionen aus der Rahmenkonzeption zugeordnet (z. B. Migration/Mehrsprachigkeit zu *Mehrsprachigkeit*, Fachsprache zu *Fachregister*, Umgang mit Fehlern zu *Didaktik* etc.). Darüber hinaus wurden vereinzelt Bereiche genannt, die in der Rahmenkonzeption nicht explizit aufgeführt waren (z. B. Elternarbeit, Haltung der Lehrenden, Kenntnis der Literatur zu DaZ), die aber ebenfalls in die tabellarische Übersicht aufgenommen wurden. Die Bewertung der Wichtigkeit der drei inhaltlichen Bereiche ist in Tabelle 6.1 dargestellt.

Abbildung 6.2: Inhaltliche Bereiche der DaZ-Kompetenz (Teilbereiche)

Didaktik/Methodik	
1. Bitte bewerten Sie die Teilbereiche in Bezug auf ihre Wichtigkeit für die DaZ-Kompetenz angehender Lehrkräfte für die Sek. I auf Grundlage folgender Bewertungsskala: $\square_1$ $\square_2$ $\square_3$ $\square_4$ (sehr wichtig) (eher wichtig) (eher unwichtig) (unwichtig)	
2. Bitte markieren Sie die Ihrer Meinung nach wichtigen Inhalte in Bezug auf die DaZ-Kompetenz angehender Lehrkräfte für die Sek. I in rot und bitte streichen Sie die Ihrer Ansicht nach unwichtigen Inhalte.	
Grundlagen der Zweitsprachendidaktik $\square_1\ \square_2\ \square_3\ \square_4$	- Theorien, Methoden und Konzepte der Methodik/ Didaktik des zweisprachlichen Unterrichts - aktuelle, zukunftsweisende Tendenzen und Konzepte z.B. Mehrsprachigkeitsdidaktik
Übergang Lingustik → Didaktik $\square_1\ \square_2\ \square_3\ \square_4$	- linguistische Teilgebiete unter didaktischer Perspektive - Beschreibung eines linguistishcen Gegenstandsbereichs und seines Erwerbs und die didaktische Planung und Umsetzung von Förderinterventionen - Grundbegriffe der deutschen Grammatik sowie deren Vermittlung im Unterricht
Wortschatzvermittlung $\square_1\ \square_2\ \square_3\ \square_4$	- Wortschatzerwerb und -vermittlung - Vermittlungsprobleme der Wortschatzarbeit

Tabelle 6.1: Globalbewertung der drei inhaltlichen Bereiche

	N	M	SD
Fachregister	7	1.71	0.49
Mehrsprachigkeit	7	1.71	0.76
Didaktik/Methodik	7	1.00	0.00

Die Expertenbefragung bestätigte die Relevanz von DaZ-Kompetenz im Allgemeinen sowie die Relevanz der drei inhaltlichen Bereiche im Besonderen (*Fachregister*: $M = 1.71$, $SD = 0.48$; *Mehrsprachigkeit*: $M = 1.71$, $SD = 0.76$; *Didaktik*: $M = 1.00$, $SD = 0.00$) und lieferte die Grundlage zu ihrer Ausdifferenzierung. Die Bewertung der einzelnen Subdimensionen entlang einer vierstufigen Likert-Skala (1 = sehr wichtig bis 4 = unwichtig) ist in den nachfolgenden Tabellen 6.2 bis 6.4 zusammengetragen.

Tabelle 6.2: Deskriptive Statistik zum Teilbereich *Fachregister*

Subdimensionen	N	M	SD
Phonetik/Phonologie	7	3.29	0.48
Morphologie	7	1.29	0.76
Syntax	7	1.29	0.76
Semantik	7	1.43	0.54
Pragmatik	7	1.57	0.79
Textlinguistik	7	1.57	0.98
Mündlichkeit/Schriftlichkeit	7	1.14	0.38
Fachsprachenlinguistik	7	2.29	1.11
Soziolinguistik	7	2.86	1.07
Konstrastive Linguistik	6	2.33	0.52
Kontrastsprache	6	2.50	0.55
Interkulturelle Kommunikation	7	2.00	0.82
Globalbewertung	7	1.71	0.49

Tabelle 6.3: Deskriptive Statistik zum Teilbereich *Mehrsprachigkeit*

Subdimensionen	N	M	SD
Zweitspracherwerb	7	1.14	0.38
Individuelle Faktoren	5	2.00	0.71
Literacy	7	1.29	0.49
Migration und Mehrsprachigkeit	7	1.43	0.79
Globalbewertung	7	1.71	0.76

Die angeführten deskriptiven Kennwerte zeigen, wie über alle Expertinnen und Experten hinweg die einzelnen Subdimensionen bewertet wurden. So zeigt die Auswertung, dass beispielsweise die Subdimension *Phonetik / Phonologie* (Dimension *Fachregister*)

Tabelle 6.4: Deskriptive Statistik zum Teilbereich *Didaktik*

Subdimensionen	N	M	SD
Grundlagen Zweitsprachendidaktik	7	1.14	0.38
Übergang Linguistik-Didaktik	5	2.80	1.30
Wortschatzvermittlung	6	1.00	0.00
Fertigkeiten	6	2.33	1.37
Umgang mit Fehlern	7	1.71	1.11
Sprache und Kommunikation im Fachunterricht	7	1.00	0.00
Lehr- und Lernprozesse	7	1.14	0.38
Unterrichtsplanung, -gestaltung, -evaluation	7	1.43	1.13
Didaktisierung von Unterrichtsmaterial	6	1.17	0.41
Interkulturelle Didaktik	6	2.17	0.75
Sprachstandsdiagnostik	6	1.17	0.41
Praxis	6	1.50	0.55
Globalbewertung	7	1.00	0.00

im Durchschnitt mit $M = 3.29$ bewertet wurde und somit zwischen den Ausprägungen „eher unwichtig" und „unwichtig" liegt. Hingegen wurde die Subdimension *Sprache und Kommunikation im Fachunterricht* (Dimension *Didaktik / Methodik*) durchweg als „sehr wichtig" (1) bewertet. Zudem wurde ein *Cut-off-Point* festgelegt, mit dem alle Subdimensionen, deren Bewertung über dem theoretischen Skalenmittelwert von $M = 2.5$ lagen, aus der Rahmenkonzeption gestrichen wurden, was jedoch lediglich vier Subdimensionen betrifft (Jenßen et al., 2015).

Der letzte Auswertungsschritt bezog sich auf die handschriftlich festgehaltenen Notizen der Expertinnen und Experten auf der gedruckten Rahmenkonzeption. Es wurden Tabellen angelegt, die die wichtigsten Anmerkungen, Markierungen, Streichungen sowie Ergänzungen und Beispiele der Expertinnen und Experten umfassen. Für die Auswertung wurde festgelegt, dass nach dem *Kriterium der Mehrheit* entschieden wird, ob ein Inhalt in die präzisierte Rahmenkonzeption übernommen wird bzw. ob für diese Subdimension Items entwickelt werden. Mit dem *Kriterium der Mehrheit* ist gemeint, dass eine Subdimension übernommen wurde, wenn vier von sieben Expertinnen und Experten diese als wichtig erachtet haben. Allerdings wurde zusätzlich die qualitative Fachperspektive hinzugezogen, um über die Wichtigkeit einer Subdimension / Facette zu entscheiden und ggfs. von der Regel abzuweichen.

Auf Basis der Dokumentenanalyse und der Ergebnisse der Expertenbefragung wurden die Rahmenkonzeption schließlich präzisiert und die inhaltlichen Bereiche als

Kompetenz-Dimensionen im nachfolgenden Projektverlauf modelliert (vgl. Kapitel 7 in diesem Band).

6.4.2 Expertenbefragung zur Repräsentativität und Relevanz entwickelter Items

Nach der Generierung des theoretischen Kompetenzmodells (vgl. Kapitel 4) und der Entwicklung von dazu passenden Testitems (vgl. Kapitel 5) wurde zwischen Dezember 2013 und Februar 2014 ein Expertenrating durchgeführt, mit dem Ziel, entwickelte Items hinsichtlich ihrer Relevanz und Repräsentativität für die eruierten Dimensionen und Kompetenzstufen beurteilen zu lassen.

6.4.2.1 Methodisches Vorgehen bei der Expertenbefragung

Die entwickelten Items wurden hinsichtlich ihrer Passung zum Kompetenzmodell sowie ihrer Relevanz und Repräsentativität gegenüber dem abgebildeten Konstrukt von sechs universitären Expertinnen und Experten der Fächer Deutsch als Zweitsprache, Mathematik und Erziehungswissenschaft beurteilt (Hartig et al., 2012; Kane, 2001). Im Vorfeld der Befragung erhielten alle Expertinnen und Experten das Kompetenzmodell samt Leseanweisung per Mail zugeschickt.

Die Expertinnen und Experten sollten zum einen jedes Item den Dimensionen, Subdimensionen und Stufen des Kompetenzmodells, das ihnen in gedruckter Version vorlag, zuordnen. Zum anderen sollten sie seine Relevanz für die Lehrerausbildung sowie seine Repräsentativität für den Kompetenzbereich entlang einer vierstufigen Likert-Skala (1 = überhaupt nicht relevant / repräsentativ bis 4 = sehr relevant / repräsentativ) auf einem Ratingbogen bewerten. Die sechs Expertinnen und Experten wurden dabei in zwei „Gruppen" aufgeteilt, die je neun Items aus dem gesamten Itempool erhielten. Außerdem bestand die Möglichkeit, jedes Item zu kommentieren und auch einen Einblick in die Kodieranweisungen der Items zu erhalten. Die Expertinnen und Experten wurden jeweils von einer Projektmitarbeiterin besucht; veranschlagt waren drei Zeitstunden[8], um sich mit der Zuordnung und Beurteilung der Items zu befassen. Im Anschluss wurde gemeinsam mit den Expertinnen und Experten überprüft, ob alle Items einsortiert und bewertet wurden.

6.4.2.2 Ergebnisse der Expertenbefragung

Die Analyse der Inhaltsvalidierung erfolgte sowohl quantitativ als auch qualitativ. Im Rahmen der quantitativen Auswertung wurden die Mittelwerte, Standardabweichungen und Raterübereinstimmungen der Zuordnungen berechnet. Die Kommentare und Anmerkungen der Expertinnen und Experten zu dem gesamten Kompetenzmodell oder zu einzelnen Items, die während des Ratings digital aufgezeichnet und anschließend transkribiert worden waren, wurden anschließend qualitativ ausgewertet. Die Raterübereinstimmung hinsichtlich der Einsortierung der Items in das Kompetenzmodell betrug $P = 63\%$, mit einem noch akzeptablen Cohens Kappa von $\kappa = 0.43$ (Wirtz & Caspar, 2002).

---

[8] Für den dreistündigen Termin erhielten die Expertinnen und Experten eine finanzielle Aufwandsentschädigung.

Tabelle 6.5 enthält deskriptive Statistiken zu der Relevanz und Repräsentativität der Items. Der Mittelwert zur Bewertung der Relevanz betrug $M = 3.52$ ($SD = 0.46$) mit einem Minimum von 1.92. Der Mittelwert zur Bewertung der Repräsentativität betrug $M = 3.31$ ($SD = 0.67$) mit einem Minimum von 1.67. Daraus lässt sich ablesen, dass die Items insgesamt mit den Werten 3 = eher relevant / repräsentativ und 4 = sehr relevant / repräsentativ bewertet wurden. Die Minimalwerte zeigen entsprechend, dass kein Item mit 1 = überhaupt nicht relevant / repräsentativ bewertet wurde. Die Rater stimmten zudem zu $P = 47\%$ bei der Einschätzung der Relevanz und zu $P = 39\%$ bei der Repräsentativität überein. Die Ergebnisse des Expertenratings hinsichtlich der Einsortierung, Rele-

Tabelle 6.5: Deskriptive Kennwerte zur Relevanz und Repräsentativität

	Relevanz	Repräsentativität
M	3.51	3.31
SD	0.46	0.67
Min	1.91	1.67
Max	4.00	4.00
Raterübereinstimmung in %	47	39

vanz und Repräsentativität der Items bestätigten eine Passung des Testinstruments zum entwickelten Kompetenzmodell (Koeppen, Hartig, Klieme & Leutner, 2008). Die Raterübereinstimmung der Zuordnung zu den Dimensionen (63 %), der Relevanz (47 %) und Repräsentativität (39 %) der einzelnen Testitems ist mittelhoch bis hoch. Die etwas unterschiedliche Einschätzung der Expertinnen und Experten ist vermutlich auf die fachliche Ausrichtung der Rater zurückzuführen.

6.4.3 Standard-Setting-Verfahren durch Expertinnen und Experten

Um Standards und qualitative Stufen von DaZ-Kompetenz bei angehenden Lehrkräften nicht nur theoretisch zu modellieren, sondern auch empirisch bestimmen zu können, wurden im Projekt Standard-Setting-Verfahren durchgeführt.[9] In einem ersten Standard-Setting wurden qualitative Stufen auf Basis einer dichotomen Antwortauswertung der Normierungsstichprobe des Projektes ($N = 496$) vorgenommen (siehe hierfür: Gültekin-Karakoç, Köker, Hirsch, Ehmke, Hammer, Koch-Priewe & Ohm, 2016). Im Folgenden soll das zweite Standard-Setting-Verfahren beschrieben werden, das auf einer Stichprobe von $N = 1383$ Studierenden aller Fächer und Schulformen basiert. Zudem unterliegen die Daten einer Partial-Credit-Codierung, die auch teilweise richtige Antworten berücksichtigt und die eine detailliertere Kompetenzmessung ermöglicht. Die Beantwortung der Forschungsfrage, welche qualitativen Stufen von DaZ-Kompetenz sich aus der Sicht akademischer Expertinnen und Experten unterscheiden lassen, kann somit präziser erfolgen.

---

[9] Die folgenden Textpassagen gehen auf den Beitrag von Gültekin-Karakoç et al. (2016) zurück, wobei sich die vorliegende Fassung auf eine geänderte Datenstichprobe bezieht (größere Stichprobe, neue Expertinnen und Experten).

Im Folgenden wird zunächst das Standard-Setting nach der Bookmark-Methode vorgestellt und dessen Durchführung im Rahmen des *DaZKom*-Projektes beschrieben. Im Anschluss werden die daraus resultierenden Ergebnisse präsentiert.

6.4.3.1 Zielsetzung des Standard-Setting-Verfahrens

Das Standard-Setting kann als „the proper following of a prescribed, rational system of rules or procedures resulting in the assignment of a number to differentiate between two or more states or degrees of performance" (Cizek, 1993, S. 100; Cizek, Bunch & Koons, 2004, S. 32) definiert werden. Anwendung findet dieses Verfahren etwa in der Kompetenzdiagnostik der Bildungsstandards (Freunberger & Yanagida, 2012; Pant, Tiffin-Richards & Köller, 2010). Ziel des Standard-Settings ist „die Unterteilung einer kontinuierlichen Kompetenzskala in mehrere diskrete Kompetenzstufen, um Personen klar hinsichtlich erworbener Kompetenzen klassifizieren und beschreiben zu können" (Freunberger & Yanagida, 2012, S. 396). Hierfür ist es erforderlich, sog. Cut-Scores (Grenzen) zu setzen (Cizek & Bunch, 2007, Freunberger & Yanagida, 2012). Dieser „komplexe Entscheidungsprozess" wird mit einer ausgewählten Expertengruppe unter Verwendung einer Standard-Setting-Methode durchgeführt (Freunberger & Yanagida, 2012; Cizek & Bunch, 2007).[10] Die Bookmark-Methode ist die am häufigsten eingesetzte Methode in Standard-Settings (Karantonis & Sireci, 2006; Cizek & Bunch, 2007). Bei dieser Methode werden den Expertinnen und Experten ausgewählte Items in dem sogenannten Ordered-Item-Booklet (OIB) vorgegeben (Cizek & Bunch, 2007). Das OIB bezeichnet ein Testheft, in dem die Testaufgaben nach der empirisch ermittelten Schwierigkeit angeordnet sind.

6.4.3.2 Methodisches Vorgehen beim Standard-Setting-Verfahren

Als Expertinnen und Experten wurden acht Fachleute aus den Bereichen Deutsch als Zweitsprache und/oder Mathematik aus Schule und/oder Hochschule hinzugezogen. Da auch in der Projektgruppe DaZ-Expertise vorhanden ist, wurde beschlossen, diese Expertise für das Standard-Setting zu nutzen. Die mit dem *DaZKom*-Test erhobene DaZ-Kompetenz kann zunächst auf einer kontinuierlichen Kompetenzskala betrachtet werden, indem je nach Anzahl der von den getesteten Studierenden korrekt bzw. teilweise korrekt beantworteten Items lediglich eine Unterscheidung zwischen niedriger und hoher DaZ-Kompetenz getroffen wird (Freunberger & Yanagida, 2012). Um jedoch eine Eingruppierung der Ergebnisse der befragten Studierenden in diskrete Standardstufen vornehmen zu können, müssen Cut-Scores gesetzt werden, mit denen festgelegt wird, „wo sich jeweils Übergänge zwischen Aufgabengruppen befinden, die abgrenzbare Anforderungen beinhalten und für deren sichere Lösung aufsteigende kognitive Leistungen notwendig sind" (Pant, Böhme & Köller, 2012, S. 53). Im Rahmen des hier beschriebenen Standard-Setting-Verfahrens wurde somit das Ziel verfolgt, die Kompetenz im Bereich Deutsch als Zweitsprache durch Festlegung von zwei Cut-Scores zu definieren, so dass drei Stufen entstehen: unter Mindeststandard, Mindeststandard und Regelstandard. Hier-

---

[10] Neben der Bookmark-Methode, die im hier vorgestellten Projekt ausgewählt wurde, ist eine weitere gängige Standard-Setting-Methode die sog. Angoff-Methode (für nähere Ausführungen zu verschiedenen Methoden vgl. Cizek, Bunch & Koons, 2004; Freuenberger & Yanagida, 2012).

für wurde ein OIB mit 25 Aufgaben, d. h. etwa der Hälfte der Items aus dem gesamten Schwierigkeitsspektrum des Originaltests zusammengestellt. Zusammen mit dem OIB erhielten die Expertinnen und Experten vorab Informationen zum Vorgehen (Instruktion), die Codieranweisung für die Items sowie einen Zeit- bzw. Ablaufplan. Sie wurden gebeten, bereits vor dem eigentlichen Treffen zwei Grenzen zu setzen; zu diesem Zweck erhielten sie folgende Instruktion:

> *Bitte fragen Sie sich bei jedem Item „Sollte ein Lehramtsstudierender am Ende seines Studiums das Item in Bezug auf die schulischen Anforderungen richtig beantworten können?" Mit dieser Frage bewerten Sie, was ein Lehramtsstudierender am Ende seines Studiums mindestens können sollte (Mindeststandard).*
> *Kommen Sie dann zu einem Item, bei dem Sie diese Frage nicht bejahen können, setzen Sie bei diesem Item die erste Grenze. Für die Festlegung der zweiten Grenze fragen Sie sich bitte, ab welchem Item die Beantwortung über die Anforderungen, die man durchschnittlich von Lehramtsstudierenden am Ende des Studiums erwarten würde, hinausgeht (Regelstandard).*

Am Tag des Standard-Settings wurden die Ergebnisse der vorab von den Expertinnen und Experten einzeln gesetzten Cut-Scores vorgestellt und diskutiert. Danach erhielten die Expertinnen und Experten erneut das OIB und eine Instruktion für das weitere Vorgehen, um – wiederum einzeln – neue Bookmarks zu setzen. Die Ergebnisse dieser zweiten Runde wurden vor Ort ausgewertet, präsentiert und diskutiert. Die von den Expertinnen und Experten gesetzten Grenzen lagen schon in der Vorab-Einschätzung nah beieinander und führten nach insgesamt drei Diskussionsrunden zu einer Übereinstimmung. In der letzten Diskussionsrunde konnten endgültige Cut-Scores festgelegt werden.

6.4.3.3 Ergebnisse des Standard-Setting-Verfahrens

Nach Abschluss des Verfahrens mit den oben beschriebenen Ratingphasen und der jeweils anschließenden Diskussion konnten schließlich folgende drei Standardstufen (unter Mindeststandard, Mindeststandard, Regelstandard) bestimmt und auf der Grundlage der Itemanforderungen inhaltlich bzw. kriterial charakterisiert werden (Tabelle 6.6).

91.3 % der Studierenden aus der Stichprobe ($N = 1383$) sind auf der Stufe *Unter Mindeststandard* einzuordnen, d. h., sie verfügen nicht über das notwendige Mindestniveau an DaZ-Kompetenz, das erwarten lassen würde, das Personen lernförderlich auf Schülerinnen und Schüler einwirken können. Für sie wurde hier die Bezeichnung *Studierende mit unspezifischem Ansatz zu DaZ* gewählt. Eine Aufgabe, die nach den empirisch ermittelten Itemschwierigkeiten dieser Stufe zugeordnet werden kann, ist das in Abbildung 6.3 dargestellte Item *DaVinci*.

Bei diesem Item handelt es sich um einen geschlossene Aufgabe, in der die Antwortkategorie „Imperative" vorgegeben ist und zusätzlich eine Erklärung zum Imperativ gegeben wird. Für die Lösung dieses Items sind also keine fachspezifischen Kenntnisse vonnöten. Zudem ist davon auszugehen, dass bei Studierenden grundsätzlich linguistisches Basiswissen vorhanden ist und der Begriff des Imperativs als Teil des Allgemeinwissen bzw. Alltagswissens von Personen mit Hochschulzugangsberechtigung angesehen werden kann.

Tabelle 6.6: Stufen der DaZ-Kompetenz

Standardstufen	Prozentangaben/ Bezeichnung	Beschreibung
Regelstandard	1.5 % *informierte Studierende*	z. B. kennt Sprachförderelemente, kann Unterrichtsinteraktionen, Schülerproduktionen, Lehr- und Lernmaterial analysieren.
Mindeststandard	7.5 % *Studierende, die sensibilisiert sind*	z. B. kennt den Zusammenhang zwischen sprachlichem und fachlichem Lernen, hat selektive DaZ-Kenntnisse, hat erste Ideen zu DaZ-Förderung.
Unter Mindeststandard	91.3 % *unspezifischer Ansatz*	z. B. realisiert unspezifisch die Rolle der Sprache beim Lernen, hat linguistisches Basiswissen, realisiert Unterscheidung zwischen mündlicher und schriftlicher Sprache.

Abbildung 6.3: Beispielitem *DaVinci*, Kompetenzstufe: *Unter Mindeststandard*

DaVinci

Folgende Aufgabe möchten Sie in der nächsten Unterrichtsstunde einsetzen:

Leonardo da Vinci (1452-1519) beschreibt die idealen Maße eines Menschen so:

„Die gesamte Hand entspricht einem Zehntel der Körpergröße. Der Fuß macht den siebten Teil der Größe eines Menschen aus. Vom Kinn bis zum Scheitel ist es ein Achtel. Die Entfernung von der Kinnspitze bis zur Nase und vom Haaransatz zu den Augenbrauen ist immer die gleiche und entspricht, wie das Ohr, einem Drittel des Gesichts."

Miss deine Körpergröße. Wie lang müssten deine Hände, deine Füße, dein Gesicht oder deine Ohren nach da Vinci sein?

1. Welche sprachlichen Elemente erkennen Sie in der Aufgabe? *Kreuzen Sie die richtige Antwort an und nennen Sie gegebenenfalls ein Beispiel aus dem Text.*

	Ja *Wenn ja, welche? Nennen Sie jeweils ein Beispiel*	Nein
Imperative (Aufforderungsverben)	☐	☐

Ein Anteil von 7,5 % der befragten Studierenden in der Stichprobe erreicht den *Mindeststandard* und kann als *DaZ-sensibilisiert* gelten. Die Studierenden auf dieser Stufe verfügen über das notwendige Mindestniveau an DaZ-Kompetenz, um eine sprachliche Benachteiligung von mehrsprachigen Schülerinnen und Schülern im Fachunterricht zu erkennen und auf diese didaktisch eingeschränkt zu reagieren. Eine an der Grenze zum *Mindeststandard* zugeordnete Aufgabe liegt mit dem Item *Herkunftssprache* vor (Abbildung 6.4).

Abbildung 6.4: Beispielitem *Herkunftssprache*, Kompetenzstufe: *Mindeststandard*

Herkunftssprache

An der Gemeinschaftsschule, an der Sie Mathematik unterrichten, gibt es viele SchülerInnen mit Migrationshintergrund. Allein in Ihrer Klasse sind sechs verschiedene Herkunftssprachen vertreten; darunter sind Türkisch und Arabisch die am häufigsten gesprochenen Erstsprachen. Vor allem in den Pausen, aber auch gelegentlich innerhalb des Unterrichts während der Gruppenarbeitsphasen, wechseln die Lernenden in ihre Herkunftssprachen, um mit MitschülerInnen der gleichen Herkunftssprache zu kommunizieren.

3. Sie beobachten, wie viele der DaZ-Lernenden während der Kommunikation untereinander das Deutsche mit ihrer Herkunftssprache mischen, indem sie innerhalb eines Satzes die Sprache wechseln. Wie ist dieser „Sprachwechsel" zu verstehen? *Kreuzen Sie in jeder Zeile an.*

Ja   Nein

☐   ☐   Die Lernenden beherrschen ihre Herkunftsspra-
                         che meistens besser und wechseln daher unbe-
                         wusst in ihre Herkunftssprache.

Abbildung 6.5: Beispielitem *Regelstandard*, Kompetenzstufe: *Regelstandard*

Kamila und Ivan

Sie beobachten zwei Ihrer Lernenden aus der 7. Klasse einer Realschule und machen folgende Feststellung:

Kamila kommt aus Polen und ist seit neun Monaten in Deutschland. Obwohl sie zweimal wöchentlich Förderung in Deutsch als Zweitsprache bekommt, macht sie immer noch Äußerungen wie „Gestern ich nicht machen Hausaufgaben", schreibt aber zu Mathematikaufgaben Antwortsätze wie „Herr Jens bekommt nach 3 Jahren €530 Zinsen".

Ihr Mitschüler Ivan, der in Deutschland aufgewachsen ist und einen ukrainischen Migrationshintergrund hat, kann anscheinend fehlerlos Deutsch sprechen. Er schreibt hingegen Antwortsätze wie „Der Zinssatz ist das ein Kunde kriegt sind 5,7%".

Warum formuliert Kamila immer noch mündliche Äußerungen in dieser Form, jedoch im Schriftlichen bereits korrekte Grammatik? *Geben Sie mindestens zwei mögliche Gründe an.*

Etwa 1,5 % der Lehramtsstudierenden erreichen die Stufe *Regelstandard*, hier als *über DaZ informierte Studierende bezeichnet*. Sie können Unterrichtsinteraktionen, Schülertexte und Materialien im Fachunterricht analysieren und kennen entsprechend sprachfördernde Elemente. Eine Beispielaufgabe für diese Stufe ist das Item *Kamila und Ivan* (Abbildung 6.5). Die hohe Itemschwierigkeit bei dieser Beispielaufgabe kann zunächst auf das offene Aufgabenformat zurückgeführt werden. Darüber hinaus wird hier spezifisches Fachwissen gefordert, dass die Differenzierung von Mündlichkeit und Schriftlichkeit auf verschiedenen Ebenen der Sprachverwendung fordert.

6.5   Zusammenfassung und Diskussion

Das theoretische Modell bildet die ideale Professionsentwicklung von Fachlehrkräften bezüglich ihrer DaZ-Kompetenz ab und beantwortet die Frage: Was sollten Lehrerinnen und Lehrer können, um ihre Schülerinnen und Schüler hinsichtlich der bildungssprachlichen Anforderungen angemessen zu unterstützen und zu fördern? Zur Annäherung an diese Forschungsfrage wurden im Verlauf des Projekts in unterschiedlichen Arbeitsphasen Befragungen von Expertinnen und Experten durchgeführt. So wurde zu Beginn des Projekts eine Befragung mit dem Ziel durchgeführt die entwickelte Rahmenkonzeption, die Operationalisierung und damit die Inhaltsvalidität des Konstrukts zu überprüfen, an der sich die Entwicklung des Kompetenzmodell orientiert hat. „Die Einbindung von Experten in die Modellbildung kann bereits die inhaltliche Validität des Modells erhöhen, was sich positiv auf die Inhaltsvalidität des Tests auswirken sollte" (Jenßen et al., 2015, S. 26). Die in der Rahmenkonzeption abgebildeten Dimensionen, Subdimensionen und inhaltlichen Facetten wurden einer Gruppe von Expertinnen und Experten vorgelegt. Das Ergebnis bestätigte die Relevanz von DaZ-Kompetenz im Allgemeinen sowie die Relevanz der drei inhaltlichen Bereiche im Besonderen. So lagen die Bewertungen der drei Dimensionen über alle Expertinnen und Experten hinweg zwischen „sehr wichtig" und „wichtig".

Nach der ersten Phase der Itemkonstruktion für den DaZ-Kompetenztest, in der es um die zu vergleichenden Beurteilungen der beteiligten Expertinnen und Experten hinsichtlich der Einordnung der Items in das generierte Kompetenzmodell ging, wurden erneut Expertinnen und Experten hinzugezogen. Geprüft wurde, inwieweit durch die auf Basis der Rahmenkonzeption entwickelten Testitems für den DaZ-Kompetenztest das Konstrukt „DaZ-Kompetenz" repräsentativ und umfassend abdecken. In einem Rating mit Expertinnen und Experten konnte dazu sichergestellt werden, dass die inhaltlichen Teilbereiche des DaZ-Tests als „sehr relevant" und die Items als „repräsentativ" und die darin erfasste Kompetenz als „sehr relevant" eingeschätzt wurden (Köker et al., 2015). Die Ergebnisse beider Expertenratings lassen auf eine hohe Relevanz der Modellierung von DaZ-Lehrerkompetenzen schließen. Auch die Zuordnung der Items in inhaltliche Dimensionen und ihre Ausdifferenzierung wurden überwiegend bestätigt.

In der Abschlussphase des Projekts wurde ein Standard-Setting mit dem Ziel durchgeführt, qualitative Stufen von DaZ-Kompetenz zu identifizieren. Das Ergebnis dieses Standard-Settings war die kriteriale Charakterisierung von drei Standardstufen, die durch gesetzte Cut-Scores in der Gruppe der Expertinnen und Experten unter Einbezug der empirisch ermittelten Itemschwierigkeiten festgelegt wurden. Neben der Festlegung von Grenzen, die „per se einen bewertenden Vorgang" (Pant et al., 2012, S. 53) darstellt, wurde davon ausgehend in einem nächsten wichtigen Schritt eine inhaltliche Beschreibung für jede Kompetenzstufe formuliert, um transparent zu machen, welche konkreten Kompetenzen auf der jeweiligen Stufe von den angehenden Lehrkräften erwartet werden (können).

Eine Einbindung von Expertinnen und Experten zu Beginn wie auch in weiteren wichtigen Phasen des Projekts war überaus bedeutsam und handlungsleitend für die darauf aufbauenden Arbeitsschritte mit dem Ziel der Testkonstruktion für den Bereich DaZ-Kompetenz bei angehenden Lehrkräften. Mit den qualitativen und quantitativen Expertenbefragungen konnte inhaltliche Validität für die Operationalisierung des Konstrukts

„DaZ-Kompetenz bei angehenden Lehrkräften" sowie für die entwickelten Items des *DaZKom*-Tests sichergestellt werden. Ebenso wurden unter Beteiligung von Expertinnen und Experten Standardstufen definiert, die es ermöglichen, eine Eingruppierung von angehenden Lehrkräften in drei DaZ-Kompetenzstufen vorzunehmen.

6.6   Literatur

BAMF – Bundesamt für Migration und Flüchtlinge (2007). *Konzeption für die Zusatzqualifizierung von Lehrkräften im Bereich Deutsch als Zweitsprache*. Verfügbar unter: http://www.bamf.de/ SharedDocs/Anlagen/DE/Downloads/Infothek/Integrationskurse/Lehrkraefte/konzeption-fuer-die-zusatzqualifikation-von-lehrkraeften-pdf.pdf?__blob=publicationFile [25.02.2016].

Baur, R., Becker-Mrotzek, M., Benholz, C., Chlosta, C., Hoffmann, L., Ralle, B., Salek-Schwarze, A., Seipp, B. & Özdil, E. (2009). *Modul „Deutsch als Zweitsprache" (DaZ) im Rahmen der neuen Lehrerausbildung in Nordrhein-Westfalen. Stiftung Mercator*. Verfügbar unter: http://www. mercator-institut-sprachfoerderung.de/fileadmin/user_upload/DaZ_Modul_03.pdf [25.02.2016].

Blömeke, S., Suhl, U., Kaiser, G., Felbrich, A. & Schmotz, C. (2010). Lerngelegenheiten und Kompetenzerwerb angehender Mathematiklehrkräfte im internationalen Vergleich. *Unterrichtswissenschaft*, 38 (1), 29–50.

Bogner, A. & Menz, W. (2005). Expertenwissen und Forschungspraxis: die modernisierungstheoretische und die methodische Debatte um die Experten. Zur Einführung in ein unübersichtliches Problemfeld. In A. Bogner, B. Littig & W. Menz, (Hrsg.), *Das Experteninterview: Theorie, Methode, Anwendung* (S. 7–30). Wiesbaden: VS Verlag.

Bortz, J. & Döring, N. (2006). *Forschungsmethoden und Evaluation für Human- und Sozialwissenschaftler* (4. neu bearbeitete Aufl.). Heidelberg: Springer.

Brandenburger, A., Bainski, C., Hochherz, W. & Roth, H.-J. (2011). *EUCIM-TE – Adaption des europäischen Kerncurriculums für inklusive Förderung der Bildungssprache Nordrhein-Westfalen (NRW), Bundesrepublik Deutschland*. Verfügbar unter: http://www.eucim-te.eu/data/eso27/File/ Material/NRW.\%20Adaptation.pdf [25.02.2016].

Brosius, H.-B., Koschel, F. & Haas, A. (2008). *Methoden der empirischen Kommunikationsforschung. Eine Einführung* (4. neu bearbeitete Aufl.). Wiesbaden: VS.

Bühner, M. (2006). *Einführung in die Test- und Fragebogenkonstruktion* (2. neu bearbeitete Aufl.). München u. a.: Pearson Studium.

Cizek, G. J. (1993). Reconsidering standards and criteria. *Journal of Educational Measurement*, 30 (2), 93–106.

Cizek, G. J. & Bunch, M.B. (2007). *Standard Setting. A guide to establishing and evaluating performance standards on tests*. London: Sage.

Cizek, G. J., Bunch, M. B. & Koons, H. H. (2004). Setting performance standards: Contemporary methods. *Educational Measurement: Issues and Practice* 23 (4), 31–50.

Deeke, A. (1995). Experteninterviews – ein methodologisches und forschungspraktisches Problem. In C. Brinkmann, A. Deeke, & B. Völkel (Hrsg.), *Experteninterviews in der Arbeitsmarktforschung. Diskussionsbeiträge zu methodische Fragen und praktischen Erfahrungen. Beiträge zur Arbeitsmarkt- und Berufsforschung 191* (S. 7–22). Nürnberg: IAB.

Flick, U., Kardorff, E. & von Steinke, I. (2015). *Qualitative Forschung: ein Handbuch* (11. neu bearbeitete Aufl.). Reinbek bei Hamburg: Rowohlt.

Freunberger, R. & Yanagida, T. (2012). Kompetenzdiagnostik in Österreich: Der Prozess des Standard-Settings. *Psychologie in Österreich*, 23 (5), 396–403.

Gültekin-Karakoç, N., Köker, A., Hirsch, D., Ehmke, T., Hammer, S., Koch-Priewe, B. & Ohm, U. (2016). Bestimmung von Standards und Stufen der Kompetenz angehender Lehrerinnen und Lehrer aller Fächer im Bereich Deutsch als Zweitsprache (DaZ). In B. Koch-Priewe & M. Krüger-Potratz (Hrsg.). Qualifizierung für sprachliche Bildung. Programme und Projekte zur Professionalisierung von Lehrkräften und pädagogischen Fachkräften, *Die Deutsche Schule*, Beiheft 13, 130–146.

Hammer, S., Carlson, S. A., Ehmke, T., Koch-Priewe, B., Köker, A., Ohm, U., Rosenbrock, S. & Schulze, N. (2015). Kompetenz von Lehramtsstudierenden in Deutsch als Zweitsprache: Validierung des GSL-Testinstruments. *Zeitschrift für Pädagogik*, Beiheft 61, 32–54.

Hartig, J., Frey, A. & Jude, N. (2012). Validität. In H. Moosbrugger & A. Kelava (Hrsg.), *Testtheorie und Fragebogenkonstruktion* (S. 143–171). Berlin: Springer.

Jenßen, L., Dunekacke, S. & Blömeke, S. (2015). Qualitätssicherung in der Kompetenzforschung. Empfehlungen für den Nachweis von Validität in Textentwicklung und Veröffentlichungspraxis. *Zeitschrift für Pädagogik*, Beiheft 61, 11–31.

Kane, M. T. (2001). Current concerns in validity theory. *Journal of Educational Measurement*, 38 (4), 319–342.

Karantonis, A. & Sireci, S. G. (2006). The bookmark standard setting method: A literature review. *Educational Measurement: Issues and Practice*, 25 (1), 4–12.

Kassner, K. & Wassermann, P. (2005). Nicht überall, wo Methode draufsteht, ist auch Methode drin. Zur Problematik der Fundierung von ExpertInneninterviews. In A. Bogner, B. Littig, & W. Menz (Hrsg.), *Das Experteninterview: Theorie, Methode, Anwendung* (S. 95–111). Wiesbaden: VS Verlag.

Köker, A., Rosenbrock, S., Ohm, U., Ehmke, T., Hammer, S., Koch-Priewe, B. & Schulze, N. (2015). DaZKom - Ein Modell von Lehrerkompetenz im Bereich Deutsch als Zweitsprache. In B. Koch-Priewe, A., Köker, J., Seifried & E. Wuttke (Hrsg.), *Kompetenzerwerb an Hochschulen: Modellierung und Messung. Zur Professionalisierung angehender Lehrerinnen und Lehrer sowie frühpädagogischer Fachkräfte* (S. 177–205). Bad Heilbrunn: Klinkhardt.

Koeppen, K., Hartig, J., Klieme, E. & Leutner, D. (2008). Current issues in competence modeling and assessment. *Journal of Psychology*, 216 (2), 61–73.

LABG – Lehrerausbildungsgesetz (2009). *Gesetz über die Ausbildung für Lehrämter an öffentlichen Schulen*. Verfügbar unter: https://www.schulministerium.nrw.de/docs/Recht/LAusbildung/LABG/LABGNeu.pdf [25.02.2016].

Lenz, A. (2012). Anwendungsbeitrag: Experteninterviews in der Fremdsprachenforschung: Anwendungsspezifische Planung, Durchführung und Auswertung. In S. Doff (Hrsg.), *Fremdsprachenunterricht empirisch erforschen. Grundlagen – Methoden – Anwendung* (S. 232–246). Tübingen: Narr Francke Attempto.

Meuser, M. & Nagel, U. (1991). ExpertInneninterviews – vielfach erprobt, wenig bedacht: ein Beitrag zur qualitativen Methodendiskussion. In D. Garz & K. Kraimer (Hrsg.). *Qualitativ-empirische Sozialforschung: Konzepte, Methoden, Analysen* (S. 442–472). Opladen: Westdt. Verlag.

Meuser, M. & Nagel, U. (2009). Das Experteninterview – konzeptionelle Grundlagen und methodische Anlage. In S. Pickel, G., Pickel, H.-J., Lauth & D. Jahn (Hrsg.), *Methoden der vergleichenden Politik- und Sozialwissenschaft. Neue Entwicklungen und Anwendungen* (S. 465–479). Wiesbaden: VS Verlag für Sozialwissenschaften.

Moosbrugger, H. & Kelava, A. (2012). Qualitätsanforderungen an einen psychologischen Test (Testgütekriterien). In H. Moosbrugger & A. Kelava (Hrsg.), *Testtheorie und Fragebogenkonstruktion* (S. 7-26). Berlin: Springer.

Pant, H. A., Böhme, K. & Köller, O. (2012). Das Kompetenzkonzept der Bildungsstandards und die Entwicklung von Kompetenzstufenmodellen. In P. Stanat, H. A. Pant, K. Böhme & D. Richter (Hrsg.), *Kompetenzen von Schülerinnen und Schülern am Ende der vierten Jahrgangsstufe in den Fächern Deutsch und Mathematik* (S. 49–55). Münster: Waxmann.

Pant, H. A., Tiffin-Richards, S. P. & Köller, O. (2010). Standard-Setting für Kompetenztests im Large-Scale-Assessment. *Zeitschrift für Pädagogik*, Beiheft 56, 17–188.

Pickel, G. & Pickel, S. (2009). Qualitative Interviews als Verfahren des Ländervergleichs. In S. Pickel, G. Pickel, H.-J. Lauth & D. Jahn (Hrsg.), *Methoden der vergleichenden Politik- und Sozialwissenschaft. Neue Entwicklungen und Anwendungen* (S. 441–464). Wiesbaden: VS Verlag für Sozialwissenschaften.

Pitton, A. & Scholten-Akoun, D. (2013). Deutsch als Zweitsprache als verpflichtender Bestandteil der Lehramtsausbildung in Nordrhein-Westfalen – eine vorläufige Bestandsaufnahme. In C. Röhner & B. Hövelbrinks (Hrsg.), *Fachbezogene Sprachförderung in Deutsch als Zweitsprache. Theoretische Konzepte und empirische Befunde zum Erwerb bildungssprachlicher Kompetenzen* (S. 176–197). Weinheim: Beltz Juventa.

Skiba, D. (2010). Lexikonbeitrag „Operationalisierung". In H. Barkowski & H.-J. Krumm (Hrsg.), *Fachlexikon Deutsch als Fremd- und Zweitsprache* (S. 234). Tübingen/Basel: Francke.

Vogel, B. (1995). „Wenn der Eisberg zu schmelzen beginnt ..." Einige Reflexionen über den Stellenwert und die Probleme des Experteninterviews in der Praxis der empirischen Sozialforschung. In C. Brinkmann, A. Deeke & B. Völkel (Hrsg.), *Experteninterviews in der Arbeitsmarktforschung. Diskussionsbeiträge zu methodische Fragen und praktischen Erfahrungen. Beiträge zur Arbeitsmarkt- und Berufsforschung 191* (S. 73–84). Nürnberg: IAB.

Wirtz, M. & Caspar, F. (2002). *Beurteilerübereinstimmung und Beurteilerreliabilität. Methoden zur Bestimmung und Verbesserung der Zuverlässigkeit von Einschätzungen mittels Kategoriesystemen und Ratingskalen*. Göttingen: Hogrefe.

Kapitel 7

Skalierung und dimensionale Struktur des *DaZKom*-Testinstruments

Timo Ehmke & Svenja Hammer

Zusammenfasssung: Ziel dieses Beitrags ist es, die psychometrische Qualität des *DaZKom*-Testinstruments für angehende Lehrkräfte zu überprüfen, die Dimensionalität des Konstrukts zu untersuchen und Zusammenhänge mit Personenmerkmalen und Lerngelegenheiten herauszuarbeiten. Die Ergebnisse der Normierungsstudie zeigen, dass das Testinstrument eine befriedigende bis gute psychometrische Qualität aufweist. Es zeichnet sich durch eine gute Passung von Itemschwierigkeiten und Personenfähigkeiten aus. Alle Items weisen zudem eine sehr gute Passung zum Raschmodell auf. Die Ergebnisse zur empirischen Struktur des Konstrukts DaZ-Kompetenz weisen darauf hin, dass es sich nicht um ein eindimensionales Konstrukt handelt. Die niedrigen bis moderaten Korrelationen zwischen den einzelnen Dimensionen zeigen, dass sich bei den Lehramtsstudierenden voneinander abgrenzbare Dimensionen der DaZ-Kompetenz herausbilden, die untereinander in unterschiedlicher Höhe verbunden sind. Während die Dimensionen *Fachregister* und *Didaktik* substanziell zusammenhängen, grenzt sich die Dimension *Mehrsprachigkeit* davon stärker ab.

Abstract: In this article, the psychometrical quality of the *DaZKom* test instrument for pre-service teachers is validated, the construct's dimensionality is evaluated, and correlations with individual variables as well as learning opportunities are assessed. The results show that the test instrument's psychometrical quality is good to satisfactory. In addition, all items display an excellent fit to the Rasch model. The results concerning the empirical structure of the construct of DaZ-Kompetenz (GSL competency) indicate further that it is not a one-dimensional construct. The low to moderate correlations between the different dimensions show that definable dimensions of GSL competency of the pre-service teachers are evolving. These dimensions are correlated to one another on different height. While the dimensions "subject-specific register" and "didactics" correlate substantially, the dimension "multilingualism" seems more independent.

7.1 Theoretischer Hintergrund

Die Entwicklung eines Testinstruments für DaZ-Kompetenz kann auf theoretische Vorarbeiten in zwei Bereichen zurückgreifen. Forschungen zur professionellen Kompetenz von Lehrkräften liefern theoretische Rahmenkonzeptionen und Kompetenzstrukturmodelle, die das Konstrukt der Lehrerprofessionalität in Teilkonstrukte wie Wissen und Einstellungen zergliedern und einer empirischen Messung zugänglich machen. Zum anderen geben internationale Studien aus dem Bereich des *Linguistically Responsive Teaching* (Lucas & Villegas, 2011) und nationale Befunde aus der Deutsch-als-Zweitsprache-Forschung (Ohm, 2009, 2010) Einblicke darüber, wie Lehrkräfte einen sprachsensiblen Unterricht gestalten. Beide Bereiche stellen die theoretische Basis dar, um ein Testinstrument für DaZ-Kompetenz bei (angehenden) Lehrkräften zu entwickeln und empirisch an einer Normierungsstichprobe zu kalibrieren.

7.1.1 Professionelle Kompetenz von Lehrkräften

Die professionelle Kompetenz von Lehrkräften ist ein komplexes mehrdimensionales Konstrukt (Weinert, 2001). Neben dem pädagogischen, fachdidaktischen und fachlichen Wissen zählen dazu auch Werthaltungen, die Fähigkeit zur Selbstregulation und motivationale Aspekte (Baumert & Kunter, 2006). Theoretische Ansätze, die die Kompetenzfacetten nach der Kurzformel „Wissen, Können und Beliefs" ausdifferenzieren und in empirisch überprüfbare Messinstrumente übersetzen, wurden in den letzten fünfzehn Jahren von einer Reihe von Forschungsteams vorgelegt. Insbesondere für die Dimensionen des pädagogisch-psychologischen und fachdidaktischen Professionswissens liegen inzwischen erprobte theoretische Strukturmodelle und empirische Befunde aus größeren Studien vor (Voss, Kunina-Habenicht, Hoehne & Kunter, 2015).

So untersucht COACTIV die professionelle Kompetenz von Lehrkräften mit Fokus auf den Mathematikunterricht (Baumert, Kunter, Blum, Klusmann, Krauss & Neubrand, 2011) und legte u. a. eine Konzeptualisierung zum fachbezogenen Professionswissen von Mathematiklehrkräften (Krauss, Blum, Brunner, Neubrand, Baumert, Kunter, Besser & Elsner, 2011) und zum pädagogisch-psychologischen Wissen (Voss & Kunter, 2011) vor. Während die COACTIV-Studie integriert in die nationale PISA-2003/2004-Erhebung die Bedeutung des fachbezogenen Professionswissens auf kognitive Aktivierung im Unterricht und Schülerleistungen analysiert (Baumert et al., 2011), erforscht die Studie COACTIV-R die längsschnittliche Entwicklung der professionellen Kompetenz von Lehrkräften während des Vorbereitungsdiensts.

In internationalen Vergleichsstudien zur Lehrerprofessionalität insbesondere im Fach Mathematik lieferten Untersuchungen wie MT 21 (internationaler Vergleich von sechs Ländern: Mathematics Teaching 21) empirische Befunde zur Struktur von professioneller Kompetenz (Blömeke & König, 2010) in den Bereichen des fachbezogenen Wissens in der Domäne Mathematik (Blömeke, Seeber, Lehmann, Kaiser, Schwarz, Felbrich & Müller, 2008) und im erziehungswissenschaftlichen Wissen (Blömeke, Felbrich, Müller, 2008). Daran anschließend untersuchte TEDS-M 2008 in einem internationalen Vergleich von 17 Ländern das fachliche, fachdidaktische und pädagogische Wissen von angehenden Lehrkräften für die Sekundarstufe I am Ende ihrer Ausbildung (Blömeke, Kaiser

& Lehmann, 2010). Die Teststruktur des mathematischen und mathematikdidaktischen Wissens unterscheidet für beide Teilskalen jeweils zwischen mathematischen Inhaltsgebieten, kognitiven Anforderungen und Schwierigkeitsniveaus (Döhrmann, Kaiser & Blömeke, 2010). Der pädagogische Wissenstest berücksichtigt als Inhaltsgebiete die Strukturierung des Unterrichts, den Umgang mit Heterogenität, Strategien zur Klassenführung und Motivation sowie Leistungsbeurteilung (Blömeke & König, 2010, S. 243). In diesen Inhaltsbereichen werden zudem kognitive Anforderungen in den drei Bereichen *Erinnern, Verstehen & Analysieren* und *Kreieren* unterschieden (Blömeke & König, 2010, S. 246). Damit liegen Strukturmodelle vor, die es erlauben, vergleichend zu analysieren, wie gut angehende Lehrkräfte in ihrem mathematischen, mathematik-didaktischen und ihrem pädagogischen Wissen ausgebildet sind.

In der Studie TEDS-LT (Blömeke, Bremerich-Vos, Haudeck, Kaiser, Lehmann, Nold, Schwippert & Willenberg, 2011) wird der Ansatz von TEDS-M, der Erfassung von professionellem Wissen bei Mathematiklehrkräften, aufgegriffen und für Deutsch- und Englischlehrkräfte weiterentwickelt. Dazu wurden Strukturmodelle für professionelles Wissen in den Fächern Deutsch und Englisch neu konzipiert. Zudem wird ein Längsschnitt mit Lehramtsstudierenden zum professionellen Wissen in den Domänen Mathematik, Deutsch und Englisch sowie zum pädagogischen Professionswissen durchgeführt (Blömeke, Bremerich-Vos, et al., 2011; König, Blömeke & Schwippert, 2013).

Während in den TEDS-Studien das pädagogische Professionswissen aufgrund einer geringen Testzeit nur relativ fokussiert erhoben werden konnte, ergänzt die Studie *Längsschnittliche Erhebung pädagogischer Kompetenzen von Lehramtsstudierenden* (LEK) den TED-M-Test zum pädagogischen Unterrichtswissen um ein Instrument zur Erfassung von bildungswissenschaftlichen Wissen. Längsschnittlich wird damit der Wissenserwerb von Lehramtsstudierenden an vier deutschen Universitäten untersucht (König & Seifert, 2012).

Das derzeit umfangreichste Vorhaben, pädagogisches Professionswissen bei Lehramtsstudierenden zu erfassen, wird in der BilWiss-Studie (Bildungswissenschaftliches Wissen und der Erwerb professioneller Kompetenz in der Lehramtsausbildung) unternommen (Kunter, Kunina-Habenicht, Baumert, Dicke, Holzberger, Lohse-Bossenz, Leutner, Schulze-Stocker & Terhart, 2016). Ausgangspunkt war eine Delphi-Studie (Lohse-Bossenz, Kunina-Habenicht & Kunter, 2013), in der zentrale bildungswissenschaftliche Wissensinhalte im Lehramtsstudium herausgearbeitet wurden. Basierend auf dieser Themensammlung wurde ein Messinstrument entwickelt, das das bildungswissenschaftliche Wissen von Lehramtsstudierenden erfasst. Dieses Instrument wurde im Rahmen einer Vollerhebung von Referendarinnen und Referendaren in Nordrhein-Westfalen (Kunter et al., 2016) eingesetzt. Weitere Studien analysieren zudem die Wirkungen des reformierten Vorbereitungsdienstes in Nordrhein-Westfalen und die Bedeutung des bildungswissenschaftlichen Wissens für die erfolgreiche Bewältigung beruflicher Aufgaben (Schulze-Stocker, Holzberger, Kunina-Habenicht & Terhart, 2015).

Für die Entwicklung eines Messinstruments für DaZ-Kompetenz bieten die genannten Studien und die darin entwickelten Kompetenzstrukturmodelle entscheidende Anknüpfungspunkte. So ist davon auszugehen, dass für den effektiven und förderlichen pädagogischen Umgang mit Kindern mit Deutsch als Zweitsprache auch erhebliches pädagogisches Wissen erforderlich ist. Zudem ist davon auszugehen, dass auch für das Konstrukt

DaZ-Kompetenz ein Strukturmodell sinnvoll erscheint, das ebenfalls zwischen Inhaltsbereichen und kognitiven Anforderungen unterscheidet und gleichzeitig Anforderungen an Lehrkräfte in der Domäne Deutsch als Zweitsprache abdeckt.

7.1.2 Studien zur Messung von Kompetenzen von Lehrkräften im sprachsensiblen Unterricht

Internationale Studien, die untersuchen, welche Kompetenzen beim Unterrichten von mehrsprachigen Kindern und Jugendlichen mit Deutsch (oder einer anderen Sprache) als Zweitsprache erforderlich sind, lassen sich unter den Konzepten „Pedagogical Language Knowledge" (Bunch, 2013, Galguera 2011) oder „Linguistically Responsive Teaching" (Lucas & Villegas, 2011) finden.

Bunch (2013) definiert *pedagogical language knowledge* als Wissen über die Zielsprache und über den Spracherwerb, das zugleich mit fachdidaktischen und pädagogischen Handlungswissen verknüpft ist. Vor dem Hintergrund eines Reviews über praktizierte Ansätze in der Aus- und Weiterbildung von (angehenden) Lehrkräften zum Umgang mit mehrsprachigen Schülerinnen und Schülern stellt Bunch heraus, dass *pedagogical language knowledge* eine doppelte Herausforderung bedeutet. Einerseits müssen Schülerinnen und Schüler, die nicht die Landessprache sprechen, diese erlernen und andererseits zugleich auch fachliche Inhalte in der Landessprache bzw. in der Fachsprache erwerben. Um Lehrkräfte auf einen sprachsensiblen Unterricht vorzubereiten, leitet Bunch (2013, S. 328f.) ein Raster ab, das lerner- und lehrkraftspezifische Aspekte der Sprachnutzung im Unterricht gegenüberstellt. Hieraus ergeben sich Anforderungssituationen, die Lehrkräfte für einen kompetenten Umgang mit mehrsprachigen Schülerinnen und Schülern erfolgreich bewältigen müssen.

Unter dem Begriff *linguistically responsive teaching* schlagen Lucas und Villegas (2011) in einem Rahmenkonzept Standards für die Ausbildung von Lehrkräften vor, die darauf abzielen, mehrsprachige Lerner (*culturally and linguistically diverse students*) mit ihren spezifischen Anforderungen zu unterstützen. Das Rahmenkonzept unterscheidet dabei zwischen Einstellungen (*Orientations of Linguistically Responsive Teachers*), die sich auf eine soziolinguistische Bewusstheit, auf Wertschätzung von sprachlicher Vielfalt und Verantwortlichkeit für mehrsprachige Lernende beziehen, und zwischen Wissen und Fähigkeiten über *linguistically responsive teaching*. Letzteres meint beispielsweise ein Wissen über den Zweitspracherwerb, über die Fähigkeit sprachliche Anforderungen im Unterricht zu erkennen sowie über ein Repertoire an Strategien zur Lernerunterstützung im Sinne eines adaptiven Unterrichts (*Scaffolding*).

Beide Ansätze, die des *pedagogical language knowledge* (Galguera, 2011; Bunch, 2013) oder eines *linguistically responsive teachers* (Lucas & Villegas, 2011), bleiben aber auf einer konzeptionellen, normativen Ebene. Eine empirische Operationalisierung und empirisch überprüfbare Messung dieser Konstrukte steht noch aus. Auch im deutschsprachigen Raum stellen Arbeiten im Bereich der Deutsch-als-Zweitsprache-Forschung heraus, dass Fachinhalte nicht ohne fach- und bildungssprachliche[1] Anforderungen er-

---

[1]   Um die folgenden Ausführungen an bestehende Diskurse anschlussfähig zu machen, wird hier u. a. der Begriff „Bildungssprache" verwendet. In Kapitel 2 des vorliegenden Werks ‚Zur Relevanz

worben werden können und (angehende) Lehrkräfte in der Lage sein müssen, ihren Unterricht „sprachsensibel" zu gestalten (Leisen, 2010; Schmölzer-Eibinger, 2013; Willems, Bos, Wilmanns & Platz, 2013; Krüger-Potratz & Supik, 2014; Paetsch, Wolf, Stanat & Darsow, 2014). Ein theoretisches Modell, um Kompetenzen von Lehrkräften im DaZ-Bereich auch anhand von Testaufgaben zu operationalisieren und empirisch überprüfbar zu machen, wurde im Rahmen des Projekts *DaZKom* entwickelt.

7.1.3 Kompetenzstrukturmodell für Kompetenzen im Bereich Deutsch als Zweitsprache

Das Kompetenzstrukturmodell für Kompetenzen von (angehenden) Lehrkräften im Bereich Deutsch als Zweitsprache ist in der Abbildung 7.1 dargestellt. In der *DaZKom*-Studie wurden auf der Basis einer Dokumentenanalyse mit anschließenden Expertenbefragungen (vgl. Kapitel 6) sowie anhand von Aufgabenerprobungen die drei Kompetenzdimensionen *Fachregister*, *Mehrsprachigkeit* und *Didaktik* ermittelt und mit inhaltlich ausformulierten Kompetenzfacetten beschrieben. Dabei bezieht sich die Dimension *Fachregister* auf Sprache als das zentrale Medium zur Steuerung unterrichtlicher Interaktion und unterrichtlichen Handelns. Sprache ist aber bei Kindern mit Deutsch als Zweitsprache zugleich auch Lerngegenstand. Die Dimension *Mehrsprachigkeit* legt den Fokus auf den zweitsprachlichen Lernprozess und ihre Besonderheiten im Vergleich zu Schülerinnen und Schülern ohne mehrsprachigen Hintergrund. Zugleich zählen zu diesem Bereich auch Aspekte des Umgangs mit sprachlicher Vielfalt im Unterricht. Die Dimension *Didaktik* umfasst Kenntnisse über Sprachdiagnostik und Förderung von mehrsprachigen Schülerinnen und Schülern wie etwa den adäquaten Umgang mit Fehlern. Eine differenzierte Darstellung des theoretischen Kompetenzstrukturmodells geben Köker, Rosenbrock, Ohm, Carlson, Ehmke, Hammer & Koch-Priewe (2015; vgl. auch Kapitel 4).

Tabelle 7.1: Kompetenzstrukturmodell für Deutsch als Zweitsprache

	Dimension	**Subdimension**
DaZ-Kompetenz	Fachregister (Fokus auf Sprache)	Grammatische Strukturen und Wortschatz
		Semiotische Systeme
	Mehrsprachigkeit (Fokus auf Lernprozess)	Zweitspracherwerb
		Migration
	Didaktik (Fokus auf Lehrprozess)	Diagnose
		Förderung

(bildungs-)sprachlicher Förderung in Schule und Fachunterricht' greift Anne Köker die Frage nach einer definitorischen Klärung ausführlich auf und erläutert die prinzipiellen Gründe, warum im Projekt alternative Bezeichnungen präferiert werden.

7.2   Fragestellungen

Auf Basis des dargestellten Kompetenzstrukturmodells für Deutsch als Zweitsprache wurde im Rahmen des *DaZKom*-Projektes ein Testinstrument entwickelt, das im Folgenden vorgestellt werden soll. Dabei wird drei Fragestellungen nachgegangen:

1. Inwieweit erreicht das *DazKom*-Testinstrument eine ausreichend gute psychometrische Qualität?

2. Handelt es sich bei dem Konstrukt DaZ-Kompetenz um ein eindimensionales oder ein mehrdimensionales Konstrukt?

3. Inwieweit hängt DaZ-Kompetenz bei Lehramtsstudierenden mit Personenmerkmalen und der Nutzung von Lerngelegenheiten im Bereich DaZ zusammen?

7.3   Methodisches Vorgehen

7.3.1   Stichprobe

Für die Durchführung der Normierungsstudie wurden N = 496 Lehramtsstudierende an zwölf Universitäten (Bamberg, Berlin, Bielefeld, Essen, Flensburg, Frankfurt, Hamburg, Karlsruhe, München, Paderborn, Rostock, Saarbrücken) getestet. 75 Prozent der Studierenden waren zum Zeitpunkt der Durchführung in ein Lehramtsstudium eingeschrieben. Die belegten Unterrichtsfächer waren hierbei unterschiedlich und breit gestreut (Mathematik, Deutsch, Englisch, Naturwissenschaften, Musik, Geschichte, Kunst, Sport, Sachunterricht), wobei 46 Prozent der Lehramtsstudierenden Mathematik als Unterrichtsfach angaben. 23 Prozent der untersuchten Teilnehmenden studierten das Fach Deutsch als Fremdsprache und Germanistik (Master) oder Deutsch als Zweitsprache (Bachelor). Von diesen Studierenden kann eine besonders hohe Fähigkeit im Bereich DaZ erwartet werden. Die Gesamtstichprobe bestand zu 68 Prozent aus Bachelorstudierenden vom ersten bis sechsten Semester und zu 32 Prozent aus Masterstudierenden im ersten bis vierten Semester. Von den Studierenden sprachen 89 Prozent Deutsch als Erstsprache, 11 Prozent hatten eine andere Sprache als Deutsch als Erstsprache.

7.3.2   Beschreibung des *DaZKom*-Testinstruments

Das Instrument zur Messung von DaZ-Kompetenz besteht aus 63 Items. Jedes dieser Items ist in eine der drei Dimensionen von DaZ-Kompetenz eingeordnet (vgl. Abbildung 7.1, Tabelle 7.2). 28 Items werden der Dimension *Fachregister* zugeordnet, 19 Items der Dimension *Mehrsprachigkeit* und 16 Items der Dimension *Didaktik*. Für eine statistische Modellierung wurde keine weitere Differenzierung in die im Kompetenzmodell vorhandenen Subdimensionen vorgenommen, da die Anzahl der Items pro Subdimension zu gering gewesen wäre. Der Test besteht aus 13 Aufgabenunits, die jeweils aus zwei bis neun Einzelitems bestehen. Jede Aufgabenunit beginnt mit einem authentischen Stimulus, der entweder ein Fallbeispiel, eine Lehrer-Schüler-Interaktion, ein schriftliches Schülerprodukt oder eine Mathematiktextaufgabe mit potenziellen sprachlichen Schwierigkeiten beinhaltet. Die Erfassung der DaZ-Kompetenz von Lehramtsstudierenden erfolgt durch unterschiedliche Aufgabenformate. 28 Aufgaben weisen ein geschlossenes Antwortformat auf. Bei 17 Aufgaben ist das Antwortformat halboffen und bei 18 Aufgaben offen. Die meisten dieser Antwortformate wurden im Partial-Credit-System ausgewertet, das heißt, es werden zwei „Punkte" für eine richtige Lösung und ein „Punkt" für eine teilweise richtige Antwort gegeben. Für die Kodierung der offenen Items wurde ein umfangreicher Kodierleitfaden entwickelt. Bei der Entwicklung wurden zudem Doppelkodierungen vorgenommen, um für alle offenen Items Kodiererübereinstimmungen überprüfen zu können. Kommentierte Beispielaufgaben finden sich in Köker et al. (2016) und Hammer, Carlson, Ehmke, Koch-Priewe, Köker, Ohm, Rosenbrock und Schulze (2015).

Tabelle 7.2: Anzahl von Items und Antwortformaten nach Teilskalen und für die Gesamtskala

Skala	Anzahl Items	Offenes Antwortformat	Halb-offenes Antwortformat	Geschlossenes Antwortformat
Fachregister	28	7	16	5
Mehrsprachigkeit	19	5	1	13
Didaktik	16	6	-	10
Gesamtskala	63	18	17	28

7.3.3 Erfassung von Hintergrundmerkmalen und Lerngelegenheiten

Neben dem DaZ-Test wurde ein Fragebogen zu Hintergrundmerkmalen und zu Lerngelegenheiten im Bereich DaZ eingesetzt (vgl. Kapitel 10). Der Fragebogen zu den Hintergrundmerkmalen beinhaltet Fragen zum Geschlecht, zur Muttersprache, zur Anzahl der studierten Semester sowie zum Studienfach. Die Skala zu Lerngelegenheiten im Bereich DaZ besteht aus 16 dichotomen Items mit dem Antwortformat: „0 = gar nicht", ..., „4 = in mehreren Lehrveranstaltungen", die nach dem Vorkommen DaZ-spezifischer Themen im Lehramtsstudium fragen (z. B. Phänomene des Zweitspracherwerbs, Sprachstandsdiagnostik, Migration, Mehrsprachigkeit). Die Reliabilität der Skala beträgt Cronbach's Alpha $\alpha = 0.91$.

7.3.4 Vorgehen bei der Datenerhebung

Die Datenerhebung erfolgte im Sommer 2014. Der Test wurde in eigenen Testsitzungen von geschulten Mitarbeiterinnen und Mitarbeitern an den jeweiligen Universitäten durchgeführt. Die Durchführungsdauer der Tests und Fragebögen betrug für den *DaZKom*-Test 60 Minuten und für die Hintergrundmerkmale und Lerngelegenheiten 30 Minuten. Die Teilnahme war freiwillig, anonym und wurde mit 10 € pro Stunde vergütet. Es wurde nur eine Testheftversion eingesetzt. Auf ein Rotationsdesign mit unterschiedlichen Testheftvarianten wurde verzichtet, um bei einem zweiten Erhebungszeitpunkt keine Positionseffekte von Aufgaben berücksichtigen zu müssen.

7.3.5   Statistisches Vorgehen

Die Item- und Skalenanalysen für die eingesetzten Tests wurden auf der Basis des Rasch-Modells (Rost, 2004; Wilson, 2005) mit dem Programm ConQuest (Adams, Wu & Wilson, 2012) durchgeführt. Die Personenmesswerte wurden anhand von Personenfähigkeitsschätzern, Weighted Likelihood Estimates (WLE), bestimmt. Diese beruhen ausschließlich auf den Antworten der Probanden auf die Testaufgaben. Wegen ihrer geringen durchschnittlichen Abweichung vom wahren Kompetenzwert eignen sich WLE-Schätzer besonders gut zur Bestimmung individueller Kompetenzausprägungen (Rost, 2004). Zusammenhänge mit externen Maßen wurden anhand von bivariaten Korrelationen berechnet. Die interne Konsistenz der Skalen wurde durch EAP-Reliabilitäten geprüft (z. B. Wilson, 2005). Fehlende Antworten, d. h. ungültige und nicht ausgefüllte Antwortfelder, wurden als falsch bewertet.

7.4   Ergebnisse

7.4.1   Psychometrische Kennwerte in der Normierungsstichprobe

Die Skalierung der Personenantworten auf die Items im *DaZKom*-Test erfolgte in zwei Modellen: in einer eindimensionalen Skalierung und in einer dreidimensionalen Skalierung. Die eindimensionale Skalierung beschreibt ein Generalfaktor-Modell, das DaZ-Kompetenz auf einer einzigen Messskala abbildet (vgl. Abbildung 7.3, Modell 1). Bei der dreidimensionalen Skalierung wird angenommen, dass die Fähigkeiten von Personen in den drei Teilskalen *Fachregister*, *Mehrsprachigkeit* und *Didaktik* unterschiedlich stark ausgeprägt sein können (vgl. Abbildung 7.3, Modell 2). Die Kennwerte für die Personenfähigkeit, die Itemschwierigkeit, für den Itemfit (Passung zum Raschmodell) und die Trennschärfe sind in Tabelle 7.3 getrennt für die ein- und für die dreidimensionale Skalierung dargestellt.

Bei der eindimensionalen Skalierung der Daten wurde die Metrik der Personenfähigkeiten so festgelegt, dass die mittlere Personenfähigkeit einem Logit-Wert von 0 entspricht. Die Streuung der Personenfähigkeiten fällt mit einem $SD = 0.63$ nicht sehr groß aus (Rost, 2004). Da die Stichprobe allerdings auch in Bezug auf die Nutzung von DaZ-Lerngelegenheiten eher homogen ausfällt, ist dieser Wert noch als akzeptabel zu bezeichnen. Die Itemparameter weisen einen Mittelwert von 1.07 Logits auf und streuen etwas stärker als die Personenfähigkeiten. In der Abbildung 7.1 ist die Verteilung der Personenparameter über das Fähigkeitsspektrum der Verteilung der Itemschwierigkeiten gegenübergestellt. Sie zeigt, dass die Aufgabenschwierigkeiten gut zu den Fähigkeiten der getesteten Personen passen. Jedes Items ist in der Abbildung durch eine Zahl von 1 bis 63 repräsentiert, während die getesteten Personen durch das Zeichen „X" dargestellt werden. Es gibt genügend leichte, mittelschwere und schwere Aufgaben in dem Test, so dass über das gesamte Fähigkeitsspektrum hinreichend präzise Schätzungen der Personenfähigkeiten gegeben sind. Die Passung der Items zum zugrundeliegenden Raschmodell wird anhand des Item-Weighted-Fit-Wertes geprüft. Dass für alle Items Fit-Werte im Bereich von 0.8 bis 1.2 liegen, weist auf eine gute Passung hin. Die durchschnittliche Trennschärfe der Items beträgt $r_{it} = 0.27$, was gerade noch als ausreichend trennscharf bezeichnet werden kann. Die WLE-Reliabilität beträgt 0.78. Zusammengenommen kann festgehalten werden, dass die psychometrischen Kennwerte für das eindimensionale Modell als gut zu bezeichnen ist.

Für die dreidimensionale Skalierung fallen die mittleren Personenfähigkeiten ungefähr vergleichbar hoch aus. Die Streuung der Personenfähigkeiten ist in den Teildimensionen höher als im eindimensionalen Modell, was dafür spricht, dass die Teildimensionen die Personenfähigkeiten etwas differenzierter abbilden. Die Tests für die Dimensionen *Fachregister* und *Didaktik* sind gemessen an den durchschnittlichen Itemparametern etwas schwieriger als in der Dimension *Mehrsprachigkeit*. Die Verteilung der Personenfähigkeiten und Itemschwierigkeiten ist in der Abbildung 7.2 grafisch veranschaulicht und zeigt die etwas breiter gestreuten Personenfähigkeiten im Vergleich zum eindimensionalen Modell. Itemfit und Trennschärfe sind vergleichbar zur eindimensionalen Skalierung. Die Reliabilität der drei Teilskalen fällt erwartungsgemäß aufgrund der geringeren Itemzahl im Vergleich zum Gesamttest etwas geringer aus. Die Werte für WLE-Reliabilität betragen 0.63 / 0.64 / 0.67 und sind aber noch als befriedigend zu bezeichnen.

Tabelle 7.3: Psychometrische Kennwerte für den *DaZKom*-Test differenziert nach Gesamtskala und Teildimensionen

	M	SD	Min	Max
Gesamtskala (1dim)				
Personenfähigkeit (WLE)	0.00	0.63	-2.04	2.38
Itemschwierigkeit	0.17	1.15	-2.74	3.54
Itemfit	1.00	0.04	0.90	1.10
Trennschärfe	0.27	0.09	0.10	0.49
Teilskala *Fachregister* (3dim)				
Personenfähigkeit (WLE)	-0.01	0.76	-3.37	2.27
Itemschwierigkeit	0.25	1.28	-2.76	3.56
Itemfit	1.00	0.04	0.92	1.07
Trennschärfe	0.26	0.09	0.13	0.45
Teilskala *Mehrsprachigkeit* (3dim)				
Personenfähigkeit (WLE)	-0.03	0.96	-4.00	4.18
Itemschwierigkeit	0.08	1.02	-1.76	1.80
Itemfit	1.00	0.05	0.92	1.09
Trennschärfe	0.24	0.06	0.10	0.32
Teilskala *Didaktik* (3dim)				
Personenfähigkeit (WLE)	-0.02	1.18	-3.84	4.38
Itemschwierigkeit	0.18	1.27	-1.38	2.21
Itemfit	1.00	0.10	0.86	1.22
Trennschärfe	0.31	0.10	0.12	0.49

Abbildung 7.1: Streuung der Itemschwierigkeiten im Vergleich zu den Personenfähigkeiten für das eindimensionale Modell

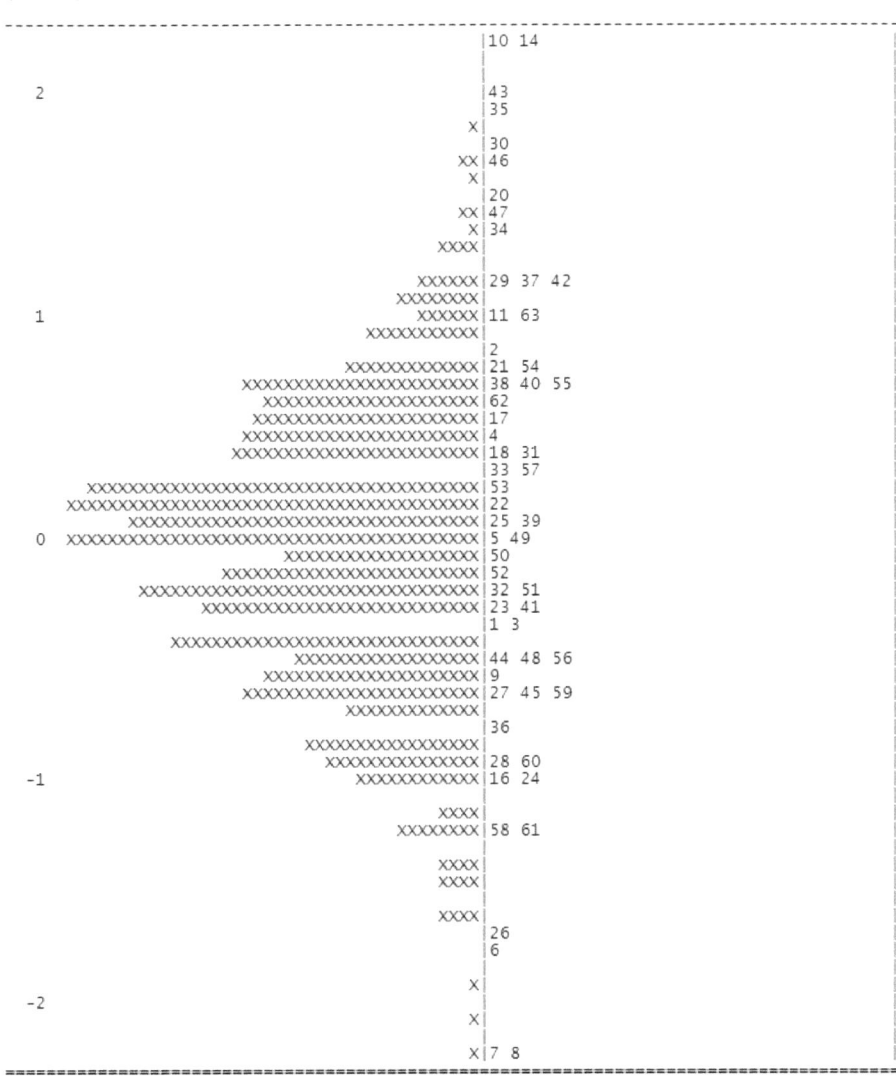

Each 'x' represents 0.8 cases

Abbildung 7.2: Streuung der Itemschwierigkeiten im Vergleich zu den Personenfähigkeiten für das dreidimensionale Modell

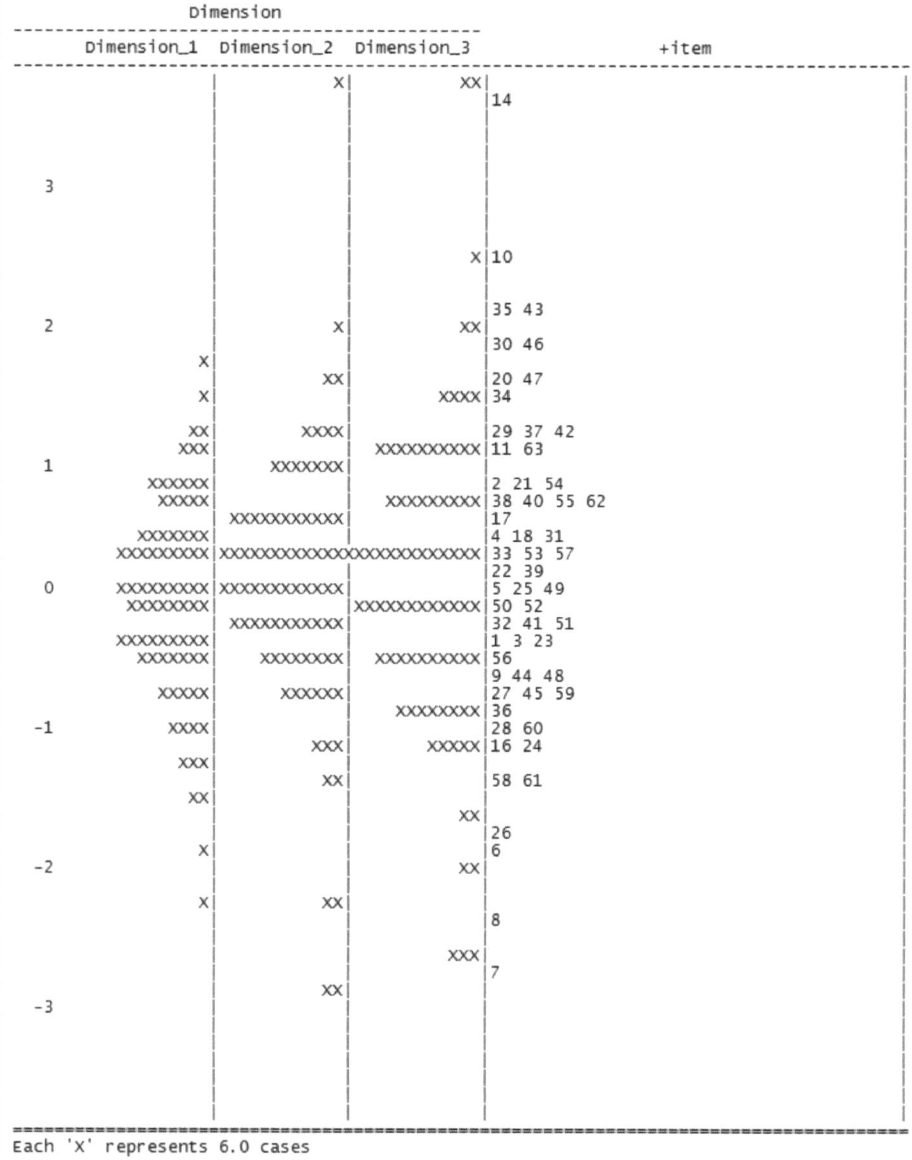

```
                    Dimension
          ----------------------------------
            Dimension_1  Dimension_2  Dimension_3              +item
          ------------------------------------------------------------------------
                           X|            XX|
                            |              |14
                            |              |
                            |              |
                            |              |
         3                  |              |
                            |              |
                            |              |
                            |            X|10
                            |              |
                            |              |35 43
         2                X|            XX|
                            |              |30 46
                       X|              |20 47
                       X|          XXXX|34
                            |              |
                    XX|      XXXX|          |29 37 42
                    XXX|              XXXXXXXXXX|11 63
         1         XXXXXX|    XXXXXXX|          |
                XXXXXX|              |2 21 54
                 XXXXX|              XXXXXXXXX|38 40 55 62
                            XXXXXXXXXXXX|          |17
               XXXXXXX|              |4 18 31
             XXXXXXXXXX|XXXXXXXXXXXXXXXXXXXXXXXXXXXXXXX|33 53 57
         0                  |              |22 39
           XXXXXXXXXX|XXXXXXXXXXXXX|          |5 25 49
             XXXXXXXX|          XXXXXXXXXXXX|50 52
                 XXXXXXXXXXXX|          |32 41 51
            XXXXXXXXX|              |1 3 23
             XXXXXXX|    XXXXXXXX|    XXXXXXXXXX|56
                            |              |9 44 48
                XXXXX|      XXXXXX|          |27 45 59
                            XXXXXXXX|          |36
        -1        XXXX|              |28 60
                          XXX|      XXXXX|16 24
                 XXX|              |
                 XX|          XX|          |58 61
                            |            XX|
                            |              |26
        -2        X|              |6
                            |            XX|
                 X|      XX|          |
                            |              |8
                            XXX|          |7
                            |      XX|
        -3                  |              |
                            |              |
          ========================================================================
        Each 'X' represents 6.0 cases
```

7.4.2 Dimensionalität des Konstrukts DaZ-Kompetenz

Im nächsten Schritt stellt sich die Frage, inwieweit DaZ-Kompetenz ein eindimensionales oder eher dreidimensionales Konstrukt darstellt (Abbildung 7.3). Um diese Frage zu beantworten, wird die Anpassungsgüte der beiden konkurrierenden Modelle anhand von Modellgütemaßen wie den AIC, BIC oder CAIC beurteilt und verglichen.

Abbildung 7.3: Vergleich der Kompetenzstruktur als ein– und dreidimensionales Modell

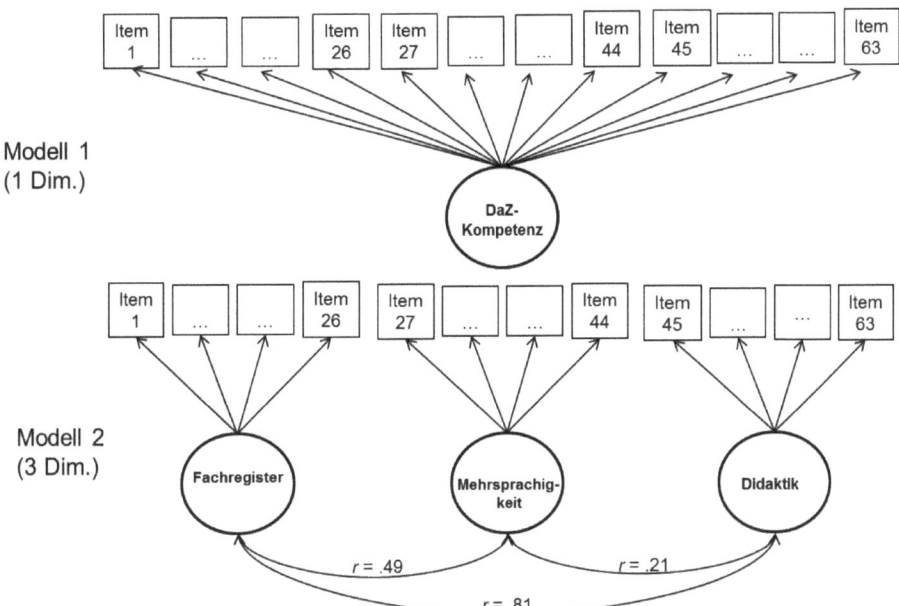

Das Ergebnis zeigt eine bessere Passung für das dreidimensionale Modell (Tabelle 7.4). Die Kennwerte für alle Modellgütemaße fallen für das dreidimensionale Modell günstiger (niedriger) aus als für das eindimensionale Modell. Inhaltlich bedeutet dies, dass es sinnvoll ist, wenn man die DaZ-Kompetenz von Lehramtsstudierenden beschreibt, zwischen Kompetenzen in den Bereichen *Fachregister*, *Mehrsprachigkeit* und *Didaktik* zu unterscheiden. Die Teilskalen sind jedoch nicht unabhängig voneinander. Im Gegenteil: Es gibt substanzielle latente Zusammenhänge zwischen den Teildimensionen *Fachregister* und *Didaktik* ($r = .81$). Die latenten Zusammenhänge mit der Teildimension *Mehrsprachigkeit* fallen hingegen geringer aus (*Fachregister* und *Mehrsprachigkeit*: $r = .49$ bzw. *Didaktik* und *Mehrsprachigkeit*: $r = .21$).

7.4.3 Zusammenhänge zwischen der DaZ-Kompetenz und Personenmerkmalen

Tabelle 7.5 zeigt die bivariaten Korrelationen zwischen den Ergebnissen der ein- und der dreidimensionalen DaZ-Kompetenzwerte und dem Geschlecht, dem Studiensemester (BA vs. MA), dem Studienfach sowie einem Index für DaZ-bezogene Lerngelegenhei-

Tabelle 7.4: Modellgütekriterien für das eindimensionale und das dreidimensionale Modell

	N	Parameter	Deviance	AIC	BIC	CAIC
1-dimensional	496	60	33700	33820	34073	34133
3-dimensional	496	65	33363	33493	33766	33831

ten. Die Ergebnisse zeigen, dass weibliche Lehramtsstudierende höhere Kompetenzwerte sowohl in der Gesamtskala der DaZ-Kompetenz ($r = -.15$) als auch in den Teilskalen *Fachregister* ($r = -.15$) und *Didaktik* ($r = -.11$) aufweisen als männliche Lehramtsstudierende. Hinsichtlich der Semesterzahl lässt sich kein statistischer Zusammenhang nachweisen. Lehramtsstudierende in Masterstudiengängen erreichen nur tendenziell höhere DaZ-Kompetenzwerte als Studierende im Bachelorstudium. Lehramtsstudierende mit dem Unterrichtsfach Deutsch erreichen eine höhere DaZ-Kompetenz als Studierende anderer Studienfächer (Gesamtskala: $r = .11$, Teilskala *Fachregister*: $r = .16$). Das Studienfach Mathematik weist keine signifikanten Korrelationen mit den Testergebnissen des DaZ-Tests auf. Dies deutet darauf hin, dass Lehramtsstudierende des Unterrichtsfachs Mathematik keine besseren Ergebnisse im DaZ-Test erzielen als Studierende anderer Unterrichtsfächer. Studierende mit Unterrichtsfach Biologie erreichen niedrigere DaZ-Kompetenzwerte (Gesamtskala: $r = -.11$, Teilskala *Fachregister*: $r = -.11$) als Studierende in anderen Unterrichtsfächern. Lehramtsstudierende mit Deutsch als Erstsprache erreichen in der Gesamtskala ($r = -.12$) und in der Teildimension *Fachregister* ($r = -.16$) höhere Kompetenzwerte im Vergleich zu Studierenden mit einer anderen Muttersprache.

Signifikante Zusammenhänge zwischen den DaZ-Kompetenzwerten in der Gesamtskala und in allen drei Teilskalen finden sich mit dem Index für die Nutzung von DaZ-bezogenen Lerngelegenheiten. Lehramtsstudierende, die viele universitäre Lerngelegenheiten im Bereich DaZ wahrgenommen haben, erreichen demnach eine höhere DaZ-Kompetenz als Studierende, die wenige Lerngelegenheiten in diesem Gebiet genutzt haben. Im Vergleich mit den anderen Personenmerkmalen liegt hier der höchste Vorhersagebeitrag, wobei die absolute Höhe der Korrelationskoeffizienten eher niedrig ausfällt. Dennoch deutet dieser Zusammenhang darauf hin, dass DaZ-Kompetenz durch die Nutzung von universitären Lerngelegenheiten erworben werden kann. Um abzuschätzen, inwieweit den untersuchten Personenmerkmalen und den verschiedenen Lerngelegenheiten jeweils ein spezifischer Vorhersagebeitrag auf den Gesamtscore der DaZ-Kompetenz zukommt, wurde eine Regressionsanalyse gerechnet, in der alle Merkmale gleichzeitig einbezogen wurden. Bei Kontrolle aller übrigen Merkmale weisen die Prädiktoren Geschlecht ($\beta = -0.26$), Erstsprache ($\beta = -0.31$) und Studienfach Physik ($\beta = 0.32$) sowie die Skala für die DaZ-bezogenen Lerngelegenheiten ($\beta = -0.16$) einen signifikanten Vorhersagebeitrag auf. Mit der steigenden Nutzung von Lerngelegenheiten steigt demnach die DaZ-Kompetenz. Sie fällt außerdem höher bei weiblichen Studierenden aus und wenn die Erstsprache Deutsch ist. Durch die Analyse können insgesamt 16 Prozent der Varianz in der DaZ-Kompetenz aufgeklärt werden (ohne Tabelle).

Tabelle 7.5: Korrelationen der Ergebnisse des DaZ-Tests (Gesamttest und Teilskalen) mit Personenmerkmalen

	Gesamt-skala (1dim)	Teilskala *Fachre-gister* (3dim)	Teilskala *Mehrspra-chigkeit* (3dim)	Teilskala Didatik (3dim)
Geschlecht (0 = weiblich, 1 = männlich)	**-0.15**	**-0.15**	-0.07	**-0.11**
Semester (0 = BA, 1 = MA)	0.06	0.04	0.04	0.04
Studienfach Mathematik	-0.05	-0.04	-0.02	-0.04
Studienfach Deutsch	**0.11**	**0.16**	0.07	-0.01
Studienfach Englisch	0.08	0.09	0.04	0.03
Studienfach Französisch	0.01	0.04	-0.02	-0.01
Studienfach Physik	0.02	-0.02	0.03	0.06
Studienfach Biologie	**0.11**	**0.11**	-0.08	-0.04
Studienfach Chemie	-0.06	-0.08	0.02	-0.06
Studienfach DaZ	**0.16**	**0.13**	**0.13**	0.07
Erstsprache (0 = deutsch, 1 = andere Sprache)	**-0.12**	**-0.17**	-0.02	-0.06
Lerngelegenheiten-Skala	**0.24**	**0.25**	**0.16**	**0.09**

Fettgedruckte Korrelationskoeffizienten sind statistisch signifikant von Null verschieden ($p < .05$).

7.5 Zusammenfassung und Diskussion

Ziel dieses Beitrags war es, die psychometrische Qualität des *DaZKom*-Testinstruments für angehende Lehrkräfte zu überprüfen, die Dimensionalität des Konstrukts zu untersuchen und Zusammenhänge mit Personenmerkmalen und Lerngelegenheiten herauszuarbeiten. Die Ergebnisse zeigen, dass das Testinstrument eine befriedigende bis gute psychometrische Qualität aufweist. Es zeichnet sich durch eine gute Passung von Itemschwierigkeiten und Personenfähigkeiten aus. Alle Items weisen zudem eine sehr gute Passung zum Raschmodell auf. Lediglich die Trennschärfen liegen nur im befriedigenden Bereich. Die Skalenreliabilitäten lagen bei $\alpha = 0.78$ für die Gesamtskala und bei $\alpha = 0.63/0.64/0.67$ für die Teilskalen. Dies entspricht in etwa der Höhe der Reliabilitäten von Testinstrumenten, die Kompetenz bei (angehenden) Lehrkräften erfassen. So liegen die Skalenreliabilitäten für das pädagogisch-psychologische Wissen in COACTIV bei $\alpha = 0.65$ bis 0.82 (Voss & Kunter, 2011, S. 205), für das pädagogische Professionswissen in TEDS-LT bei $\alpha = 0.72$ bis 0.75 (König, Blömeke & Schwippert, 2013, S. 153) und für das pädagogische Unterrichtswissen in der LEK-Studie bei $\alpha = 0.69$ bis 0.88 (König, 2012, S. 167).

Die Ergebnisse zur empirischen Struktur des Konstrukts DaZ-Kompetenz weisen darauf hin, dass es sich nicht um ein eindimensionales Konstrukt handelt. Die niedrigen bis moderaten Korrelationen zwischen den einzelnen Dimensionen zeigen, dass sich bei den Lehramtsstudierenden voneinander abgrenzbare Dimensionen der DaZ-Kompetenz herausbilden, die untereinander in unterschiedlicher Höhe verbunden sind. Während die Dimensionen (1) *Fachregister* und (2) *Didaktik* substanziell zusammenhängen ($r_{12} = .81$), grenzt sich die Dimension (3) *Mehrsprachigkeit* davon stärker ab ($r_{13} = .49$ und $r_{23} = .21$). Dieses Befundmuster zur dimensionalen Struktur zeigte sich auch schon bereits bei den Ergebnissen der Pilotierungsstudien (Hammer, et al., 2015; Carlson et al., submitted). Vergleicht man diesen Befund mit Ergebnissen zur dimensionalen Struktur aus Studien zu pädagogischen Kompetenzen wie etwa in der BilWiss-Studie, so zeigen sich dort konstant niedrige Korrelationen zwischen den Teilskalen. Insbesondere in der BilWiss-Studie war eines der Hauptergebnisse, dass die empirische Struktur des bildungswissenschaftlichen Wissens kein eindimensionales Konstrukt darstellt. Die Höhe der Korrelationen zwischen den Teildimensionen variiert hier zwischen $.21 < r < .32$ (Kunina-Habenicht, Schulze-Stocker, Kunter, Baumert, Leutner, Förster, Lohse-Bossenz & Terhart, 2013, S. 13; Schulze-Stocker et al., 2015, S. 211). In der LEK-Studie fallen die latenten Korrelationen zwischen den Teilskalen des pädagogischen Unterrichtswissens deutlich höher aus. Die latenten Korrelationskoeffizienten liegen zwischen $.61 < r < .78$ (König, 2012, S. 166). Der Unterschied in den dimensionalen Strukturen zwischen Bil-Wiss und LEK lassen sich mit der Breite der Konstrukte erklären. Das bildungswissenschaftliche Wissen ist deutlich differenzierter und umfasst mehr inhaltliche Teilbereiche als das pädagogische Unterrichtswissen in der LEK-Studie. Die dimensionale Struktur der DaZ-Kompetenz lässt sich aufgrund der Höhe der Korrelation etwa zwischen beiden Studien einordnen.

In einem weiteren Schritt wurde geprüft, ob die Ergebnisse des DaZ-Tests in einem plausiblen Zusammenhang mit Hintergrundmerkmalen der Lehramtsstudierenden stehen. Es wurde vermutet, dass weibliche Lehramtsstudentinnen eventuell aufgrund von besseren Sprachkompetenzen (OECD, 2013, 2014a, 2014b) sensibler für DaZ-spezifische Lernsituationen sind als männliche Studenten. Diese Vermutung konnte bestätigt werden, auch wenn der Unterschied – absolut betrachtet – wiederum nicht besonders stark ausfällt. Entgegen der Erwartung und entgegen Befunden aus der Pilotierungsstudie (Hammer et al., 2015) zeigte die studienfachbezogene Analyse, dass Studierende des Deutschlehramts keine besseren Ergebnisse im DaZ-Test erreichen als Studierende anderer Studienfächer. Dies erscheint vor dem Hintergrund, dass DaZ-Kompetenz u. a. sprachliches Wissen und die Fähigkeit zur Reflexion über Sprache beinhaltet, eher überraschend. Auch zeigte sich (hier aber konform mit früheren Befunden), dass sich keine höhere DaZ-Kompetenz bei Studierenden mit dem Unterrichtsfach Mathematik nachweisen lässt, was man in Anbetracht der Bezugsdisziplin Mathematik des *DaZKom*-Testinstruments hätte vermuten können. Ebenfalls in der Normierungsstudie ist überraschend und anders als noch in der Pilotierungsstudie, dass mit steigender Semesterzahl die DaZ-Kompetenz nicht nachweisbar ansteigt. Möglicherweise hat dies aber mit der unterschiedlichen Verortung der DaZ-Lerngelegenheiten an den zwölf Universitäten im jeweiligen Modulplan zu tun. Hier sind die Unterschiede zwischen den Universitäten derzeit noch enorm. Ein interessanter Befund zeigte sich hinsichtlich des Vergleichs der Studierenden, die Deutsch selbst als

Zweitsprache gelernt haben, mit den Studierenden mit Deutsch als Erstsprache: Denkbar wäre an dieser Stelle gewesen, dass Studierende mit Deutsch als Zweitsprache aufgrund der eigenen Spracherfahrung sensibler für sprachbezogene Lernsituationen sind. Diese Vermutung konnte jedoch wie auch in der Pilotierungsstudie nicht bestätigt werden. Studierende mit Deutsch als Erstsprache erreichten entgegen der aufgestellten Vermutung im Gesamttest und in allen Teilskalen signifikant höhere Testwerte als Lehramtsstudierende mit einer anderen Muttersprache. Ein Indiz für die Konstruktvalidität der Messung der DaZ-Kompetenz kann in dem signifikanten Vorhersagebeitrag der DaZ-bezogenen Lerngelegenheiten gesehen werden. Es zeigte sich, dass Studierende umso höhere DaZ-Testergebnisse erzielen, je mehr DaZ-bezogene Lerngelegenheiten von ihnen wahrgenommen wurden.

Einschränkend für diese Studie kann festgehalten werden, dass mit zwölf Universitäten zwar eine gute Stichprobenverteilung zwischen den Universitäten erreicht wurde, dass aber die Auswahl der Studierenden innerhalb der Universitäten vermutlich einer positiven Selektion unterliegt. Es werden sehr viel mehr DaZ-affine Lehramtsstudierende an dieser freiwilligen Studie teilgenommen haben. Dadurch wird vermutlich die Varianz in den Testleistungen der DaZ-Kompetenz deutlich unterschätzt, was sich schon in der geringen Verteilung der Personenfähigkeiten gezeigt hat. Entsprechend niedrig fallen auch die Zusammenhangsmaße mit den Personenmerkmalen und Lerngelegenheiten aus. Mit 16 Prozent Varianzaufklärung bei Einbezug aller Personenmerkmale und der Lerngelegenheitenskala zugleich zeigt sich, dass hier viele weitere Prädiktoren noch nicht berücksichtigt worden sind. Insgesamt zeigen aber die Befunde dieser Normierungsstudie, dass der DaZ-Kompetenztest ein hinreichend sensibles Messinstrument darstellt, um die Wirkung von etwaigen Lernangeboten auch im längsschnittlichen Erhebungsdesign zu untersuchen und somit dazu beizutragen, diese weiter zu entwickeln und zu verbessern.

7.6 Literatur

Baumert, J. & Kunter, M. (2006). Stichwort: Professionelle Kompetenz von Lehrkräften. *Zeitschrift für Erziehungswissenschaft*, 9 (4), 469–520.

Baumert, J., Kunter, M., Blum, W., Klusmann, U., Krauss, S. & Neubrand, M. (2011). Professionelle Kompetenz von Lehrkräften, kognitiv aktivierender Unterricht und die mathematische Kompetenz von Schülerinnen und Schülern (COACTIV): Ein Forschungsprogramm. In M. Kunter, J. Baumert, W. Blum, U. Klusmann, S. Krauss & M. Neubrand (Hrsg.), *Professionelle Kompetenz von Lehrkräften: Ergebnisse des Forschungsprogramms COACTIV* (S. 7–25). Münster: Waxmann.

Blömeke, S., Bremerich-Vos, A., Haudeck, H., Kaiser, G., Lehmann, R., Nold, G., Schwippert, K. & Willenberg, H. (Hrsg.). (2011). *Kompetenzen von Lehramtsstudierenden in gering strukturierten Domänen. Erste Ergebnisse aus TEDS-LT*. Münster: Waxmann.

Blömeke, S., Kaiser, G. & Lehmann, R. (Hrsg.). (2010). *TEDS-M 2008. Professionelle Kompetenz und Lerngelegenheiten angehender Mathematiklehrkräfte für die Sekundarstufe I im internationalen Vergleich*. Münster: Waxmann.

Blömeke, S. & König, J. (2010). Messung des pädagogischen Wissens: Theoretischer Rahmen und Teststruktur. In S. Blömeke, G. Kaiser & R. Lehmann (Hrsg.), *TEDS-M 2008 – Professionelle*

Kompetenz und Lerngelegenheiten angehender Mathematiklehrkräfte für die Sekundarstufe I im internationalen Vergleich (S. 239–263). Münster: Waxmann.

Blömeke, S., Felbrich, A. & Müller, J. (2008). Messung des erziehungswissenschaftlichen Wissens angehender Lehrkräfte. In S. Blömeke, G. Kaiser. & R. Lehmann (Hrsg.), *Professionelle Kompetenz angehender Lehrerinnen und Lehrer* (S. 171–194). Münster: Wamann.

Blömeke, S., Seeber, S., Lehmann, R., Kaiser, G., Schwarz, B., Felbrich, A. & Müller, C. (2008). Messung des fachbezogenen Wissens angehender Mathematiklehrkräfte. In S. Blömeke, G. Kaiser. & R. Lehmann (Hrsg.), *Professionelle Kompetenz angehender Lehrerinnen und Lehrer* (S. 49–88). Münster: Waxmann.

Bunch, G. C. (2013). Pedagogical language knowledge: Preparing mainstream teachers for english learners in the new standards era. *Review of Research in Education*, 37, 298–341.

Carlson, S. A., Hammer, S., Ehmke, T., Rosenbrock, S., Köker, A., Koch-Priewe, B. (submitted). *Measuring pre-service teachers' competency in german as a second language (GSL competency)*.

Döhrmann, M., Kaiser, G. & Blömeke, S. (2010). Messung des mathematischen und mathematikdidaktischen Wissens: Theoretischer Rahmen und Teststruktur. In S. Blömeke, G. Kaiser & R. Lehmann (Hrsg.), *TEDS-M 2008 – Professionelle Kompetenz und Lerngelegenheiten angehender Mathematiklehrkräfte für die Sekundarstufe I im internationalen Vergleich* (S. 169–194). Münster: Waxmann.

Galguera, T. (2011). Participant structures as professional learning tasks and the development of pedagogical language knowledge among preservice teachers. *Teacher Education Quarterly*, 38, 85–106.

Hammer, S., Carlson, S. A., Ehmke, T., Koch-Priewe, B., Köker, A., Ohm, U., Rosenbrock, S. & Schulze, N. (2015). Kompetenz von Lehramtsstudierenden in Deutsch als Zweitsprache: Validierung des GSL-Testinstruments. *Zeitschrift für Pädagogik*, Beiheft 61, 32–54.

Köker, A., Rosenbrock, S., Ohm, U., Carlson, S. A., Ehmke, T., Hammer, S. & Koch-Priewe, B. (2015). *DaZKom – Ein Modell von Lehrerkompetenz im Bereich Deutsch als Zweitsprache*. In B. Koch-Priewe, A. Köker, J. Seifried & E. Wuttke (Hrsg.), *Kompetenzerwerb an Hochschulen: Modellierung und Messung. Zur Professionalisierung angehender Lehrerinnen und Lehrer und frühpädagogischer Fachkräfte* (S. 177–206). Bad Heilbrunn: Klinkhardt.

König, J. (2012). Die Entwicklung von pädagogischem Unterrichtswissen: Theoretischer Rahmen, Testinstrument, Skalierung und Ergebnisse. In J. König & A. Seifert (Hrsg.), *Lehramtsstudierende erwerben pädagogisches Professionswissen. Ergebnisse der Längsschnittstudie LEK zur Wirksamkeit der erziehungswissenschaftlichen Lehrerausbildung* (S. 143–182). Münster: Waxmann.

König, J., Blömeke, S. & Schwippert, K. (2013). Pädagogisches Professionswissen im Studienverlauf. In S. Blömeke, A. Bremerich-Vos, G. Kaiser, G. Nold, H. Haudeck, J.-U. Keßler & K. Schwippert (Hrsg.), *Professionelle Kompetenzen im Studienverlauf. Weitere Ergebnisse zur Deutsch-, Englisch- und Mathematiklehrerausbildung aus TEDS-LT* (S. 145–165). Münster: Waxmann.

König, J. & Seifert, A. (2012). *Lehramtsstudierende erwerben pädagogisches Professionswissen. Ergebnisse der Längsschnittstudie LEK zur Wirksamkeit der erziehungswissenschaftlichen Lehrerausbildung*. Münster: Waxmann.

Krauss, S., Blum, W., Brunner, M., Neubrand, M., Baumert, J., Kunter, M., Besser, M. & Elsner, J. (2011). Konzeptualisierung und Testkonstruktion zum fachbezogenen Professionswissen von Mathematiklehrkräften. In M. Kunter, J. Baumert, W. Blum, U. Klusmann, S. Krauss & M. Neubrand (Hrsg.), *Professionelle Kompetenz von Lehrkräften: Ergebnisse des Forschungsprogramms COACTIV* (S. 135–161). Münster: Waxmann.

Krüger-Potratz, M. & Supik, L. (2014). Deutsch als Zweitsprache in der Lehrerbildung. In B. Ahrenholz & I. Oomen-Welke (Hrsg.), *Deutsch als Zweitsprache* (S. 298–312). Baltmannsweiler: Schneider Verlag Hohengehren.

Kunina-Habenicht, O., Schulze-Stocker, F., Kunter, M., Baumert, J., Leutner, D., Förster, D., Lohse-Bossenz, H. & Terhart, E. (2013). Die Bedeutung der Lerngelegenheiten im Lehramtsstudium und deren individuelle Nutzung für den Aufbau des bildungswissenschaftlichen Wissens. *Zeitschrift für Pädagogik*, 59 (1), 1-23.

Kunter, M., Kunina-Habenicht, O., Baumert, J., Dicke, T., Holzberger, D., Lohse-Bossenz, H., Leutner, D., Schulze-Stocker, F. & Terhart, E. (2016). Bildungswissenschaftliches Wissen und professionelle Kompetenz in der Lehramtsausbildung – Ergebnisse des Projekts BilWiss. In C. Gräsel & K. Trempler (Hrsg.), *Entwicklung von Professionalität pädagogischen Personals. Interdisziplinäre Betrachtungen, Befunde und Perspektiven* (S. 37–54). Wiesbaden: Springer.

Leisen, J. (2010). *Handbuch Sprachförderung im Fach – Sprachsensibler Fachunterricht in der Praxis*. Bonn: Varus.

Lucas, T. & Villegas, A. M. (2011). A framework for preparing linguistically responsive teachers. In T. Lucas (Ed.), *Teacher preparation for linguistically diverse classrooms: A resource for teacher educators* (pp. 55–72). New York: Routledge.

Lohse-Bossenz, H., Kunina-Habenicht, O. & Kunter, M. (2013). The role of educational psychology in teacher education: Expert opinions on what teachers should know about learning, development, and assessment. *European Journal of Psychology of Education*, 28 (4), 1543–1565.

OECD – Organisation for Economic Co-operation and Development (2013). *PISA 2012 Results: Excellence through equity: Giving every student the chance to succeed (Vol. II)*. OECD Publishing.

OECD – Organisation for Economic Co-operation and Development (2014a). *PISA 2012 results: What students know and can do – student performance in mathematics, reading and science (Vol.I)*. Revised Edition – February 2014. OECD Publishing.

OECD – Organisation for Economic Co-operation and Development (2014b). *PISA 2012 Ergebnisse – Was Schülerinnen und Schüler wissen und können – Schülerleistungen in Mathematik, Lesekompetenz und Naturwissenschaften (Band 1)*. Überarbeitete Ausgabe – Februar 2014. OECD. Verfügbar unter: http://www.oecd.org/berlin/publikationen/pisa-2012-ergebnisse.html [04.05.2014].

Ohm, U. (2009). Zur Professionalisierung von Lehrkräften im Bereich Deutsch als Zweitsprache: Überlegungen zu zentralen Kompetenzbereichen für die Lehrerausbildung. *Zeitschrift für Interkulturellen Fremdsprachenunterricht*, 14 (2), 28–36.

Ohm, U. (2010). Fachliche Schwierigkeiten sind sprachliche Schwierigkeiten. Müssen Fachlehrer und Ausbilder auch Sprachlehrer sein? In C. Chlosta & M. Jung (Hrsg.), *DaF integriert: Literatur – Medien – Ausbildung*. Tagungsband der 36. Jahrestagung des Fachverbandes Deutsch als Fremdsprache 2008 (S. 271–284). Göttingen: Universitätsverlag.

Paetsch, J., Wolf, K. M., Stanat, P. & Darsow, A. (2014). Sprachförderung von Kindern und Jugendlichen aus Zuwandererfamilien. *Zeitschrift für Erziehungswissenschaft*, 17, Sonderheft 24, 315–347.

Rost, J. (2004). *Lehrbuch Testtheorie – Testkonstruktion* (2. neu bearbeitete Aufl.). Göttingen: Huber.

Schmölzer-Eibinger, S. (2013). Sprache als Medium des Lernens im Fach. In M. Becker-Mrotzek, K. Schramm, E. Thürmann & H. J. Vollmer (Hrsg.), *Sprache im Fach. Sprachlichkeit und fachliches Lernen* (S. 25–40). Münster: Waxmann.

Schulze-Stocker, F., Holzberger, D., Kunina-Habenicht, O. & Terhart, E. (2015). BilWiss-Beruf: Bildungswissenschaften in der Lehrerbildung: Ergebnisse des Studiums und Entwicklungen im Vorbereitungsdienst. In B. Koch-Priewe, A. Köker, J. Seifried & E. Wuttke (Hrsg.), *Kompetenzerwerb an Hoschulen: Modellierung und Messung. Zur Professionalität angehender Lehrerinnen und Lehrer sowie pädagogischer Fachkräfte* (S. 207–218). Bad Heilbrunn: Klinkhardt.

Voss, T., Kunina-Habenicht, O., Hoehne, V. & Kunter, M. (2015). Stichwort Pädagogisches Wissen von Lehrkräften: Empirische Zugänge und Befunde. *Zeitschrift für Erziehungswissenschaft*, 18 (2), 187–224.

Voss, T. & Kunter, M. (2011). Pädagogisch-psychologisches Wissen von Lehrkräften. In M. Kunter, J. Baumert, W. Blum, U. Klusmann, S. Krauss & M. Neubrand (Hrsg.), *Professionelle Kompetenz von Lehrkräften: Ergebnisse des Forschungsprogramms COACTIV* (S. 193–214). Münster: Waxmann.

Weinert, F. E. (2001). Concept of competence: A conceptual clarification. In D. S. Rychen & L. H. Saganik (Eds.), *Defining and Selecting Key Competencies* (pp. 45–65). Seattle.

Willems, A. S., Bos, W., Wilmanns, I. & Platz, U. (2013). Der Einsatz von SprachFörderCoaches zur Förderung sprachlicher Kompetenzen von Schülerinnen und Schülern in der Unterrichtssprache Deutsch: Wirksamkeit und Effekte eines Qualifizierungsprogramms für Lehrkräfte. In S.-I. Beutel, W. Bos & R. Porsch (Hrsg.), *Lernen in der Vielfalt. Chance und Herausforderung für Schul- und Unterrichtsentwicklung* (S. 155–184). Münster: Waxmann.

Wilson, M. (2005). *Constructing measures. An item response modeling approach.* Mahwah, NJ: Lawrence Erlbaum Associates.

Kapitel 8

Überzeugungen zu Sprache im Fachunterricht: Erhebungsinstrument und Skalendokumentation

NELE FISCHER, SVENJA HAMMER
& TIMO EHMKE

Zusammenfasssung: Dieser Beitrag greift die Diskussion über die theoretische Konzeptualisierung von Überzeugungen hinsichtlich Sprache im Fachunterricht auf und präsentiert anschließend die Planung, Durchführung sowie die Ergebnisse einer empirischen Studie zum Erfassen von entsprechenden Überzeugungen bei Lehramtsstudierenden. Das im Projekt *DaZKom* entwickelte Instrument zu den Überzeugungen hinsichtlich Sprache im Fachunterricht ($\alpha = .79$) umfasst drei Subskalen: (1) Sprachsensibilität im Fachunterricht ($\alpha = .64$), (2) die Zuständigkeit für Sprachförderung ($\alpha = .70$) und (3) die generelle Wertschätzung von Mehrsprachigkeit im Unterricht ($\alpha = .68$). Es werden Ergebnisse der Pilotierungs- sowie Normierungsstudie des Projektes präsentiert ($N = 627$). Die Ergebnisse sprechen dafür, dass viele der befragten Studierenden Überzeugungen vertreten, die mit einer hohen Sprachsensibilität im Fachunterricht einhergehen. Wenn auch nicht in gleichem Maße, so kann doch auch von einer vorhandenen Wertschätzung der Herkunftssprachen gesprochen werden. Die drei Skalen weisen in der konfirmatorischen Faktorenanalyse akzeptable Ergebnisse auf und eignen sich dafür, Lerngelegenheiten in der Lehrerausbildung zum Thema Überzeugungen zu Mehrsprachigkeit zu evaluieren.

Abstract: This article addresses the question of theoretical conceptualization of beliefs concerning multilingualism and presents the procedure and results of an empirical study conducted to evaluate the corresponding beliefs of students. An instrument for assessing beliefs related to multilingualism ($\alpha = .79$) was developed as part of the *DaZKom* project. It entails three subscales: (1) Linguistic Responsiveness ($\alpha = .64$), (2) Responsibility for Language Facilitation ($\alpha = .70$), and (3) Valuing Multilingualism ($\alpha = .68$). Results from the pilot run and the standardization study are presented

($N = 627$). The results suggest that many of the students represent beliefs related to linguistic responsiveness and responsibility for language facilitation support. Although to a lesser extent, results also point to the existence of valuing multilingualism. The three scales show acceptable results in the confirmatory factor analysis and may be used for evaluating learning opportunities concerning multilingualism in teacher training.

8.1   Einleitung

Nach Pintrich (1990) ist das Konzept der Überzeugungen eines der nützlichsten psychologischen Konstrukte in Hinblick auf die Forschung zur Lehramtsausbildung. Überzeugungen dienen als „Wegweiser" für Handlungen und sind somit für Lehrkräfte in ihrem Beruf, der durch eine komplexe und dynamische Lehrsituation oftmals das Handeln unter Druck erfordert (Borg, 2001; Trautwein, 2013), unerlässlich. Doch so pauschal diese Aussage alle Lehrkräfte einschließt, so individuell und emotional aufgeladen sind die Überzeugungen jeder einzelnen Lehrkraft (Borg, 2001), da sie sich aus individuellen Erfahrungen und institutionellen Quellen zusammensetzen (Nespor, 1987). In Hinblick auf die Lehramtsausbildung, die maßgeblich von der Institution Hochschule gestaltet wird, ist es daher von großem Interesse, Einblicke in die Überzeugungen angehender Lehrkräfte zu erhalten, um diese ggf. durch Reflexion und der gezielten Vermittlung von Wissen bereits in der Universität beeinflussen zu können (Hachfeld, Schroeder, Anders, Hahn & Kunter, 2012).

   Die aktuelle bildungspolitische Situation stellt Lehrkräfte in neuem Maße vor die Herausforderung, sprachlich und soziokulturell heterogene Gruppen gemeinsam zu unterrichten (Lengyel, 2010, 2016). Die schon länger zu beobachtende migrationsbedingte Vielfalt, vor allem die damit einhergehende Mehrsprachigkeit von Schülerinnen und Schülern, kann von Lehrkräften entweder als Defizit oder aber Ressource wahrgenommen werden. Ein defizitärer Blick wird oftmals in Verbindung mit dem Begriff des monolingualen Habitus des deutschen Schulsystems (Gogolin, 2008) gebracht. Dieser beschreibt „die Überzeugung, dass Individuen und Staaten ‚normalerweise' einsprachig seien" (Gogolin, 2001, S. 2). Mehrsprachigkeit wird in diesem Kontext häufig nur als Bildungsziel für privilegierte Personen und Gruppen genannt (Allemann-Ghionda, 2007). Der monolinguale Habitus spiegelt sich auch in der schulischen Wirklichkeit wider. Schließlich wird in der Sprachförderung von Lernenden mit Deutsch als Zweitsprache häufig ein Fokus auf die Förderung der deutschen Sprache im Deutschunterricht oder im fachexternen Förderunterricht gelegt. Bleibt es dabei, erfahren betroffene Schülerinnen und Schüler nur, dass sie sprachliche Schwächen besitzen; ihre Mehrsprachigkeit wird als Defizit angesehen (Michalak, 2008). Pädagogisch sinnvollere Prinzipien legen es jedoch nahe, Sprachenvielfalt als Bereicherung bzw. Ressource und nicht als Defizit aufzufassen. Eine solche Haltung ist nicht nur in Hinblick auf mehrsprachige Lernende wichtig, sondern auch bezogen auf deutsch-muttersprachliche Schülerinnen und Schüler, die ebenfalls auf ein zukunftsorientiertes mehrsprachig-kulturelles Miteinander vorbereitet werden sollen (Luchtenberg, 2009). Dass sich Kinder für ihre Erstsprachen schämen oder etwa die Kompetenzen in diesen verdrängen müssen, sollte unbedingt verhindert werden (Gogolin, 2001).

Um dieses Ziel zu erreichen, muss Sprachförderung in allen Fächern integriert werden (Leisen, 2011; Michalak & Bachtsevanidis, 2012) und jede Lehrkraft muss „sprachsensibel" unterrichten können. Wenn diese Bedingungen erfüllt sind, kann Sprachförderung gelingen und zugleich können die Lernenden in ihrer Identitätsbildung gestärkt werden. Wie Lehramtsstudierende auf das Thema Mehrsprachigkeit blicken, hat also Relevanz für ihre möglichen Handlungsschritte im zukünftigen Berufsleben als Lehrkraft. Daher ist es von großer Bedeutung, das Konstrukt der Überzeugungen zu nutzen, um zu erforschen, wie angehende Lehrkräfte die auf sie zukommende Situation wahrnehmen. Dieser Beitrag greift die Diskussion über die theoretische Konzeptualisierung von Überzeugungen hinsichtlich Mehrsprachigkeit auf und präsentiert anschließend die Planung, Durchführung sowie die Ergebnisse einer empirischen Studie zum Erfassen von entsprechenden Überzeugungen bei Lehramtsstudierenden. Im BMBF geförderten Projekt *DaZKom* wurden mit dieser Zielsetzung mehrere Fragebogenskalen entwickelt und erprobt. Anhand der erhobenen Daten soll gezeigt werden, welche Überzeugungen angehende Lehrkräfte hinsichtlich Sprache im Fachunterricht vertreten.

Exemplarisch für den Fachunterricht wurde der Mathematikunterricht gewählt. Es wird angenommen, dass (vor allem angehende) Lehrkräfte in der „Sprache der Mathematik" wenig sprachliche Aspekte identifizieren, da diese häufig auch mit der „Sprache der Zahlen" gleichgesetzt wird und insbesondere im Mathematikstudium nur selten Veranstaltungen mit sprachlichen Fokus angeboten werden (Meyer & Prediger, 2012; Michalak & Bachtsevanidis, 2012; Leisen, 2011). Dass auch im Mathematikunterricht Fach- und Bildungssprache[1] von hoher Bedeutung sind, konnte bereits an vielen Stellen gezeigt werden (unter anderem Meyer & Prediger, 2012).

8.2 Überzeugungen

8.2.1 Beliefs

Obwohl der Begriff der *beliefs* in der Fachliteratur oft gebraucht wird, gibt es keine Einigkeit über dessen Definition und das Konzept wird zum Teil sehr unscharf verwendet (Borg, 2001). Pajares (1992) schreibt: „Many see it so steeped in mystery that it can never be clearly defined or made a useful subject of research" (S. 308). Er zählt anschließend unterschiedliche Synonyme für *beliefs* auf, aus denen die Fülle der Perspektiven ersichtlich wird:

> They travel in disguise and often under alias - attitudes, values, judgments, axioms, opinions, ideology, perceptions, conceptions, conceptual systems, preconceptions, dispositions, implicit theories, explicit theories, personal theories, internal mental processes, action strategies, rules of practice, practical principles, perspectives, reperto-

---

[1] Um die folgenden Ausführungen an bestehende Diskurse anschlussfähig zu machen, wird hier u. a. der nicht unproblematische Begriff „Bildungssprache" verwendet. In Kapitel 2 des vorliegenden Werks ‚Zur Relevanz (bildungs-)sprachlicher Förderung in Schule und Fachunterricht' greift Anne Köker die Frage nach einer definitorischen Klärung ausführlich auf und erläutert die prinzipiellen Gründe, warum im Projekt alternative Bezeichnungen präferiert werden.

ries of understanding, and social strategy, to name but a few that can be found in the literature (Pajares, 1992, S. 309).

Im deutschsprachigen Raum kann der Begriff der *beliefs* mit Einstellungen, Werten, Meinungen oder Handlungsstrategien übersetzt werden (Trautmann, 2005). Es scheint sich jedoch der Begriff *Überzeugungen* durchzusetzen (Reusser, Pauli & Elmer, 2011, S. 479), weshalb in dieser Arbeit die Begriffe *Überzeugungen* und *beliefs* synonym verwendet werden. Ziel des folgenden Abschnitts ist das Herausarbeiten einer Arbeitsdefinition. Daher sollen bereits vorliegende Definitionen geprüft werden, um auf dieser Basis die wesentlichen und sinnvoll erscheinenden Kernmerkmale herauszuarbeiten. Laut Borg (2001) haben die meisten Definitionen gemein, dass *beliefs* das menschliche Denken und Handeln anordnen bzw. leiten. Die Autorin schreibt weiterhin:

> (...) [Beliefs] are involved in helping individuals making sense of the world, influencing how new information is perceived, and whether it is accepted or rejected (Borg, 2001, S. 186 f.).

Blömeke und Oser definieren als Überzeugungen meist „nicht-wissenschaftliche Vorstellungen darüber, wie etwas beschaffen ist oder wie etwas funktioniert" (Blömeke & Oser, 2012, S. 415). Weiterhin unterscheiden sie innerhalb von Überzeugungen zwischen zum einen normativen Erwartungen (Notwendigkeiten) und zum anderen deskriptiven Analysen (Annahmen über Sachverhalte; Blömeke & Oser, 2012). Dewey (1933, S. 6) charakterisiert *beliefs* wie folgt:

> [I]t covers all the matter of which we have no sure knowledge and yet which we are sufficiently confident of to act upon and also the matters that we now accept as certainly true, as knowledge, but which nevertheless may be questioned in the future.

Beliefs sind demnach Handlungsrichtlinien, die zeitweise als richtig angesehen werden, in der Zukunft aber auch hinterfragt werden könnten. Rokeach bezeichnet sie als „any simple proposition, conscious or unconscious, inferred from what a person says or does, capable of being preceded by the phrase, ‚I belief that ...‘" (Rokeach, 1968, S. 113). Hier wird insbesondere die subjektive Facette der *beliefs* betont. Nisbett und Ross (1980) sehen in dem Konstrukt *beliefs* hingegen halbwegs eindeutige Thesen über Charaktereigenschaften von Objekten oder Objektklassen, und Sigel (1985) beschreibt *beliefs* als mentale Konstrukte aus Erfahrungen – häufig verdichtet und integriert in Schemata oder Konzepte. Diese Autoren heben hervor, dass Überzeugungen auf Verallgemeinerungen beruhen.

Pajares (1992) merkt an, dass Irritationen bezüglich des *belief*-Begriffs auch auf der schwierigen Unterscheidung zwischen *beliefs* und Wissen (= knowledge) basieren. Er argumentiert diesbezüglich: „The conception of knowledge is somehow purer than belief and closer to the truth or falsity of a thing requires a mechanistic outlook not easily digested" (Pajares, 1992, S. 310). Diesen Abgrenzungsversuch bestätigt auch Borg (2001, S. 186):

> [...] [A] belief is a mental state which has as its content a proposition that is accepted as true by the individual holding it, although the individual may recognize that alternative beliefs may be held by others. This is one of the key differences between belief and knowledge, in that knowledge must actually be true in some external sense.

Ergänzend wird an dieser Stelle der subjektive Charakter von Überzeugungen hervorgehoben und auch Nespor (1987, S. 320) unterstellt, dass reines Wissen in semantischen Netzwerken gespeichert würde, während *beliefs* auf episodischem „Material" beruhen, das sich aus individuellen Erfahrungen oder kulturellen bzw. institutionellen Quellen zusammensetze. Nach Pajares (1992) besteht ein Hauptpunkt der Unterscheidung darin, dass Wissen offen für Evaluation und kritische Betrachtung sei, während dies auf *beliefs* nicht zuträfe. Er wird noch konkreter: „Belief is based on evaluation and judgement, knowledge is based on objective fact" (Pajares, 1992, S. 313). Auch Borg (2001) hebt hervor, dass *beliefs* einen bewertenden Charakter besitzen, da sie vom Individuum als wahr angesehen werden. Trautmann (2005) geht bei seiner Differenzierung zu Meinungen davon aus, dass Überzeugungen, anders als Meinungen, meist auch bei gegenteiligen Beweisen nicht leicht aufgegeben werden. Zusammengefasst ließe sich resümieren, dass Wissen veränderbar ist, Meinungen beeinflussbar sind, Menschen aber oft an ihren individuellen Überzeugungen festhalten, die ihr Denken und Handeln stärker und vielleicht auch unbewusster beeinflussen als Wissen und Meinungen. Auch Baumert und Kunter bestätigen die Annahme, *beliefs* seien Ausdruck einer recht unerschütterlichen subjektiven Vorstellung von Richtigkeit:

> Beliefs haben weder den Kriterien der Widerspruchsfreiheit noch den Anforderungen der argumentativen Rechtfertigung und der diskursiven Validierung zu genügen. Es genügt der individuelle Richtigkeitsglaube (Baumert & Kunter, 2006, S. 497).

Wischmeier (2012) unterstellt demgegenüber, dass Überzeugungen den Wissenserwerb beeinflussen können und der Wissenserwerb auch Überzeugungen beeinflusst bzw. verändert. Hartinger, Kleickmann und Hawelke (2006, S. 113) sehen beide Bereiche „untrennbar miteinander verbunden" und auch Blömeke, Kaiser und Lehmann (2008, S. 220) gehen bei dem Begriff der *beliefs* im Rahmen der MT21-Studie (*Mathematics Teaching in the 21st Century*) von einem relativ weiten Verständnis aus. Sie beschreiben die Differenz so, „dass sich in Überzeugungen affektiv-motivationale mit kognitiven Aspekten mischen", während Wissen als „rein kognitives Konstrukt" definiert wird. In Bezug auf die Unterscheidung zwischen Wissen und Überzeugungen schließt sich die vorliegende Arbeit diesem erweiterten *belief*-Verständnis an: Überzeugungen sind subjektiv, enthalten jedoch auch kognitive Aspekte. Auch die bereits erwähnte Bewusstheit von Überzeugungen wird kontrovers diskutiert. Laut Borg (2001) unterstellen einige Studien, dass *beliefs* bewusst sind; einige Autoren gehen davon aus dass manche *beliefs* bewusst, andere aber unbewusst sind. Auch die letztere Annahme ist nachvollziehbar. Ebenfalls ist in der Literatur strittig, ob *beliefs* veränderbar oder stabil sind. Kane, Sandretto und Heath (2002) sehen Überzeugungen als robust und veränderungsresistent an, Pajares (1992) als nicht absolut unveränderlich, aber stabil. Eine gezielte Veränderung sei möglich, müsse aber früh ansetzen. Furinghetti und Pehkonen (2002) unterscheiden tief verwurzelte, zentrale und somit sehr stabile Überzeugungen und jene Überzeugungen, die weniger zentral und somit leichter veränderbar sind. Diese Vermutung erscheint nachvollziehbar und daher als ein weiteres Definitionsmerkmal akzeptabel.

8.2.2 Teachers' Beliefs

Grenzt man die Diskussion um die sinnvolle Definition von Überzeugungen auf das Thema der Überzeugungen von Lehrkräften ein, findet sich auch hier keine einheitliche Kennzeichnung. Die Forschung um das Wissen, das Denken und die Überzeugungen von Lehrkräften beginnt verstärkt in den 1970er Jahren (Trautwein, 2013). „Der Ausdruck *beliefs* taucht im Zusammenhang mit Lehrerforschung verstärkt in den 1980er-Jahren im US-amerikanischen Kontext auf" (Trautmann, 2005, S. 39). Pajares (1992, S. 313) hält fest:

> That beliefs are studied in diverse fields has resulted in a variety of meanings, and the educational research community has been unable to adopt a specific working definition.

Wie Pajares beim generellen Konzept der *beliefs*, sammelt nun Trautwein (2013, S. 2) die unterschiedlichen Bezeichnungen für das auf Lehrkräfte bezogene Konzept:

> [...] approaches to teaching (Trigwell & Prosser, 1996) oder conceptions of teaching (Kember, 1997), pedagogical content beliefs (Staub & Stern, 2002), teachers' beliefs (Norton, Richardson, Hartley, Newstead & Mayes, 2005), educational beliefs (Pajares, 1992), pädagogische Überzeugungen (Fischer & Schröder, 2003), epistemische Überzeugungen (Paetz, Ceylan, Diehn, Schworm & Harteis, 2011), Lehr-Orientierungen (Braun & Hannover, 2008) oder Subjektive Theorien Lehrender (Groeben, Wahl, Schlee & Scheele, 1988).

Im deutschsprachigen Kontext der Lehrerprofessionsforschung haben sich die Begriffe Überzeugungen bzw. *teachers' beliefs* etabliert. „Teachers' attitudes about education – about schooling, teaching, learning, and students – have generally been referred to as teachers' beliefs" (Pajares, 1992, S. 316). Pajares ergänzt, dass nicht nur Lehrkräfte Überzeugungen zu Schule, Lehren und Lernenden haben und sich die Überzeugungen, die Lehrkräfte außerhalb ihrer professionellen Tätigkeit vertreten, mit ihren berufsbezogenen *beliefs* vermischen.

Kagan (1990, S. 423) bezeichnet *teachers' beliefs* als „the highly personal ways in which a teacher understands classrooms, students, the nature of learning, the teacher's role in the classroom, and the goals of education". Und auch Pajares' (1992) Definition von *teachers' beliefs* umfasst alle Überzeugungen von Lehrkräften – hinsichtlich des Unterrichtens, des Lernens und der Lernenden. Besonders prägend seien hierbei eigene Erfahrungen des Lehrens und Lernens, deswegen müsse diesen in der Ausbildung von Lehrkräften eine größere Aufmerksamkeit gewidmet werden (Pajares, 1992; Trautwein, 2013). Hachfeld et al. (2012, S. 105) erwähnen diese Erfahrungen ebenfalls:

> Lehrererwartungen beschreiben all diejenigen Erwartungen, Einschätzungen und Einstellungen, die eine Lehrkraft gegenüber einem Schüler oder einer Schülerin hat. Diese Erwartungen setzen sich zum einen aus den Leistungen des Schülers oder der Schülerin und aus seinen oder ihren persönlichen Charakteristika und zum anderen aus den Erfahrungen der Lehrkraft zusammen.

Seifried (2009, S. 119) greift im Zusammenhang mit den eigens in der Schulzeit gemachten Erfahrungen noch einmal die fragliche Objektivität von *beliefs* auf und schreibt, dass diese im Unterricht „zu einer subjektiven Auswahl und Relevanz von Informationen sowie einer entsprechenden Bewertung [führen]. Deswegen lösen ‚objektiv' identische Situationen bei unterschiedlichen Lehrpersonen unterschiedliche Reaktionen aus". Pehkonen und Pietilä (2003) sehen in den Überzeugungen von Lehrkräften ebenfalls „subjektives, oft implizites Wissen und Emotionen, die Gegenstände und ihre Beziehungen betreffen", wobei als Gegenstände (objects) z. B. Lehr-Lern-Situationen angesehen werden können (Trautwein, 2013). Den Einfluss von persönlichen Erfahrungen auf *beliefs* von Lehrkräften betont Clark (1988, S. 5):

> [Teachers' beliefs] tend to be eclectic aggregations of cause-effect propositions from many sources, rules of thumb, generalizations drawn from personal experience, beliefs, values, biases, and prejudices.

Ein wichtiger Punkt, der in dieser Definition abermals erwähnt wird, ist der der „Generalisierung", also Verallgemeinerung. Demnach können *beliefs* dazu dienen, Strategien des Denkens und Handelns zu festigen. Gerade im Lehrberuf muss häufig schnell und zuverlässig gehandelt werden, und in diesen Fällen stellen Grundüberzeugungen in Form normativer Erwartungen (z. B. *„Jeder sprachliche Fehler muss sofort korrigiert werden, sonst setzen sich falsche Formulierungen fest."*) und deskriptiver Analysen (z. B. *„Sprache kommt eine Schlüsselrolle in Bezug auf das Mathematiklernen zu."*) ein hilfreiches Grundgerüst dar (Blömeke & Oser, 2012).

> Das objektive Wissen wird dabei verstanden als formales, offizielles oder öffentliches Wissen, das allgemein akzeptiert ist. Das subjektive Wissen, dem die Lehrer/innen-Überzeugungen zugerechnet werden, ist dagegen etwas Einzigartiges, da es auf individuellen Erfahrungen und Verständnissen beruht. Allerdings befinden sich das subjektive Wissen des Individuums und das objektive Wissen außerhalb des Individuums im Austausch (Pehkonen & Pietilä, 2003) (Blömeke & Oser, 2012, S. 6f.).

Demnach sind die Überzeugungen von Lehrkräften keinesfalls mit „Wissen" gleichzusetzen. Hierbei handelt es sich nicht um fachlich angeeignetes Wissen, sondern um subjektives Wissen, das durch persönliche Erfahrungen beeinflusst ist. Wie Furinghetti und Pehkonen (2002) betonen, lässt es sich aber nicht zu ganz eindeutig vom fachlichen Wissen trennen und steht somit im ständigen Austausch mit diesem.

8.2.3   Zusammenfassung und Arbeitsdefinition

Wie Borg (2001) und Nespor (1987) gehen wir davon aus, dass *beliefs* bzw. Überzeugungen subjektiv geprägt sind und als legitim angesehene individuelle Thesen verstanden werden sollten (Borg, 2001; Trautmann, 2005; Pajares, 1992; Baumert & Kunter, 2006), die die jeweiligen Bewertungen von und Reaktionen auf Sachverhalte, Situationen und Personen beeinflussen (Blömeke & Oser, 2012; Nisbett & Ross, 1980). Überzeugungen von Lehrkräften (*teachers' beliefs*) umfassen Überzeugungen über das Schulwesen, das Lehren und Lernen sowie die Lernenden (Pajares, 1992). Sie stehen in einem engen Zusammenhang mit persönlichen Erfahrungen, die im Kontext der Lehrprofession insbesondere den eigenen Bildungsweg betreffen (Kagan, 1990; Trautwein, 2013). Außerdem beeinflussen sie die subjektive Wahrnehmung, beispielsweise die der Zuschreibung von

Charaktereigenschaften der Lernenden (Hachfeld et al., 2012). Sie stellen generalisieren-
de Konstrukte dar, die in Form von Strategien Handlungsentscheidungen erleichtern (Sigel, 1985). Dies ist insbesondere in Unterrichtssituationen, in denen Entscheidungen zum
schnellen Handeln getroffen werden müssen, von großer Bedeutung (Trautwein, 2013).
Es muss offen gelassen werden, ob Überzeugungen bewusst sind und stabil bleiben (Borg,
2001; Trautwein, 2013). Dass sich Wissen nicht klar von Überzeugungen trennen lässt,
ist anzunehmen. Somit ist davon auszugehen, dass *beliefs* neben affektiv-motivationalen
auch kognitive Aspekte enthalten, während Wissen auf letztere beschränkt ist (Hartinger
et al., 2006; Wischmeier, 2012; Furinghetti & Pehkonen, 2002; Blömeke et al., 2008). Wir
teilen die Annahme, dass *beliefs* durch gezieltes Einwirken von Wissen (beispielsweise in
der Lehrerausbildung) veränderbar sind (Hachfeld et al., 2012).

8.3   Theoretischer Rahmen

8.3.1   Forschungsbefunde zu Überzeugungen von Lehrkräften

Bereits 1979 ging Fenstermacher davon aus, dass die Forschung zu Überzeugungen von
Lehrkräften zukünftig stärker in den Fokus der Lehr-Effektivitäts-Forschung rücken würde. Wie vorher bereits erwähnt, wies Pintrich 1990 darauf hin, dass das Konzept der *be-
liefs* eines der nützlichsten psychologischen Konstrukte in der Vorbereitung von Lehrkräften sei. Dennoch stieg das Interesse der Forschung nicht unmittelbar (Pajares, 1992).
Heutzutage lassen sich zunehmend mehr Untersuchungen hinsichtlich der Überzeugungen von Lehrkräften finden. Geringer jedoch ist die Zahl jener Arbeiten, die sowohl
Mehrsprachigkeit als auch Mehrkulturalität im schulischen Kontext in den Blick nehmen
(Wischmeier, 2012).
Einige der im Folgenden genannten Untersuchungen betreffen migrationsbedingte Heterogenität, sie gehen aber nicht explizit auf die damit verbundenen Überzeugungen der
untersuchten Lehrkräfte ein bzw. untersuchen diese nicht ausdrücklich, obwohl sie vermutlich einen Effekt auf die erzielten Ergebnisse haben. Dennoch leisten diese Forschungen einen wichtigen Beitrag zur Konzeption von Studien zu Überzeugungen und sollen
daher im Folgenden in ihrer Relevanz für die durchgeführte Skalenentwicklung aufgeführt werden.
    Bender-Szymanski (2001) konzentriert sich in ihrer Studie auf die Entwicklung ange-
hender Lehrkräfte in Hinblick auf den Umgang mit kultureller Differenz und kulturellen
Konflikten.

> Die Befunde verdeutlichen, dass sich das Bemühen um einen konstruktiven Umgang
> mit kulturbezogenen Inhalten [...] nicht gleichsam von selbst einstellt. [...] Dieser Pro-
> zess benötigt, [...] unterstützende Maßnahmen, damit die eigenen moralischen An-
> sprüche auch in die Tat umgesetzt werden können (Bender-Szymanski, 2001, S. 11).

Die Autorin fordert somit indirekt, auch in der Ausbildung der Lehrkräfte den Umgang
mit kultureller Heterogenität stärker in den Fokus zu nehmen. Allemann-Ghionda, Auernheimer, Grabbe und Krämer (2006) beleuchteten das Beurteilungsverhalten von Grundschullehrkräften unter Aspekten migrationsbedingter Heterogenität. Die Forderung, die
aus der Untersuchung resultiert, lautet, Handwerkszeug zur Diagnostik und Beurteilung

von mehrsprachigen Lernenden in die Ausbildung von Lehrkräften zu integrieren. Anhand dieser Untersuchung wird besonders deutlich, dass die Beurteilungspraxis von Lehrkräften maßgeblich von ihren Überzeugungen geprägt ist – hier sind Wertschätzung der Sprachvielfalt und Interesse am Einbeziehen der unterschiedlichen Lernvoraussetzungen besonders hervorzuheben. Lehrkräfte, die für die sprachlich-heterogene Lerngruppe sensibilisiert sind, neigen dazu, diese angemessen zu beurteilen und zu fördern. Dennoch wurden Überzeugungen auch in dieser Studie nicht expliziert thematisiert. Edelmann (2006) führte eine Interviewstudie mit Grundschullehrkräften durch, aus der sie sechs Handlungstypen in Hinblick auf die Wahrnehmung von und den Umgang mit kultureller Heterogenität im Kontext des Unterrichtens ableitete. Edelmann arbeitete zwar nicht mit dem Konstrukt der *beliefs* oder Überzeugungen, dennoch lassen ihre Ergebnisse darauf schließen, dass sich Parallelen dazu finden lassen. Die von ihr herausgearbeiteten Typen reichen von dem „abgrenzend-distanzierten Typus" hin zu dem „kooperativ-synergieorientierten Typus". Die Untersuchung verdeutlicht, „dass die subjektive Interpretation sowie das persönliche Interesse der Lehrperson an der Vielfalt ihren Umgang mit der kulturell heterogenen Klassensituation maßgeblich beeinflussen, folglich ähnliche Kontextbedingungen zu unterschiedlichen Sichtweisen und Orientierungen führen können" (Edelmann, 2006, S. 243). Hierbei zeigte sich, dass der Umgang mit Heterogenität entscheidend von der Einstellung der Lehrkraft abhängt (auch wenn diese „Überzeugungen" hier nicht explizit thematisiert wurden) und Teamarbeit den Umgang mit sprachlich-kultureller Heterogenität optimiert. Hallitzky und Schliessleder (2008) nahmen explizit Überzeugungen zur migrationsbedingten Heterogenität in den Fokus ihrer Forschung. Die Forschergruppe kritisierte, dass die befragten Studierenden weder fundiertes Wissen noch Überzeugungen für ein professionelles Lehrerhandeln in Hinblick auf migrationsbedingte Heterogenität vertreten würden. Überwiegend handele es sich um intuitive Orientierungen. Die Autorinnen schließen mit folgendem Appell:

> Um Studierende an einen professionellen Umgang mit migrationsbedingter Heterogenität heranzuführen, reicht es nicht, Fachwissen, didaktisches Wissen und pädagogisches Wissen anzuhäufen. Lehrerbildung muss auch an den Orientierungen der Studierenden anknüpfen (Hallitzky & Schliessleder, 2008, S. 270).

Kampshoff und Walther (2010) untersuchten in einer Fragebogenstudie, ob Grundschullehrkräfte Heterogenität im Allgemeinen eher als Chance oder als Belastung wahrnehmen. Die Forschergruppe stellte fest, dass die Überzeugungen von Lehrkräften stark mit den ihnen gegebenen Rahmenbedingungen zusammenhängen, weshalb in der Ausbildung ein stärkerer Fokus auf die Wahrnehmung von Heterogenität als Chance gelegt werden sollte. Hachfeld et al. (2012) beschäftigten sich in einer quantitativen Längsschnittuntersuchung explizit mit der Frage, welche Rolle der Migrationshintergrund und multikulturelle Überzeugungen für das Unterrichten von Kindern mit Migrationshintergrund spielen. Die Untersuchung kam zu dem Ergebnis, dass Lehramtsanwärterinnen und -anwärter mit Migrationshintergrund über mehr ausgeprägte multikulturelle Überzeugungen berichteten, die Selbstwirksamkeitserwartungen und Enthusiasmus positiv und Vorurteile negativ beeinflussen. Die Untersuchung weist aber darauf hin, dass die multikulturellen Überzeugungen (zukünftiger) Lehrkräfte, anders als der eigene Hintergrund, als veränderbar angenommen werden. Somit müsse dieser Aspekt auch in der Ausbildung, sprich dem

Studium, verstärkt Beachtung finden. Wischmeier (2012) erforschte in einer quantitativen Studie anhand von Fragebögen explizit die Überzeugungen von Grundschullehrkräften über Lernende mit Migrationshintergrund. Wischmeier forderte in einem Fazit, im Lehramtsstudium nicht nur Fachwissen, sondern auch die Reflexion über Überzeugungen zu thematisieren. Riebling (2013) führte eine Studie zum Unterrichtshandeln von Lehrkräften naturwissenschaftlicher Fächer im Umgang mit sprachlicher Heterogenität durch. Innerhalb der Studie wurden auch „Einstellungen zur Sprachbildung" erfasst. Eine Mehrzahl der befragten Lehrkräfte zeigte eine positive Grundhaltung. Die Studie von Bello, Leiss und Ehmke (2017) zeigte hierzu, dass insbesondere Lehramtsstudierende, die selbst eine Migrationsgeschichte aufweisen, teilweise bedeutsam positivere Überzeugungen aufweisen, als Lehramtsstudierende ohne eigene Migrationsgeschichte.

Die Betrachtung des bisherigen Forschungsstands zeigt, dass der Umgang von Lehrkräften mit migrationsbedingter Heterogenität in den letzten Jahren häufiger erforscht worden ist. Dennoch ist ein Forschungsdesiderat hinsichtlich des Umgangs von Lehrkräften mit sprachlicher Heterogenität insbesondere im Fachunterricht zu konstatieren. Dieser Fokus ist für die Lehrerbildung besonders bedeutsam, da angenommen wird, dass multikulturelle Überzeugungen veränderbar sind (Hachfeld et al., 2012). Bereits die oben genannten Studien weisen darauf hin, dass das Thema Unterricht mit mehrsprachigen Schülerinnen und Schülern in der Ausbildung von Lehrkräften eine größere Rolle spielen sollte. Ein Großteil der Untersuchungen fordert zudem eine stärkere Reflexion der eigenen Überzeugungen in der Lehramtsausbildung (Hallitzky & Schliessleder, 2008; Kampshoff & Walter, 2010; Wischmeier, 2012). Dennoch wurde in vielerlei Studien darauf verzichtet, explizit die Überzeugungen der Lehrkräfte oder Studierenden zu sprachlicher und kultureller Heterogenität zu erfassen. Dies ist auch darauf zurückzuführen, dass sowohl theoretische Grundlagen als auch angemessene empirische Erhebungsinstrumente zu Überzeugungen von Lehrkräften hinsichtlich Sprache im Fachunterricht fehlen.[2] Diese Forschungslücke, deren Relevanz sich aus den bisher durchgeführten Studien ergibt, versucht das *DaZKom*-Projekt zu schließen, in dem ein theoretisches Modell sowie mehrere Fragebogenskalen entwickelt wurden.[3]

8.3.2   Theoretische Fundierung der Teilskalen

Angelehnt an die in Köker, Rosenbrock-Agyei, Ohm, Carlson, Ehmke, Hammer, Koch-Priewe & Schulze (2015) beschriebenen drei Dimensionen von DaZ-Kompetenz wurden analog drei Dimensionen für das Konstrukt der Überzeugungen abgeleitet. Sprachsensibilität im Fachunterricht wird – wie erwähnt - von zahlreichen Autoren gefordert (Leisen, 2011). Welche Überzeugungen haben aber Lehrkräfte zur Rolle der unterschiedlichen sprachlichen Anforderungen im Fachunterricht? Entsprechende Antworten könnte man der Dimension *Fachregister* des DaZ-Kompetenzmodells zuordnen. Obwohl vielerorts von der Sprachförderung in allen Fächern die Rede ist (Becker-Mrotzek, Hentschel,

---

[2]   Das theoretische Konstrukt der Überzeugungen sprachlich-kultureller Heterogenität wird auch von Fischer (2018) untersucht.

[3]   Eine weitere Untersuchung aus dem *DaZKom*-Projekt zu Überzeugungen von Lehramtsstudierenden hinsichtlich Mehrsprachigkeit in der Schule wurde mittlerweile von Hammer, Fischer & Koch-Priewe (2016) veröffentlicht.

Hippmann & Linnemann, 2012), bleibt oft unklar, welche Lehrkräfte dafür zuständig sind und welche Kompetenzen sie brauchen. Diese Frage korrespondiert mit der Dimension *Didaktik*. Zwar liegen eine Reihe von Konzepten vor, wie die Wertschätzung von Mehrsprachigkeit in den Unterricht zu integrieren ist (Oomen-Welke, 1997). Dennoch ist zu befürchten, dass von einer solchen Haltung nicht alle Lehrenden überzeugt sind. Dieser Aspekt entspricht der Dimension *Mehrsprachigkeit*. Die folgenden drei Dimensionen von Überzeugungen sollen empirisch überprüft werden:

– Teilskala 1: *Sprachsensibilität im Fachunterricht*

Um mehrsprachige Lernende angemessen in ihrem fachlichen und sprachlichen Lernen unterstützen zu können, müssen Lehrkräfte deren sprachliche Voraussetzungen wahrnehmen und ihren Unterricht dementsprechend ausrichten (Ahrenholz, 2010; Leisen, 2011; Meyer & Prediger, 2012; Thürmann & Vollmer, 2013). Diesen Anspruch greift das Instrument auf. Die Fragebogenskala beinhaltet Aussagen, die sprachliche Elemente des Mathematik- und Fachunterrichts bewerten (Beispiel: „Lehrkräfte sollten bei der Auswahl von Aufgaben die sprachlichen Kompetenzen ihrer SchülerInnen berücksichtigen").

– Teilskala 2: *Zuständigkeit für Sprachförderung*

Es wird angenommen, dass sich viele Fachlehrkräfte für die Sprachförderung ihrer Lernenden nicht zuständig fühlen (Leisen, 2011; Becker-Mrotzek et al., 2012). Zudem ist die Annahme weit verbreitet, dass sich ausschließlich der Deutschunterricht um sprachliche Förderung bemühen muss und sich der Fachunterricht auf inhaltliche Aspekte beschränkt (Wagner, 2012). Diese Sichtweise steht im Kontrast zur Auffassung der Fachdisziplin, die die Sprachbildung der Schülerinnen und Schüler als Aufgabe aller Fächer ansieht (Thürmann & Vollmer, 2013). Die Teilskala umfasst also die Bereitschaft, sich auch im Fachunterricht um die sprachliche Unterstützung der Lernenden zu bemühen (Beispiel: „Für Sprachförderung ist der Deutschunterricht da").

– Teilskala 3: *Wertschätzung von Mehrsprachigkeit*

Forschungsergebnisse zeigen, dass sich zweisprachige Lernende häufig für ihre Erstsprachen schämen, da diese vom Schulalltag ausgeschlossen werden (Gogolin, 2001). Untersuchungsergebnisse zeigen aber auch, dass eine Wertschätzung und Berücksichtigung der Herkunftssprachen[4] lernförderlich und identitätsunterstützend wirkt (Gürsoy, 2010). Die Wertschätzung der Herkunftssprachen und die Bereitschaft, diese im Unterricht gezielt zu nutzen (Oomen-Welke, 1997, 1999), soll mit diesem Bereich erfasst werden (Beispiel: „Im Mathematikunterricht sollten die SchülerInnen Bedeutungen von Lerninhalten in ihren Herkunftssprachen besprechen dürfen").

---

[4] An dieser Stelle sei auf die kritischen Ausführungen zum Begriff „Herkunftssprache" in Altun und Gürsoy (2015) verwiesen. Wie auch dort, wird in diesem Beitrag Herkunftssprache als die Sprache verstanden, die die Schülerinnen und Schüler zu Hause sprechen.

8.4   Forschungsfragen

Im Rahmen dieses Beitrags wurde folgenden Forschungsfragen nachgegangen:

1. Welche Überzeugungen zu Sprache im Fachunterricht vertreten die befragten Studierenden in den drei Fragebogenskalen?

Mit dieser inhaltlich deskriptiven Fragestellung wird angenommen, dass aufgrund noch nicht ausreichender Vorbereitung im Lehramtsstudium nur wenige Studierende elaborierte sprachsensible Überzeugungen vertreten, viele eher zu einer geringen Wertschätzung der Herkunftssprachen der Lernenden neigen und das Zuständigkeitsgefühl für Sprachförderung eher schwach ausgeprägt ist.

2. Welche dimensionale Struktur weisen die drei Fragebogenskalen auf?

Es soll überprüft werden, inwieweit sich die dreidimensionale Struktur mit den Bereichen (1) *Sprachsensibilität im Fachunterricht*, (2) *Zuständigkeit für Sprachförderung* und (3) *Wertschätzung von Mehrsprachigkeit* anhand einer konfirmatorischen Faktorenanalyse bestätigen lässt.

8.5   Methodisches Vorgehen

8.5.1   Entwicklung der Fragebogenskalen

Auf der Basis theoretischer Überlegungen wurden ein Konstrukt mit drei Teilskalen angenommen: (1) *Sprachsensibilität im Fachunterricht*, abgeleitet von der Kompetenzdimension *Fachregister*, (2) *Zuständigkeit für Sprachförderung*, abgeleitet von der Kompetenzdimension *Didaktik* und (3) *Wertschätzung von Mehrsprachigkeit*, abgeleitet von der Kompetenzdimension *Mehrsprachigkeit*. Die Items des Fragebogens basieren auf Adaptionen aus Vorarbeiten anderer Autorinnen und Autoren (z. B. Wagner, 2012) und auf Anregungen, die den relevanten theoretischen Arbeiten und empirischen Untersuchungen entnommen worden sind. Tabelle 8.1 gibt einen Überblick über exemplarische Items mit den dazugehörigen Quellen.[5]

Als Antwortformat wurde eine vierstufige Likert-Skala gewählt. Die Anker sind in diesem Fall von 1-4 skaliert und verbal mit den Labels (1) „stimme überhaupt nicht zu", (2) „stimme eher nicht zu", (3) „stimme eher zu" und (4) „stimme völlig zu" versehen. Die vierstufige Skala wurde gewählt, um einer Tendenz zur „neutralen" Mitte vorzubeugen, in deren Fall die Probanden beispielsweise bei fünf Auswahlmöglichkeiten die mittlere wählen, um eine Extremantwort zu vermeiden. Die gerade Zahl der Antworten „zwingt" die Befragten zu einer eindeutigeren Entscheidung (Greving, 2006; Gritsch, 2012).

8.5.2   Untersuchungsablauf und Stichprobe

Die Fragebogenitems zu „Überzeugungen zu Sprache im Fachunterricht" wurden innerhalb eines Testhefts des Projekts *DaZKom* erprobt. Die Datenerhebungen erfolgten im

---

[5]   Folgende Items sind ebenfalls entnommen aus Riebling (2013): *MMSV7, DFMiS7, LFr1, DFUF1*.

Tabelle 8.1: Quellen einzelner Items

Variable	Itemformulierung	Quelle
MMSV2	Wenn zu Hause kein Deutsch gesprochen wird, behindert das den Erwerb der deutschen Sprache.	Wagner, 2012, S. 104
MMSV4	Die Würdigung der Erstsprachen durch die Lehrkräfte kann kann die Zweitsprachenentwicklung der SchülerInnen positiv beeinflussen.	Gürsoy, 2010, S. 4
MZeL1	Wenn ein Schüler / eine Schülerin über gute umgangssprachliche Fähigkeiten verfügt, ist keine weitere Sprachförderung vonnöten.	Thürmann, 2010, S. 142 f.
DFMiS401	Fachunterricht kann keine Sprachförderung leisten.	Riebling, 2013, S. 258
LAllg4	Sprache kommt eine Schlüsselrolle in Bezug auf das Mathematiklernen zu.	Rösch & Paetsch, 2011, S. 58

Jahr 2014 an den jeweiligen Universitätsstandorten, an denen Erhebungen der *DaZKom*-Studie stattfanden. Die Teilnahme war freiwillig, anonym und wurde mit 15 Euro vergütet. Die Testzeit betrug insgesamt 90 Minuten und gliederte sich in 60 Minuten für den DaZ-Kompetenztest, 10 Minuten für den *beliefs*-Fragebogen, 10 Minuten für das Erfassen universitärer Lerngelegenheiten und 5 Minuten für die Abfrage von Personenmerkmalen.

Tabelle 8.2 gibt einen Überblick über die wichtigsten Merkmale der Teilnehmenden. Die Stichprobe, die den *belief*-Fragebogen ausgefüllt hat, bestand aus $N = 627$ Lehramtsstudierenden 14 deutscher Universitäten aus neun Bundesländern (Baden-Württemberg, Bayern, Berlin, Hamburg, Hessen, Niedersachsen, Nordrhein-Westfalen, Saarland, Schleswig-Holstein). Mit 82,7 % ist eine stärkere Beteiligung des weiblichen gegenüber dem männlichen Geschlecht mit 17,3 % festzustellen. 89 % der Studierenden sind muttersprachlich Deutsch, 11 % der Befragten gaben an, Deutsch als Zweitsprache erworben zu haben. Die belegten Unterrichtsfächer der Teilnehmenden streuen breit (Deutsch, Mathematik, Fremdsprachen, Naturwissenschaften, Geschichte, Politik, Religion, Philosophie, Musik, Kunst, Sport). 51 % der Teilnehmenden studierten Lehramt mit Unterrichtsfach Mathematik und 54 % Lehramt mit Unterrichtsfach Deutsch. Die Gesamtstichprobe bestand zu 70,5 % aus Bachelorstudierenden vom ersten bis zum sechsten Semester und zu 29,5 % aus Masterstudierenden vom ersten bis vierten Semester.

8.5.3 Statistisches Vorgehen

Die Dateneingabe und die Auswertung der Häufigkeiten erfolgte in *SPSS* (IBM 2014). Die Item- und Skalenanalyse für den Fragebogen wurden zusätzlich mit dem Programm *ConQuest* (Adams, Wu & Wilson, 2012) durchgeführt. Zusammenhänge und externe Maße wurden anhand von bivariaten Korrelationen berechnet. Die konfirmatorische Faktorenanalyse (s. Abschnitt 8.6.2) wurde mit dem Programm *Mplus* (Muthén & Muthén, 2006) realisiert. Fehlende Antworten, d. h. ungültige und nicht ausgefüllte Antwortfelder, wurden imputiert. Hierbei wurde die Single Imputation (SI) eingesetzt, bei der jeder fehlende

Wert durch einen mittels EM-Algorithmus geschätzten Wert ersetzt wird (Mayer, Muche & Hohl, 2009). Bei der Auswertung der Fragebogenskalen wurden die Antwortwerte einiger Items invertiert, wenn diese inhaltlich entgegen der sonstigen Skalenpolung formuliert wurden (z. B. „Bildungssprachliche Defizite fallen im Mathematikunterricht weniger ins Gewicht als in anderen Fächern", Item *LAllg1*).

Tabelle 8.2: Stichprobenverteilung

Merkmal	Ausprägung	Anzahl	Prozentsatz
Geschlecht	Weiblich	518	82.7 %
	Männlich	108	17.3 %
Erstsprache	Deutsch	558	89.3 %
	Andere Sprache	67	10.7 %
Studienort	Bamberg	67	10.7 %
	Berlin	36	5.7 %
	Bielefeld	139	22.2 %
	Dortmund	42	6.7 %
	Essen	12	1.9 %
	Flensburg	52	8.3 %
	Frankfurt	11	1.8 %
	Hamburg	21	3.3 %
	Karlsruhe	46	7.3 %
	Lüneburg	62	9.9 %
	München	12	1.9 %
	Münster	46	7.3 %
	Paderborn	62	9.9 %
	Saarbrücken	19	3.0 %
Studienfächer	Mathematik	318	50.7 %
	Deutsch	341	54.4 %

8.6 Ergebnisse

8.6.1 Deskriptive Kennwerte der Fragebogenskalen

In diesem Abschnitt stehen die deskriptiven Kennwerte der drei Fragebogenskalen im Fokus. Die in den Tabellen 8.3 bis 8.5 angegebenen Mittelwerte sind absteigend geordnet und beziehen sich auf das Antwortformat 1 = stimme überhaupt nicht zu, 2 = stimme eher nicht zu, 3 = stimme eher zu und 4 = stimme völlig zu. Items, die für eine negative Ausprägung der Dimension sprechen, sind kursiv gedruckt. Eine hohe Zustimmung zu diesen Items spricht somit genau wie eine niedrige Zustimmung zu nicht kursiv gedruckten Items dafür, dass die befragte Person durchschnittlich nur wenig Sprachsensibilität zeigt, sich eher nicht für die sprachliche Förderung von DaZ-Lernenden zuständig fühlt bzw. nur wenig Wertschätzung für deren Herkunftssprachen aufbringt.

Die positiv formulierten Items (nicht kursiv) weisen generell Mittelwerte im Bereich der Zustimmung ($M = 3.17$) auf, während negativ formulierten Items nur wenig Zustimmung entgegengebracht wird ($M = 2.08$). Den niedrigsten Mittelwert zeigt das negativ formulierte Item *MMUM1* („Für Sprachförderung ist der Deutschunterricht da.") mit $M = 1.44$. Den höchsten Mittelwert weist das positiv formulierte Item *LFR5* („Fachliches Lernen ist immer mit sprachlichem Lernen verbunden. Sprachförderung gehört daher auch in den Fachunterricht.") mit $M = 3.59$ auf. Es sind aber auch Items zu finden, die für eine gegensätzliche Ausprägung der Skalen sprechen, so zum Beispiel das Item *LFr2* („Die SchülerInnen müssen vor allem das mathematische Fachvokabular beherrschen."), das einen Mittelwert von $M = 3.04$ zeigt, obwohl es negativ formuliert ist.

8.6.1.1 Prozentuale Antworttendenzen in den drei Fragebogenskalen

In diesem Abschnitt werden die Skalen (1) *Sprachsensibilität im Fachunterricht*, (2) *Zuständigkeit für Sprachförderung* und (3) *Wertschätzung der Herkunftssprachen* einzeln in den Blick genommen und inhaltlich ausgewertet. Hierbei muss beachtet werden, dass die Items alle in eine Richtung gepolt wurden, um Aussagen über die Ausprägung der einzelnen Merkmale treffen zu können. Außerdem wurden die Antwortkategorien zusammengelegt, sodass Aussagen über positive/ negative Tendenzen in den jeweiligen Skalen gemacht werden können.

Die Items aus Skala (1) *Sprachsensibilität im Fachunterricht* werden von den Probanden größtenteils „sprachsensibel" beantwortet. Eine Zusammenfassung der Antworten lässt sich in absteigender Reihenfolge in der Tabelle 8.6 finden. Die Ergebnisse zeigen, dass Item *MZeL1* („Wenn ein Schüler/eine Schülerin über gute umgangssprachliche Fähigkeiten verfügt, ist keine weitere Sprachförderung vonnöten.") von 95,9 % der Befragten durchaus sprachsensibel beantwortet wurde. Gleiches gilt für weitere Items aus dieser Dimension (positive Beantwortung durchweg zwischen 65 % und 95 %). Zwei Items bilden an dieser Stelle eine Ausnahme: Zum einen *LAllg1* („Bildungssprachliche Defizite fallen im Mathematikunterricht weniger ins Gewicht als in anderen Fächern."), welches nahezu von der Hälfte der Befragten sprachsensibel und von der anderen wenig sprachsensibel beantwortet wurde, und zum anderen Item *LFr2* („Die SchülerInnen müssen vor allem das mathematische Fachvokabular beherrschen."), das bereits vorgestellt wurde.

Tabelle 8.3: Teilskala: *Sprachsensibilität im Fachunterricht*

Variable	Itemformulierung	M	SD	r_{it}
DDMaS2	Lehrkräfte sollten bei der Auswahl der Aufgaben die sprachlichen Kompetenzen ihrer SchülerInnen berücksichtigen.	3.40	0.64	.30
LAllg2	Bildungssprachliche Kompetenzen sind für die Lernleistungen der SchülerInnen im Mathematikunterricht eine wichtige Grundlage.	3.26	0.60	.37
LAllg4	Sprache kommt eine Schlüsselrolle in Bezug auf Mathematiklernen zu.	3.10	0.76	.43
LFr2	*Die SchülerInnen müssen vor allem mathematisches Fachvokabular beherrschen.*	3.04	0.71	.35
LAllg1	*Bildungssprachliche Defizite fallen im Mathematikunterricht weniger ins Gewicht als in anderen Fächern.*	2.35	0.86	.48
LFr9	*Die mathematische Sprache kann unabhängig von Alltagssprache und Bildungssprache erworben werden.*	2.23	0.80	.56
DDUF3	*Wenn das Ergebnis richtig ist, spielt die sprachliche Form der Antwort keine Rolle.*	1.94	0.75	.52
LSeSy1	*Im Mathematikunterricht ist Schreiben eigentlich nicht besonders wichtig, weil man die Lösungswege der Aufgaben mündlich erklären kann.*	1.87	0.74	.39
LAllg3	*Mathematikaufgaben lassen sich auch ohne bildungssprachliche Kompetenzen lösen.*	1.82	0.79	.44
LFr6	*Die Mathematik ist eine Sprache der Logik und daher kontextfrei verständlich.*	1.66	0.75	.20
MZeL1	*Wenn ein Schüler / eine Schülerin über gute umgangssprachliche Fähigkeiten verfügt, ist keine weitere Sprachförderung vonnöten.*	1.53	0.59	.29

Tabelle 8.4: Teilskala: *Zuständigkeit für Sprachförderung*

Variable	Itemformulierung	M	SD	r_{it}
LFr5	Fachliches Lernen ist immer mit sprachlichem Lernen verbunden. Sprachförderung gehört daher auch in den Fachunterricht.	3.59	0.63	0.53
DFMiS7	Sprachförderung gelingt besonders gut gegenstandsbezogen, dass heißt an den Sachinhalten des Fachunterrichts.	3.28	0.63	0.31
MZeMsE3	Mathematiklehrkräfte sind auch für die sprachliche Entwicklung ihrer SchülerInnen zuständig.	3.27	0.69	0.54
DFUF1	Im Mathematikunterricht sollten Lehrkräfte den SchülerInnen bei Besprechungen von Arbeitsergebnissen Rückmeldungen geben, wie sie zentrale sprachliche Aspekte weiterentwickeln können.	3.20	0.65	0.33
LFr1	Im Mathematikunterricht sollten Lehrkräfte mit den SchülerInnen die zentralen grammatikalischen Merkmale der Fachsprache besprechen.	2.69	0.86	0.29
DFUF2	*Im Fachunterricht können sprachliche Fehler zwar berichtigt, aber es kann nicht systematisch an ihnen gearbeitet werden.*	2.58	0.81	0.46
DDMiS1	*Lehrkräfte können nicht auch noch drauf achten, ob das sprachlich alles richtig ist, was die SchülerInnen sagen. Wichtig ist, dass der Inhalt stimmt.*	1.84	0.65	0.36
MZeLH1	*Sprachlich-kognitive Fähigkeiten sind weitgehend angeboren, also auf die genetische Anlage der betreffenden SchülerInnen zurückzuführen.*	1.71	0.68	0.30
DFMiS401	*Fachunterricht kann keine Sprachförderung leisten.*	1.52	0.69	0.35
MMuM1	*Für Sprachförderung ist der Deutschunterricht da.*	1.44	0.72	0.23

Tabelle 8.5: Teilskala: *Wertschätzung der Herkunftssprachen*

Variable	Itemformulierung	M	SD	r_{it}
MMSV4	Die Würdigung der Erstsprachen durch die Lehrkräfte kann die Zweitsprachenentwicklung der SchülerInnen positiv beeinflussen.	3.27	0.74	0.31
MMSV2	*Wenn zu Hause kein Deutsch gesprochen wird, behindert das den Erwerb der deutschen Sprache.*	2.79	0.98	0.38
MMSV7	Im Mathematikunterricht sollten die SchülerInnen Bedeutungen von Lerninhalten in ihren Herkunftssprachen besprechen dürfen.	2.63	0.88	0.39
MMSV1	*Es ist besser, wenn die Eltern mit den Kindern auf Deutsch und nicht in der Familiensprache sprechen.*	2.46	0.98	0.46
MMSV8	*Manche Herkunftssprachen, zum Beispiel Türkisch, sind einfache Sprachen. Deutsch dagegen ist eine sehr komplexe Sprache.*	2.43	0.98	0.47
MMSV3	*Für die sprachliche Entwicklung der SchülerInnen sind die Eltern zuständig.*	2.13	0.75	0.28

In Hinblick auf die Skala (2)*Zuständigkeit für Sprachförderung* zeigt sich ebenfalls eine positive Tendenz in Richtung der Überzeugung, für die Sprachförderung der DaZ-Lernenden zuständig zu sein. Die meisten Items wurden – diese Tendenz unterstützend – mit bis zu 94 % Zustimmung beantwortet. Eines dieser Items ist *LFr5* („Fachliches Lernen ist immer mit sprachlichem Lernen verbunden. Sprachförderung gehört daher auch in den Fachunterricht."), das mit 94,3 % die größte Zustimmung erfahren hat. Insgesamt zeigen die Ergebnisse dieser Dimension eine noch höhere Zustimmungsrate als die der vorherigen Dimension. Dennoch gibt es mit *DFUF2* („Im Fachunterricht können sprachliche Fehler zwar berichtigt, aber es kann nicht systematisch an ihnen gearbeitet werden.") auch ein Item, dessen Antwortmuster eine Gleichverteilung zeigt. Tabelle 8.7 zeigt die Items der Skala, geordnet nach dem Maß der Zuständigkeit. Insgesamt lässt sich vor allem in der Skala (3) *Wertschätzung der Herkunftssprachen*, ausgenommen Item *MMSV4*, ein recht heterogenes Antwortverhalten erkennen. Dies unterstützt auch die meist sehr hohe Standardabweichung, die zwischen $SD = 0.74$ und $SD = 0.98$ variiert (Tabelle 8.5). Hier zeigt sich nun, dass sich die Antworten meist in der Mitte des Antwortformats bewegen („stimme eher nicht zu" und „stimme eher zu"), was dafür spricht, dass die Überzeugungen der Befragten insbesondere in diesem Bereich nicht eindeutig sind. Der Vollständigkeit halber findet sich mit Tabelle 8.8 auch hier eine Übersicht mit den zusammengefassten Werten. Anhand dieser Tabelle wird noch einmal deutlich, wie unterschiedlich die Ergebnisse in dieser Dimension ausfallen. Viele Items wurden von der Hälfte der Stichprobe wertschätzend bzw. wenig/nicht wertschätzend beantwortet (*MMSV7, MMSV8, MMSV1*), andere überwiegend wertschätzend (*MMSV4 und MMSV3*) und das Item *MMSV2* wurde von den befragten Studierenden größtenteils wenig bzw. nicht wertschätzend beantwortet.

Tabelle 8.6: Sprachsensibilität im Fachunterricht – Antworttendenzen der befragten (angehenden) Lehrkräfte

Variable	Itemformulierung	sprachsensibel / eher sprachsensibel	wenig / nicht sprachsensibel
MZeL1	Wenn ein Schüler/eine Schülerin über gute umgangssprachliche Fähigkeiten verfügt, ist keine weitere Sprachförderung vonnöten.	95.9 %	4.1 %
DDMaS2	Lehrkräfte sollten bei der Auswahl von Aufgaben die sprachlichen Kompetenzen ihrer SchülerInnen berücksichtigen.	93.7 %	6.3 %
LAllg2	Bildungssprachliche Kompetenzen sind für die Lernleistungen der SchülerInnen im Mathematikunterricht eine wichtige Grundlage.	92.0 %	8.0 %
LFr6	Die Mathematik ist eine Sprache der Logik und daher kontextfrei verständlich.	87.6 %	12.4 %
LSeSy1	Im Mathematikunterricht ist Schreiben eigentlich nicht besonders wichtig, weil man die Lösungswege der Aufgaben mündlich erklären kann.	82.2 %	17.8 %
LAllg3	Mathematikaufgaben lassen sich auch ohne bildungssprachliche Kompetenz lösen.	81.5 %	18.5 %
LAllg4	Sprache kommt eine Schlüsselrolle in Bezug auf das Mathematiklernen zu.	79.4 %	20.6 %
DDUF3	Wenn das Ergebnis richtig ist, spielt die sprachliche Form der Antwort keine Rolle.	78.3 %	21.7 %
LFr9	Die mathematische Sprache kann unabhängig von Alltagssprache und Bildungssprache erworben und beherrscht werden.	65.4 %	34.6 %
LAllg1	Bildungssprachliche Defizite fallen im Mathematikunterricht weniger ins Gewicht als in anderen Fächern.	55,7 %	44,3 %
LFr2	Die SchülerInnen müssen vor allem das mathematische Fachvokabular beherrschen.	20.7 %	79.3 %

Tabelle 8.7: Zuständigkeit für Sprachförderung – Antworttendenzen der befragten (angehenden) Lehrkräfte

Variable	Itemformulierung	zuständig / eher zuständig	wenig / nicht zuständig
LFr5	Fachliches Lernen ist immer mit sprachlichem Lernen verbunden. Sprachförderung gehört daher auch in den Fachunterricht.	94.3 %	5.7 %
DFMiS7	Sprachförderung gelingt besonders gut gegenstandsbezogen, d. h. an den Sachinhalten des Fachunterrichts.	91.7 %	8.3 %
DFMiS401	Fachunterricht kann keine Sprachförderung leisten.	91.2 %	8.8 %
MMuM1	Für Sprachförderung ist der Deutschunterricht da.	89.4 %	10.6 %
MZeLH1	Sprachlich-kognitive Fähigkeiten sind weitgehend angeboren, also auf die genetische Anlage der betreffenden SchülerInnen zurückzuführen.	88.4 %	11.6 %
DFUF1	Im Mathematikunterricht sollten Lehrkräfte den SchülerInnen bei Besprechungen von Arbeitsergebnissen Rückmeldungen geben, wie sie zentrale sprachliche Aspekte weiterentwickeln können.	88.1 %	11.9 %
MZeMsE3	Mathematiklehrkräfte sind auch für die sprachliche Entwicklung ihrer SchülerInnen zuständig.	88.2 %	11.8 %
DDMiS1	Lehrkräfte können nicht auch noch drauf achten, ob das sprachlich alles richtig ist, was die SchülerInnen sagen. Wichtig ist, dass der Inhalt stimmt.	86.9 %	13.1 %
LFr1	Im Mathematikunterricht sollten Lehrkräfte mit den SchülerInnen die zentralen grammatikalischen Merkmale der Fachsprache besprechen.	60.2 %	39.8 %
DFUF2	Im Fachunterricht können sprachliche Fehler zwar berichtigt, aber es kann nicht systematisch an ihnen gearbeitet werden.	46.5 %	53.5 %

Tabelle 8.8: Wertschätzung der Herkunftssprachen – Antworttendenzen der befragten (angehenden) Lehrkräfte

Variable	Itemformulierung	wertschätzend / eher wertschätzend	wenig / nicht wertschätzend
MMSV4	Die Würdigung der Erstsprachen durch die Lehrkräfte kann die Zweitsprachenentwicklung der SchülerInnen positiv beeinflussen.	86.4 %	13.6 %
MMSV3	Für die sprachliche Entwicklung der SchülerInnen sind die Eltern zuständig.	70.8 %	29.2 %
MMSV7	Im Mathematikunterricht sollten die SchülerInnen Bedeutungen von Lerninhalten in ihren Herkunftssprachen besprechen dürfen.	56.7 %	43.3 %
MMSV8	Manche Herkunftssprachen, zum Beispiel Türkisch, sind einfache Sprachen. Deutsch dagegen ist eine sehr komplexe Sprache.	50.9 %	49.1 %
MMSV1	Es ist besser, wenn die Eltern mit den Kindern auf Deutsch und nicht in der Familiensprache sprechen.	50.0 %	50.0 %
MMSV2	Wenn zu Hause kein Deutsch gesprochen wird, behindert das den Erwerb der deutschen Sprache.	35.5 %	64.5 %

8.6.2 Dimensionale Struktur

Durch eine Item- und Skalenanalyse wurden Items identifiziert, die nicht zu der Faktorenstruktur der drei Fragebogenskalen passten. Items mit einer Trennschärfe $r_{it} < .20$ wurden aus den weiteren Analysen ausgeschlossen. In der Skala *Sprachsensibilität im Fachunterricht* verblieben danach 11 Items, in der Skala *Zuständigkeit für Sprachförderung* 10 Items und in der Skala *Wertschätzung der Herkunftssprachen* 6 Items. Die Reliabilität aller drei Skalen zusammen betrug Cronbachs $\alpha = .79$. Die Itemtrennschärfe liegt ebenfalls in einem annehmbaren Bereich ($M = 0.38$, $SD = 0.10$, $Min = 0.20$, $Max = 0.56$). Analysiert man jede Teilskala getrennt, so weist die Skala *Sprachsensibilität im Fachunterricht* ein Cronbachs Alpha von $\alpha = .64$ auf und der Mittelwert der Trennschärfen beträgt $M = 0.39$ ($SD = 0.12$). Die Skala *Zuständigkeit für Sprachförderung* hat ein Cronbachs Alpha von $\alpha = .70$ und einen Mittelwert der Trennschärfen von $M = 0.37$ ($SD = 0.10$). Die Skala *Wertschätzung der Herkunftssprachen* zeigt einen Wert von Cronbachs Alpha von $\alpha = .68$ mit einem Mittelwert der Trennschärfen von $M = 0.38$ ($SD = 0.08$).

Tabelle 8.9: Korrelationen zwischen den drei Subskalen

	Sprachsensibilität im Fachunterricht	Zuständigkeit für Sprachförderung	Wertschätzung der Herkunftssprachen
Sprachsensibilität im Fachunterricht	1.00	.70	.33
Zuständigkeit für Sprachförderung	.70	1.00	.33
Wertschätzung der Herkunftssprachen	.33	.30	1.00

Die bivariaten Korrelationen der drei Teilskalen sind in Tabelle 8.9 abgetragen. Um die dreidimensionale Faktorenstuktur des angenommenen Modells zu überprüfen, wurde eine konfirmatorische Faktorenanalyse durchgeführt. Die zu überprüfenden drei latenten Dimensionen sind (1)*Sprachsensibilität im Fachunterricht*, (2)*Wertschätzung der Herkunftssprachen* und (3)*Zuständigkeit für Sprachförderung* (s. Abschnitt 8.3.2). Die Beurteilung des Modells erfolgte anhand von Fit-Indizes, deren Ergebnisse in Tabelle 8.10 dargestellt sind.

Tabelle 8.10: Fit-Indizes für das dreidimensionale Modell

Fit-Index	**Kennwert**
AIC	35696.96
BIC	36069.73
RMSEA	0.05
Chi^2 Value	869.20
Degrees of freedom	347

Die Kennwerte der konfirmatorischen Faktorenanalyse zeigen, dass Abweichungen zu einem perfekten Modell vorliegen. Hu und Bentler (1999) haben konventionelle Kriterien für Cutoff-Werte mit neuen Alternativen verglichen und sind zu dem Ergebnis gekommen, dass konventionelle Werte meist zu niedrig sind, um zuverlässige Aussagen treffen zu können. Die Autoren empfehlen für den RMSEA (= Root Mean Square Error of Approximation) einen Wert unter 0.05 (Hu und Bentler, 1999, S. 4; McDonald & Ho, 2002, S. 72). Der RMSEA Wert entspricht dem angestrebten Wert. Das Modell weist demnach eine gute Passung auf. Die Werte für AIC und BIC zeigen im dreidimensionalen Modell deutlich bessere Werte als für das eindimensionale Modell (AIC: 39430.23, BIC: 39678.74). Obwohl auch die Gesamtskala eine befriedigende Reliabilität besitzt, sprechen der Modellvergleich und die eher geringen Korrelationen zwischen den drei Teilskalen für eine getrennte Auswertung.

8.7 Diskussion

Welche Überzeugungen vertreten die befragten Studierenden in Hinblick auf Sprachsensibilität im Fachunterricht, die Zuständigkeit für Sprachförderung in allen Fächern und die Wertschätzung der Herkunftssprachen von mehrsprachigen Schülerinnen und Schülern? Ein Blick auf die Mittelwerte der Antworten (Tabellen 8.3 bis 8.5) zeigt, dass positiv formulierte Items meist Werte im Bereich der Zustimmung finden, während negativ formulierte Items Werte im Bereich der Ablehnung erfuhren. Die meisten Items weisen somit Mittelwerte in den Antwortbereichen (Ablehnung/ Zustimmung) auf, die für ausgeprägte professionelle Überzeugungen in den jeweiligen Dimensionen stehen. Es lassen sich aber auch Items finden, die von diesem Muster abweichen.

In Skala (1) *Sprachsensibilität im Fachunterricht* wurde ein Großteil der Items so beantwortet, dass sprachsensible Überzeugungen erkennbar sind, die positive Unterstützung dieser Dimension bewegte sich bei diesen Items im Bereich zwischen 60 % und 96 %. Es scheint jedoch so, als würden insbesondere die verschiedenen Sprachregister der Alltags-, Bildungs-, und Fachsprache eine Problematik für die Studierenden darstellen. Dies betrifft vor allem drei Items, die das Verhältnis von Alltags- und Bildungssprache betrachten (*LFr9*: „Die mathematische Sprache kann unabhängig von Alltagssprache und Bildungssprache erworben und beherrscht werden"), die die Rolle der Bildungssprache im Fachunterricht zu anderen Fächern abgrenzen (*LAllg1*: „Bildungssprachliche Defizite fallen im Mathematikunterricht weniger ins Gewicht als in anderen Fächern") und die Fachsprache im Fachunterricht in den Blick nehmen (*LFr2*: „Die SchülerInnen müssen vor allem das mathematische Fachvokabular beherrschen"). Es entsteht hier der Eindruck, dass die unterschiedlichen Register, die im Fachunterricht bedeutsam sind, den Studierenden in ihrem Studium nicht ausreichend in ihren Merkmalen und Anforderungen vermittelt werden und somit wenig sprachsensible Überzeugungen in diesem Bereich resultieren. Um diese Vermutung zu überprüfen, müssten jedoch die Ergebnisse des Fragebogens im Kontext der Berichte der Studierenden über wahrgenommene Lerngelegenheiten analysiert und mit den Ergebnissen des *beliefs*-Fragebogens verglichen werden.

In Skala (2) *Zuständigkeit für Sprachförderung* sieht das Ergebnis ähnlich aus. Auch hier befanden sich in Hinblick auf die Zuständigkeit für Sprachförderung die meisten Ergebnisse in einem unterstützenden Bereich (85 % - 95 %). Die zwei Items mit der geringsten Zustimmung sind jene, die sich mit der systematischen Sprachförderung beschäftigen. Ein Item (*LFr1*) fordert, zentrale grammatische Merkmale der Fachsprache im Unterricht zu thematisieren, ein anderes (*DFUF2*) beinhaltet die Aussage, dass sprachliche Fehler im Fachunterricht zwar berichtigt, aber nicht systematisch aufgearbeitet werden könnten. An dieser Stelle wird deutlich, dass die Studierenden recht allgemeinen Aussagen, die nicht zum Handeln verpflichten, eher zustimmen, als Aussagen, die konkretes Handeln betreffen. Eine Ausnahme bildet hierbei das Item *DFUF1* („Im Mathematikunterricht sollten Lehrkräfte den SchülerInnen bei Besprechungen von Arbeitsergebnissen Rückmeldungen geben, wie sie zentrale sprachliche Aspekte weiterentwickeln können"), dem 88 % der Probanden zugestimmt haben.

Bei Skala (3) *Wertschätzung der Herkunftssprachen* unterscheidet sich das Antwortverhalten der Studierenden grundlegend von dem der beiden anderen Skalen. Hier lassen sich generell recht ausgeglichene Ergebnisse feststellen, auch wenn die Mittelwerte durchaus unterstützende Tendenzen aufzeigen. Die Ergebnisse verdeutlichen, dass es offenbar Aussagen gibt, die keine klare Positionierung bei den Studierenden hervorrufen. Lediglich zwei Items weisen insgesamt ein größtenteils wertschätzendes Beantwortungsverhalten auf (*MMSV4* zu 86,4 % und *MMSV3* zu 70,6 %). Bei den übrigen Items zeigt sich überwiegend eine Gleichverteilung der Studierenden im Hinblick auf eine wertschätzende und eine wenig bzw. nicht wertschätzende Haltung. Die Ergebnisse dieser Skala sprechen dafür, dass viele der Studierenden den Herkunftssprachen der Lernenden skeptisch gegenüber stehen. Zwar stimmen viele der Befragten der Aussage zu, dass die Sprachen der Schülerinnen und Schüler gewürdigt werden sollen (86,4 % bei Item *MMSV4*), aber nur rund die Hälfte der Befragten ist davon überzeugt, dass von den Herkunftssprachen im Unterricht Gebrauch gemacht werden sollte (*MMSV7*). Ebenso viele sind der Meinung, dass einige Herkunftssprachen „einfache" Sprachen sind und sehen Deutsch als komplexe Sprache an (*MMSV8*). Auffällig ist, dass viele Studierende die Verantwortung für die sprachliche Entwicklung der Lernenden weniger bei den Eltern sehen (lediglich rund 29 % der Probanden stimmen dem Item *MMSV3* zu) und dennoch rund 65% der Aussage zustimmen, dass es den deutschen Spracherwerb behindern würde, wenn zu Hause kein Deutsch gesprochen wird (*MMSV2*). Eine exakte Gleichverteilung auf alle vier Antwortmöglichkeiten findet sich bei Item *MMSV1*. Es scheint so, als hätten sich viele Studierende mit dem Verhältnis von Erst- und Zweitsprache noch nicht ausreichend auseinandergesetzt. Generell lässt sich anhand dieser Skala erkennen, dass Studierende eher zu einer Ab- bzw. Ausgrenzung der Herkunftssprachen tendieren. Insbesondere das Zustimmen zu Aussagen wie „Es ist besser, wenn die Eltern mit den Kindern auf Deutsch und nicht in der Familiensprache sprechen" (*MMSV1*, zu 50 % zustimmend beantwortet) zeugt davon, dass viele der befragten Studierenden einen distanzierten Blick auf die Herkunftssprachen der Lernenden besitzen und sich möglicherweise mit der Bedeutung der Sprachen im Hinblick auf das sprachliche Selbstbewusstsein und die sprachliche Identität der Lernenden (Gürsoy, 2010; Wolfgramm, Rau, Zander-Music, Neuhaus & Hannover, 2010; Gogolin, 2001) noch nicht ausreichend auseinander gesetzt haben.

Die Ergebnisse der Erhebung sprechen generell dafür, dass viele der befragten Studierenden Überzeugungen aufweisen, die als sprachsensibel im Fachunterricht bezeichnet werden können. Zudem fühlen sie sich auch für die Sprachförderung im Fachunterricht zuständig. Wenn auch nicht im gleichen Maße, kann ebenfalls auch von einer vorhandenen Wertschätzung der Herkunftssprachen gesprochen werden. In allen Bereichen weist das Antwortverhalten bezüglich einzelner Items darauf hin, dass die Lehramtsausbildung dort noch stärkeres Gewicht auf Reflexion und Ausbildung von *beliefs* zu sprachlicher und kultureller Heterogenität legen muss. Diese Ausnahmen betreffen Überzeugungen zum praktischen Handeln im Unterricht, zur Sprache im Fachunterricht und vor allem zu Aussagen, die sich mit den Herkunftssprachen der DaZ-Lernenden auseinandersetzen. Hier lassen sich Überzeugungen vermuten, die dem monolingualen Habitus (Gogolin, 2008) entsprechen, da teilweise das Deutsche als einzig legitime Sprache anerkannt und die Herkunftssprachen ausgegrenzt werden. Wenn solche Überzeugungen vorliegen, sollten für das Studium entsprechende Interventionen konzipiert werden.

8.8 Ausblick

Im Zusammenhang mit der zweiten Forschungsfrage (Welche dimensionale Struktur weisen die drei Fragebogenskalen auf?) wurde angenommen, dass der *beliefs*-Fragebogen einem dreidimensionalen Modell folgt. Um diese Vermutung zu überprüfen, wurde eine konfirmatorische Faktorenanalyse durchgeführt. Die Kennwerte zeigen einen besseren Fit für das angenommene dreidimensionale Modell im Vergleich zum eindimensionalen Modell. Es lässt sich festhalten, dass das Modell bzw. der Fragebogen in seinen statistischen Kennwerten akzeptabel und somit für weitere Untersuchungen geeignet ist. Dennoch lässt sich an einigen Stellen Verbesserungsbedarf identifizieren. Insbesondere Items mit einer sehr allgemeinen Formulierung, die keine Handlungsintentionen beinhalten, erfuhren hohe Zustimmung und sind daher weniger trennscharf. Besonders hohes Potential für weitere Erkenntnisse scheint Skala (3) *Wertschätzung der Herkunftssprachen* zu besitzen, welche derzeit mit sechs Items die Skala mit der geringsten Zahl von Items ausmacht. Anregungen in Bezug auf diesen Bereich sind insbesondere durch die Arbeiten von Lucas und Villegas (2011) zu erhalten. Die Autorinnen haben ein „Framework for Preparing Linguistically Responsive Teachers" entworfen, in dem ein Bereich als „Orientations of Linguistically Responsive Teachers" bezeichnet ist. Diese Dimension beinhaltet soziolinguistische Bewusstheit, vor allem über die Verknüpfung von Sprache, Kultur und Identität, Werte für sprachliche Vielfalt („value for linguistic diversity", Lucas & Villegas, 2011, S. 57) und die Tendenz, sich für Zweitsprachenlernende einzusetzen („inclination to advocate for ELL students", Lucas und Villegas, 2011). Diese Aspekte könnten dem eingesetzten *beliefs*-Fragebogen neue Impulse geben, insbesondere in Bezug auf Skala (3)*Wertschätzung der Herkunftssprachen* und ggf. auch bei einer Änderung der Struktur des Fragebogens.

In Bezug auf den oben berichteten Forschungsstand lässt sich resümieren, dass sich zukünftige Studien damit beschäftigen sollten, angelehnt an die Ansätze Edelmanns (2006) und Rieblings (2013), das Charakterisieren von Typen im Hinblick auf die Überzeugungen von Lehrkräften zu Mehrsprachigkeit herauszuarbeiten, um so das Konstrukt *beliefs* greifbarer zu gestalten. Dieses Vorhaben wurde auf Basis der vorliegenden Fragebogenstudie bereits begonnen; die Ergebnisse finden sich in einem Beitrag von Hammer, Fischer und Koch-Priewe (2016).

Viele bisher durchgeführte Studien haben die Überzeugungen der Lehrkräfte zu den Leistungen der DaZ-Schülerinnen und Schüler in den Blick genommen (Wischmeier, 2012), aber nur wenige haben den Fokus auf die Überzeugungen von Lehrkräften zum eigenen professionellen Handeln gerichtet. Das Konstrukt der *beliefs* wurde dabei häufig nicht explizit als Forschungsbasis verwendet (Wagner, 2012), obwohl es die Wahrnehmung und das Handeln von Lehrkräften im Unterricht maßgeblich leitet (Pajares, 1992; Borg, 2001; Trautwein, 2013). Dies ließ sich bisher unter anderem darauf zurückführen, dass es keine einheitliche Konzeptualisierung der allgemeinen professionellen Überzeugungen von Lehrkräften und daher auch nicht hinsichtlich des speziellen Gebiets der Mehrsprachigkeit in Schule und Unterricht gab. Mit Blick auf diesen bisherigen Forschungsstand lässt sich nun bilanzieren, dass mit der vorliegenden Studie erstmalig die besondere Rolle von Überzeugungen zu Sprache im Fachunterricht systematisch, d. h. zugleich theoretisch und empirisch, aufgegriffen und damit ein neues Niveau für zukünftige

Forschungen erreicht worden ist. Ausgehend von den vorliegenden Ergebnissen wurde das theoretische Konstrukt der Überzeugung zu Mehrsprachigkeit in Schule und Unterricht von Fischer (2018) erneut aufgeworfen.

Praktisch bedeutsam sind die vorliegenden Ergebnisse deswegen, weil individuelle Überzeugungen im Lehramtsstudium und im Vorbereitungsdienst besondere Beachtung durch die Forschung und ggf. durch institutionell geplante Modifikationsversuche erfordern. Die vorliegende Studie könnte eine Basis für weitere Konzeptualisierungen von Überzeugungen und entsprechenden empirischen Untersuchungen sein. Das Konstrukt der *beliefs* wird auch in anderen Bereichen als dem Thema Mehrsprachigkeit als sehr bedeutsam angesehen und wird im Kontext der Lehr-Effektivitäts-Forschung und der Vorbereitung angehender Lehrkräfte vermutlich noch an Bedeutung zunehmen (Pajares, 1992). Es wäre zu begrüßen, wenn in Zukunft mehr Lehrkräfte mit starken, ausgeprägten, multikulturellen, sprachsensiblen Überzeugungen die Bildungsressourcen ihrer mehrsprachigen und mehrkulturellen Lernenden erkennen und nutzen würden (Hachfeld et al., 2012; Bender-Szymanski, 2005). Zudem sollten Lehrkräfte Sprachförderung nicht als Aufgabe des Deutsch- oder Förderunterrichts begreifen, sondern als Bestandteil eines jeden Fachunterrichts (Leisen, 2011). Mehrsprachigkeit sollte als Bereicherung für alle Lernenden, die monolingualen eingeschlossen, eingeschätzt und genutzt werden, um mehrsprachige Persönlichkeiten mit einem gesunden sprachlichen Selbstbewusstsein in ihrem Leben und Lernen zu fördern. Und wenn angenommen wird, dass Überzeugungen veränderbar sind (Hachfeld et al., 2012), dann ist es umso wichtiger, dass die Institutionen der Lehramtsausbildung auch den Bereich der Überzeugungen zu Mehrsprachigkeit als Potential der Professionalisierung erkennen und nutzen.

8.9   Literatur

Adams, R. J., Wu, M. & Wilson, M. (2012). *ACER ConQuest [Computer Software]. Australian Council for Educational Research (ACER).*

Ahrenholz, B. (2010). Bildungssprache im Sachunterricht der Grundschule. In B. Ahrenholz (Hrsg.), *Fachunterricht und Deutsch als Zweitsprache* (S. 15–35). Tübingen: Narr.

Allemann-Ghionda, C. (2007). Zur Bedeutung der Mehrsprachigkeit für internationale Bildung. In C. Riehl, H.-J. Roth, G. Siebert-Ott, S. Woggon-Schulz & S. Guentner (Hrsg.), *Erziehung zum Frieden. Beiträge zum Dialog der Kulturen und Religionen in der Schule* (S. 157–16). Münster: Lit.

Allemann-Ghionda, C., Auernheimer, G., Grabbe, H. & Krämer, A. (2006). Beobachtung und Beurteilung in soziokulturell und sprachlich heterogenen Klassen. Die Kompetenzen der Lehrpersonen. *Zeitschrift für Pädagogik*, 52 (51), 250–265.

Altun, T. & Gürsoy, E. (2015). Herkunftssprachenbildung – Zur Sprachbildung im Herkunftssprachenunterricht. In C. Benholz, M. Frank & E. Gürsoy (Hrsg.), *Deutsch als Zweitsprache in allen Fächern. Konzepte für Lehrerbildung und Unterricht. Beiträge zu Sprachbildung und Mehrsprachigkeit aus dem Modellprojekt ProDaZ* (S. 187–196). Stuttgart: Fillibach bei Klett.

Baumert, J. & Kunter, M. (2006). Professionelle Kompetenz von Lehrkräften. *Zeitschrift für Erziehungswissenschaften*, 10 (4), 469–520.

Becker-Mrotzek, M., Hentschel, B., Hippmann, K. & Linnemann, M. (2012). *Sprachförderung in deutschen Schulen – die Sicht der Lehrerinnen und Lehrer. Ergebnisse einer Umfrage unter Leh-*

rerinnen und Lehrern. Universität zu Köln: Mercator-Institut für Sprachförderung und Deutsch als Zweitsprache.

Bello, B., Leiss, D. & Ehmke, T. (2017). Diversitätsbezogene Einstellungen von Lehramtsstudierenden mit und ohne Migrationsgeschichte. *Beiträge zur Lehrerinnen- und Lehrerbildung*, 35 (1), 165–181.

Bender-Szymanski, D. (2001). Kulturkonflikt als Chance für Entwicklung? In G. Auernheimer, R. van Dick, T. Pretzel & U. Wagner (Hrsg.), *Interkulturalität im Arbeitsfeld Schule. Empirische Untersuchungen über Lehrer und Schüler* (S. 63–97). Opladen: Leske & Budrich.

Bender-Szymanski, D. (2005). *Wohin steuert unser Bildungssystem angesichts zunehmender sprachlich-kultureller Heterogenität?* Frankfurt am Main: Deutsches Institut für Internationale Pädagogische Forschung.

Blömeke, S., Kaiser, G. & Lehmann, R. (Hrsg.). (2008). *Professionelle Kompetenz angehender Lehrerinnen und Lehrer: Wissen, Überzeugungen und Lerngelegenheiten deutscher Mathematikstudierender und -referendare; erste Ergebnisse zur Wirksamkeit der Lehrerausbildung.* Münster: Waxmann.

Blömeke, S. & Oser, F. (2012). Überzeugungen von Lehrpersonen. Einführung in den Thementeil. *Zeitschrift für Pädagogik*, 58 (4), 415–421.

Borg, M. (2001). Teachers' beliefs. *ELT Journal*, 55 (2), 186–188.

Clark, C. M. (1988). Asking the right questions about teacher preparation: Contributions of research on teaching thinking. *Educational Researcher*, 17 (2), 5–12.

Dewey, J. (1933). *How we think.* Boston: D. C. Heath.

Edelmann, D. (2006). Pädagogische Professionalität im transnationalen sozialen Raum. Eine Studie über Sichtweisen und Erfahrungen von Primarlehrpersonen in Bezug auf die kulturelle Heterogenität ihrer Schulklassen. In C. Allemann-Ghionda (Hrsg.), *Kompetenzen und Kompetenzentwicklung von Lehrerinnen und Lehrern* (S. 235–249). Weinheim: Beltz.

Fenstermacher, G. D. (1979). A philosophical consideration of recent research on teacher effectiveness. *Review of research in education*, 6, 157–185.

Fischer, N. (2018). Professionelle Überzeugungen von Lehrkräften – vom allgemeinen Konstrukt zum speziellen Fall von sprachlich-kultureller Heterogenität in Schule und Unterricht. *Psychologie in Erziehung und Unterricht*, 65, 35–51.

Furinghetti, F. & Pehkonen, E. (2002), Rethinking characterizations of beliefs. In G. C. Leder, E. Pehkonen & G. Törner (Hrsg.), *Beliefs: A Hidden Variable in Mathematics Education?* (S. 39–57). Dordrecht: Kluwer Academic Publishers.

Gogolin, I. (2001). *Sprachenvielfalt durch Zuwanderung – ein verschenkter Reichtum in der (Arbeits-)Welt?* Verfügbar unter: http://www.forschungsnetzwerk.at/downloadpub/gogolin_sprachenvielfalt.pdf [24.10.2017].

Gogolin, I. (2008). *Der monolinguale Habitus der multilingualen Schule.* Münster: Waxmann.

Greving, B. (2006). Skalieren von Sachverhalten. In S. Albers, D. Klapper, U. Konradt, A. Walter & J. Wolf (Hrsg.), *Methodik der empirischen Forschung* (S. 65–78). Wiesbaden: Deutscher Universitäts-Verlag.

Gritsch, S. (2012). Meinungen abbilden – Die Likert Skala. *Ergopraxis*, 12 (1), 16–17.

Groeben, N., Wahl, D., Schlee, J. & Scheele, B. (1988). *Das Forschungsprogramm Subjektive Theorien: Eine Einführung in die Psychologie des reflexiven Subjekts.* Tübingen: Francke.

Gürsoy, E. (2010). *Language Awareness und Mehrsprachigkeit.* Verfügbar unter: https://www.uni-due.de/imperia/md/content/prodaz/la.pdf [27.01.2015]

Hachfeld, A., Schroeder, S., Anders, Y., Hahn, A. & Kunter, M. (2012). Multikulturelle Überzeugungen – Herkunft oder Überzeugung? Welche Rolle spielen der Migrationshintergrund und multikulturelle Überzeugungen für das Unterrichten von Kindern mit Migrationshintergrund. *Zeitschrift für Pädagogische Psychologie,* 26 (2), 101–120.

Hallitzky, M. & Schliessleder, M. (2008). Welche pädagogischen Leitbilder haben Lehramtsstudierende in Bezug auf den Umgang mit migrationsbedingter Heterogenität? In J. Ramseger & M. Wagener (Hrsg.), *Chancenungleichheit in der Grundschule. Ursachen und Wege aus der Krise* (S. 267–270). Bielefeld: VS Verlag für Sozialwissenschaften.

Hammer, S., Fischer, N. & Koch-Priewe, B. (2016). Überzeugungen von Lehramtsstudierenden zu Mehrsprachigkeit in der Schule. *Die Deutsche Schule,* Beiheft 13, 149–174.

Hartinger, A., Kleickmann, T. & Hawelke, B. (2006). Der Einfluss von Lehrervorstellungen zum Lehren und Lernen auf die Gestaltung des Unterrichts und auf motivationale Schülervariablen. *Zeitschrift für Erziehungswissenschaft,* 9 (1), 110–126.

Hu, L. T. & Bentler, P. M. (1999). Cutoff criteria for fit indexes in covariance structure analysis: Conventional criteria versus new alternatives. *Structural Equation Modeling,* 6 (1), 1–55.

IBM – International Business Machines Corporation. (2014). *IBM SPSS statistics for mac [computer software].* New York: IBM Corp.

Kagan, D. M. (1990). Ways of evaluating teacher cognition: Inferences concerning the goldilocks principle. *Review of Educational Research,* 60 (3), 419–469.

Kampshoff, M. & Walther, M. (2010). Einstellungen von LehrerInnen gegenüber heterogenen Schulklassen. Ein Vergleich von oberösterreichischen und bayrischen Lehrkräften altersgemischter, Integrations- und Migrationsklassen. *Erziehung & Unterricht,* 160 (3–4), 401–414.

Kane, R., Sandretto, S. & Heath, C. (2002). Telling half the story: A critical review of research on the teaching beliefs and practices of university academics. *Review of Educational Research,* 72 (2), 177–228.

Köker, A., Rosenbrock-Agyei, S., Ohm, U., Carlson, S. A., Ehmke, T., Hammer, S., Koch-Priewe, B. & Schulze, N. (2015). DaZKom – Ein Modell von Lehrerkompetenz im Bereich Deutsch als Zweitsprache. In B. Koch-Priewe, A. Köker, J. Seifried & E. Wuttke (Hrsg.), *Kompetenzerwerb an Hochschulen: Modellierung und Messung. Zur Professionalisierung angehender Lehrerinnen und Lehrer sowie frühpädagogischer Fachkräfte* (S. 189–220). Bad Heilbrunn: Klinkhardt.

Leisen, J. (2011). *Praktische Ansätze schulischer Sprachförderung – Der sprachsensible Fachunterricht.* Verfügbar unter: http://www.hss.de/fileadmin/media/downloads/Berichte/111027_RM_Leisen.pdf [24.10.2017].

Lengyel, D. (2010). Bildungssprachförderlicher Unterricht in mehrsprachigen Lernkonstellationen. *Zeitschrift für Erziehungswissenschaft,* 13, 593–608.

Lengyel, D. (2016). Umgang mit sprachlicher Heterogenität im Klassenzimmer. In J. Kilian, B. Brouer & D. Lüttenberg (Hrsg.), *Handbuch Sprache der Bildung* (S. 500–522). Berlin: De Gruyter.

Lucas, T. & Villegas, A. M. (2011). A framework for preparing linguistically responsive teachers. In T. Lucas (Hrsg.), *Teacher preparation for linguistically diverse classrooms* (S. 55–72). New York: Routledge.

Luchtenberg, S. (2009). Vermittlung interkultureller sprachlicher Kompetenz als Aufgabe des Deutschunterrichts. In P. Nauwerck (Hrsg.), *Kultur der Mehrsprachigkeit in Schule und Kindergarten* (S. 277–289). Freiburg im Breisgau: Fillibach.

Mayer, B., Muche, R. & Hohl, K. (2009). Software zur Behandlung und Ersetzung fehlender Werte. *GMS Med Inform Biom Epidemiol*, 5 (2).

McDonald, R. P. & Ho, M.-H. R. (2002). Principles and practice in reporting structural equation analyses. *Psychological Methods*, 7 (1), 64–82.

Meyer, M. & Prediger, S. (2012). Sprachenvielfalt im Mathematikunterricht – Herausforderungen, Chancen und Förderansätze. *PM – Praxis der Mathematik in der Schule*, 54, 2–9. Verfügbar unter: http://www.mathematik.uni-dortmund.de/~prediger/veroeff/12-Meyer_Prediger_PM-H45_Webversion.pdf [24.10.2017].

Michalak, M. (2008). Fördern durch Fordern – Didaktische Überlegungen zum Förderunterricht Deutsch als Zweitsprache an Schulen. *Fachzeitschrift Deutsch als Zweitsprache*, 3, 7–17.

Michalak, M. & Bachtsevanidis, V. (2012). Zweitsprache Deutsch in Chemie, Geschichte und Co. – Sprachliche Voraussetzungen und didaktische Anforderungen im fachsprachlichen Schulunterricht. *Deutsch als Zweitsprache*, 2, 4–19.

Muthén, L. K. & Muthén, B. O. (2006). *Mplus user's guide*. Los Angeles: Muthén & Muthén.

Nespor, J. (1987). The role of beliefs in the practice of teaching. *Journal of Curriculum Studies*, 19 (4), 317–328.

Nisbett, R. & Ross, L. (1980). *Human inference: Strategies and shortcomings of social judgment*. New Jersey: Prentice-Hall.

Oomen-Welke, I. (1997). Kultur der Mehrsprachigkeit im Deutschunterricht. *Informationen zur Deutschdidaktik (ide)*, 21 (1), 33–47.

Oomen-Welke, I. (1999). Sprachen in der Klasse. *Praxis Deutsch*, 157, 14–23.

Pajares, F. M. (1992). Teachers' beliefs and educational research: Cleaning up a messy construct. *Review of Educational Research*, 62 (3), 307–332.

Pehkonen, E. & Pietilä, A. (2003). *On relationships between beliefs and knowledge in mathematics education. European research in mathematics education III*. Verfügbar unter: http://www.erme.tu-dortmund.de/~erme/CERME3/Groups/TG2/TG2_pehkonen_cerme3.pdf [24.10.2017].

Pintrich, P. R. (1990). Implications of psychological research on student learning and college teaching for teacher education. In W. R. Houston (Ed.), *Handbook of research on teacher education* (S. 826–857). New York: Macmillan.

Reusser, K., Pauli, C. & Elmer, A. (2011). Berufsbezogene Überzeugungen von Lehrerinnen und Lehrern. In E. Terhart, H. Bennewitz & M. Rothland (Hrsg.), *Handbuch der Forschung zum Lehrerberuf* (S. 478–495). Münster: Waxmann.

Riebling, L. (2013). *Sprachbildung im naturwissenschaftlichen Unterricht. Eine Studie im Kontext migrationsbedingter sprachlicher Heterogenität*. Münster: Waxmann.

Rösch, H. & Paetsch, J. (2011). Sach- und Textaufgaben im Mathematikunterricht als Herausforderung für mehrsprachige Kinder. In S. Prediger & E. Özdil (Hrsg.), *Mathematiklernen unter Bedingungen der Mehrsprachigkeit – Stand und Perspektiven zu Forschung und Entwicklung in Deutschland* (S. 55–76). Münster: Waxmann.

Rokeach, M. (1968). *Beliefs, attitudes, and values: A theory of organization and change*. San Francisco: Jossey-Bass.

Seifried, J. (2009). *Unterricht aus der Sicht von Handelslehrern.* New York: Peter Lang.

Sigel, I. E. (1985). A conceptual analysis of beliefs. In I. E. Sigel (ed.), *Parental belief systems: The psychological consequences for children* (pp. 345–371). New Jersey: Erlbaum.

Thürmann, E. (2010). Zur Konstruktion von Sprachgerüsten im bilingualen Sachfachunterricht. In S. Doff (Hrsg.), *Bilingualer Sachfachunterricht in der Sekundarstufe: eine Einführung* (S. 137–153). Tübingen: Narr.

Thürmann, E. & Vollmer, H. J. (2013). Schulsprache und Sprachsensibler Fachunterricht: Eine Checkliste mit Erläuterungen. In C. Röhner & B. Hövelbrinks (Hrsg.), *Fachbezogene Sprachförderung in Deutsch als Zweitsprache. Theoretische Konzepte und empirische Befunde zum Erwerb bildungssprachlicher Kompetenzen* (S. 212–233). Weinheim: Beltz Juventa.

Trautmann, M. (2005). Überzeugungen vom Englischlernen. *Zeitschrift für Erziehungswissenschaft,* 8 (1), 38–52.

Trautwein, C. (2013). Lehrebezogene Überzeugungen und Konzeptionen – eine konzeptuelle Landkarte. *Zeitschrift für Hochschulentwicklung,* 8 (3), 1–14.

Wagner, F. S. (2012). *Überzeugungen von Mathematiklehrkräften zu sprachlichen Aspekten migrationsbedingter Heterogenität.* Diplomarbeit, Universität Bielefeld: Fakultät für Erziehungswissenschaft.

Wischmeier, I. (2012). „Teachers' Beliefs": Überzeugungen von (Grundschul-) Lehrkräften über Schüler und Schülerinnen mit Migrationshintergrund – Theoretische Konzeption und empirische Überprüfung. In W. Wiater & D. Manschke (Hrsg.), *Verstehen und Kultur* (S. 167–189). Wiesbaden: Springer VS.

Wolfgramm, C., Rau, M., Zander-Music, L., Neuhaus, J. & Hannover, B. (2010). Zum Zusammenhang zwischen kollektivem Selbstwert und der Motivation, Deutsch zu lernen. Eine Untersuchung von Schülerinnen und Schülern mit Migrationshintergrund in Deutschland und der Schweiz. *Zeitschrift für Pädagogik,* 55, 59–77.

8.10 Anhang – Fragebogenskalen zu Überzeugungen zu Sprache im Fachunterricht

1. Wie sehr stimmen Sie den folgenden Aussagen zur Bedeutung von Sprache im Mathematikunterricht zu?

		stimme überhaupt nicht zu	stimme eher nicht zu	stimme eher zu	stimme völlig zu	
A.	Bildungssprachliche Defizite fallen im Mathematikunterricht weniger ins Gewicht als in anderen Fächern.	$\square_1$	$\square_2$	$\square_3$	$\square_4$	*LAllg1*
B.	Sprache kommt eine Schlüsselrolle in Bezug auf das Mathematiklernen zu.	$\square_1$	$\square_2$	$\square_3$	$\square_4$	*LAllg4*
C.	Textaufgaben erschweren das Rechnen nur unnötig, weil vor der Lösung der Aufgabe erst nach Hinweisen auf die mathematischen Operationen gesucht werden muss.	$\square_1$	$\square_2$	$\square_3$	$\square_4$	*LSeSy2*
D.	Die Mathematik ist eine Sprache der Logik und daher kontextfrei verständlich.	$\square_1$	$\square_2$	$\square_3$	$\square_4$	*LFr6*
E.	Mathematikaufgaben lassen sich auch ohne bildungssprachliche Kompetenz lösen.	$\square_1$	$\square_2$	$\square_3$	$\square_4$	*LAllg3*
F.	Im Mathematikunterricht ist Schreiben eigentlich nicht besonders wichtig, weil man die Lösungswege der Aufgaben mündlich erklären kann.	$\square_1$	$\square_2$	$\square_3$	$\square_4$	*LSeSy1*

2. Wie sehr stimmen Sie den folgenden Aussagen zum Umgang mit Deutsch als Zweitsprache im Mathematikunterricht zu?

		stimme überhaupt nicht zu	stimme eher nicht zu	stimme eher zu	stimme völlig zu	
A.	Im Mathematikunterricht sollten Lehrkräfte in Arbeitsblättern spracharme Formate verwenden, die den SchülerInnen eine geringe Textproduktion abfordern (z. B. Multiple-Choice).	$\square_1$	$\square_2$	$\square_3$	$\square_4$	*DFMaS2*
B.	SchülerInnen müssen im Mathematikunterricht auch lernen, sprachlich komplexe Aufgaben zu bearbeiten.	$\square_1$	$\square_2$	$\square_3$	$\square_4$	*DFMaS3*
C.	Die SchülerInnen müssen vor allem das mathematische Fachvokabular beherrschen.	$\square_1$	$\square_2$	$\square_3$	$\square_4$	*LFr2*
D.	Für Sprachförderung ist nur der Deutschunterricht da.	$\square_1$	$\square_2$	$\square_3$	$\square_4$	*MMUM1*
E.	Wenn das Ergebnis richtig ist, spielt die sprachliche Form der Antwort keine Rolle.	$\square_1$	$\square_2$	$\square_3$	$\square_4$	*DDUF3*
F.	Im Mathematikunterricht sollten Lehrkräfte versuchen, die Unterrichtssprache so einfach wie möglich zu halten.	$\square_1$	$\square_2$	$\square_3$	$\square_4$	*DFMiS1*

3. Wie sehr stimmen Sie den folgenden Aussagen zu SchülerInnen mit Deutsch als Zweitsprache zu?

		stimme überhaupt nicht zu	stimme eher nicht zu	stimme eher zu	stimme völlig zu	
A.	Sprachlich-kognitive Fähigkeiten sind weitgehend angeboren, also auf die genetische Anlage der betreffenden SchülerInnen zurückzuführen.	$\square_1$	$\square_2$	$\square_3$	$\square_4$	*MZeIH1*
B.	Die Würdigung der Erstsprachen durch die Lehrkräfte kann die Zweitsprachenentwicklung der SchülerInnen positiv beeinflussen.	$\square_1$	$\square_2$	$\square_3$	$\square_4$	*MMSV4*
C.	Bildungssprachliche Kompetenzen sind für die Lernleistungen der SchülerInnen im Mathematikunterricht eine wichtige Grundlage.	$\square_1$	$\square_2$	$\square_3$	$\square_4$	*LAllg2*
D.	Wenn ein Schüler/eine Schülerin über gute umgangssprachliche Fähigkeiten verfügt, ist keine weitere Sprachförderung vonnöten.	$\square_1$	$\square_2$	$\square_3$	$\square_4$	*MZeL1*
E.	Im Mathematikunterricht sollten die SchülerInnen die Bedeutungen von Lerninhalten in ihren Herkunftssprachen besprechen dürfen.	$\square_1$	$\square_2$	$\square_3$	$\square_4$	*MMSV7*

4. Wie sehr stimmen Sie den folgenden Aussagen zu Sprachförderung im schulischen Kontext zu?

		stimme überhaupt nicht zu	stimme eher nicht zu	stimme eher zu	stimme völlig zu	
A.	Fachunterricht kann keine Sprachförderung leisten.	☐₁	☐₂	☐₃	☐₄	*DFMiS401A*
B.	Sprachförderung ist durchgängige Aufgabe jedes Fachunterrichts.	☐₁	☐₂	☐₃	☐₄	*DFMiS5*
C.	Im Mathematikunterricht sollten Lehrkräfte den SchülerInnen bei Besprechungen von Arbeitsergebnissen Rückmeldungen geben, wie sie zentrale sprachliche Aspekte weiterentwickeln können.	☐₁	☐₂	☐₃	☐₄	*DFUF1*
D.	Sprachförderung gelingt besonders gut gegenstandsbezogen, d. h. an den Sachinhalten des Fachunterrichts.	☐₁	☐₂	☐₃	☐₄	*DFMiS7*
E.	Im Fachunterricht können sprachliche Fehler zwar berichtigt, aber es kann nicht systematisch an ihnen gearbeitet werden.	☐₁	☐₂	☐₃	☐₄	*DFUF2*
F.	Fachliches Lernen ist immer mit sprachlichem Lernen verbunden. Sprachförderung gehört daher auch in den Fachunterricht.	☐₁	☐₂	☐₃	☐₄	*LFr5*

5. Wie sehr stimmen Sie den folgenden Aussagen zu den Aufgaben der Lehrkräfte in Bezug auf den Umgang mit Mehrsprachigkeit zu?

		stimme überhaupt nicht zu	stimme eher nicht zu	stimme eher zu	stimme völlig zu	
A.	Mathematiklehrkräfte sind auch für die sprachliche Entwicklung ihrer SchülerInnen zuständig.	$\square_1$	$\square_2$	$\square_3$	$\square_4$	*MZeMsE3*
B.	Die mathematische Sprache kann unabhängig von Alltagssprache und Bildungssprache erworben und beherrscht werden.	$\square_1$	$\square_2$	$\square_3$	$\square_4$	*LFr9*
C.	Lehrkräfte können nicht auch noch darauf achten, ob sprachlich alles richtig ist, was die SchülerInnen sagen. Wichtig ist, dass der Inhalt stimmt.	$\square_1$	$\square_2$	$\square_3$	$\square_4$	*DDMiS1*
D.	Im Mathematikunterricht sollten Lehrkräfte mit den SchülerInnen die zentralen grammatikalischen Merkmale der Fachsprache besprechen.	$\square_1$	$\square_2$	$\square_3$	$\square_4$	*LFr1*
E.	Lehrkräfte sollten bei der Auswahl von Aufgaben die sprachlichen Kompetenzen ihrer SchülerInnen berücksichtigen.	$\square_1$	$\square_2$	$\square_3$	$\square_4$	*DDMaS2*

6. Wie sehr stimmen Sie den folgenden Aussagen zu sprachlichen Aspekten von Migration zu?

		stimme überhaupt nicht zu	stimme eher nicht zu	stimme eher zu	stimme völlig zu	
A.	Es ist besser, wenn die Eltern mit den Kindern auf Deutsch und nicht in der Familiensprache sprechen.	$\square_1$	$\square_2$	$\square_3$	$\square_4$	*MMSV1*
B.	Manche Herkunftssprachen, zum Beispiel Türkisch, sind einfache Sprachen. Deutsch dagegen ist eine sehr komplexe Sprache.	$\square_1$	$\square_2$	$\square_3$	$\square_4$	*MMSV8*
C.	Jeder sprachliche Fehler muss sofort korrigiert werden, denn sonst setzen sich falsche Formulierungen fest.	$\square_1$	$\square_2$	$\square_3$	$\square_4$	*DDUF4*
D.	Für die sprachliche Entwicklung der SchülerInnen sind die Eltern zuständig.	$\square_1$	$\square_2$	$\square_3$	$\square_4$	*MMSV3*
E.	Wenn zu Hause kein Deutsch gesprochen wird, behindert das den Erwerb der deutschen Sprache.	$\square_1$	$\square_2$	$\square_3$	$\square_4$	*MMSV2*

Kapitel 9

Ergebnisse einer Validierungsstudie zum *DaZKom*-Testinstrument

SVENJA HAMMER & TIMO EHMKE

Zusammenfasssung: Der Beitrag beschreibt eine Validierungsstudie des *DaZKom*-Projektes, die sich mit der Frage beschäftigt, inwiefern DaZ-Kompetenz eine domänenspezifische oder generische Fähigkeit darstellt. Hierfür wurde $N = 92$ Lehramtsstudierenden aller Fächer das *DaZKom*-Erhebungsinstrument vorgelegt. Um Aussagen über die Validität der Testwertinterpretation treffen zu können, wurden der Stichprobe zusätzlich eine Teilskala des Berliner Tests zur Erfassung fluider und kristalliner Intelligenz (BEFKI), eine Mathematikangstskala sowie ein Test zu Lesegeschwindigkeit und -verständnis (LGVT) vorgelegt. Die Ergebnisse zeigen, dass sowohl die erfassten kognitiven Fähigkeiten als auch Mathematikangst in keinem statistisch signifikanten Zusammenhang zur DaZ-Kompetenz stehen. Diese Ergebnisse sprechen dafür, dass es sich bei DaZ-Kompetenz um eine generische Kompetenz handelt, die unabhängig ist von Fachinhalten. Zudem bestätigen die Ergebnisse die Annahme, dass es sich bei DaZ-Kompetenz um ein domänenspezifisches Wissen handelt, das sich von allgemeinen kognitiven Fähigkeiten abgrenzen lässt. Die geringen Zusammenhänge zwischen DaZ-Kompetenz und Lesegeschwindigkeit und –verständnis bekräftigen ebenso das Ergebnis, dass das *DaZKom*-Erhebungsinstrument ein eigenständiges Konstrukt misst und keine Lesefähigkeit.

Abstract: This article deals with a validation study within the *DaZKom* project. It assesses whether DaZ competence (GSL competence) is domain-specific or generic. Therefore, n = 92 teacher candidates of various subjects were presented with the GSL-test instrument. In order to allow for statements on the validity of the test score interpretation, a partial scale taken from the Berliner Test on Measuring Fluid and Crystalline Intelligence (BEFKI), a mathematics anxiety scale and a test on reading fluency and comprehension (LGVT) were additionally presented to the sample. The results show that the cognitive skills and mathematics anxiety do not correlate significantly with DaZ competence. These findings suggest that DaZ competence is generic and independent from subject-specific contents. Furthermore, the results confirm that

DaZ competence is based on domain-specific knowledge that can be isolated from general cognitive abilities. Additionally, the low correlations between DaZ competency and reading fluency and comprehension reinforce the finding that the *DaZKom* test instrument is not measuring reading ability but an independent construct.

9.1   Einleitung

Die Validierung der Testwertinterpretation stellt eine Herausforderung im Prozess der Testentwicklung dar. Es soll sichergestellt werden, dass der zu entwickelnde Test das intendierte Konstrukt adäquat abbildet und dass die Interpretation der Ergebnisse möglichst eindeutig ist. Für das im *DaZKom*-Projekt entwickelte Testinstrument wurden in einer ersten Validierungsstudie bereits erste Hinweise auf die Validität der Testwertinterpretation gewonnen (Hammer, Carlson, Ehmke, Koch-Priewe, Köker, Ohm, Rosenbrock & Schulze, 2015). In Anlehnung an den argumentationsbasierten Ansatz nach Kane (2013) wurde dabei überprüft, inwieweit die Testscores aus dem *DaZKom*-Test im Zusammenhang mit Merkmalen stehen, die auf die Plausibilität der Testwertinterpretation schließen lassen. Linguistisches Wissen, pädagogisches Wissen sowie mathematikdidaktisches Wissen wurden hierbei als externe Konstrukte gewählt, die durch ihre Nähe zu den Inhalten des DaZ-Kompetenzmodells Zusammenhänge erwartbar machten. Die Resultate der bivariaten Korrelationen zwischen den in der Validierungsstudie eingesetzten Tests und den Scores des *DaZKom*-Tests verdeutlichen, dass (1.) linguistisches Wissen geringfügig mit DaZ-Kompetenz zusammenhängt (Gesamtskala des *DaZKom*-Tests $r = 0.25$, Teilskala Fachregister $r = 0.23$), (2.) pädagogisches Wissen in der Dimension *Umgang mit Heterogenität* ebenfalls geringfügig mit DaZ-Kompetenz korreliert (Gesamtskala *DaZKom*-Test $r = 0.21$, Teilskala Mehrsprachigkeit $r = 0.23$) und (3.) mathematikdidaktisches Wissen weder mit der Gesamtskala noch mit den Teilskalen statistisch bedeutsam korreliert. Es zeigte sich demnach, dass mathematikdidaktisches Wissen nicht zur erfolgreicheren Beantwortung der *DaZKom*-Testaufgaben beiträgt, was aufgrund der Aufgabenstellungen jedoch angenommen werden konnte. Dieses Ergebnis lässt die Interpretation zu, dass es sich bei DaZ-Kompetenz um ein generisches, fachunabhängiges Konstrukt handelt, das sich auch im entwickelten *DaZKom*-Test widerspiegelt. Die Ergebnisse sprechen zudem dafür, dass DaZ-Kompetenz ein eigenes Konstrukt mit eigenen inhaltlichen Facetten ist.

   Die hier vorgestellte zweite Validierungsstudie soll nun weitere Hinweise auf die valide Testwertinterpretation geben. Hierfür werden weitere Konstrukte näher betrachtet, die eine konzeptuelle Nähe zum *DaZKom*-Test darstellen. Die gewählten Konstrukte schließen an eine immer wiederkehrende Diskussion unter Vertreterinnen und Vertretern der Bildungswissenschaften, Psychologie und Wirtschaftswissenschaften an, die der Frage nachgeht, inwiefern Kompetenz und kognitive Fähigkeiten voneinander abgrenzbar sind oder ob sich beide bedingen. Dieser Diskurs wird im Folgenden näher dargestellt. Eine weitere Frage, die sich durch die Konzeption der *DaZKom*-Testaufgaben ergibt, bezieht sich auf die Fachbezogenheit der Aufgaben. Im *DaZKom*-Test wird das Unterrichtsfach Mathematik exemplarisch herangezogen. Die erste Validierungsstudie konnte zwar bereits zeigen, dass mathematikdidaktisches Wissen keinen Beitrag zum Lösen der *DaZ-Kom*-Testaufgaben hat: Die Betrachtung von Mathematikangst, die einen angenommenen

Einfluss auf das Lösen der Aufgaben hätte, erscheint jedoch eine sinnvolle Ergänzung darzustellen. Der folgende Beitrag widmet sich daher der Frage, welche Zusammenhänge zwischen der DaZ-Kompetenz und theoretisch relevanten Merkmalen bestehen.

Zur Beantwortung dieser Frage wird zunächst das Konstrukt der DaZ-Kompetenz kurz beschrieben. Darauffolgend wird die Diskussion über die Konstrukte der kognitiven Fähigkeit und Kompetenz dargestellt. Die Forschungsfragen, das methodische Vorgehen und die Ergebnispräsentation folgen in den weiteren Abschnitten. Abgeschlossen wird dieser Beitrag durch eine Diskussion der Ergebnisse in Bezug auf die beschriebenen Fragestellungen.

9.2 Konzeptualisierung und Messung von DaZ-Kompetenz

Das Projekt *DaZKom* orientiert sich an den theoretischen Rahmenkonzeptionen von Studien wie Mathematics Teaching in the 21st Century (MT21; Schmidt, Tatto, Bankov, Blömeke, Cedillo, Cogan, Han, Houang, Hsieh, Paine, Santillan & Schwille, 2007) und Teacher Education and Development Study: Learning to Teach Mathematics (TEDS-M; Blömeke, Kaiser & Lehmann, 2010), die ebenfalls auf das Unterrichtsfach Mathematik abzielen. Es existierten jedoch zu Projektbeginn, zumindest im deutschsprachigen Raum, keine Vorarbeiten, die die generische Kompetenz Deutsch als Zweitsprache von Regelschullehrenden empirisch abgesichert modellieren und an die man hätte anschließen können. Eine Dokumentenanalyse von 60 Curricula deutscher Universitäten u. a. der Fächer Deutsch als Fremd- und Zweitsprache lieferte daher die Basis für die inhaltliche Rahmenkonzeption von DaZ-Kompetenz. Das so generierte und wiederum durch eine Expertenbefragung bestätigte Rahmenkonzept (Köker, Rosenbrock, Ohm, Ehmke, Hammer, Koch-Priewe & Schulze, 2015) umfasst drei Kompetenzdimensionen mit inhaltlich ausformulierten Subdimensionen und Kompetenzfacetten. Abbildung 9.1 zeigt die Struktur von DaZ-Kompetenz in Dimensionen und Subdimensionen.

Die Dimension *Fachregister* richtet den Fokus auf die sprachliche Kompetenz angehender Fachlehrkräfte unter der Prämisse, dass Sprache einerseits „das zentrale Medium zur Steuerung unterrichtlicher Interaktion und unterrichtlichen Handelns" (Köker et al., 2015) und andererseits für Schülerinnen und Schüler nichtdeutscher Herkunftssprache gleichzeitig Lerngegenstand ist. Diese Dimension berücksichtigt dabei die Problematiken, die die Struktur der Sprache auf Wort-, Satz- und Textebene für Schülerinnen und Schüler mit Deutsch als Zweitsprache beinhaltet. Ebenfalls berücksichtigt werden grammatische Strukturen und Wortschatz sowie die Spezifik der Fachsprache, die sich auf diversen Symbolsystemen (semiotische Systeme wie mathematische Symbolsysteme, Bildsprache etc.) abbildet und in ihren Darstellungsformen (mündlich oder schriftlich) unterschiedliche Herausforderungen beinhaltet. Die Dimension *Mehrsprachigkeit* umschreibt die Fähigkeit von Lehrpersonen, sowohl zweitsprachliche Erwerbsprozesse (Zweitspracherwerb) ihrer Schülerinnen und Schüler im Fachunterricht zu berücksichtigen und diesbezügliche Entwicklungen zu erkennen als auch die durch die Heterogenität und die sprachliche Vielfalt der Schülerinnen und Schüler vorhandenen Ressourcen (Migration) wertzuschätzen und im Unterricht zu nutzen. Die Dimension *Didaktik* beschreibt

Abbildung 9.1: Strukturmodell DaZ-Kompetenz

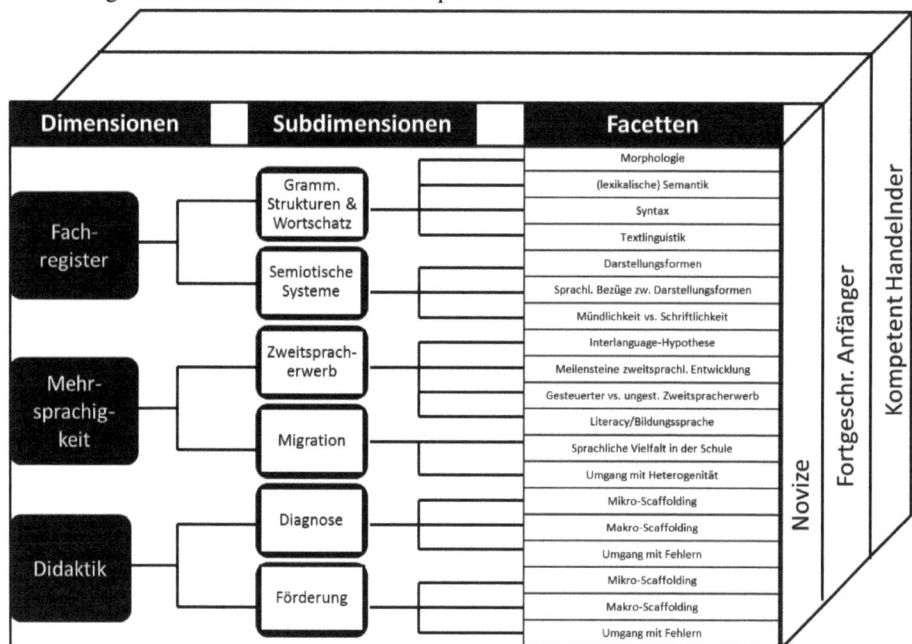

schließlich die Kompetenz einer Lehrperson, die bildungssprachliche Performanz ihrer Schülerinnen und Schüler auch im Unterrichtsprozess zu analysieren (Diagnose) und mit Unterstützungsmaßnahmen zu reagieren (Förderung).

Abbildung 9.2: *DaZKom*-Aufgabenbeispiel zur Dimension *Fachregister*

Peter möchte in der Pause im Schulkiosk Süßigkeiten kaufen. Er kauft 10 Bonbons für jeweils 20 Cent. Sein Freund Max kann nicht widerstehen und kauft sich ebenfalls 5 Leckereien für je 50 Cent. Wer hat mehr Geld ausgegeben – Peter oder Max?

---

1. Nennen Sie vier Wörter aus dem Aufgabenbeispiel, die für einen DaZ-Lernenden schwer zu verstehen sein könnten.

2. Bei welchen sprachlichen Refernzen im Text, die für die Beantwortung der Aufgabe relevant sind, könnten DaZ-Lernende Schwierigkeiten haben? *Erläutern Sie jeweils die Schwierigkeiten.*

Die Niveaubeschreibung des DaZ-Kompetenzmodells orientierte sich am Modell des Fähigkeitserwerbs von Dreyfus & Dreyfus (1986). Diese beschreiben die Kompetenzentwicklung als dynamischen Prozess, der in fünf Stufen verläuft und nur dann vom Novizen zum Experten führt, wenn der Lernende die Möglichkeit hat, ausreichend Erfahrungen zu machen (Dreyfus & Dreyfus, 1986). Auch das DaZ-Strukturmodell versteht Kompetenzentwicklung nicht als rein kognitiven Prozess, sondern bezieht Erfahrungslernen und Handlungsorientierung mit ein. Es wurden zunächst drei Niveaustufen – vom Novizen, über den fortgeschrittenen Anfänger bis zum kompetent Handelnden – modelliert und operationalisiert (Köker et al., 2015, Kapitel 4 in diesem Band). Das Strukturmodell zur DaZ-Kompetenz ist als generisch zu betrachten und kann auf unterschiedliche Domänen oder Unterrichtsfächer angewendet werden. Als inhaltliche Domäne wurde bei der Testentwicklung im Rahmen des *DaZKom*-Projektes das Bezugsfach Mathematik gewählt.

Bei der Testentwicklung wurden Stimuli entwickelt, die möglichst realitätsnahe Situationen bzw. Aufgabenbeispiele aus dem Mathematikunterricht widerspiegeln. Um diese in einen angemessenen Kontext zu setzen, sind die Stimuli sehr textlastig, was das Beispiel 9.2 illustriert (Bezirksregierung Münster, 2008, S. 13).

9.3   Kompetenz und kognitive Fähigkeit

Eine heute noch immer prominente Unterscheidung im Bereich der Intelligenzforschung wird zwischen fluider Intelligenz (*gf*) und kristalliner Intelligenz (*gc*) gemacht. Fluide Intelligenz (*gf*) zeigt sich hier im dekontextualisierten schlussfolgernden Denken, wohingegen kristalline Intelligenz (*gc*) als erlernte Fähigkeiten und Wissen verstanden wird. Diese Unterscheidung geht auf Cattell (1943) zurück, der durch seine Studien deutlich machte, dass *gc* sich auf die „Gesamtheit des Wissens" bezieht, die ein Mensch während seines Lebens erwirbt und dass dieses Wissen mit steigendem Lebensalter zunimmt (Cattell, 1971). Die *Gf-Gc*-Theorie wurde mehrfach erweitert und umfasst mittlerweile neben *gf* und *gc* weitere Fähigkeitsfaktoren wie Kurzzeitgedächtnis, Langzeitgedächtnis, visuelle Verarbeitung, auditorische Verarbeitung, Verarbeitungsgeschwindigkeit, Entscheidungsgeschwindigkeit und quantitatives Wissen (Horn, 2008; Horn & Noll, 1997). Studien zu den sprachlichen Aspekten, die im Zusammenhang mit Intelligenz betrachtet werden, deuten darauf hin, dass eine „Abgrenzung sprachlicher Leistungen von Faktenwissen in anderen Domänen empirisch haltbar und sinnvoll sein kann" (Schipolowski, Wilhelm & Schroeders, 2016). In der aktuellen Bildungsforschung wird professionelles Wissen, basierend auf Shulman (1986, 1987) und Bromme (1992), als ein „Amalgam aus fachlichem, erziehungswissenschaftlichem, fachdidaktischem und pädagogisch-psychologischem Wissen" dargestellt (Leuchter, Reusser, Pauli & Klieme, 2008, S. 168). Dieser Fokus auf Wissensbereiche erweiterte sich durch die zunehmende Kompetenzorientierung. Die sehr häufig verwendete Definition von Kompetenzen von Weinert (2001, S. 27f.) besagt:

> Kompetenzen [sind] die bei Individuen verfügbaren oder durch sie erlernbaren kognitiven Fähigkeiten und Fertigkeiten, um bestimmte Probleme zu lösen sowie die damit verbundenen motivationalen, volitionalen und sozialen Bereitschaften und Fähigkeiten um die Problemlösungen in variablen Situationen erfolgreich und verantwortungsvoll nutzen zu können.

Im Zuge der Diskussion um Schulleistungsstudien wie PISA, die der Weinertschen Definition folgen, ergab sich die Frage: „Was messen internationale Schulleistungsstudien?" – „Kompetenz" oder „Intelligenz" (Rindermann, 2006; Baumert, Brunner, Lüdtke & Trautwein, 2007). Rindermann (2006) stellte in diesem Rahmen die These auf, dass sowohl Schulleistungstests (in seiner Analyse von PISA-Items) als auch Intelligenztests eine „empirisch einheitliche und bildungsabhängige kognitive Fähigkeit" (Rindermann, 2006, S. 70) erfassen. Die Korrelationen zwischen Schulleistungstests und „figuralen Intelligenztestresultaten unterstreichen die Nähe zur Intelligenz" (Rindermann, 2006, S. 79). Diese Position kritisieren Baumert und Kollegen (2007), indem sie verdeutlichen, dass domänenspezifische Fähigkeiten über den Intelligenzfaktor hinaus die Leistungen in den Schulleistungstests beeinflussen (Baumert et al., 2007). Merkmale wie Erlernbarkeit, Kontextspezifität und Lebensweltbezug werden in diesen Kontexten oft als Abgrenzung zwischen kognitiven Kompetenz- und Intelligenzleistungen gesehen (Hartig & Klieme, 2006; Koeppen, Hartig, Klieme & Leutner, 2008). Diese Abgrenzung wird unter dem Aspekt, dass auch Facetten von Intelligenz erlernbar sind, als problematisch betrachtet (Becker, Lüdtke, Trautwein, Köller & Baumert, 2012). Auch wird die unterstellte Kontextspezifität bei Kompetenzkonstrukten angezweifelt, da die in Schulleistungsstudien modellierten Konstrukte wie beispielsweise Lesekompetenz als Grundvoraussetzung für schulische Teilhabe definiert ist (Jude, Hartig, Schipolowski, Böhme & Stanat, 2013). Die Diskussion um konzeptuelle Nähe von *Kompetenz* und *Intelligenz* lässt die Frage aufkommen, inwieweit sich diese beiden Konstrukte empirisch voneinander unterscheiden lassen bzw. inwieweit sie zusammenhängen (Brunner, 2008). Für die Testentwicklung ist es daher eine Herausforderung das intendierte Konstrukt möglichst genau messbar zu machen. Im *DaZKom*-Projekt wurde dies anhand von möglichst kontextualisierten Aufgaben umgesetzt, die sich auf die Anforderungen im Unterricht im Umgang mit Schülerinnen und Schülern mit DaZ beziehen.

9.4   Validierungsansatz

Validierung bezeichnet im Folgenden einen Prozess, in dem belegt werden soll, dass das vorliegende Testinstrument seinen angestrebten Zweck erfüllt (Sireci & Padilla, 2014). Hierzu wird der argumentationsbasierte Ansatz (*argument-based approach*) von Kane (2013) genutzt. Bei diesem besteht das Ziel darin, größtmögliche Klarheit und Nachvollziehbarkeit in der Auslegung von Testergebnissen und deren Interpretationen zu erlangen (Kecker, 2011). Dafür wurde von Kane eine Argumentationskette entwickelt, die es ermöglicht, eine Verbindung zwischen der beobachteten Testleistung und der Ergebnisinterpretation bezogen auf die Realsituation herzustellen. Kane, Crooks und Cohen (1999) untergliedern diese Argumentationskette in drei Schritte: *evaluation, generalization* und *extrapolation*. Im vorliegenden Artikel konzentrieren wir uns auf den Schritt der *extrapolation* (Schlussfolgerung; Kane, 2013). Bei der *extrapolation* wird das Testergebnis einer Person als Indikator für ihre zukünftige Leistung in der angenommenen Realsituation (in unserem Fall als Lehrkraft im Fachunterricht) verstanden und die Validität dieser Annahme durch Korrelation mit externen Kriterien geprüft. Die zukünftige Leistung wird demnach nicht direkt beobachtet oder gemessen, sondern näherungsweise durch bereits eingeführte Tests, die ein gleiches oder ähnliches Konstrukt messen, repräsentiert (Kane et al., 1999).

    In der vorliegenden Validierungsstudie, in der die Annahme validiert werden soll, dass die Ergebnisse des *DaZKom*-Tests als Indikator für ein entsprechend kompetentes Handeln zukünftiger Fachlehrkräfte gelten können, wurde die Diskussion aufgegriffen, ob die Messung von Kompetenz der Messung von kognitiver Fähigkeit bzw. Lesefähigkeit und Lesegeschwindigkeit gleichkommt und somit eine Messung von DaZ-Kompetenz obsolet wäre. Zudem sollen theoretisch angenommene Einflussfaktoren auf das Beantwortungsverhalten des *DaZKom*-Tests wie Mathematikangst untersucht werden, um Rückschlüsse auf die generische Natur des mit dem *DaZKom*-Testinstrumentes gemessenen Konstrukts der DaZ-Kompetenz ziehen zu können. In einer ersten Validierungsstudie wurden bereits die Konstrukte mathematikdidaktisches Wissen, pädagogisches Wissen und linguistisches Wissen, die eine inhaltliche und konzeptuelle Nähe zum Konstrukt DaZ-Kompetenz aufweisen, geprüft (Hammer et al., 2015). Hier zeigten die Ergebnisse, dass das Konstrukt DaZ-Kompetenz ein eigenes Konstrukt ist, auch wenn Aspekte pädagogischen und linguistischen Wissens in geringem Maße enthalten sind. Zudem ergaben die Ergebnisse, dass mathematikdidaktisches Wissen keinen Beitrag zum Lösen der *DaZKom*-Testaufgaben liefert, obwohl die Testaufgaben Mathematikbezug aufweisen. Dieses Ergebnis lässt erste Schlüsse über die generische Natur des Konstrukts DaZ-Kompetenz zu. Die positiven Zusammenhänge zwischen den Personenmerkmalen und den Ergebnissen des DaZ-Tests ermöglichen die Interpretation, dass DaZ-Kompetenz erlernbar ist. Ebenso bestätigen dies die Zusammenhänge zwischen den Ergebnissen des *DaZKom*-Tests und der Semesterzahl sowie den universitären Lerngelegenheiten im Bereich DaZ.

9.5   Forschungsfragen und Hypothesen

Die in diesem Beitrag vorgestellte Validierungsstudie untersucht nun die divergenten und konvergenten Zusammenhänge der Ergebnisse des *DaZKom*-Tests mit weiteren externen Validierungsmerkmalen. Die Studie geht folgenden Forschungsfragen und Annahmen nach:

1) Inwieweit hängt die DaZ-Kompetenz von Lehramtsstudierenden mit ihrer kognitiven Fähigkeit zusammen?
   Basierend auf der oben dargestellten Diskussion stellt sich die Frage, inwiefern kognitive Fähigkeit mit DaZ-Kompetenz zusammenhängt. Betrachtet man kognitive Fähigkeit als die Fähigkeit zum schlussfolgernden Denken, so sollte das Anliegen eines Kompetenztests sein, dass dieser das Fachwissen messbar macht, ohne dass dies durch „scharfes Nachdenken" oder durch die Identifizierung von Lösungshinweisen in den Aufgaben selbst erreicht werden kann. Ein Zusammenhang zwischen kognitiver Fähigkeit und DaZ-Kompetenz würde die Position von Baumert et al. (2007) bestärken, dass mit Kompetenzmessungen domänenspezifische Fähigkeiten abgebildet werden und keine kognitiven Grundfähigkeiten.

2) Welche Zusammenhänge lassen sich zwischen der DaZ-Kompetenz von Lehramtsstudierenden und Mathematikangst identifizieren?
   Das Bezugsfach Mathematik, dessen sich der *DaZKom*-Test bedient, lässt vermuten, dass mathematikaffine Studierende bessere Ergebnisse erzielen als Studierende mit hoher Mathematikangst. Studien zeigen, dass ein Zusammenhang zwischen Mathematiktestleistungen und Mathematikangst besteht (Jenßen, Dunekacke, Eid

& Blömeke, 2015). Diese Ergebnisse legen für den *DaZKom*-Test nahe, Mathematikangst als Wirkungsvariable für das erfolgreiche Lösen der Testaufgaben zu betrachten.

Die mathematischen Inhalte der Aufgaben könnten Studierende mit einer Mathematikangst von den DaZ-spezifischen Inhalten ablenken und somit zu geringeren Testwerten führen. Die valide Messung von DaZ-Kompetenz würde somit nicht gewährleistet werden.

3) Wie hängen die DaZ-Kompetenz von Lehramtsstudierenden und ihre Lesefähigkeit und Lesegeschwindigkeit zusammen?

   Da im *DaZKom*-Testinstrument ein hoher Anteil von offenen Textaufgaben in einem zeitlich begrenzten Rahmen (Langversion: 60 Minuten, Kurzversion: 40 Minuten) gelesen und anschließend beantwortet werden müssen, kann davon ausgegangen werden, dass Studierende mit einer hohen Lesefähigkeit und Lesegeschwindigkeit den Test innerhalb der verfügbaren Zeit besser lösen können als Studierende mit einer geringeren Lesefähigkeit und Lesegeschwindigkeit.

9.6   Methode

9.6.1   Stichprobe

Für die Durchführung der Studien wurden Lehramtsstudierende an zwei Universitäten aus zwei Bundesländern (Nordrhein-Westfalen und Niedersachsen) getestet, von denen $N = 66$ Studierende den BEFKI 8-10, $N = 63$ Studierende den LGVT 6-12 absolvierten und $N = 26$ die Mathematikangst-Skala ausfüllten. Alle Studierenden erhielten zudem eine Version des *DaZKom*-Testinstrumentes. Die untersuchten Studierenden waren zum Zeitpunkt der Durchführung in ein Lehramtsstudium eingeschrieben. Die belegten Unterrichtsfächer waren hierbei unterschiedlich und breit gestreut (Mathematik, Deutsch, Englisch, Naturwissenschaften, Musik, Geschichte, Kunst, Sport, Sachunterricht). 37 % der untersuchten Teilnehmenden gaben an Deutsch als Zweitsprache zu studieren. Die Gesamtstichprobe bestand zu 45 % aus Bachelorstudierenden vom ersten bis sechsten Semester und zu 55 % aus Masterstudierenden im ersten und zweiten Semester.

9.6.2   Instrumente

DaZKom-Testinstrument

Das Instrument zur Messung von DaZ-Kompetenz besteht in einer Lang- und einer Kurzversion, die entweder 60 Minuten oder 40 Minuten in Anspruch nimmt. Die Langversion besteht aus 63 Items, die Kurzversion aus 47 Items. Jedes dieser Items ist in eine der drei Dimensionen von DaZ-Kompetenz eingeordnet (Tabelle 9.1). In der Langversion werden 28 Items der Dimension *Fachregister* zugeordnet, 19 Items der Dimension *Mehrsprachigkeit* und 16 Items der Dimension *Didaktik*. In der Kurzversion werden 17 Items der Dimension *Fachregister* zugeordnet, 15 Items der Dimension *Mehrsprachigkeit* und 15 Items der Dimension *Didaktik*. Für eine statistische Modellierung wurde keine weitere Differenzierung in die im Kompetenzmodell vorhandenen Subdimensionen vorgenommen, da die Anzahl der Items pro Subdimension zu gering gewesen wäre. Der Test besteht in der Langversion aus 13 Aufgabenunits und in der Kurzversion aus 9 Units, die jeweils aus zwei bis neun Einzelitems bestehen. Jede Aufgabenunit beginnt mit einem authentischen Stimulus, der entweder ein Fallbeispiel, eine Lehrer-Schüler-Interaktion, ein schriftliches Schülerprodukt oder eine Mathematiktextaufgabe mit potenziellen sprachlichen Schwierigkeiten beinhaltet. Der Test umfasst die gängigen Antwortformate (Bortz & Döring, 2006): 28 Aufgaben mit einem geschlossenen Antwortformat, 17 Aufgaben mit halboffenem und 18 Aufgaben mit offenem Antwortformat in der Langversion und 24 Aufgaben mit einem geschlossenen Antwortformat, 11 Aufgaben mit halboffenem und 12 Aufgaben mit offenem Antwortformat in der Kurzversion. Die Aufgaben mit offenem Antwortformat wurden im Partial-Credit-System ausgewertet, dies bedeutet, dass für die richtige Antworte zwei „Punkte" vergeben wurden und für teilweise richtige Antworten ein „Punkt". Die Codierung basiert auf einem detaillierten Codierleitfaden (vgl. Skalenhandbuch *DaZKom*-Test). Die in Abbildung 9.2 dargestellte Beispielaufgabe zeigt eine Mathematiktextaufgabe mit Wortschwierigkeiten und wird der Dimension Fachregister zugeordnet. Die Testdaten wurden auf Basis der Item-Response-Theorie (IRT) Raschskaliert (vgl. Kapitel 7 in diesem Band). Die Item-Fit-Werte zeigen, dass die Testitems mit dem Raschmodell übereinstimmen. Auch die Itemtrennschärfen liefern akzeptable Werte ($M = 0.32$, $SD = 0.10$, $MIN = 0.13$, $MAX = 0.57$). Zudem zeigen die Werte zur Itemschwierigkeit ($M = 0.07$, $SD = 0.88$) und zur Personenfähigkeit ($M = 0.00$, $SD = 0.78$) eine hohe Überschneidung. Die EAP-Reliabilität $\alpha = 0.80$ des DaZ-Tests liegt in einem annehmbaren Bereich, ebenso die Reliabilitäten der Subdimensionen (1 = *Fachregister* ($\alpha = 0.74$), 2 = *Didaktik* ($\alpha = 0.69$), 3 = *Mehrsprachigkeit* ($\alpha = 0.66$)). Zudem zeigen die Korrelationen der Dimensionen untereinander zu erwartende Werte ($r_{1,2} = .75$, $r_{2,3} = .28$, $r_{1,3} = .62$). Die Analyse der Dimensionalität hat gezeigt, dass das ein- und das dreidimensionale Modell sehr ähnliche Informationskriterien liefern (eindimensionales Modell: AIC = 12716, BIC = 12960, CAIC = 13029; dreidimensionales Modell: AIC = 12604, BIC = 12866, CAIC = 12940). Das dreidimensionale Modell weist dabei einen etwas besseren Modellfit auf im Vergleich zum eindimensionalen Modell.

Personenmerkmale und DaZ-bezogene Lerngelegenheiten

Es wurde neben dem *DaZKom*-Test ein Fragebogen zu Personenmerkmalen und zu DaZ-bezogenen Lerngelegenheiten eingesetzt. Der Fragebogen zu den Personenmerkmalen beinhaltet Angaben zum Geschlecht, zur Muttersprache, zur Anzahl der studierten Semester sowie zum Studienfach. Die Skala zu Lerngelegenheiten im Bereich DaZ besteht aus 13 Items, die nach der Häufigkeit des Vorkommens DaZ-spezifischer Themen im Lehramtsstudium fragen (1 = *gar nicht*, 2 = *in einer Sitzung*, 3 = *in mehreren Sitzungen*, 4 = *in einer ganzen Lehrveranstaltung*, 5 = *in mehreren Lehrveranstaltungen*).

BEFKI

Der *Berliner Test zur Erfassung fluider und kristalliner Intelligenz für die 8. bis 10. Jahrgangsstufe* (BEFKI 8-10, Wilhelm, Schroeders & Schipolowski, 2014) dient der Erfassung allgemeiner kognitiver Fähigkeiten von Schülerinnen und Schülern. Untergliedert ist das Verfahren in vier verschiedene Subtests, von denen drei den Bereich des *Schlussfolgernden Denkens* und einer das *Allgemeinwissen* abdeckt. Der Gesamtfragebogen umfasst insgesamt 64 Items aus den Wissensbereichen Sozial- und Naturwissenschaften. Eingesetzt wurde der Subtest zur fluiden Intelligenz *Schlussfolgerndes Denken – figuraler Teil*, der sich aus 16 Aufgaben mit 32 dichotomen Items (Reliabilität $\alpha = 0.69$) zusammensetzt und für dessen Bearbeitung 14 Minuten zur Verfügung standen. In allen Aufgaben mussten Regelmäßigkeiten oder Entwicklungsverläufe erkannt und durch „a) Verändern der Position des Elements, b) Rotation des Elements, c) Hinzufügen oder Entfernen von Elementen und d) Verändern der Schraffur eines Elements" gelöst (Wilhelm & Schipolowski, 2010) werden.

Lesegeschwindigkeits- und -verständnistest

Der *Lesegeschwindigkeits- und -verständnistest für die Klassen 6-12* (LGVT 6-12: Schneider, Schlagmüller & Ennemoser, 2007) ist ein Gruppentestverfahren, das sich auf die beiden Bereiche *Leseverständnis* und *Lesegeschwindigkeit* konzentriert. Hierbei lässt sich das Leseverständnis über den direkten Faktor der korrekten Wortunterstreichungen und über den indirekten Faktor der Lesegeschwindigkeit ermitteln. Der Fließtext enthält 1727 Wörter, 23×3 Wahlalternativen zum Unterstreichen. Die Durchführung benötigt ca. 10 Minuten. Da es einem Großteil der Teilnehmerinnen und Teilnehmer möglich sein sollte, alle Items korrekt auszuwählen, wird die Leistungsdifferenzierung bei diesem Testverfahren über die Menge der bearbeiteten und nicht über die Schwierigkeit der verschiedenen Items ermittelt. Die Retestreliabilität (nach 6 Wochen) für das Leseverständnis liegt bei $r = .87$ ($N = 103$) und für die Lesegeschwindigkeit bei $r = .84$ ($N = 103$) (Schneider et al., 2007).

Mathematikangst-Skala

Die Mathematikangst-Skala setzt sich aus insgesamt 14 Items zusammen, die sechs positiv formulierte (Bsp.: *Ich finde Mathe interessant.*) und acht negativ formulierte Items (Bsp.: *Bei Mathe fühle ich mich unwohl.*) aufführt. Auf einer fünf-stufigen Likert-Skala, die von 1 = *stimme überhaupt nicht zu* bis 5 = *stimme voll und ganz zu* reicht, soll die Zustimmung zu den Aussagen ausgedrückt werden. Die Reliabilität der Skala liegt bei $\alpha = 0.92$. Die Skala basiert auf der englischen Version (MAS-R) von Bai, Wang, Pan & Frey (2009), die von Jenßen et al. (2015) übersetzt und validiert wurde. Jenßen et al. (2015) weisen nach, dass ein Zusammenhang zwischen Mathematikangst und mathematischer Kompetenz besteht. Da der Test für den Bereich Deutsch-als-Zweitsprache-Kompetenz überwiegend Items mit mathematischem Bezug beinhaltet, kann angenommen werden, dass zwischen DaZ-Kompetenz und Mathematikangst ebenfalls Korrelationen nachgewiesen werden können.

9.6.3   Vorgehen der Datenerhebung

Die Datenerhebung erfolgte im Frühjahr 2015. Der Test wurde in Seminarsitzungen von geschulten Mitarbeiterinnen und Mitarbeitern an den jeweiligen Universitäten durchgeführt. Die Durchführungsdauer der Tests und Fragebögen betrug für den *DaZKom*-Test

40 bzw. 60 Minuten, für die Lerngelegenheiten 15 Minuten, für den *LGVT 6-12* 10 Minuten, für den *BEFKI 8-10* 14 Minuten und für die *Mathematikangst-Skala* 5 Minuten. Die Teilnahme war freiwillig und anonym. Alle Teilnehmenden bearbeiteten eine Version des *DaZKom*-Tests und den Fragebogen zu den Lerngelegenheiten. Um in der gegebenen Testzeit von maximal 90 Minuten alle Testteile bearbeiten zu können, wurden der *BEFKI 8-10*, der *LGVT 6-12* sowie die *Mathematikangst-Skala* immer nur einem Teil der Stichprobe vorgelegt.

9.6.4   Statistisches Vorgehen

Die Item- und Skalenanalysen für den eingesetzten *DaZKom*-Test wurden auf der Basis des Rasch-Modells (z. B. Rost, 2004) mit dem Programm *ConQuest* (Adams, Wu & Wilson, 2012) durchgeführt. Die Personenmesswerte wurden anhand von Personenfähigkeitsschätzern, Weighted Likelihood Estimates (WLE), bestimmt. Diese beruhen ausschließlich auf den Antworten der Probanden auf die Testaufgaben. Wegen ihrer geringen durchschnittlichen Abweichung vom wahren Kompetenzwert eignen sich WLE-Schätzer besonders gut zur Bestimmung individueller Kompetenzausprägungen (Rost, 2004). Zusammenhänge mit externen Maßen wurden anhand von bivariaten Korrelationen berechnet. Die interne Konsistenz der Skalen wurde durch EAP-Reliabilitäten geprüft (z. B. Wilson, 2005). Fehlende Antworten im DaZ-Test, d. h. ungültige und nicht ausgefüllte Antwortfelder, wurden als falsch bewertet.

9.7   Ergebnisse

9.7.1   Zusammenhänge von DaZ-Kompetenz und kognitiven Fähigkeiten

Die dritte Zeile in Tabelle 9.1 zeigt die bivariaten Korrelationen zwischen den Ergebnissen der DaZ-Kompetenz, sowohl für die Gesamtskala als auch für die Subskalen, und den kognitiven Fähigkeiten, gemessen mit dem BEFKI-Subtest. Die Ergebnisse zeigen, dass DaZ-Kompetenz weder auf der Gesamtskala noch in den Teilskalen statistisch signifikant mit der BEFKI-Teilskala korreliert. Demnach grenzt sich DaZ-Kompetenz deutlich von kognitiven Fähigkeiten ab.

9.7.2   Zusammenhänge von DaZ-Kompetenz mit Lesefähigkeit und Lesegeschwindigkeit

Für die Zusammenhänge zwischen DaZ-Kompetenz und Lesefähigkeit sowie Lesegeschwindigkeit zeigen sich statistisch signifikante positive Zusammenhänge, dargestellt in Tabelle 9.1. Zwischen der Gesamtskala ($r = .34$) sowie den Teilskalen *Fachregister* ($r = .34$) und *Didaktik* ($r = .26$) und der DaZ-Kompetenz zeigen sich nach Bortz und Döring (2006) geringe Zusammenhänge. Es lässt sich also festhalten, dass Studierende, die geschriebene Texte schneller erfassen können, auch bessere Testergebnisse im DaZ-Kompetenztest erzielen. Für die Lesefähigkeit, die auch semantisch-korrekte Wort-

Tabelle 9.1: Korrelationen zwischen Validierungskonstruktuen und DaZ-Kompetenz

	Gesamtskala	Teilskalen		
		Fachregister	Didaktik	Mehrsprachig-keit
Kognitive Fähigkeiten	n.s.	n.s.	n.s.	n.s.
Lesegeschwindigkeit	.34**	.34**	.26*	n.s
Lesefähigkeit	.26*	.25*	n.s.	n.s.
Mathematikangst	n.s.	n.s.	n.s.	n.s.

** $p < .01$; * $p < .05$

erkennung beinhaltet, besteht ebenfalls ein statistisch signifikanter Zusammenhang mit der DaZ-Kompetenz (Gesamtskala: $r = .25$).

9.7.3 Zusammenhang von DaZ-Kompetenz mit Mathematikangst

Der Zusammenhang von DaZ-Kompetenz mit Mathematikangst ist in Tabelle 9.1 in der untersten Zeile dargestellt. Die Angst davor mit Mathematik in Berührung zu kommen oder mit Mathematik umgehen zu müssen, steht in keinem signifikanten Zusammenhang zur DaZ-Kompetenz. Dieses Resultat belegt, dass die Mathematikbezogenheit der *DaZ-Kom*-Testaufgaben in keinem Zusammenhang zu dem Lösen dieser Aufgaben steht.

9.8 Diskussion

Diese zweite Validierungsstudie verfolgte das Ziel, DaZ-Kompetenz, wie sie mit dem *DaZKom*-Test gemessen werden kann, mit externen Maßen wie Lesegeschwindigkeit und -fähigkeit, kognitiven Fähigkeiten (schlussfolgerndem Denken) sowie Mathematikangst zu vergleichen. Die Ergebnisse dieser Validierungsstudie ergeben, dass das *DaZKom*-Testinstrument ein anderes Konstrukt misst als das der kognitiven Fähigkeit. Die Ergebnisse bestätigen somit die Annahme, dass Kompetenz eine domänenspezifische Fähigkeit ist (in unserem Fall die Domäne DaZ), die über den Faktor der kognitiven Fähigkeit hinausgeht. Bezogen auf die Zusammenhänge zwischen der DaZ-Kompetenz der Studierenden und deren Lesefähigkeit und Lesegeschwindigkeit hat sich gezeigt, dass durch die Textlastigkeit des *DaZKom*-Tests Studierende mit hoher Lesefähigkeit und Lesegeschwindigkeit auch bessere Testwerte im DaZ-Kompetenztest erzielen. Die Vermutung, dass es sich bei DaZ-Kompetenz um eine generische Kompetenz handelt, wird ebenfalls durch die Analyse der Zusammenhänge zwischen DaZ-Kompetenz und Mathematikangst bestätigt, in der keine Zusammenhänge festgestellt werden konnten. Zusammenfassend lässt sich festhalten, dass das *DaZKom*-Testinstrument (1) ein Konstrukt misst, das über reines schlussfolgerndes Denken hinausgeht, sowie (2) positiv mit Lesefähigkeit und Lesegeschwindigkeit korreliert und (3) ein fachunabhängiges Konstrukt misst. In weiterer Erhebungen zur Validierung wäre zu prüfen, inwiefern hohe Testwerte in der DaZ-Kompetenz auch mit positiven Einstellungen und lernförderlichen Handlungen bei konkreten Schülerinnen und Schülern mit DaZ im Klassenzimmer einhergehen. Dieser Nachweis steht bislang noch aus und wäre ein weiterer wichtiger Schritt, um die Gültigkeit der Testinterpretation zu bestätigen.

9.9   Literatur

Adams, R. J., Wu, M. & Wilson, M. (2012). *ACER ConQuest. Australian council for educational research (ACER) [Computer Software]*.

Bai, H., Wang, L. S., Pan, W. & Frey, M. (2009). Measuring mathematics anxiety: Psychometric analysis of a bidimensional affective scale. *Journal of Instructional Psychology*, 36, 185–193.

Baumert, J., Brunner, M., Lüdtke, O. & Trautwein, U. (2007). Was messen internationale Schulleistungsstudien? – Resultate kumulativer Wissenserwerbsprozesse. Eine Antwort auf Heiner Rindermann. *Psychologische Rundschau*, 58 (2), 118–145.

Becker, M., Lüdtke, O., Trautwein, U., Köller, O. & Baumert, J. (2012). The differential effects of school tracking on psychometric intelligence: Do academic-track schools make students smarter? *Journal of Educational Psychology*, 104, 682–699.

Bezirksregierung Münster. (2008). *Sprachförderung als Aufgabe aller Fächer – Mathematik – Gesamtschulen* (2. Aufl.). Münster: Bezirksregierung

Blömeke, S., Kaiser, G. & Lehmann, R. (Hrsg.). (2010). *TEDS-M 2008 – Professionelle Kompetenz und Lerngelegenheiten angehender Primarstufenlehrkräfte im internationalen Vergleich*. Münster u.a.: Waxmann.

Bortz, J. & Döring, N. (2006). *Forschungsmethoden und Evaluation: Für Human- und Sozialwissenschaftler* (4. neu bearbeitet Aufl.). Heidelberg: Springer.

Bromme, R. (1992). *Der Lehrer als Experte. Zur Psychologie des professionellen Lehrerwissens*. Göttingen: Hans Huber.

Brunner, M. (2008). No g in education? *Learning and Individual Differences*, 18, 152–165.

Cattell, R. B. (1943). The measurement of adult intelligence. *Psychological Bulletin*, 40, 153–193.

Cattell, R. B. (1971). *Abilities: Their structure, growth and action*. Boston: Houghton Mifflin.

Dreyfus, H. L. & Dreyfus, S. E. (1986). *Mind over machine. The power of human intuition and expertise in the era of the computer*. Oxford: Basil Blackwell.

Hammer, S., Carlson, S. A., Ehmke, T., Koch-Priewe, B., Köker, A., Ohm, U., Rosenbrock, S. & Schulze, N. (2015). Kompetenz von Lehramtsstudierenden in Deutsch als Zweitsprache: Validierung des GSL-Testinstruments. *Zeitschrift für Pädagogik*, Beiheft 61, 32–54.

Hartig, J. & Klieme, E. (2006). Kompetenz und Kompetenzdiagnostik. In K. Schweizer (Hrsg.), *Leistung und Leistungsdiagnostik* (S. 127–143). Heidelberg: Springer.

Horn, J. L. (2008). Spearman, g, expertise, and the nature of human cognitive capability. In P. C. Kyllonen, R. D. Roberts & L. Stankov (Eds.), *Extending intelligence. Enhancement and new constructs* (pp. 185–230). New York/London: Taylor & Francis.

Horn, J. L. & Noll, J. (1997). Human cognitive capabilities: Gf-Gc theory. In D. P. Flanagan, J. L. Genshaft & P. L. Harrison (eds.), *Contemporary intellectual assessment: Theories, tests and issues* (1st ed.) (pp. 53–91). New York: Guilford Press.

Jenßen, L., Dunekacke, S., Eid, M. & Blömeke, S. (2015). The relation of mathematical competence and mathematics anxiety. An application of latent-state-trait theory. *Zeitschrift für Pyschologie*, 223 (1), 31–38.

Jude, N., Hartig, J., Schipolowski, S., Böhme, K. & Stanat, P. (2013). Definition und Messung von Lesekompetenz. PISA und die Bildungsstandards. *Zeitschrift für Pädagogik*, Beiheft 59, 200–228.

Kane, M. T. (2013). Validating the interpretations and uses of test scores. *Journal of Educational Measurement*, 50 (1), 1–73.

Kane, M. T., Crooks, T. J. & Cohen, A. S. (1999). Validating measures of performance. *Educational Measurement: Issues and Practice*, 18 (2), 5–17.

Kecker, G. (2011). *Validierung von Sprachprüfungen. Die Zuordnung des TestDaF zum Gemeinsamen europäischen Referenzrahmen für Sprachen*. Frankfurt a. M.: Lang.

Koeppen, K., Hartig, J., Klieme, E. & Leutner, D. (2008). Current Issues in Competence Modeling and Assessment. *Zeitschrift für Psychologie*, 216, 61–73.

Köker, A., Rosenbrock, S., Ohm, U., Ehmke, T., Hammer, S., Koch-Priewe, B. & Schulze, N. (2015). DaZKom – Ein Modell von Lehrerkompetenz im Bereich Deutsch als Zweitsprache. In B. Koch-Priewe, A. Köker, J. Seifried & E. Wuttke (Hrsg.), *Kompetenzerwerb an Hochschulen: Modellierung und Messung. Zur Professionalisierung angehender Lehrerinnen und Lehrer sowie frühpädagogischer Fachkräfte* (S. 189–220). Bad Heilbrunn: Klinkhardt.

Leuchter, M., Reusser, K., Pauli, C. & Klieme, E. (2008). Zusammenhänge zwischen unterrichtsbezogenen Kognitionen und Handlungen von Lehrpersonen. In M. Gläser-Zikuda & J. Seifried (Hrsg.), *Lehrerexpertise. Analyse und Bedeutung unterrichtlichen Handelns* (S. 165–186). Münster: Waxmann.

Rindermann, H. (2006). Was messen internationale Schulleistungsstudien? Schulleistungen, Schülerfähigkeiten, kognitive Fähigkeiten, Wissen oder allgemeine Intelligenz? *Psychologische Rundschau*, 57, 69–86.

Rost, J. (2004). *Testtheorie Testkonstruktion* (2. neu bearbeitet Aufl.). Bern: Huber.

Schipolowski, S., Wilhelm, O. & Schroeders, U. (2016). Sprachliche Fähigkeiten und Intelligenz. In B. Brouër, D. Lüttenberg, & J. Kilian (Hrsg.), *Handbuch Sprache in der Bildung* (S. 523–543). Berlin: Walter de Gruyter.

Schmidt, W. H., Tatto, M. T., Bankov, K., Blömeke, S., Cedillo, T., Cogan, L., Han, S. I., Houang, R., Hsieh, F. J., Paine, L., Santillan, M. & Schwille, J. (2007). *The preparation gap: Teacher education for middle school mathematics in six countries. MT21 report*. East Lansing: Michigan State University.

Schneider, W., Schlagmüller, M. & Ennemoser, M. (2007). *Lesegeschwindigkeits- und -verständnistest für die Klassen 6–12 (LGVT 6-12). Manual*. Göttingen: Hogrefe.

Shulman, L. (1986). Those who understand: Knowledge growth in teaching. *Educational Researcher*, 15, 4–14.

Shulman, L. (1987). Knowledge and teaching: Foundations of the new reform. *Harvard Educational Review*, 57 (1), 1–21.

Sireci, S. & Padilla, J. L. (2014). Validating assessments: Introduction to the special section. *Psicothema*, 26 (1), 97–99.

Weinert, F. E. (Hrsg.). (2001). *Leistungsmessung in Schulen*. Weinheim / Basel: Beltz.

Wilhelm, O. & Schipolowski, S. (2010). Intelligenzdiagnostik in der Pädagogischen Psychologie. In G. L. Huber (Hrsg.), *Enzyklopädie Erziehungswissenschaft Online. Fachgebiet Pädagogische Psychologie* (S. 1–41). Weinheim: Beltz Juventa.

Wilhelm, O., Schroeders, U. & Schipolowski, S. (2014). *Berliner Test zur Erfassung fluider und kristalliner Intelligenz für die 8. bis 10. Jahrgangsstufe (BEFKI 8-10)*. Göttingen: Hogrefe.

Wilson, M. (2005). *Constructing measures. An item response modeling approach*. Mahwah, NJ: Lawrence Erlbaum Associates.

Kapitel 10

Bedeutung von Lerngelegenheiten für den Erwerb von DaZ-Kompetenz

TIMO EHMKE & SVENJA LEMMRICH

Zusammenfasssung: Ziel dieses Beitrags ist es, die Untersuchung der Nutzung von DaZ-bezogenen Lerngelegenheiten und den Zusammenhang von Personenmerkmalen und DaZ-bezogenen Lerngelegenheiten mit der erworbenen DaZ-Kompetenz bei $N = 496$ Lehramtsstudierenden von 12 Universitäten darzustellen. Die deskriptiven Statistiken zur Nutzung von DaZ-bezogenen Lerngelegenheiten ergeben, dass diese noch einen sehr geringen Stellenwert in der Lehramtsausbildung einnehmen. Die Skala „DaZ-Handlungen" fragt nach konkreten Lernaktivitäten, wie dem Aufstellen eines Sprachförderplans oder der Analyse, wie Sprache in authentischen Unterrichtsinteraktionen verwendet wird. Insgesamt konnte hier herausgearbeitet werden, dass weniger als 30 Prozent der Studierenden die DaZ-bezogenen Lernhandlungen in zumindest einer Sitzung während des Studiums kennengelernt haben. Konkrete DaZ-bezogenen Lernhandlungen werden noch seltener thematisiert, als DaZ-bezogene Themen angesprochen werden. Diese insgesamt etwas bedauerlichen Befunde deuten darauf hin, dass das Thema Deutsch als Zweitsprache noch nicht systematisch im Lehramtsstudium verankert ist.

Abstract: In this article, the use of GSL-related learning opportunities and the correlation of pre-service teachers' personal traits and GSL-related learning opportunities with their acquired GSL-competence is assessed. The descriptive statistics on the use of GSL-related learning opportunities show that they do not yet play an essential role in teacher training. The scale "GSL-actions" enquired after specific learning activities, like setting up a strategic plan on language facilitation or analysing how language is used in authentic classroom interaction situations. In summary, we found that less than 30 percent of the students came across the GSL related learning activities in at least one session during their university career. According to this, specific GSL-related learning activities are addressed even less frequently than GSL related topics are. These overall disillusioning results suggest that the topic German as a Second Language has not yet been systematically incorporated in teacher training.

10.1 Einleitung

Ein zentrales Ziel des *DaZKom*[1]-Projekts ist es, neben der standardisierten Messung von Kompetenz von (angehenden) Lehrkräften, langfristig auch Aussagen über die Wirksamkeit von DaZ-bezogenen Lerngelegenheiten treffen zu können. In Rahmen internationaler Forschung zu Schulleistungen wird häufig auf das OTL-Konzept (Opportunity-To-Learn, McDonell, 1995; Floden, 2002) verwiesen. Der bisherige Forschungsstand speziell im DaZ-Bereich ist bislang noch wenig ausdifferenziert. Für den Bereich der pädagogischen und bildungswissenschaftlichen Lerngelegenheiten liegen erste Studienbefunde darüber vor (Kleickmann & Anders, 2011; Blömeke, Kaiser & Lehmann, 2008, 2010; Stancel-Piatak, Schwippert, & Doll, 2011), inwieweit sich Zusammenhänge zwischen der Nutzung von Lerngelegenheiten und den erworbenen fachlichen und pädagogischen Kompetenzen nachweisen lassen (Felbrich, Müller & Blömeke, 2008). Im Gegensatz dazu gibt es für den DaZ-Bereich kaum Überblicksarbeiten darüber, welche Inhalte und Methoden an unterschiedlichen Universitäten angeboten und abgeprüft werden. Auch variiert die Umsetzung zwischen Universitäten, je nachdem ob DaZ-relevante Lerninhalte integrativ (= zusammen mit fachlichen Inhalten) oder separiert (= durch spezifische DaZ-Module) von den Studierenden erworben bzw. durch die Universitäten angeboten werden.

Aus der schulischen Unterrichtsforschung (Helmke, 2003; Helmke & Weinert, 1997) und den Studien zu erziehungswissenschaftlichen Hochschulangeboten in der Lehrerbildung (Blömeke et al., 2008) ist bekannt, dass mit zunehmenden Lerngelegenheiten auch die erworbenen Kompetenzen ansteigen. Dieser Zusammenhang ist auch für die Ausbildung von Lehramtsstudierenden im Umgang mit Schülerinnen und Schülern mit Deutsch als Zweitsprache zu vermuten. Um den Einfluss von Lerngelegenheiten auf die DaZ-Kompetenz von (angehenden) Lehrkräften im Bereich DaZ zu untersuchen, greifen wir auf das theoretische Rahmenmodell von Blömeke et al. (2008) zurück. Die Nutzung von Lehrangeboten an der Hochschule durch Studierende wird hier analog im Sinne eines Angebot-Nutzung-Modells (Helmke, 2003, 2009; Fend, 2008) modelliert.

Lehramtsstudierende unterscheiden sich hinsichtlich der soziodemographischen Herkunft und der von ihnen studierten Studienfächer. Während des Lehramtsstudiums absolvieren sie DaZ-bezogene Lerngelegenheiten, die an den Universitäten verschieden hinsichtlich Inhalt, Struktur und Menge ausfallen können. Die bis zu einem bestimmten Zeitpunkt erworbene DaZ-Kompetenz ist dabei abhängig von den Personenmerkmalen und der Nutzung der Lerngelegenheiten (Abbildung 10.1).   Im *DaZKom*-Projekt wurden daher im Rahmen der Pilotierungs- und Normierungsstudien auch Fragebogenskalen entwickelt, die die Nutzung von DaZ-bezogenen Lerngelegenheiten erfassen. Dies geschieht in Form von Selbstberichten der Lehramtsstudierenden. Die Skalen wurden vor dem Hintergrund des entwickelten theoretischen Kompetenzstrukturmodells entwickelt und mehrfach pilotiert. Eine besondere Schwierigkeit bestand darin, unterschiedliche Themeninhalte systematisch abzudecken. Gleichzeitig galt es, beim Antwortformat der Skalenitems eine kleinschrittige graduelle Abstufung zu finden, die differenziert genug ist, um Veränderungen im Antwortverhalten über die Zeit zu erfassen, die aber im Körnungsgrad noch handhabbar ist und möglichst wenig Testzeit beansprucht. Eine weitere Schwierigkeit be-

---

[1]   DaZ-Kompetenz von angehenden Lehrkräften aller Unterrichtsfächer

Abbildung 10.1: Theoretisches Wirkmodell für die Nutzung von Lerngelegenheiten (König & Seifert, 2012, S. 16)

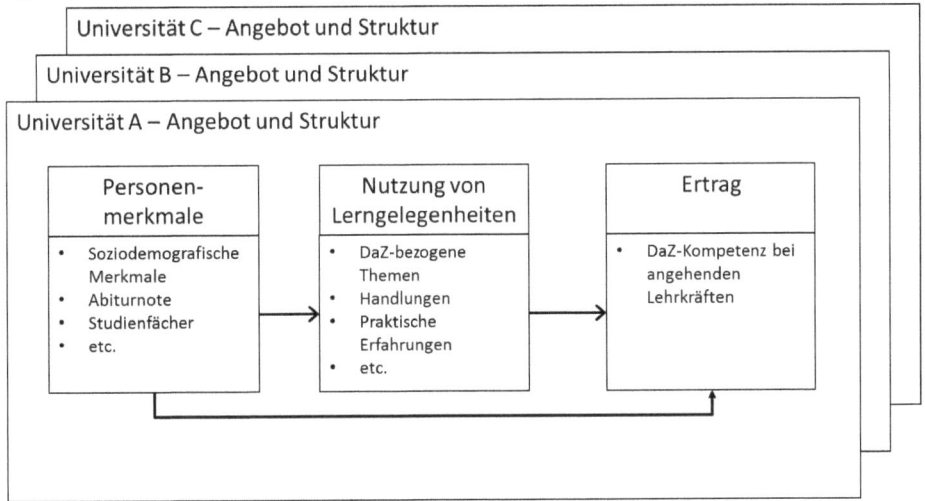

stand darin, den unterschiedlichen Ausbildungsformen in der Lehrerbildung gerecht zu werden. Während in einigen Universitäten spezifische Lehrveranstaltungen für den DaZ-Bereich angeboten werden, sind an anderen Universitäten DaZ-bezogene Themen mit den Praxisphasen verbunden. Zudem gibt es große Unterschiede zwischen den Universitäten im quantitativen Umfang der DaZ-bezogenen Lerngelegenheiten sowie der damit verbundenen Prüfungsleistungsform.

Neben den universitären Lerngelegenheiten sind auch außerinstitutionelle Erfahrungen von Lehramtsstudierenden zu berücksichtigen, wie etwa eigene persönliche Eindrücke von Begegnungen mit DaZ-Schülerinnen und -Schülern entweder aus dem eigenen Umfeld oder durch Praxiserfahrungen wie Nachhilfe. Eine Analyse aller wahrgenommenen Lerngelegenheiten im Bereich DaZ kann dabei aufzeigen, in welchem Umfang hier Unterschiede zwischen Studierenden, zwischen Studiengängen und zwischen Universitäten bestehen. Da erst in den letzten Jahren in den Lehramtsstudiengängen zunehmend mehr DaZ-Lerngelegenheiten angeboten werden, sind insbesondere bedeutsame Unterschiede zwischen Studierenden, aber auch zwischen Universitäten zu erwarten.

10.2   Fragestellung

Um die Bedeutung von DaZ-bezogenen Lerngelegenheiten zu analysieren, soll fünf Fragestellungen nachgegangen werden:

1. Welche DaZ-bezogenen Themen werden von den Lehramtsstudierenden in welchem Umfang wahrgenommen?

2. Über welche DaZ-bezogenen Lernhandlungen berichten Lehramtsstudierende?

3. Inwieweit wurden DaZ-spezifische Lehrveranstaltungen absolviert?

4. Welche praktischen Erfahrungen im Bereich Deutsch als Zweitsprache haben Studierende innerhalb und außerhalb des Lehramtsstudiums gesammelt?

5. Welche Zusammenhänge lassen sich zwischen Personenmerkmalen und der Häufigkeit der Nutzung von DaZ-bezogenen Lerngelegenheiten und der erworbenen DaZ-Kompetenz feststellen?

10.3   Methodisches Vorgehen

10.3.1   Stichprobe

Für die Durchführung der Normierungsstudie wurden $N = 496$ Lehramtsstudierende an zwölf Universitäten (Bamberg, Berlin, Bielefeld, Essen, Flensburg, Frankfurt, Hamburg, Karlsruhe, München, Paderborn, Rostock, Saarbrücken) getestet. 76 Prozent der Studierenden waren zum Zeitpunkt der Durchführung in ein Lehramtsstudium eingeschrieben. Die belegten Unterrichtsfächer waren hierbei unterschiedlich und breit gestreut (Mathematik, Deutsch, Englisch, Naturwissenschaften, Musik, Geschichte, Kunst, Sport, Sachunterricht), wobei 46 Prozent der Lehramtsstudierenden Mathematik als Unterrichtsfach angaben. 24 Prozent der untersuchten Teilnehmenden studierten das Fach Deutsch als Fremdsprache und Germanistik (Master) oder Deutsch als Zweitsprache (Bachelor). Von diesen Studierenden kann eine besonders hohe Fähigkeit im Bereich DaZ erwartet werden. Die Gesamtstichprobe bestand zu 68 Prozent aus Bachelorstudierenden im ersten bis sechsten Semester und zu 32 Prozent aus Masterstudierenden im ersten bis vierten Semester. Von den Studierenden sprachen 89 Prozent Deutsch als Erstsprache, 11 Prozent hatten eine andere Sprache als Deutsch als Erstsprache.

10.3.2   Soziodemografische Angaben, Personenmerkmale und DaZ-Kompetenz

Neben dem DaZ-Test wurde ein Fragebogen eingesetzt, um soziodemografische Angaben und weitere Personenmerkmale zu erfassen. Der Fragebogen beinhaltet Fragen zum Geschlecht, zur Muttersprache, zur Anzahl der studierten Semester sowie zu den Studienfächern. Als Kennwert für die DaZ-Kompetenz wurde der WLE-Score aus der Normierungsstichprobe herangezogen.

10.3.3   Skalen zur Erfassung der DaZ-bezogenen Lerngelegenheiten

Die DaZ-bezogenen Lerngelegenheiten wurden durch vier Skalen und sechs Einzelitems erhoben (vgl. den unteren Abschnitt 10.7). Die Tabelle 10.1 gibt dazu eine Übersicht. Die Skala „DaZ-Themen" umfasst 16 Einzelitems und erfragt, inwiefern verschiedene DaZ-bezogene Bereiche im Studium behandelt wurden („Inwiefern wurden bisher folgende Bereiche in Ihrer Lehramtsausbildung thematisiert?"). Die Themen lassen sich entsprechend der drei Teilkompetenzen im theoretischen DaZ-Kompetenzmodell unterteilen in die Bereiche Fachsprache (Gebiete der Linguistik, Grammatik des Deutschen, Unterschiede zwischen mündlich und schriftlich geprägter Sprache, ...), Migration (Unterschie-

Tabelle 10.1: Skalen- und Itemkennwerte zu DaZ-bezogenen Lerngelegenheiten

Skalen / Items	Min	Max	MW	SD	α
DaZ-Themen	1.00	4.93	2.68	0.89	0.91
DaZ-Handlungen	1.00	4.75	1.79	0.70	0.83
DaZ-Praxis	0.00	6.00	1.22	1.34	0.53
DaZ-Leistungserbringung	0.00	7.00	1.19	1.64	0.72
DaZ-Veranstaltung (nein/ja)	0.00	1.00	0.45	0.50	-
DaZ-Benotung (nein/ja)	0.00	1.00	0.35	0.48	-

de zwischen Fremd- und Zweitspracherwerb, Migration und Mehrsprachigkeit, sprachliche Vielfalt in der Schule, ...) und Didaktik (Sprachstandsdiagnostik, Sprachförderung, Unterstützung des sprachlichen Lernprozesses durch Scaffolding, ...). Das Antwortformat variierte zwischen: 1 = gar nicht, 2 = in einer Sitzung, 3 = in mehreren Sitzungen, 4 = in einer ganzen Lehrveranstaltung und 5 = in mehreren Lehrveranstaltungen. Die Skala weist eine hohe Reliabilität auf (Cronbachs $\alpha = 0.91$).

Die Skala „DaZ-Handlungen" fragt anhand von 8 Items nach konkreten DaZ-bezogenen Lernaktivitäten, die im Rahmen von universitären Lehrveranstaltungen eingeübt wurden. Dabei kann es sich beispielsweise um folgende Lernaktivitäten handeln: (a) für das eigene Studienfach typische Texte hinsichtlich ihrer sprachlichen Besonderheiten für Schülerinnen und Schüler mit Deutsch als Zweitsprache analysieren (z. B. mathematische Textaufgaben), (b) konkrete Spracherwerbsbeispiele von Lernenden mit Deutsch als Zweitsprache analysieren oder (c) die Verwendung von Sprache in authentischen Unterrichtsinteraktionen analysieren. Das Antwortformat ist identisch wie bei der Skala „DaZ-Themen". Die Skalenreliabilität ist mit einem Cronbachs $\alpha = 0.83$ noch als gut zu bewerten.

Um Praxiserfahrungen abzufragen („Haben Sie im Rahmen Ihres Lehramtsstudiums im Bereich Deutsch als Zweitsprache praktische Erfahrungen sammeln können?"), wurde ein Index aus sieben dichotomen Items (ja / nein) gebildet. Fünf Items beziehen sich auf Erfahrungen in Praktika (z. B. „Unterrichtspraktikum mit einem Bezug zu Deutsch als Zweitsprache"), vier Items auf andere außeruniversitäre Erfahrungen (z. B. „Nachhilfe von SchülerInnen mit Deutsch als Zweitsprache"). Zusammengenommen handelt es sich dabei eher um einen Index, der mehrere Formen von praktischen Erfahrungen zu einer Maßzahl zusammenfasst, als eine Skala, die ein latentes Konstrukt modelliert. Entsprechend fällt auch die Skalenreliabilität unzureichend hoch aus (Cronbachs $\alpha = 0.53$). Aufgrund der inhaltlichen Bedeutung und der deskriptiven Information soll der Index für die folgenden Auswertungen trotzdem weiter berücksichtigt werden.

Schließlich wurde mit der Skala „DaZ-Leistungserbringungen" abgefragt, welche Prüfungsformate im Bereich DaZ absolviert wurden („Falls Sie im Rahmen Ihres Lehramtsstudiengangs bereits Veranstaltungen im Bereich Deutsch als Zweitsprache belegt haben oder derzeit belegen, welche Form der Leistungserbringung wurde oder wird dort gefordert?"). Die Annahme ist hier, dass mit einer höheren Anzahl an Prüfungsleistungen auch eine höhere Lernleistung verbunden ist. Das Antwortformat ist dichotom (ja / nein), die Skalenreliabilität (Cronbachs $\alpha = 0.72$) noch akzeptabel.

Zwei jeweils dichotome Einzelitems (ja / nein) erfragen zudem, ob die Studierenden „im Rahmen Ihres Lehramtsstudiums spezifische Veranstaltungen im Bereich Deutsch als Zweitsprache belegt" haben oder derzeit welche belegen („DaZ-Veranstaltung") und ob, falls ja, diese Veranstaltungen benotet waren bzw. sind („DaZ-Benotung").

10.3.4 Vorgehen bei der Datenerhebung

Die Erhebung der Daten erfolgte im Rahmen der Normierungsstudie (vgl. Kapitel 7). Die Fragebogenitems wurden den Probandinnen und Probanden in Form eines gedruckten Fragebogens direkt im Anschluss an den *DaZKom*-Test dargeboten. Es gab jeweils einen gemeinsamen Startzeitpunkt, da der *DaZKom*-Test nach 60 Minuten für alle Teilnehmerinnen und Teilnehmer beendet wurde und der Fragebogenteil begann. Hierfür standen noch einmal 15 Minuten zur Verfügung.

10.3.5 Statistisches Vorgehen

Die Auswertungen für die ersten drei Fragestellungen basieren auf deskriptiven Statistiken. Um die analytische Fragestellung zu beantworten, wurden bivariate Korrelationen berechnet und lineare Regressionsanalysen durchgeführt.

10.4 Ergebnisse

10.4.1 Welche DaZ-bezogenen Themen werden von den Lehramtsstudierenden in welchem Umfang wahrgenommen?

Abbildung 10.2 zeigt die prozentualen Häufigkeiten der Nutzung von DaZ-bezogenen Lerngelegenheiten in der Normierungsstichprobe. Die Bereiche Linguistik, Heterogenität und Grammatik sind die drei von den Studierenden am häufigsten genannten Themenfelder mit DaZ-Bezug. Durchschnittlich haben die Studierenden in der Normierungsstichprobe diese Themen jeweils in mehreren Sitzungen behandelt. Im Gegensatz dazu sind die Bereiche „Scaffolding" und „Sprachsysteme" bislang erst wenigen Studierenden bekannt. 52 Prozent bzw. 61 Prozent der Befragten haben diese Inhalte noch in gar keiner Sitzung kennengelernt. Die übrigen Themenbereiche sind der Hälfte der Studierenden bislang erst in höchstens einer Sitzung oder noch gar nicht begegnet. Zusammenfassend zeigt dies, dass DaZ-bezogene Inhalte erst einen sehr geringen Stellenwert in der Lehramtsausbildung – zumindest im Rahmen der Normierungsstichprobe – ausmachen. Der Mittelwert über alle Items dieser Skala liegt bei $MW = 2.68$ ($SD = 0.89$). Das bedeutet, dass die Studierenden durchschnittlich alle genannten Themen zwischen „in einer Sitzung" und „in mehreren Sitzungen" kennen gelernt haben.

Abbildung 10.2: Prozentuale Häufigkeiten der Nutzung von DaZ-bezogenen Lerngelegenheiten in der Normierungsstichprobe

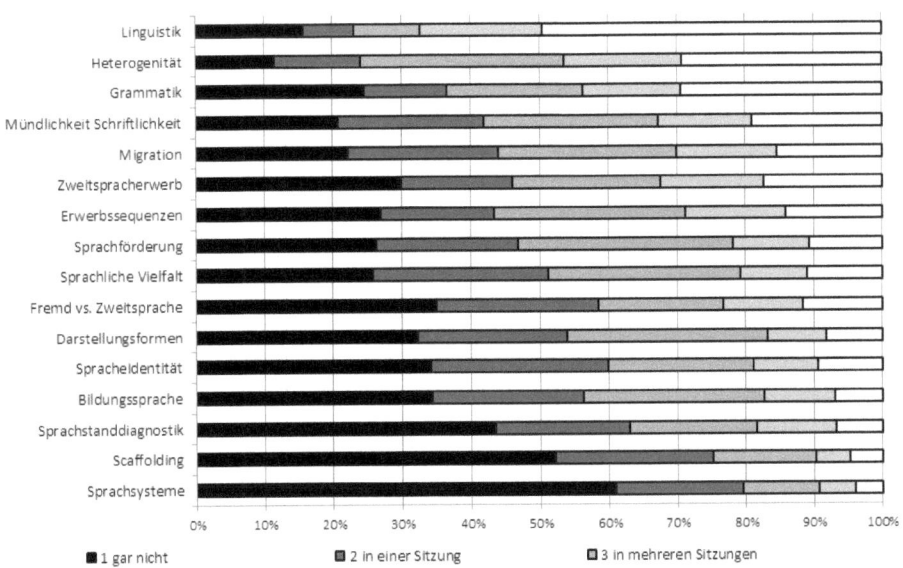

10.4.2 Über welche DaZ-bezogenen Lernhandlungen berichten Lehramtsstudierende?

Die Skala „DaZ-Themen" fragt die Häufigkeit ab, mit der DaZ-bezogene Themen im Studium behandelt wurden. Im Gegensatz dazu wurde mit der Skala „DaZ-Handlungen" nach konkreten Lernaktivitäten gefragt. Die Ergebnisse dazu sind in der Abbildung 10.3 dargestellt. Am häufigsten berichten Lehramtsstudierende darüber, dass sie sich mit dem Thema Migration und Mehrsprachigkeit im schulischen Kontext auseinandergesetzt haben. Mehr als 50 Prozent haben dazu eine eigene Lehrveranstaltung besucht. Auch die Verwendung von Sprache in authentischen Unterrichtsinteraktionen wurde von mehr als 50 Prozent der Studierenden bereits in mehreren Seminarsitzungen analysiert. Hingegen haben weniger als 50 Prozent der Studierenden bis lang noch gar nicht konkrete Spracherwerbsbeispiele von Lernenden mit Deutsch als Zweitsprache analysiert oder den Sprachstand von authentischen Schülertexten oder -äußerungen von Schülerinnen und Schülern mit Deutsch als Zweitsprache diagnostiziert. Mehr als 75 Prozent der Studierenden haben noch keine sprachsensible Unterrichtsstunde entworfen oder individuelle Sprachförderpläne für Schülerinnen und Schüler mit Deutsch als Zweitsprache für das eigene Unterrichtsfach aufgestellt.

Zusammenfassend kann für die Normierungsstichprobe festgehalten werden, dass weniger als 30 Prozent der Studierenden die DaZ-bezogenen Lernhandlungen in zumindest einer Sitzung während des Studiums kennengelernt haben. Konkrete DaZ-bezogenen Lernhandlungen werden demnach noch seltener behandelt ($MW = 1.79$, $SD = 0.69$) als DaZ-bezogene Themen ($MW = 2.68$) angesprochen werden.

Abbildung 10.3: Prozentuale Häufigkeiten der Nutzung von DaZ-bezogenen Lernhandlungen in der Normierungsstichprobe

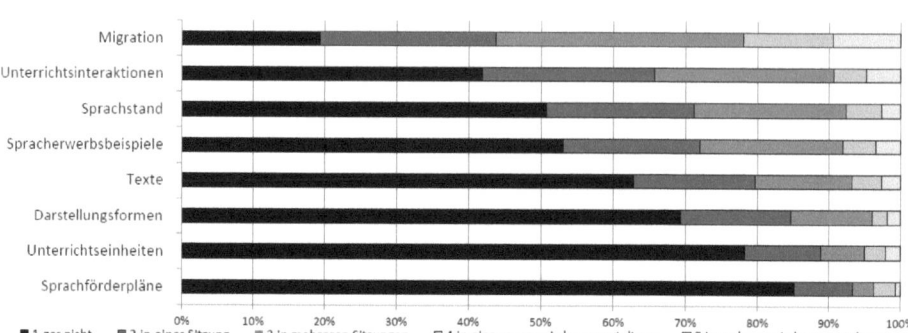

10.4.3 Inwieweit wurden DaZ-spezifische Lehrveranstaltungen absolviert und welche Prüfungsformate wurden dabei eingesetzt?

Eine im Rahmen ihres Lehramtsstudiums spezifische Veranstaltung im Bereich Deutsch als Zweitsprache haben 45 Prozent belegt oder belegen sie gerade zum Zeitpunkt der Befragung. Von den Studierenden, die eine solche Veranstaltung besucht haben oder zu dem Zeitpunkt besuchen, mussten oder müssen 74 Prozent eine benotete Prüfungsleistung erbringen. Die Prüfungsformate (Mehrfachantworten möglich) variieren dabei zwischen:

– eine Klausur schreiben (68 Prozent),
– ein Referat ohne Ausarbeitung halten (35 Prozent),
– eine Hausarbeit schreiben (34 Prozent),
– ein Referat halten und dazu eine schriftliche Ausarbeitung verfassen (30 Prozent),
– ein Portfolio führen (19 Prozent) oder
– eine sonstige / andere Prüfungsleistung absolvieren (27 Prozent), z. B. Texte aus Schul- oder Lehrbüchern analysieren, einen Online-Test bearbeiten, Sprachübungen erstellen oder eine Sprachlernanalyse durchführen.

10.4.4 Welche praktischen Erfahrungen im Bereich Deutsch als Zweitsprache haben Studierende innerhalb und außerhalb des Lehramtsstudiums gesammelt?

Praktische Erfahrungen im Bereich Deutsch als Zweitsprache haben die Studierenden insgesamt erst sehr wenige sammeln können. Das gilt sowohl für die Gelegenheiten im Rahmen des Lehramtsstudiums als auch außerhalb des Lehramtsstudiums (Abbildung 10.4). Die Studierenden berichten, dass durchschnittlich am häufigsten Erfahrungen im Bereich Deutsch als Zweitsprache durch Nachhilfe (37 Prozent), in Unterrichtspraktika (22 Prozent), im Förderunterricht (21 Prozent) und in der fachbezogenen Sprachförderung (13 Prozent) gesammelt werden konnten. Alle anderen Möglichkeiten wurden jeweils von weniger als 10 Prozent der Befragten angegeben.

Im Durchschnitt haben die Studierenden pro Bereich nur etwa eine praktische Erfahrung sammeln können ($MW = 1.2$, $SD = 1.3$), wobei 37 Prozent angeben, bislang noch gar keine praktische Erfahrung gewonnen zu haben, weder im Lehramtsstudium noch außerhalb.

Abbildung 10.4: Praktische Erfahrungen im Bereich Deutsch als Zweitsprache innerhalb und außerhalb des Lehramtsstudiums

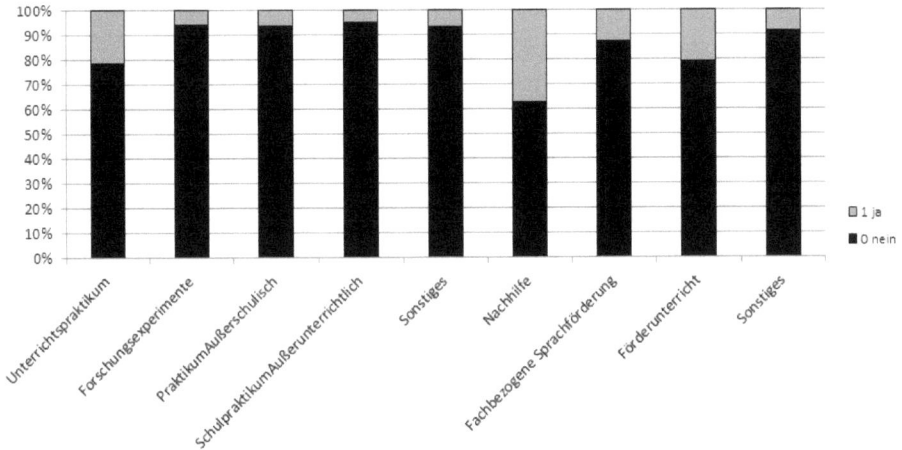

10.4.5 Welche Zusammenhänge lassen sich zwischen Personenmerkmalen und der Häufigkeit der Nutzung von DaZ-bezogenen Lerngelegenheiten und der erworbenen DaZ-Kompetenz feststellen?

Die DaZ-Kompetenz von Lehramtsstudierenden, wie sie mit dem *DaZKom*-Testinstrument erfasst wurde, lässt sich durch verschiedene Prädiktoren vorhersagen. Theoretisch ist zu erwarten, dass Personenmerkmale wie etwa das Studienfach (z. B. DaZ oder Deutsch) oder das Studiensemester (Bachelor- vs. Masterniveau) einen positiven Vorhersagebeitrag aufweisen. Bei den soziodemographischen Merkmalen wie Geschlecht, Alter oder Erstsprache ist die theoretische Wirkrichtung nicht unmittelbar eindeutig. Im Gegensatz dazu sollte der Umfang an wahrgenommenen DaZ-bezogenen Lerngelegenheiten einen deutlichen Vorhersagebeitrag aufweisen. Mit zunehmenden Lerngelegenheiten sollte eine ansteigende DaZ-Kompetenz einhergehen. Die Ergebnisse von Korrelations- und Regressionsanalysen sind in Tabelle 10.2 dargestellt.

Die zweite Spalte in Tabelle 10.2 zeigt die bivariaten Korrelationen zwischen der DaZ-Kompetenz und allen Einzelprädiktoren. Die statistisch signifikant von Null verschiedenen Korrelationskoeffizienten sind in Fettdruck hervorgehoben. Die Korrelationskoeffizienten variieren in der Höhe zwischen $r = -.20$ und $r = .24$ und sind damit als niedrig zu beschreiben. Die Prädiktoren weisen insgesamt demnach nur geringe Zusammenhänge mit der DaZ-Kompetenz auf. Bei den Personenmerkmalen erreichen offenbar

Tabelle 10.2: Vorhersage der DaZ-Kompetenz durch Personenmerkmale, Nutzung von DaZ-bezogenen Lerngelegenheiten und Universitätsstandorten

	Korrel.	Regr. 1	Regr. 2	Regr. 3	Regr. 4
Prädiktoren	r	β	β	β	β
Geschlecht (weiblich/männlich)	**-0.15**	-0.09		-0.09	**-0.12**
Alter	-0.01	0.07		0.03	0.00
Erstsprache	**-0.12**	**-0.12**		-0.11	**-0.13**
Abiturnote	**-0.20**	**-0.25**		**-0.25**	**-0.27**
BA/MA	0.06	0.03		0.05	0.09
Studienfach Mathematik (nein/ja)	-0.05	0.00		0.08	0.10
Studienfach Deutsch (nein/ja)	0.11	**0.15**		0.08	**0.12**
Studienfach Englisch (nein/ja)	0.08	0.10		0.11	0.10
Studienfach DaZ (nein/ja)	**0.16**	**0.12**		0.01	-0.08
DaZ-Themen	**0.24**		**0.17**	0.12	0.08
DaZ-Handlungen	**0.23**		0.07	**0.18**	**0.23**
DaZ-Praxis	0.08		0.02	-0.03	-0.04
DaZ-Veranstaltung (nein/ja)	**0.24**		**0.15**	0.07	-0.03
DaZ-Benotung (nein/ja)	**0.20**		-0.01	-0.03	0.04
DaZ-Leistungserbringung	**0.21**		-0.03	-0.01	0.04
Universitätsstandorte					-.12....40
R^2		0.15	0.09	0.20	0.28

Fettgedruckte Korrelations- bzw. Regressionskoeffizienten sind statistisch signifikant von Null verschieden ($p < .05$).

weibliche Studierende eine höhere DaZ-Kompetenz als männliche Studierende. Signifikante Zusammenhänge mit der DaZ-Kompetenz zeigen sich zudem bei Studierenden, die Deutsch als ihre Erstsprache angeben. Es scheint demnach kein Vorteil für den Erwerb von DaZ-Kompetenz zu sein, eigene Erfahrungen als Deutsch als Zweitsprache-Lernerin oder -Lerner zu haben. Der signifikante Zusammenhang mit der durchschnittlichen Abiturnote könnte dahingehend interpretiert werden, dass die Fähigkeit zum schlussfolgernden Denken dazu beiträgt, im Test bessere Ergebnisse zu erzielen.

In der der dritten Spalte von Tabelle 10.2 sind die standardisierten Regressionskoeffizienten abgetragen, die sich für die Personenmerkmale ergeben und auch als individuelle Lernvoraussetzungen interpretiert werden können. Im Gegensatz zu den bivariaten Korrelationen wird bei der Regressionsanalyse der spezifische Vorhersagebeitrag der einzelnen Prädiktoren bei gleichzeitiger Kontrolle der übrigen Prädiktoren untersucht. Vergleicht man jetzt die Regressionskoeffizienten mit den Korrelationskoeffizenten, so zeigt sich, dass der Koeffizient für die Erstsprache auch bei Kontrolle der übrigen Merkmale unverändert bestehen bleibt. Dieses Merkmal weist überraschend einen spezifischen Vorhersagebeitrag auf die DaZ-Kompetenz auf. Ebenfalls stabil bleibt der Vorhersagebeitrag für die Abiturnote. Die Bedeutung des Geschlechts nimmt ab, wenn andere Merkmale kontrolliert werden. Auch ob jemand Deutsch als Studienfach studiert, hat bei Kontrolle der übrigen Merkmale einen positiven Vorhersagebeitrag.

In der vierten Spalte werden die Indikatoren für die Nutzung von Lerngelegenheiten gemeinsam betrachtet. Während mit Ausnahme des Indexes „DaZ-Praxis" alle Variablen bivariat mit der DaZ-Kompetenz korrelieren, besitzen bei gleichzeitiger Betrachtung lediglich die Skala „DaZ-Themen" und der Besuch einer spezifischen DaZ-Lehrveranstaltung einen spezifischen Vorhersagebeitrag auf die DaZ-Kompetenz. Dass die übrigen Merkmale für DaZ-bezogenen Lerngelegenheiten, trotz signifikanter Korrelationskoeffizienten, keinen eigenen Vorhersagebeitrag aufweisen, kann durch die hohen Interkorrelationen zwischen den Merkmalen erklärt werden.

In Spalte 5 werden schließlich sowohl die Personenmerkmale als auch die DaZ-bezogenen Lerngelegenheiten gleichzeitig als Prädiktoren herangezogen. Dabei bleibt der Vorhersagebeitrag der Abiturnote stabil. Der Vorhersageeffekt für das Studienfach DaZ verringert sich bei Kontrolle der DaZ-bezogenen Lerngelegenheiten, was auch inhaltlich plausibel ist. Auch in diesem Modell ist bei der Interpretation zu berücksichtigen, dass zwischen Prädiktoren teilweise hohe Interkorrelationen bestehen, die dazu führen, dass keine spezifischen Vorhersagebeiträge mehr nachweisbar sind.

Das finale Modell in der rechten Spalte berücksichtigt zusätzlich noch den Universitätsstandort als weiterer Prädiktor. Die Regressionskoeffizienten für die einzelnen Universitätsstandorte sind nicht im Einzelnen für jeden Universitätsstandort ausgegeben. Dafür sind die Fallzahlen an den zwölf Universitäten zu klein. In der Tabelle 10.2 sind diese in der vorletzten Zeile zusammengefasst. Zwischen den Universitätsstandorten bestehen deutliche Unterschiede im Angebot von DaZ-bezogenen Lerngelegenheiten. Anhand des Gesamtmodells lassen sich folgende Befunde festhalten: keinen Einfluss auf die DaZ-Kompetenz hat das Alter der Studierenden oder ob sie in der Bachelor- oder Masterphase ihres Studiums sind. Für die Studienfächer Mathematik oder Englisch lassen sich ebenfalls keine bedeutsamen Vorhersagebeiträge auf die DaZ-Kompetenz nachweisen. Das Studienfach DaZ ist ein bedeutsamer Prädiktor, der aber an Vorhersagekraft verliert, wenn gleichzeitig die Daz-bezogenen Lerngelegenheiten kontrolliert werden. Bei diesen kommt vor allem den DaZ-spezifischen Handlungen eine Bedeutung für die DaZ-Kompetenz zu, beispielsweise konkrete Spracherwerbsbeispiele von Lernenden mit Deutsch als Zweitsprache zu analysieren oder den Sprachstand anhand von authentischen Schülertexten oder -äußerungen von Schülerinnen und Schülern mit Deutsch als Zweitsprache zu diagnostizieren. In dem vierten Modell werden insgesamt 28 Prozent der Varianz in der DaZ-Kompetenz aufgeklärt. Das ist ein wesentlicher Teil, zeigt aber auch, dass noch 72 Prozent der Varianz durch andere Faktoren beeinflusst werden.

10.5 Zusammenfassung und Diskussion

In diesem Kapitel wurden die Nutzung von DaZ-bezogenen Lerngelegenheiten und der Zusammenhang von Personenmerkmalen und DaZ-bezogenen Lerngelegenheiten mit der erworbenen DaZ-Kompetenz bei Lehramtsstudierenden untersucht. Die deskriptiven Statistiken zur Nutzung von DaZ-bezogenen Lerngelegenheiten ergaben, dass diese erst einen sehr geringen Stellenwert in der Lehramtsausbildung – zumindest im Rahmen der Normierungsstichprobe – einnehmen. Die DaZ-bezogenen Themen wie Linguistik, Mehrsprachigkeit etc. haben die Studierenden durchschnittlich „in einer Sitzung" und „in mehreren Sitzungen" kennengelernt. Überraschend war dabei, dass Themen wie „Scaffolding" und „Sprachsysteme" bislang erst weniger als der Hälfte der Studierenden bekannt waren.

Die Skala „DaZ-Handlungen" fragte nach konkreten Lernaktivitäten, wie dem Aufstellen eines Sprachförderplans oder der Analyse, wie Sprache in authentischen Unterrichtsinteraktionen verwendet wird. Insgesamt konnte hier herausgearbeitet werden, dass weniger als 30 Prozent der Studierenden die DaZ-bezogenen Lernhandlungen in zumindest einer Sitzung während des Studiums kennengelernt haben. Konkrete DaZ-bezogenen Lernhandlungen werden demnach noch seltener thematisiert, als DaZ-bezogene Themen angesprochen werden.

Etwas weniger als die Hälfte der Studierenden (45 Prozent) belegte gerade oder hatte schon eine spezifische Veranstaltung im Bereich Deutsch als Zweitsprache belegt. In drei Viertel der Fälle war hierfür eine benotete Prüfungsleistung vorgesehen, die in zwei Drittel der Fälle aus einer Klausur bestand. Klassische Prüfungsformate sind demnach auch in diesem Bereich noch die Regel, alternative Formen wie etwa ein Portfolio die Ausnahme.

Neben den universitären Lernangeboten haben die Studierenden im Bereich Deutsch als Zweitsprache auch praktische Erfahrungen sammeln können – wenngleich noch im begrenzten Umfang. Am häufigsten waren dies Erfahrungen durch Nachhilfe (37 Prozent), in Unterrichtspraktika (22 Prozent), im Förderunterricht (21 Prozent) und in der fachbezogenen Sprachförderung (13 Prozent). Etwas mehr als ein Drittel der Befragten hatte bislang noch gar keine praktische Erfahrung im Bereich Deutsch als Zweitsprache erworben.

Diese insgesamt etwas ernüchternden Befunde deuten darauf hin, dass das Thema Deutsch als Zweitsprache noch nicht systematisch im Lehramtsstudium verankert ist. Allerdings muss relativierend angemerkt werden, dass die Stichprobe der Lehramtsstudierenden in der Normierungsstichprobe nicht repräsentativ für die jeweiligen Abschlussjahrgänge und damit auch nicht für das gesamte universitätsspezifische Lehrangebot im Bereich DaZ sind. Die Stichprobe umfasst Studierende aus verschiedenen Semestern und nicht ausschließlich die jeweiligen Abschlussjahrgänge, die ja am ehesten Auskunft über die institutionellen Lernangebote geben könnten. Vor diesem Hintergrund sind die genannten Befunde zu interpretieren.

Die analytische Fragestellung folgte dem Modell von Blömeke et al. (2008, Blömeke, Kaiser & Lehmann, 2010; Blömeke, König & Kaiser, 2010) beziehungsweise dem von König, Tachtsoglou & Seifert (2012). Demnach unterscheiden sich Lehramtsstudierende in ihren Personenmerkmalen und lassen damit eine differentielle Nutzung von DaZ-bezogenen Lernangeboten erwarten. Das Ausmaß an DaZ-Kompetenz, die bis zu einem bestimmten Zeitpunkt erworben wurde, ist damit abhängig von den individuellen Lernvoraussetzungen und der wahrgenommenen Nutzung von DaZ-bezogenen Lerngelegenheiten. Zugleich ist damit die Annahme verbunden, dass Zusammenhänge zwischen individuellen Lernvoraussetzungen und der erworbenen DaZ-Kompetenz durch die Nutzung von Lerngelegenheiten vermittelt werden (vgl. Abbildung 10.1).

Die Befunde der Regressionsanalysen zeigten, dass das Alter der Studierenden oder ob sie in der Bachelor- oder Masterphase ihres Studiums sind, keinen Einfluss auf die DaZ-Kompetenz haben, wenn gleichzeitig andere Personenmerkmale kontrolliert werden. Für die Studienfächer Mathematik oder Englisch ließen sich ebenfalls keine bedeutsamen Vorhersagebeiträge auf die DaZ-Kompetenz nachweisen. Dies hätte erwartet werden können, da der DaZ-Kompetenztest in den Testaufgaben häufig inhaltliche Beispiele aus dem Mathematikunterricht beinhaltet. Hinsichtlich des Studienfachs Englisch hätte man erwarten können, dass hier aufgrund des Sprachbezugs des Studiums ein Vorteil beim Erwerb von DaZ-Kompetenz besteht. Dies war aber sogar schon ohne Kontrolle der DaZ-bezogenen Lerngelegenheiten nicht der Fall.

Einen spezifischen Vorhersagebeitrag wies dagegen die Nutzung der DaZ-bezogenen Lerngelegenheiten auf. Daher empfiehlt es sich in der Lehramtsausbildung solche Lernhandlungen möglichst flächendeckend zu etablieren. Dazu zählt beispielsweise, konkrete Spracherwerbsbeispiele von Lernenden mit Deutsch als Zweitsprache zu analysieren oder den Sprachstand von Schülerinnen und Schülern mit DaZ anhand von authentischen Schülertexten oder -äußerungen zu diagnostizieren.

Ein stabiler Vorhersageprädiktor ist auf der Ebene der Personenmerkmale zudem die Abiturnote. Die Fähigkeit zum schlussfolgernden Denken fördert möglicherweise die Testbearbeitung, ohne dass hier spezifisches DaZ-bezogenes Wissen dahinter steht. Diese Vermutung müsste allerdings in vertiefenden Studien noch genauer analysiert werden. Die Ergebnisse von König, Tachtsoglou & Seifert (2012) zur Bedeutung von individuellen Lernvoraussetzungen für den Erwerb von bildungswissenschaftlichem Wissen weisen für die Abiturnote ebenfalls auf bedeutsame korrelative Zusammenhänge hin. Betrachtet man die relative Höhe der Vorhersagekraft der berücksichtigten Personenmerkmale und Lerngelegenheiten, so kann etwas mehr als ein Viertel der Varianz aufgeklärt werden. Dies ist als eher gering zu bewerten. Analoge Studien im Bereich des pädagogischen Professionswissens bei Lehramtsstudierenden kommen aber zu ähnlichen, teilweise etwas höheren Vorhersagegenauigkeiten ($0.11 < R^2 < 0.51$ in König, Tachsoglou & Seifert, 2012, S. 242; $0.00 < R^2 < 0.56$ in Kleickmann & Anders, 2011, S. 311). Die geringe Varianzaufklärung ist möglicherweise auch dadurch zu erklären, dass innerhalb der Stichprobe nur relativ wenig Varianz in der Nutzung der Lerngelegenheiten vorlag. Die Analyse individueller Personenmerkmale und die Nutzung institutioneller Lerngelegenheiten im Bereich Deutsch als Zweitsprache befindet sich noch in den Anfängen. Analoge Befunde aus anderen Kompetenzbereichen, etwa dem pädagogischen und bildungswissenschaftlichen Professionswissen, liegen vor und können als Referenzwerte herangezogen werden. Mit dem Bereich der DaZ-Kompetenz hat diese Studie jedoch wissenschaftliches Neuland betreten und erste Befunde vorgelegt, die eine prädiktive Vorhersagekraft auf den Erwerb von DaZ-Kompetenz nahelegen. Da alle Befunde aber in einem querschnittlichen Design erhoben wurden, sind kausale Wirkungsketten nicht nachgewiesen. Als Forschungsdesiderat lässt sich daraus ableiten, dass zukünftig genauer zu untersuchen wäre, wie sich DaZ-Kompetenz von angehenden Lehrkräften gezielt aufbauen lässt. Hierfür wäre ein längsschnittliches Studiendesign mit klar definierten Interventions- und Kontrollgruppen erforderlich.

Dabei ist zudem zu prüfen, ob sich die DaZ-bezogenen Lerngelegenheiten noch differenzierter erfassen lassen. Hier gilt es, die im *DaZKom*-Projekt entwickelten Fragebogenskalen auszudifferenzieren und auf die institutionellen Angebote noch besser anzupassen. So würde sich die Nutzungsqualität differenzierter und präziser erfassen lassen und eine genauere Vorhersage wäre zu erwarten. Derzeit gibt es an verschiedenen Universitätsstandorten längsschnittliche Untersuchungen, die hier ansetzen, so dass neue Erkenntnisse in einem mittelfristigen Zeitraum erwartet werden können (vgl. Kapitel 14).

10.6   Literatur

Blömeke, S., Kaiser, G. & Lehmann, R. (Hrsg.). (2008). *Professionelle Kompetenz angehender Lehrerinnen und Lehrer. Wissen, Überzeugungen und Lerngelegenheiten deutscher Mathematikstudierender und -referendare – Erste Ergebnisse zur Wirksamkeit der Lehrerausbildung.* Münster: Waxmann.

Blömeke, S., Kaiser, G. & Lehmann, R. (Hrsg.). (2010). *TEDS-M 2008. Professionelle Kompetenz und Lerngelegenheiten angehender Mathematiklehrkräfte für die Sekundarstufe I im internationalen Vergleich.* Münster: Waxmann.

Blömeke, S., König, J. & Kaiser, G. (2010). Lerngelegenheiten angehender Mathematiklehrkräfte im internationalen Vergleich. In S. Blömeke, G. Kaiser und R. Lehmann (Hrsg.), *TEDS-M 2008. Professionelle Kompetenz und Lerngelegenheiten angehender Mathematiklehrkräfte für die Sekundarstufe I im internationalen Vergleich* (S. 97–136). Münster: Waxmann.

Felbrich, A., Müller, C. & Blömeke, S. (2008). Lerngelegenheiten in der Lehrerausbildung. In S. Blömeke, G. Kaiser & R. Lehmann (Hrsg.), *Professionelle Kompetenz angehender Lehrerinnen und Lehrer. Wissen, Überzeugungen und Lerngelegenheiten deutscher Mathematikstudierender und -referendare – Erste Ergebnisse zur Wirksamkeit der Lehrerausbildung* (S. 327–362). Münster: Waxmann.

Fend, H. (2008). *Schule gestalten. Systemsteuerung, Schulentwicklung und Unterrichtsqualität.* Wiesbaden: VS Verlag.

Floden, R. (2002). The measurement of opportunity to learn. In A.C. Porter & A. Gamoran (Hrsg.), *Methodological advances in cross-national surveys of educational achievement* (pp. 231–266). Washington, D. C.: National Academy Press.

Helmke, A. (2003). *Unterrichtsqualität erfassen, bewerten, verbessern.* Seelze: Kallmeyer.

Helmke, A. (2009). *Unterrichtsqualität und Lehrerprofessionalität. Diagnose, Evaluation und Verbesserung des Unterrichts.* Seelze: Kallmeyer.

Helmke, A., Weinert, F. E. (1997). Bedingungsfaktoren schulischer Leistung. In F. E. Weinert (Hrsg.), *Enzyklopädie der Psychologie. Psychologie des Unterrichts und der Schule* (S. 71–176). Göttingen: Hogrefe.

Kleickmann, T. & Anders, Y. (2011). Lernen an der Universität. In M. Kunter, J. Baumert, W. Blum, U. Krauss, S. Klusmann & M. Neubrand (Hrsg.), *Professionelle Kompetenz von Lehrkräften. Ergebnisse des Forschungsprogramms COACTIV* (S. 305–316). Münster: Waxmann.

König, J. & Seifert, A. (2012). Der Erwerb von pädagogischem Professionswissen: Ziele, Design und zentrale Ergebnisse der LEK-Studie. In J. König & A. Seifert (Hrsg.), *Lehramtsstudierende erwerben pädagogisches Professionswissen. Ergebnisse der Längsschnittstudie LEK zur Wirksamkeit der erziehungswissenschaftlichen Lehrerausbildung* (S. 7–31). Münster: Waxmann.

König, J., Tachtsoglou, S. & Seifert, A. (2012). Individuelle Voraussetzungen, Lerngelegenheiten und der Erwerb von pädagogischem Professionswissen. In J. König & A. Seifert (Hrsg.), *Lehramtsstudierende erwerben pädagogisches Professionswissen. Ergebnisse der Längsschnittstudie*

LEK zur Wirksamkeit der erziehungswissenschaftlichen Lehrerausbildung (S. 243–283). Münster: Waxmann.

McDonell, L. M. (1995). Opportunity to learn as a research concept and a policy instrument. *Educational Evaluation and Policy Analysis*, 17 (3), 305–322.

Stancel-Piatak, A., Schwippert, K. & Doll, J. (2011). Lerngelegenheiten von Deutsch-, Englisch- und Mathematiklehramtsstudierenden. In S. Blömeke, A. Bremerich-Vos, H. Haudeck, G. Kaiser, G. Nold, K. Schwippert & H. Willenberg (Hrsg.), *Kompetenzen von Lehramtsstudierenden in gering strukturierten Domänen. Erste Ergebnisse aus TEDS-LT* (S. 159–175). Münster: Waxmann.

10.7   Anhang – Fragebogenskalen zu DaZ-bezogenen Lerngelegenheiten

1. Inwiefern wurden bisher folgende Bereiche in Ihrer Lehramtsausbildung thematisiert? *Kreuzen Sie bitte in jeder Zeile ein Kästchen an.*

		gar nicht	in einer Sitzung	in mehreren Sitzungen	in einer ganzen Lehrveranstaltung	in mehreren Lehrveranstaltungen	
A.	(Teil)Gebiete der Linguistik (z.B.: Syntax, Semantik, Morphologie)	□1	□2	□3	□4	□5	TH_1
B.	Grammatik des Deutschen	□1	□2	□3	□4	□5	TH_2
C.	Unterschiede zwischen mündlich und schriftlich geprägter Sprache	□1	□2	□3	□4	□5	TH_3
D.	Sprachliche Anforderungen verschiedener Darstellungsformen	□1	□2	□3	□4	□5	TH_4
E.	Erwerb von Bildungssprache	□1	□2	□3	□4	□5	TH_5
F.	Phänomene des Zweitspracherwerbs	□1	□2	□3	□4	□5	TH_6
G.	Erwerbssequenzen sprachlicher Entwicklung	□1	□2	□3	□4	□5	TH_7
H.	Unterschiede zwischen Fremd- und Zweitspracherwerb	□1	□2	□3	□4	□5	TH_8
I.	Migration und Mehrsprachigkeit	□1	□2	□3	□4	□5	TH_9
J.	Sprachliche Vielfalt in der Schule	□1	□2	□3	□4	□5	TH_10
K.	Umgang mit Heterogenität	□1	□2	□3	□4	□5	TH_11
L.	Sprache und Identität	□1	□2	□3	□4	□5	TH_12
M.	Sprachstandsdiagnostik	□1	□2	□3	□4	□5	TH_13
N.	Sprachförderung	□1	□2	□3	□4	□5	TH_14
O.	Unterstützung des sprachlichen Lernprozesses durch Scaffolding	□1	□2	□3	□4	□5	TH_15
P.	Sprachsysteme von Zuwanderungssprachen (z.B. Türkisch, Russisch)	□1	□2	□3	□4	□5	TH_16

2. Welche DaZ-bezogenen Handlungen haben Sie in Ihrem Lehramtsstudium kennengelernt oder erprobt? *Kreuzen Sie bitte in jeder Zeile ein Kästchen an.*

		gar nicht	in einer Sitzung	in mehreren Sitzungen	in einer ganzen Lehrveranstaltung	in mehreren Lehrveranstaltungen	
A.	Für das eigene Studienfach typische Texte hinsichtlich ihrer sprachlichen Besonderheiten für SchülerInnen mit Deutsch als Zweitsprache analysiert (z.B. mathematische Textaufgaben).	$\square_1$	$\square_2$	$\square_3$	$\square_4$	$\square_5$	*HA_1*
B.	Für das eigene Studienfach typische Darstellungsformen und ihre Versprachlichung und damit verbundene Anforderungen für SchülerInnen mit Deutsch als Zweitsprache analysiert (z.B. Graphiken beschreiben).	$\square_1$	$\square_2$	$\square_3$	$\square_4$	$\square_5$	*HA_2*
C.	Konkrete Spracherwerbsbeispiele von Lernenden mit Deutsch als Zweitsprache analysiert.	$\square_1$	$\square_2$	$\square_3$	$\square_4$	$\square_5$	*HA_3*
D.	Sich mit dem Thema Migration und Mehrsprachigkeit im schulischen Kontext auseinandergesetzt.	$\square_1$	$\square_2$	$\square_3$	$\square_4$	$\square_5$	*HA_4*
E.	Die Verwendung von Sprache in authentischen Unterrichtsinteraktionen analysiert.	$\square_1$	$\square_2$	$\square_3$	$\square_4$	$\square_5$	*HA_5*
F.	Den Sprachstand von authentischen Schülertexten oder -äußerungen von SchülerInnen mit Deutsch als Zweitsprache diagnostiziert.	$\square_1$	$\square_2$	$\square_3$	$\square_4$	$\square_5$	*HA_6*
G.	Individuelle Sprachförderpläne für SchülerInnen mit Deutsch als Zweitsprache für das eigene Unterrichtsfach aufgestellt.	$\square_1$	$\square_2$	$\square_3$	$\square_4$	$\square_5$	*HA_7*
H.	Sprachsensible Unterrichtsstunde(n) entworfen.	$\square_1$	$\square_2$	$\square_3$	$\square_4$	$\square_5$	*HA_8*

3. Haben Sie <u>im Rahmen Ihres Lehramtsstudiums</u> im Bereich Deutsch als Zweit-sprache praktische Erfahrungen sammeln können? *Mehrfachauswahl möglich.*

		Ja	Nein	
A.	Unterrichtspraktikum mit einem Bezug zu Deutsch als Zweitsprache	$\square_1$	$\square_2$	*PL_1*
B.	Forschungsexperimente im Bereich Deutsch als Zweitsprache	$\square_1$	$\square_2$	*PL_2*
C.	Praktikum in einer außerschulischen Einrichtung zur Förderung von SchülerInnen mit Deutsch als Zweitsprache	$\square_1$	$\square_2$	*PL_3*
D.	Schulisches Praktikum im außerunterrichtlichen Bereich zur Förderung von SchülerInnen mit Deutsch als Zweitsprache	$\square_1$	$\square_2$	*PL_4*
E.	Sonstiges:	$\square_1$	$\square_2$	*PL_5*
	_____			*PL_5_s*

4. Haben Sie <u>außerhalb Ihres Lehramtsstudiums</u> im Bereich Deutsch als Zweit-sprache praktische Erfahrungen in der Lehre sammeln können? *Mehrfachauswahl möglich.*

		Ja	Nein	
A.	Nachhilfe von SchülerInnen mit Deutsch als Zweitsprache	$\square_1$	$\square_2$	*PA_1*
B.	Fachbezogene Sprachförderung für SchülerInnen mit Deutsch als Zweitsprache	$\square_1$	$\square_2$	*PA_2*
C.	Förderunterricht von SchülerInnen mit Deutsch als Zweitsprache	$\square_1$	$\square_2$	*PA_3*
D.	Sonstiges:	$\square_1$	$\square_2$	*PA_4*
	_____			*PA_4_s*

5. Falls Sie im Rahmen Ihres Lehramtsstudiengangs bereits Veranstaltungen im Bereich Deutsch als Zweisprache belegt haben oder derzeit belegen, welche Form der Leistungserbringung wurde oder wird dort gefordert? *Mehrfachauswahl möglich.*

		Ja	Nein	
A.	Hausarbeit	$\square_1$	$\square_2$	LE_1
B.	Referat mit Ausarbeitung	$\square_1$	$\square_2$	LE_2
C.	Referat ohne Ausarbeitung	$\square_1$	$\square_2$	LE_3
D.	Klausur	$\square_1$	$\square_2$	LE_4
E.	Portfolio	$\square_1$	$\square_2$	LE_5
F.	Mündliche Prüfung	$\square_1$	$\square_2$	LE_6
G.	Bearbeitung von (Übungs-)Aufgaben (als Hausaufgabe)	$\square_1$	$\square_2$	LE_7
H.	Sonstiges:	$\square_1$	$\square_2$	LE_8
	_____			LE_8_s

6. Haben Sie im Rahmen Ihres Lehramtsstudiums spezifische Veranstaltungen im Bereich Deutsch als Zweitsprache belegt oder belegen Sie derzeit welche? *Kreuzen Sie bitte an.*

Nein   Ja

$\square_2$ $\square_1$ Wenn ja, in welchem Teilstudiengang: VS_1

                       _____   VS_1_s

7. Falls Sie Veranstaltungen im Bereich Deutsch als Zweitsprache besucht haben oder derzeit besuchen, waren oder sind diese benotet? *Kreuzen Sie bitte an.*

Nein   Ja

$\square_2$ $\square_1$ Wenn ja, welche der erbrachten Leistungsformen war/ist benotet: BE_1

                       _____   BE_1_s

Kapitel 11

Methodische Zugänge zur performanznahen Messung von Deutsch-als-Zweitsprache-Kompetenzen auf Expertinnen- und Expertenniveau

ANIKA ZÖRNER & GÖNTJE ERICHSEN

Zusammenfasssung: Mit dem Modell zur Deutsch-als-Zweitsprache-Kompetenz (DaZ-Kompetenz) von angehenden Lehrerinnen und Lehrern, welches auf dem fünf-stufigen Entwicklungsmodell des Fähigkeitserwerbs von Erwachsenen nach Dreyfus & Dreyfus (1986) basiert, legt das *DaZKom*-Projekt ein Modell vor, das die inhaltli-chen Dimensionen sowie die Entwicklung von DaZ-Kompetenz beschreibt. Während die theoretische Modellierung und die empirische Überprüfungen der Kompetenzstu-fen I–III bereits abgeschlossen ist, steht dies für die Kompetenzen auf Expertinnen- und Expertenniveau der Stufen IV und V noch aus. Im Beitrag werden erste me-thodische Zugänge zur performanznahen Messung von DaZ-Kompetenz auf den Expertinnen- und Expertenstufen IV und V anhand einer geringen Stichprobe von insgesamt elf berufserfahrenen Lehrkräften exemplarisch eruiert. Mögliche Operatio-nalisierungen für die performanznahe Messung des Expertinnen- und Expertenhan-delns der Stufen IV und V, erste Beobachtungen aus einer Pilotstudie sowie sich dar-aus ergebende Perspektiven für eine weitere Projektphase stehen dabei im Zentrum des Beitrags.

Abstract: The *DaZKom* project was able to present a model on German as a Second Language competency (DaZ-Kompetenz) of pre-service teachers that is based on the Five-Stage Model of Adult Skill Acquisition by Dreyfus & Dreyfus (1986) and that describes the content dimensions as well as the development of GSL competence. While the theoretical modelling and the empirical validation of the competency sta-ges I-III is completed, this is yet to be achieved for stages IV-V, both representing high competency or expertise. In this article, methical approaches that allow for performance-oriented measurements of high GSL competency are assessed with a sample of eleven professionally experienced teachers. Central to this piece are therefore contemplations on possible operationalizations of the experts' performances on stages IV and V, first observations from a pilot study and subsequent perspectives for the follow-up project phase.

11.1   Einleitung

Internationale Vergleichsstudien wie PISA (vgl. u. a. Prenzel, Sälzer, Klieme & Köller, 2013) haben mehrfach gezeigt, dass nach wie vor Disparitäten im Bereich Bildungsbeteiligung und Schulerfolg zwischen Schülerinnen und Schülern mit und ohne Migrationshintergrund bestehen. In engem Zusammenhang mit dem nun bereits länger geführten öffentlichen Diskurs zur Ungleichheit der Bildungschancen steht der vorwiegend wissenschaftlich geführte Diskurs zur Lehrerinnen- und Lehrerprofessionalisierung. Die Schnittmenge dieser Diskurse liegt letztlich in der Lehramtsausbildung, denn nur wenn Lehrkräfte entsprechend ausgebildet und auf die zunehmend heterogene Schülerschaft vorbereitet werden, können sie der Heterogenität professionell begegnen und so die Bildungsungerechtigkeit minimieren.

An dieser Schnittstelle ist das *DaZKom*-Projekt angesiedelt, im Rahmen dessen Kompetenzen in Deutsch als Zweitsprache (DaZ-Kompetenz) angehender Lehrkräfte theoretisch modelliert und empirisch überprüft werden. Das im Projekt entwickelte Kompetenzmodell beschreibt drei inhaltliche Dimensionen von DaZ-Kompetenz (Fachregister (Fokus auf Sprache), Mehrsprachigkeit (Fokus auf Lernprozesse) und Didaktik (Fokus auf Lehrprozesse)) und bildet gleichzeitig eine Entwicklung von DaZ-Kompetenz für Fachlehrkräfte ab. Die theoretische Modellierung fußt dabei auf dem Entwicklungsmodell des Fähigkeitserwerbs von Erwachsenen nach Dreyfus und Dreyfus (1986), welches in insgesamt fünf Stufen die Entwicklung vom Novizen oder der Novizin zum Experten oder zur Expertin abbildet (vgl. Kapitel 4).

In der ersten Phase des *DaZKom*-Projektes wurde zur Überprüfung der Kompetenzstufen I bis III ein Testinstrument in Form eines Papier-Bleistift-Tests entwickelt und empirisch überprüft (vgl. Kapitel 5). Das aufgabenbasierte Testverfahren im Papier-Bleistift Format ist für die Stufen IV und V des Kompetenzmodells jedoch nicht anwendbar. Da das Handeln auf Expertinnen- und Expertenniveau der Kompetenzstufen IV und V sich dadurch auszeichnet, dass die Handelnden die zu bewältigenden Aufgaben und Situationen stärker intuitiv erfassen ohne diese vorher zu analysieren, bedarf es bei der performanznahen Messung von Lehrerinnen- und Lehrerhandeln einer Operationalisierung, die unmittelbare und spontane Reaktionen auf Unterrichtssituationen erfordert. Im Zentrum des Beitrags steht daher die Erprobung verschiedener methodischer Zugänge, die sich zur Erfassung der Kompetenzstufen IV und V eignen könnten und im Rahmen des Projektes eruiert wurden. Der Beitrag thematisiert zunächst die theoretische Beschreibung der Kompetenzstufen IV und V bevor anknüpfend an aktuelle Ergebnisse im Bereich handlungsnaher Kompetenzen von Lehrkräften die durchgeführte Pilotstudie und sich daraus ergebende erste Erkenntnisse dargestellt werden. Der Beitrag schließt mit der Diskussion dieser Erkenntnisse und sich daraus ergebender Perspektiven für eine weitere Projektphase.

11.2 Handeln auf Expertinnen- und Expertenniveau

In Ihrem Modell des Fähigkeitserwerbs von Erwachsenen beschreiben Dreyfus und Dreyfus den Erwerb menschlicher Fähigkeiten als Prozess, der sich durch qualitativ unterschiedliche Wahrnehmung der jeweiligen Aufgaben bzw. verschiedene Arten von Entscheidungsprozessen auszeichnet (Dreyfus & Dreyfus, 1986, S. 19). Auf fünf Stufen bilden sie so die Entwicklung vom Novizen oder der Novizin zum Experten oder zur Expertin (1. Novizentum, 2. Fortgeschrittene Anfängerin/ fortgeschrittener Anfänger, 3. Kompetenz, 4. Gewandtheit, 5. Expertentum) ab (vgl. Kapitel 4). Während sich Anfängerinnen und Anfänger auf den ersten Stufen des Modells vor allem durch aktives Problemlösen, bewusstes Befolgen von Regeln und die Aufgliederung von Aufgaben und ihrer Umgebung auszeichnen, agieren kompetent Handelnde auf Basis konkreter Erfahrungen und erfassen Unterricht begrifflich, holistisch und abstrakt (vgl. Kapitel 4). Expertinnen und Experten der Stufen IV und V nehmen Aufgaben „aus der spezifischen Perspektive von Vorerfahrungen mit ähnlichen Situationen wahr, sodass bestimmte Eigenschaften der aktuellen Situation als besonders relevant hervortreten" (Ohm, in diesem Band, S. 84). Kompetent Handelnde sind in der Lage Entscheidungen intuitiv und ohne Verzögerung zu treffen, wobei das intuitive Handeln nicht mit Irrationalität zu verwechseln ist, sondern vielmehr auf Grund von im Rahmen beruflicher Praxisphasen erworbenem fall- bzw. episodenbezogenem Wissen entwickelt wird (Dreyfus & Dreyfus, 1986, S. 27 f.; vgl. Kapitel 4). Da sich das Wissen i. d. R. nur im Handeln zeigt, kann die kognitive Basis für das Handeln von Expertinnen und Experten der Stufen IV und V daher nur bedingt durch Befragung mittels eines Papier-Bleistift-Tests ermittelt werden. Die Operationalisierung des Könnens auf den Kompetenzstufen IV und V bedarf daher Aufgabenitems, die unmittelbare und spontane Reaktionen auf beobachteten Unterricht erfordern und verlangt als methodische Herangehensweisen, dass die Testverfahren als Stimuli solche komplexen Unterrichtssituationen bzw. Szenarien enthalten müssen, die Kristallisationspunkte für eine kategoriale Wahrnehmung von zweitsprachlich relevanten Ereignissen bzw. Episoden im Unterricht bieten. Das *DaZKom*-Projekt steht somit vor der Herausforderung ein Testinstrument zu entwickeln, welches ausreichend komplexe Stimuli enthält, die einerseits geeignet sind, das Expertinnen- und Expertenwissen der Stufen IV und V sichtbar zu machen und andererseits zugleich eine standardisierte empirische Überprüfung mit angehenden Lehrkräften erlaubt. Besonders vielversprechend zur Abbildung berufsnaher Performanzsituationen scheinen kontextualisierte Messverfahren.

> Sie liefern anforderungsnähere Variablen für die Vorhersage des Unterrichtsverhaltens der Lehrkräfte. Während Wissenstests Gefahr laufen, träges Wissen zu belohnen und implizites Wissen gar nicht zu erfassen, erfordert die Bewältigung berufsnaher Performanzsituationen die Mobilisierung professioneller Könnerschaft (Neuweg, 2015, S. 377).

Zu solchen kontextualisierten Messverfahren gehört der Einsatz von Videovignetten, welcher im Bereich der Lehrkräfteprofessionalisierung zunehmend an Bedeutung gewinnt (Blömeke, König, Suhl, Hoth & Döhrmann, 2015; Lindmeier, 2011, 2013; Lindmeier, Heinze & Reiss, 2013; Kersting, Givvin, Thompson, Santagata & Stigler, 2012; Forster-Heinzer & Oser, 2015; Busse & Kaiser, 2015; Stürmer, Seidel & Kunina-Habenicht, 2015;

Sherin & Van Es, 2009) und auch im *DaZKom*-Projekt geplant ist. Um sich der Erfassung der Kompetenzstufen IV und V empirisch zu nähern, wurden zunächst methodische Zugänge geprüft, indem anhand einer geringen Stichprobe von elf berufserfahrenen Lehrpersonen eine videovignettenbasierte Erhebung mit unterschiedlichen methodischen Zugängen durchgeführt wurde. Diese kann erste Hinweise zur Erfassung der Kompetenzstufen auf Expertinnen- und Expertenniveau im Hinblick auf die nächste Projektphase liefern.[1] Bis zum Zeitpunkt der Abfassung des vorliegenden Beitrags ist eine erste Prüfung methodischer Zugänge erfolgt, deren Ergebnisse jedoch allenfalls als erste Ansatzpunkte für eine tiefergehende und systematische Überprüfung von geeigneten Messverfahren für die Kompetenzstufen IV und V verstanden werden können.

11.3 Erfassung berufsnaher Performanzsituationen

Im Hinblick auf die Operationalisierung der empirischen Erfassung der Kompetenzstufen auf Expertinnen- und Expertenniveau mit Videovignetten kann zwar an Vorarbeiten angeknüpft werden, jedoch macht ein Transfer auf das eigene Kompetenzmodell besondere Konkretisierungen und Anpassungen notwendig. Betrachtet man jüngere Forschungen zur Abbildung und Messung berufsnaher Performanzsituationen von Lehrpersonen, so zeigen sich unterschiedliche theoretische und methodische Zugänge, die sich je nach Forschungsdesign bewährt haben (u. a. Van Es & Sherin, 2002; Seidel, Blomberg & Stürmer, 2010; Lindmeier et al., 2013; Stürmer et al., 2015; Forster-Heinzer & Oser, 2015; Beck, Bear, Guldimann, Bischoff, Brühweiler, Müller, Niedermann, Rogalla & Vogt, 2007; Kersting et al., 2012; Blömeke et al., 2015).[2] Die Unterschiede der Zugänge liegen einerseits in der formalen Umsetzung, was beispielsweise den Grad der Authentizität der Videos, die Darstellungsoption, das Antwortformat oder die Bearbeitungsdauer betrifft, andererseits aber auch in der Zielsetzung der jeweiligen Zugänge (vgl. Forster-Heinzer & Oser, 2015). Diejenigen Zugänge, die im Rahmen des *DaZKom*-Projektes Anwendung gefunden haben, werden im Folgenden kurz umrissen.

Lindmeiers (2013) Zugang zu performanznaher Messung basiert auf der theoretischen Unterscheidung von reflexiven Kompetenzen (domänenspezifische Fähigkeiten, die bei der Vor- und Nachbereitung von Unterricht benötigt werden) und aktionsbezogenen Kompetenzen (Kompetenzen, um im Unterricht entstandene herausfordernde Situationen zu bewältigen). Lindmeier, die zur Überprüfung ebendieser aktionsbezogenen Kompetenzen ein Videotool entwickelt hat, hält ihre Probandinnen und Probanden dazu an, auf 23 Videovignetten, die auf Basis von authentischen Unterrichtssituationen nachgestellt wurden, zu reagieren. Dabei geht sie davon aus, dass Lehr- bzw. Unterrichtssituationen sich dadurch charakterisieren lassen,

> dass sie eine spontane, aber auch fachlich adäquate Reaktion der Lehrkraft erfordern. Der Zeitdruck erlaubt es der Lehrkraft eben nicht, reflexive Prozesse außerhalb der

---

[1]   Die zweite Projektphase läuft unter dem Vorhabentitel *Perfomanznahe Messung von Deutsch-als-Zweitsprache-Kompetenz bei (angehenden) Lehrkräften (DaZKom-Video) in der Förderlinie Kompetenzmessung im Hochschulsektor* (KoKoHs). Laufzeit des Projekts: 01.01.2017-31.12.2019.

[2]   Eine ausführliche Darstellung verschiedener methodischer Ansätze findet sich u. a. bei Lindmeier (2013).

Handlung zu aktivieren. Vor allem durch diesen spontanen und unmittelbaren Anforderungscharakter wird die aktionsbezogene Kompetenz bestimmt (Lindmeier, 2013, S. 104–107).

Um diesem Anforderungscharakter gerecht zu werden, wird in dem von Lindmeier eingesetzten Videotool keine „Erläuterung möglicher Handlungsoptionen eingefordert [...], sondern die Lehrkraft muss so reagieren, als ob sie in der jeweiligen Situation wäre" (Lindmeier, 2013, S. 110). Um Spontanität und Unmittelbarkeit zu gewährleisten, müssen die Probandinnen und Probanden innerhalb eines vorgegebenen Zeitfensters mündlich auf die Situation in der Vignette reagieren, sodass ein gewisser Zeit- bzw. Handlungsdruck besteht. Die Reaktionen werden, wie im Unterricht selbst auch, mündlich formuliert, d. h., das Antwortformat ist offen gehalten.

Wie Lindmeier, die aktionsbezogene und reflexive Kompetenzen differenziert, geht das Konzept der adaptiven Lehrkompetenz (Beck et al., 2007; Bischoff, Brühwiler & Baer, 2005) von einer theoretischen Unterscheidung zwischen einer sogenannten Planungs- und einer Handlungskompetenz aus. Unter dem Konstrukt der adaptiven Lehrkompetenz verstehen die Autoren

> [d]ie Fähigkeit, Unterrichtsvorbereitung und -handeln so auf die individuellen Voraussetzungen der Lernenden auszurichten, dass für jeden Lernenden möglichst günstige Bedingungen für verstehendes Lernen entstehen (Bischoff et al., 2005, S. 383).

Zur Erfassung dieser Kompetenz haben Beck et al. einen Videotest entwickelt, in dem „die getesteten Lehrpersonen spezifisch zusammengestellte Unterrichtssequenzen betrachten und angeben müssen, an welcher Stelle sie anders als die Lehrperson im Video handeln würden. Vorgeschlagene Handlungsalternativen [sind] zu begründen." (Beck et al., 2007, S. 382) Konkret müssen Lehrkräfte die betrachteten Videos immer dann stoppen, wenn sie anders handeln würden, als die Lehrkraft im Video und ihre Entscheidung anschließend erläutern.

Forster-Heinzer & Oser (2013, 2015) beschreiben Kompetenz als die Verfügbarkeit „eines in komplexen Situationen des Unterrichts abgrenzbare[n], zieladäquate[n], effektive[n] und ethisch gerechtfertigte[n] Einflusshandelns, welches das Lernen von Schülern und Schülerinnen differentiell fördert" (Oser, 2013, S. 39). Anders als Lindmeier und Beck et al. lassen Forster-Heinzer und Oser, die ebenfalls videovignettenbasiert vorgehen, Lehrkräfte die in den Vignetten agierenden Lehrkräfte bewerten. Der sogenannte *advokatorische Ansatz* „zeichnet sich durch die stellvertretende Art der Kompetenzmessung aus. [...] Die gezeigte Videovignette bildet ein ausgewähltes Kompetenzprofil ab und bettet dieses in den Kontext ein" (Forster-Heinzer & Oser, 2015, S. 364). Dabei wird davon ausgegangen, dass die Kompetenzstruktur der Lehrkräfte durch die Bewertung der in den Videovignetten agierenden Lehrkräfte sichtbar wird.

Im Folgenden werden die unter Berücksichtigung der dargestellten Ansätze und ausgehend vom DaZ-Kompetenzmodell eruierten methodischen Zugänge für die performanznahe Messung der Kompetenzstufen IV und V dargestellt.

11.4   Methodisches Vorgehen

11.4.1   Entwicklung der Items

Materialgrundlage der Items sind bereits vorhandene videographisch dokumentierte Unterrichtsmitschnitte aus einem Regelunterricht der Sekundarstufe I, die den Projektmitgliedern zugänglich sind und daher genutzt werden können. Neben der Zugänglichkeit begründet sich die Wahl des Materials in der Authentizität, welche im Hinblick auf das Ziel der performanznahen Messung der Kompetenzstufen IV und V unabdingbar scheint, da nur auf realen Unterrichtssituationen basierende Stimuli die für eine Operationalisierung der Kompetenzen auf Expertinnen- und Expertenniveau notwendige Komplexität bieten.[3] Konkret handelt es sich um einen Unterricht im Fach Natur und Technik einer siebten Jahrgangsstufe, einen Gesellschaftskundeunterricht derselben Jahrgangsstufe, sowie einen Deutschunterricht einer fünften Klasse.

In Anlehnung an das im Projekt entwickelte Kompetenzmodell wurde ein Kriterienkatalog generiert, anhand dessen die Unterrichtsmitschnitte für die Videovignetten ausgewählt wurden. Ziel bei der Auswahl der jeweiligen Ausschnitte war es, exemplarisch für mindestens eine Facette jeder der drei Dimensionen des Kompetenzmodells geeignete Videoausschnitte für die Itemerstellung auszuwählen. Durch mehrfache Durchsicht und Diskussion des Videomaterials durch die Projektmitglieder wurden geeignete Videoausschnitte ausgewählt, in denen DaZ-relevante Unterrichtssituationen identifiziert wurden. Solche liegen dann vor, wenn zur Sicherung des Lernerfolgs und/oder der Unterrichtsbeteiligung von Schülerinnen und Schülern mit Zweitsprache Deutsch eine Fokussierung des Lehrendenhandelns auf eine oder mehrere Facetten der (Sub-)Dimensionen des Kompetenzmodells angezeigt ist. Die ausgewählten Situationen wurden innerhalb des Projektteams diskutiert und schließlich auf sechs Ausschnitte reduziert. Die jeweiligen Videosequenzen wurden u. a. aufgrund ihrer Facettenpassung, Komplexität und Passung zu den methodischen Zugängen ausgewählt. Die entsprechenden Sequenzen wurden abschließend geschnitten und wegen teils nicht hinreichender Tonqualität stellenweise untertitelt.

In einem nächsten Schritt wurden die Aufgabenstellungen formuliert, wofür unter Einbezug einschlägiger Forschungsliteratur auf die unter 3. dargestellten methodischen Zugänge zurückgegriffen wurde. Diese Instruktionen wurden daraufhin den jeweiligen Videovignetten zugewiesen. Die Zuweisung begründet sich in erster Linie durch die (inhaltliche) Passung der Instruktionen zu den einzelnen Videosequenzen - die Videosequenzen eigneten sich jeweils nur für bestimmte methodische Zugänge, beispielsweise aufgrund ihrer Länge oder weil z. B. eine Schülerfrage Ausgangspunkt sein musste, jedoch nur einige Sequenzen Fragen von Schülerinnen und Schülern aufwiesen. Die Zusammenstellung von Instruktionen und Videosequenzen konnte im Forschungsprozess aus diesem Grund nicht, wie es eine Überprüfung der Funktionalität der unterschiedlichen methodischen Zugänge eigentlich notwendig gemacht hätte, variiert werden. Aufgrund der (vorab bekannten) geringen Größe der Stichprobe von insgesamt elf berufserfahrenen Lehrkräf-

---

[3]   Auf die Beeinflussung des Unterrichts durch die teils stark invasive Methode der Datenerhebung sei an dieser Stelle hingewiesen. Innerhalb der vorliegenden Untersuchung stehen allerdings weniger die eigentlichen Unterrichtsinteraktionen, als vielmehr die Reaktionen der beobachtenden Lehrkräfte im Fokus.

ten, mit denen die Items erprobt werden sollten, wäre eine Zusammenstellung der auf verschiedenen Ansätzen basierenden Instruktionen mit jeweils unterschiedlichen Video-vignetten zudem ohnehin wenig aussagekräftig gewesen.

Im Anschluss an die dargestellte Itemgenerierung wurde zur Überprüfung der Funktionalität der Items eine Expertinnen- und Expertenbefragung mit zwei universitären Expertinnen des Faches Deutsch als Zweitsprache durchgeführt, woraufhin einige Modifizierungen vorgenommen wurden.

So wurde beispielsweise die Reihenfolge der Items im Laufe des Forschungsprozesses der chronologischen Abfolge des authentischen Unterrichts angepasst, da eine andere Reihenfolge im Rahmen der Expertinnen- und Expertenbefragung immer wieder zu Irritationen geführt hatte. Auf eine alternierende Reihenfolge der Items musste daher während der Durchführung der *Cognitive Labs* verzichtet werden; mögliche Auswirkungen von vorausgehenden Fragen/Items, wie in der Fragebogenforschung hinlänglich bekannt (Dörnyei & Csizér, 2012), wurden in Kauf genommen.

11.4.2 Datenerhebung mit *Cognitive Labs*

Die finalen Items wurden mit insgesamt elf berufserfahrenen Lehrkräften in *Cognitive Labs* erprobt. Ein *Cognitive Lab* ist eine Form des lauten Denkens, die es ermöglicht „Einblicke in die Gedanken, Gefühle und Absichten einer lernenden und/oder denkenden Person zu erhalten. Durch Lautes Denken soll der (Verarbeitungs-) Prozess untersucht werden, der zu mentalen Repräsentationen führt" (Konrad, 2010, S. 476).

Die Wahl des *Cognitive Labs* als Erhebungsmethode begründet sich einerseits darin, dass die Items im Hinblick auf die Verständlichkeit der Aufgabenformulierung und -intention überprüft werden können, da die Probandinnen und Probanden aufgefordert sind neben der Aufgabenbearbeitung zu artikulieren, an welchen Stellen Unklarheiten entstehen. Zum andern zeigt sich in der Reaktion, ob die Items ausreichend Stimuli bieten, um die kognitive Basis für das Handeln von Expertinnen und Experten der Stufen IV und V sichtbar zu machen, da mittels *Cognitive Labs* kognitive Prozesse und Strategien identifiziert werden können, die zur Bearbeitung und Lösung der Aufgaben erforderlich sind (Terzer, Parzke & Upmeier zu Belzen, 2012).

Die *Cognitive Labs* wurden in einem Zeitraum von zwei Wochen mit insgesamt elf berufserfahrenen Lehrerinnen und Lehrern[4], die nach eigenen Angaben über eine Expertise im Fachgebiet Deutsch als Zweitsprache verfügen, durchgeführt. Pro Lehrperson nahm das *Cognitive Lab* zwischen einer und zwei Zeitstunden in Anspruch, insgesamt wurden die *Cognitive Labs* an sechs Tagen audiographiert. In allen *Cognitive Labs* wurden die Items in der Reihenfolge der chronologischen Abfolge des authentischen Unterrichts gezeigt, da eine andere Reihenfolge, wie oben dargestellt, zu Irritationen geführt hatte. Darüber hinaus konnte jedes Item nur einmal mit je einer Instruktion vorgeführt werden, da spontane und unmittelbare Handlungen, die die Vignetten erfordern, bei einem erneuten Ansehen derselben Vignette nicht mehr möglich gewesen wären. Vor der Bearbeitung der einzelnen Items erhielten die Lehrkräfte folgende Instruktion:

---

[4]   An dieser Stelle noch einmal ein ausdrücklicher Dank an alle Lehrpersonen, die unser Projekt mit ihrer Expertise unterstützt haben.

> Bitte sprechen Sie während der Bearbeitung alles aus, was Ihnen in den Sinn kommt und durch den Kopf geht. Ziel des lauten Denkens ist es nicht Sie zu testen, sondern die Items auf ihre Funktionalität hin zu überprüfen. Dazu ist es wichtig, dass Sie die Aufgaben sowohl bearbeiten als auch bewerten. Konkret heißt das, dass Sie nicht nur die Fragen beantworten sollen, sondern darüber hinaus auch den Test selbst in Bezug auf die Verständlichkeit der Formulierungen und Ähnliches bewerten sollen. Versuchen Sie während des lauten Denkens nicht zu erklären oder zu strukturieren was Sie sagen, sondern sprechen Sie einfach ungefiltert Ihre Gedanken aus [...]

Während des *Cognitive Labs* war eine Forscherin anwesend. Vor dem Abspielen der einzelnen Videosequenzen erhielten die Lehrpersonen zunächst spezifische Kontextinformationen zur jeweiligen Unterrichtssituation. Diese Informationen lagen den Lehrkräften in schriftlicher Form vor und wurden bei Rückfragen zusätzlich mündlich durch die Forscherin ergänzt.

Aufgrund der eingeschränkten Möglichkeiten bei der Itemgenerierung insbesondere bzgl. der Zusammenstellung und Variation von Instruktionen und Videosequenz sowie der geringen Stichprobe ergeben sich in Zusammenhang mit der Reichweite der Ergebnisse sicherlich Grenzen. Da das Ziel dieser Pilotstudie jedoch zunächst eine erste Prüfung möglicher methodischer Zugänge zur performanznahen Messung von Kompetenzstufen auf Expertinnen- und Expertenniveau ist, wurde diese Entscheidung bewusst getroffen.

11.5 Erprobung der Items

Im Folgenden wird eine Auswahl der Items erläutert sowie einige ausgewählte Aussagen und Reaktionen der beteiligten Lehrkräfte beschrieben. Dabei ist zu beachten, dass im Rahmen dieses Beitrags lediglich eine Auswahl der Antworten der Lehrkräfte dargestellt werden kann. Es handelt sich daher nicht um eine systematische Analyse, sondern vielmehr um eine Beschreibung einzelner gehäuft aufgetretener Reaktionen, die während des *Cognitive Labs* geäußert wurden und möglicherweise interessante Ansatzpunkte für die Auswahl methodischer Zugänge für die performanznahe Messung der Kompetenzstufen IV und V bieten.

11.5.1 Aktionsbezogene Kompetenz

In Anlehnung an Lindmeier (2011, 2013), die in ihren Arbeiten zum Thema Lehrendenkognition und Handlungskompetenzen zwischen reflexiven und aktionsbezogenen Kompetenzen unterscheidet, wurde das folgende Item generiert.

Die aktionsbezogene Kompetenz zeichnet sich laut Lindmeier insbesondere durch einen spontanen und unmittelbaren Anforderungscharakter aus (Lindmeier et al., 2013). Ein handlungsnaher Zugang, der Unmittelbarkeit und Spontanität hinreichend abbildet, soll u. a. dadurch ermöglicht werden, dass bei der Bearbeitung der Items nicht „die Erläuterung möglicher Handlungsoptionen eingefordert wird, sondern die Lehrkraft muss so reagieren, als ob sie in der jeweiligen Situation wäre" (Lindmeier et al., 2013, S.110).

Um eine größtmögliche Unmittelbarkeit und Spontanität abzubilden, wurde die entsprechende Fragestellung „Was machen Sie jetzt?" zu diesem Item erst nach dem Abspielen der Videovignette gestellt. Vorab wurden die Lehrkräfte dazu aufgefordert sich direkt zu äußern und die Schülerinnen und Schüler zu adressieren.

Die Vignette zu diesem Item stammt aus einer Einführungsstunde zum Thema Wasser und besteht aus einer kurzen Szene (1,25 Minuten), in der die Schülerinnen und Schüler den Arbeitsauftrag haben, in Gruppen erste Gedanken und Fragen zum Thema zu sammeln. Die Vignette zeigt einen Ausschnitt aus dieser Gruppenarbeitsphase. Insgesamt sind drei Schülerinnen in der Szene zu sehen. Im Verlauf des Gesprächs beginnen zwei der Schülerinnen ein Gespräch in ihrer gemeinsamen Herkunftssprache, die dritte Schülerin, die diese Sprache nicht spricht, versucht daraufhin immer wieder das Gespräch ihrer Mitschülerinnen zu stören.

S1:	(spricht S2 in der gemeinsamen Herkunftssprache an)	00:00:38-2
S2:	(antwortet in der gemeinsamen Herkunftssprache)	00:00:38-2
S1:	Ja.	00:00:39-4
S3:	Jetzt reden die schon wieder Afghanisch.	00:00:43-8
S1:	Nein, das Mikrofon nimmt das hier auf. Ich sags dir später, okay? (setzt das Gespräch in der gemeinsamen Herkunftssprache fort)	00:00:54-8
S1& S2:	(unterhalten sich in der gemeinsamen Herkunftssprache)	00:00:54-8
S3:	Ausländer. Immer diese Ausländer.	00:00:59-1
S2:	Rede mit dir selbst Polnisch.	00:01:00-0
S1:	Warte, ich sag es dir später.	00:01:01-8

Auf die Frage „Was machen Sie jetzt?" reagieren die Lehrkräfte unterschiedlich. Einige der Lehrkräfte weichen der Frage zunächst aus.

I:	Was machen Sie jetzt?	00:09:35-5
LK 1:	(lacht) (.) Das ist erstmal, äh, äh, also eine sehr interessante Szene, eine, die ich aus dem Unterrichtsalltag, auch kenne, wenn Gruppenarbeit gemacht wird.	00:09:47-9

Andere fokussieren eher die Frage, ob das Gespräch in der Herkunftssprache noch einen thematischen Bezug hatte oder eher als Privatgespräch zu deuten ist. Direkte Aussagen und Reaktionen treten allerdings selten auf. Häufig bleiben die Lehrkräfte auf einer deskriptiven Ebene. Nur vereinzelt treten direkte Äußerungen oder direkte Ansprachen an die im Video zu sehenden Schülerinnen auf. Vorhandene direkte Aussagen sind in Erläuterungen eingebettet, wie die beiden folgenden Beispiele verdeutlichen

| LK 6: | wie das auch gerade da ablief, dass man einfach sagen kann „Du darfst auch in deiner Muttersprache, in deiner ersten Sprache aufschreiben." | 00:11:43-3 |
| LK 8: | ähm ich bin jemand, ich glaube ich mache das immer über die lustige Art und Weise. Ich glaube, ich würde sagen: „Ja, super! Jetzt können wir das Thema (.) direkt mehrsprachig behandeln. Klasse!" | 00:15:14-7 |

Trotz der expliziten Aufforderung direkt zu reagieren, als seien sie in der dargestellten Situation anwesend und nicht zu erläutern, weichen die Lehrkräfte immer wieder auf einführende und erläuternde Ausführungen aus. An dieser Stelle ergeben sich durch die Anwesenheit einer Forscherin also möglicherweise permanent Gesprächsanlässe, die auf Seiten der Lehrkräfte zu einer erläuternden Haltung führen. Weiterhin ist einschränkend festzuhalten, dass das vorliegende Item keine direkte Lehrerreaktion z. B. im Sinne einer expliziten Schülerfrage erfordert. Die Vignette zeigt vielmehr Interaktionen zwischen Schülerinnen im Rahmen einer Gruppenarbeit; die Lehrkraft ist nicht unmittelbar beteiligt. Möglicherweise ist der Stimulus in der vorliegenden Vignette somit nicht ausreichend bzw. spezifisch genug, um eine entsprechende Reaktion auf Seiten der Lehrkraft auszulösen. Ein klarer und eindeutiger Stimulus innerhalb des Videos wäre möglicherweise zielführender. Ähnlich argumentieren auch andere Studien, die in ihren Erhebungen zwar auf authentische Unterrichtssituationen zurückgreifen, diese aber für die eigentliche Videovignette nachstellen (u. a. Lindmeier, 2011, Blömeke et al., 2015), um Mehrdeutigkeiten bzw. Distraktoren in Form von Nebenhandlungen zu vermeiden (Lindmeier et al., 2013).

Umgekehrt stellt sich an dieser Stelle die Frage, ob sich professionelle Handlungskompetenzen in der Reaktion auf klare und eindeutige Stimuli erschöpfen, oder ob es nicht gerade komplexe, nicht eindeutige Unterrichtsgeschehnisse sind, die Handlungskompetenzen auf Expertinnen- und Expertenniveau erforderlich machen.

11.5.2   Adaptive Lehrkompetenz

Das Konzept der adaptiven Lehrkompetenz nach Beck et al. (2007), verwendet Unterrichtsvideos, die als Stimulus fungieren, „um so die untersuchten Lehrpersonen in eine für alle gleiche Unterrichtssituation zu versetzen und somit Rückschlüsse auf zugrundeliegende Handlungskompetenzen zu erfassen" (Brühwiler, 2014, S. 125f.). Die Lehrpersonen betrachten die Unterrichtsvideos und sind dazu aufgefordert immer dann, wenn Sie anders handeln würden, als die im Video zu sehende Lehrkraft, das Video zu stoppen und ihre alternativen Handlungen zu erläutern (Brühwiler, 2014).

Im Rahmen des *Cognitive Lab* erhielten die Lehrkräfte in Anlehnung an den Ansatz der adaptiven Lehrkompetenz die folgende Instruktion:

> Stoppen Sie das Video immer dann, wenn Ihnen irgendetwas auffällt oder wenn Sie anders handeln würden als die Lehrkraft im Video. Begründen und erklären Sie, warum Sie gestoppt haben und wie Sie handeln würden.

Die Vignette des Items stammt wiederum aus derselben Unterrichtstunde zum Thema *Wasser*. Der Unterricht ist zu diesem Zeitpunkt bereits weiter fortgeschritten. Die Schülerinnen und Schüler befinden sich in einer zweiten Gruppenarbeitsphase, in der sie verschiedene Aspekte und Themenbereiche rund um das Thema Wasser bearbeiten. Die in der Vignette zu sehende Gruppe bearbeitet einen Text zum Thema Klärwerk. Um den Lehrkräften einen etwas umfassenderen Einblick in den Unterricht zu geben und darüber hinaus ausreichend Stimuli und verschiedene Interaktionssituationen zwischen der Lehrkraft und den Schülerinnen zu zeigen (Beck et al., 2007), ist die Videovignette zu diesem Item deutlich länger als die der vorausgehenden und umfasst insgesamt 9 Minuten und 19 Sekunden.

Die Vignette zeigt eine Schülerinnengruppe bei der Bearbeitung eines Textes. Immer wieder kommt es dabei zu Situationen, in denen die Schülerinnen deutlich Verständnisschwierigkeiten äußern, die Lehrkraft zu sich rufen und um Hilfe bitten. Die Arbeitsmaterialien, mit denen die Schülerinnen in der präsentierten Videosequenz arbeiten, lagen den Lehrkräften während des *Cognitive Labs* vor. Die folgenden Transkriptausschnitte illustrieren einige der Interaktionen zwischen Lehrkraft und Schülerinnen.

S1:	(Liest Text vor) Vom Wasserwerk zur Kläranlage. Wenn du den Wasserhahn aufdrehst, dann sprudle ich dir zu jeder Tages- und Nachtzeit entgegen	00:00:35-7
S2:	Du liest aber ich versteh NICH. Die Hälfte versteh ich nicht (..)	00:00:41-5
S1:	Meinst du ich	00:00:42-6
S2:	Man die Wörter. Ich weiß ja noch nich mal/	00:00:42-3
S1:	Ja denkst du ICH versteh das?	00:00:45-5
S2:	Die HÄLfte versteh ich nich mal	00:00:47-5
	(Lehrkraft kommt dazu)	00:00:46-2
S1:	(richtet sich an die Lehrkraft): Ja die Wörter sind voll komisch. GROBanlage, KLÄRanlage	00:00:48-1
Lehrkraft:	Ja.	00:00:49-4
S2:	Ich versteh das gar nich.	00:00:51-2
Lehrkraft:	Dann unterstreicht die Wörter die ihr nicht versteht. Dann komm ich gleich zu euch und erklär euch die.	00:00:51-7
S1:	(reicht den Text an ihre Mitschülerinnen): Lest ihr das, ich kann nich mehr lesen.	00:00:57-5
	[...]	
S2:	(Liest Text vor) [...] Der so behandelte Schlamm kann in der Landwirtschaft als Dünger (..)(unterstreicht Dünger) Dünger verwendet oder nach der Entwässerung verbrannt werden.	00:07:58-2
	(Lehrkraft kommt dazu)	
Lehrkraft:	Ist nochmal eine Frage aufgekommen?	00:08:00-0
S1:	Ja	00:08:02-4

S2:	Ja, sehr viele.	00:08:07-0
S3:	Was ist ein (.) Belebungsbecken?	00:08:09-1
Lehrkraft:	Mhm. Das wird da ja erklärt. Und das verstehst du auch. (Liest Text vor) Durch bestimmte Bakterien werden Schmutzstoffe abgebaut	00:08:16-3
S1:	Achso.	00:08:18-2
Lehrkraft	(liest weiter vor): Man spricht hier von der biologischen Reinigung. (Erklärt) Da sitzen also ganz viele kleine Bakterien drin, die diesen Schmutz auffressen.	00:08:26-9
S1:	Und das da? (zeigt auf Textstelle)	00:08:29-0
Lehrkraft:	Das wird da auch erklärt (...)	00:08:31-2
S1:	Und? (zeigt auf Textstelle)	00:08:34-2
Lehrkraft:	Faulturm? Also der Schlamm, der übrig bleibt von der Reinigung	00:08:38-8
S1:	Ja?	00:08:40-9
Lehrkraft:	Der kommt in den Faulturm. Da bleibt der dann 20 Tage lang (...) Und dann steht da was mit diesem Schlamm passiert am Ende [...]	00:08:43-...

Der Ansatz der adaptiven Lehrkompetenz scheint, wie die beiden folgenden Beispiele nahelegen, im Rahmen des *Cognitive Labs* nicht das Stadium des Expertinnen- und Expertentums im Sinne von Dreyfus & Dreyfus, bei dem die Handelnden intuitiv die Situation erfassen ohne an Alternativen oder Folgen zu denken, zu erfassen, da offenbar bewusst Alternativen abgewogen werden.

LK 1:	es gibt da äh, äh, im Kooperativen Lernen ganz viele Methoden, äh, um Wortschatzarbeit zu machen	00:28:18-5
LK 2:	Genau, ich würde jedem auch erstmal einen Zettel geben und würde eher think-pair-share machen.	00:24:28-0

Die Lehrkräfte erläutern an dieser Stelle ihnen bekannte Methoden und didaktische Umsetzungen. Die methodischen Vorschläge bleiben dabei jedoch vielfach eher auf einer allgemeinen abstrakten Ebene und zeigen wenig Bezug zur konkreten Situation. Dies legt den Schluss nah, dass mit diesem Zugang kein spontanes und intuitives Expertinnen- und Expertenhandeln elizitiert wird. Einzelne Aussagen zeigen allerdings auch im Kontext dieses Ansatzes einen stärker situativen Bezug

LK 10:	Ja. Ähm, also ich hätte da/ wäre da schon hingegangen, hätte gesagt „wie könnt ihr das denn machen, dass ihr euch den Text AUFTEILT?" Oder so ne?	00:23:09-5

Eine grundsätzliche Schwierigkeit des Ansatzes der adaptiven Lehrkompetenz stellt insbesondere die Vergleichbarkeit der Ergebnisse dar, da die Lehrkräfte bei der Betrachtung individuell sehr unterschiedlich vorgingen. Einige Lehrkräfte unterbrachen, die in den Vignetten sichtbaren Interaktionen bspw. immer wieder sehr schnell, während andere einzelne Interaktionen der Sequenz abwarteten, bevor sie diese stoppten. Diese Tatsache stellt eine Herausforderung für eine standardisierte Erhebung, die vergleichbare Ergebnisse erzielt, dar.

11.5.3   Advokatorischer Ansatz

Der advokatorische Ansatz (AvA) (u. a. Forster-Heinzer & Oser, 2015; Oser, Heinzer & Salzmann, 2010; Oser & Heinzer, 2009) geht davon aus, „dass das Messen der Qualität von Kompetenzen stellvertretend über die Beurteilung einer Drittperson erfolgt" (Oser et al., 2010, S. 7).

> Es ist davon auszugehen, dass Lehrpersonen (z. B. Lehrperson X) mit einer gewissen Sensibilität ihr eigenes Kompetenzverständnis aufrufen, wenn sie die Qualität des beobachteten durch Lehrperson Y visualisierten Kompetenzprofils einschätzen müssen. Somit wird weder die Performanz der einschätzenden Lehrperson gemessen noch ihre Kompetenz. Vielmehr interessiert, wie eine Person das Kompetenzprofil einer anderen Person z. B. aufgrund beobachteten Unterrichtshandelns hinsichtlich seiner Qualität diskutiert. (Forster-Heinzer & Oser, 2015, S. 365)

In Anlehnung an den AvA wurde das vierte Item des *Cognitive labs* generiert. Die Lehrkräfte erhielten die folgende Instruktion:

> Beschreiben Sie zunächst, was Sie sehen. Bewerten Sie anschließend die Reaktion der Lehrkraft und erläutern Sie, ob sich Ihre Handlungsweise von der der Lehrkraft unterscheidet und warum (nicht).

Die Vignette des Items zeigt einen Ausschnitt eines Deutschunterrichts einer fünften Jahrgangsstufe. Die Lehrkraft erläutert die Instruktionen zur folgenden Gruppenarbeit und bittet die Schülerinnen und Schüler sich in Gruppen mit maximal vier Schülerinnen und Schülern zusammenzufinden. Daraufhin ergibt sich an einem der Gruppentische eine Diskussion: Da an diesem Gruppentisch insgesamt fünf Schülerinnen und Schüler sitzen, stellt die Einteilung von vier Schülerinnen und Schülern je Gruppe diese Tischgruppe vor ein Problem. Die Schülerinnen und Schüler versuchen im Laufe der Diskussion eine Vierergruppe zu bilden indem sie einen Schüler von ihrer Gruppe auszuschließen versuchen. Der folgende Transkriptausschnitt illustriert die Situation.

Lehrkraft:	(Erläuterung des Arbeitsauftrags)[…] Ihr dürft es zu zweit oder in Gruppen machen. Kleingruppen – ich würde sagen maximal vier. Okay?	00:01:19-0
S1:	Wieso – wie sollen wir das denn hier machen? Wir machen bis hier weiter (zeigt auf Tischgrenze). Haha, nein.	00:01:24-3
Lehrkraft:	Austeildienst – teilt mal die Texte aus. Mit den besseren Zeilenangaben. Wo ist Austeildienst?	00:01:36-1

S2:	Oder ohne (S3). Ohne (S3), weil er kein Ausländer ist.	
S3:	Ohne dich.	00:01:35-7
S2:	Nein. Ohne dich. Weil er Deutscher ist.	00:01:38-5
S3:	Hahaha.(pikiert)	00:01:38-5
S4:	Ja echt, wir sind alle Ausländer.	00:01:40-6
S2:	Außer er.	00:01:43-3
S3:	(richtet sich an die Lehrkraft) Ist Ihnen bei diesem Tisch was aufgefallen? Bei diesem Tisch? Dass alle aus einem anderen Land kommen.	00:01:55-3
S1& S2:	Außer er! (zeigen auf S3)	00:01:55-3
S1:	Wir sind ja alle Ausländer, aber er nicht.	00:02:06-0
Lehrkraft:	Ja, aber du auch nicht wirklich.	00:02:08-6
S1:	Ja, und S4 auch nicht.	00:02:08-2
Lehrkraft:	Und S2, naja ...	00:02:14-9

Die Lehrkräfte zeigen bei diesem Item stellenweise unterschiedliche Reaktionen. Während einige sich stärker auf die Formulierung der Aufgabenstellung durch die Lehrkraft im Video konzentrieren und diese als positiv bewerten, fokussieren andere stärker die Reaktion der Lehrkraft auf die Interaktion innerhalb der Schülerinnen- und Schülergruppe. Diese Tatsache ist insofern hervorzuheben, als dass die unterschiedlichen Fokussierungen der Lehrkräfte sich auf verschiedene Dimensionen des DaZ-Kompetenzmodells beziehen.[5] Die Reaktion der Lehrkraft auf die Interaktionen der Schülerinnen und Schüler im Video bewerten die sich hierauf beziehenden Lehrkräfte im *Cognitive Lab* allerdings ausnahmslos als negativ.

| LK 8: | Ne, also die Reaktion von ihr fand ich GAR nicht gut. | 00:55:48-4 |
| LK 9: | Ähm ich fand es ein bisschen schade, wie sie reagiert hat | 00:50:29-5 |

Auch verschiedene alternative Handlungen werden in diesem Zusammenhang erläutert.

---

[5]   Während die Frage nach einer angemessenen Formulierung von Aufgaben stärker auf der Dimension der Didaktik anzusiedeln ist, bewegt sich die Interaktion der Schülerinnen und Schüler und die Reaktion der Lehrkraft auf eben diese eher auf der Dimension der Mehrsprachigkeit (Subdimension Migration/Facette Umgang mit Heterogenität).

| LK 8: | Da hätte man sagen müssen äh: „Ja klasse, oder? So ein RICH-TIG multikultureller Tisch mit SO viel TOLLEN Vorerfahrungen.[…]" | 00:55:45-3 |
| LK 3: | Ich hätte ähm eigentlich mit völligem UNverständnis reagIErt, um zu zeigen, dass ich gerade darauf gar nicht klar komme. Wieso AUSländer? Du WOHnst doch hier, du LEbst doch hier. Du bist doch kein AUSländer! Das ist auch so ein doofes WORT. Also, erstmal um diese Barrikaden völlig einzureißen[…] | 01:04:36-9 |

Festgehalten werden kann, dass durch die Bewertung einer anderen Lehrperson sicherlich auch die Kompetenzen der bewertenden Person sichtbar werden. Ob hier jedoch auch tatsächlich das auf implizitem Wissen basierende Expertinnen- und Expertenhandeln im Sinne von Dreyfus und Dreyfus elizitiert wird, ist fraglich. Auch Forster-Heinzer und Oser selbst betonen, dass das Vorgehen des AvA keine Rückschlüsse darüber zulässt, welche Prozesse während der Beobachtung bzw. Bewertung der Videovignette ablaufen (Forster-Heinzer & Oser, 2015, S. 373).

11.5.4   Offener Zugang

Die Überlegungen der Fragestellungen zu diesem Item knüpfen an Neuwegs Annahmen an, dass „Expertise nicht nur darin [besteht] ‚das Richtige‘ in einem von anderen gewählten Bildausschnitt zu sehen, sondern auch darin, auf das Richtige zu sehen." (Neuweg, 2015, S. 381 Herv. i. O.). Expertinnen und Experten der Kompetenzstufen IV und V verfügen über Wahrnehmungsmuster, die es ihnen ermöglichen im Unterricht schnell und flüssig zu handeln (vgl. Kapitel 4). Unterrichtssituationen sollten von ihnen daher rasch und professionell wahrgenommen und potenzielle Schwierigkeiten erkannt werden (vgl. das Konzept des *noticing* Van Es & Sherin, 2002). Aufbauend darauf wurde bei der Instruktion dieses Items mit der Frage „Was sehen Sie hier?" eine möglichst offene Formulierung gewählt, die den Beobachtungsfokus nicht vorgibt, sondern den Lehrkräften vielmehr die Möglichkeit eröffnet, darzulegen was für sie bedeutungsvoll ist.

Die Vignette zu diesem Item besteht aus zwei kurzen Unterrichtssequenzen (40 Sek. und 33 Sek.), die wiederum aus der Einführungsstunde zum Thema *Wasser* stammen. Die Schülerinnen und Schüler haben den Arbeitsauftrag in Gruppen erste Gedanken und Fragen zum Thema zu sammeln. Nach der ersten Sequenz wurden die Lehrkräfte gefragt „Was sehen Sie hier?", nach der zweiten Sequenz „Was sehen Sie und wie handeln Sie jetzt?"

Die erste Szene der Vignette zeigt einen Ausschnitt dieser Gruppenarbeitsphase, in deren Verlauf sich das folgende Gespräch entwickelt:

S1:	Kann das Wass, Wasser vom Wasserfall nicht leer, leer werden?	00:00:12-8
S2:	Nein	00:00:15-2
S3:	Als ob das leer werden kann.	00:00:19-8

S2:	Kann der Wasserfall leer werden? (richtet Frage an die Lehrkraft)	00:00:21-4
S1:	Der Wasserfall?	00:00:21-4
Lehrkraft:	Schreib es als Frage auf.	00:00:27-4
S2:	(versucht Frage aufzuschreiben) Warte, warte. Kann der (.) ein/	00:00:28-7
S1:	Kann das Wasser	00:00:30-4
S2:	der Wasserfall	00:00:30-4
S1:	Leer werden? Kann ein	00:00:36-0
S2:	Das hört sich falsch an.	00:00:36-8
S1:	Ja.	00:00:38-1
S2:	Egal.	00:00:38-1

Auf die Frage zur ersten Sequenz („Was sehen Sie?") fokussieren alle Lehrkräfte die Versuche der Schülerinnen und Schüler die Frage zu formulieren und äußern Beobachtungen wie z. B.

| LK 1: | die letzte formuliert er nicht ganz korrekt – und zwar die Frage (.) äh, mit dem Wasserfall. | 00:05:59-9 |
| LK 9: | Das heißt die Formulierung ist vielleicht nicht ganz ANgemessen, aber man kann sie verstehen. | 00:04:44-4 |

Im Anschluss daran wird der zweite Teil der Vignette abgespielt, die das anschließende Plenumsgespräch zeigt, in dem die Gruppen ihre gesammelten Fragen vorstellen. Die in der ersten Szene beobachtete Gruppe präsentiert ihre Fragen folgendermaßen:

Lehrkraft:	(Name) startet und dann nimmst du jemanden dran.	00:00:53-9
S2:	Warum ist das Meer manchmal blau?	00:00:58-4
Lehrkraft:	Gute Frage.	00:00:58-4
S2:	Und [...] Warum kann man nicht über Wasser laufen? Kann man/ kann ein Wasserfall (.) also so, dass da kein Wasser mehr fließt? Ja.	00:01:11-0

Auf die zweite Frage „Was sehen Sie und wie handeln Sie jetzt?" fokussieren die Lehrkräfte zunächst auf die Versuche des präsentierenden Schülers den prädikativen Gebrauch des Adjektivs ‚leer' zu vermeiden und beschreiben die kommunikativ ausgerichtete, anakoluthische Umformulierung. Auf die zweite Teilfrage gibt es demgegenüber unterschiedliche Reaktionen.

So beschreiben einige Lehrkräfte mögliche Handlungsoptionen für die konkrete Situation und schlagen z. B. vor, das Klassenplenum um Unterstützung bei der Formulierung zu bitten, oder die Fragen an der Tafel gemeinsam zu verschriftlichen, um so eine fachlich und sprachlich angemessene Variante der Frage zu formulieren. Einige Lehrkräfte weisen darauf hin, dass bereits im Vorfeld Wortschatzarbeit hätte stattfinden müssen um einer solchen Situation vorzubeugen.

Ein Großteil der Lehrpersonen fokussiert in ihren Aussagen auf die sprachlichen Formulierungsschwierigkeiten. Eine Lehrkraft äußert zudem, dass die Situation mögliche Anknüpfungspunkte für sprachliche und fachliche Lerngelegenheiten bietet, und thematisiert mögliche inhaltliche Schwierigkeiten der Schülerinnen und Schüler

| LK 8: | Äh ich könnte mir schon eher vorstellen, dass es vielleicht sogar eher inhaltlich ist. Weil ein Wasserfall LEER werden, ähm DAS hört sich irgendwie komisch/ Der kann ja nicht LEER werden. „Also dass da kein Wasser mehr FLIEßT." [Äußerung eines Schülers] Also ich könnte mir vielleicht vorstellen, dass vielleicht sogar eher diese Umschreibung kommt, weil er es inhaltlich irgendwie seltsam findet, „leer werden" nicht. Dann ist das ja eigentlich eine schönere Umschreibung. | 00:10:44-9 |

Die Mehrheit der Aussagen bleibt insgesamt jedoch auf einer deskriptiven und erläuternden Ebene. Auch direkte Rede ist stets in Erläuterungen eingebettet. Wie das folgende Beispiel illustriert:

| LK 2: | Also ich hätte jetzt gesagt: „schreibt das auf Kärtchen und wir sammeln es und wir gucken dann mal" [...] | 00:09:33-1 |

Laut Lindmeier (2013) sind spontane und unmittelbare Reaktionen Voraussetzung für die Elizitierung aktionsbezogener Kompetenzen. In diesem Zusammenhang stellt sich also die Frage, ob erläuternde Beschreibungen von Handlungsoptionen überhaupt ein intuitives Expertinnen- und Expertenhandeln widerspiegeln. Durch die Einbettung von direkten Aussagen in beschreibende Erläuterungen wird unter Umständen nicht das durch Spontanität und Intuition gekennzeichnete Expertinnen- und Expertenhandeln der Stufen IV und V sichtbar, sondern vielmehr die weniger handlungsorientierten Kompetenzen der Stufen I bis III. Darüber hinaus scheint insbesondere der Erhebungskontext einen erheblichen Einfluss zu haben. Durch die Anwesenheit einer Forscherin ergeben sich offenbar aufgrund des gemeinsam geteilten Aufmerksamkeitsfokus permanent Gesprächsanlässe, die möglicherweise die erläuternde Haltung der Lehrkräfte begründen.

11.6 Diskussion und Ausblick

Hinsichtlich der Erprobung methodischer Zugänge zur Erfassung der Kompetenzstufen IV und V, lässt sich festhalten, dass die eingesetzten Zugänge und Instruktionsvarianten sich als unterschiedlich produktiv erwiesen haben. Zwar steht eine umfassende Erprobung und Auswertung methodischer Zugänge noch aus, doch einige erste Erkenntnisse, die insbesondere im Hinblick auf eine weitere Projektphase zentral sein könnten, sollen im Folgenden kurz zusammengefasst werden. Die Erprobung der Items zeigte, dass

Unterrichtssituationen, die hinsichtlich ihrer Problemkonstellation zunächst recht eindeutig erschienen, von Lehrkräften unterschiedlich wahrgenommen wurden (*noticing*). Die Beschreibungen, die die Lehrkräfte lieferten, bezogen sich dabei auf unterschiedliche Dimensionen des DaZ-Kompetenzmodells.

Mit Blick auf unterschiedliche Wahrnehmungen der Lehrkräfte ist vor dem Hintergrund des DaZ-Kompetenzmodells zu berücksichtigen, dass offenbar nicht jeder Lehrkraft, die über professionelle Kompetenzen im Bereich DaZ verfügt, in allen Dimensionen und Subdimensionen des Kompetenzmodells ebenfalls ein Expertinnen- bzw. ein Expertenstatus zugeschrieben werden kann. Die *Cognitive labs* zeigten, dass Lehrkräfte durchaus in einer Subdimension (z. B. *Didaktik/Förderung*) eine hohe Expertise zeigten, allerdings Schwierigkeiten hatten, wenn es um eine Problemstellung aus einer anderen Subdimension (z. B. *Mehrsprachigkeit/Migration*) ging. Hinsichtlich der dimensionalen Struktur des DaZKom-Tests wird zu prüfen sein, inwieweit sich hier eine eindimensionale Auswertung rechtfertigen lässt oder ob eine mehrdimensionale Skalierung sinnvoller erscheint.

Die Untersuchung des situationsspezifischen Handelns ergab, dass die Lehrkräfte trotz expliziter Aufforderung direkt zu handeln als wären sie in der Situation, die in der Videovignette gezeigt wird, mit ihren Reaktionen häufig auf einer deskriptiven oder erläuternden Ebene verblieben. Neben der Sicherstellung einer unmittelbaren und spontanen Reaktion als Voraussetzung für die Elizitierung aktionsbezogener Kompetenzen im Sinne von Lindmeier (2013) muss bei der performanznahen Messung die Erhebungssituation selbst offenbar stärker kontrolliert werden, als dies bei Papier-Bleistift-Tests notwendig ist. Die Durchsicht der Audioaufnahmen der Erhebungen ergab, dass die Videostimuli offensichtlich häufig von Stimuli des Erhebungskontextes überschrieben wurden: So reagierten die Lehrkräfte nicht immer spontan auf den Videostimulus, sondern richteten zunächst Fragen an die Forscherin. Auch wenn die Lehrkräfte spontan reagierten, adressierten sie ihre Reaktionen auf den Videostimulus häufig explizit an die Forscherin, was aufgrund des gemeinsam geteilten Aufmerksamkeitsfokus auf das Video dazu führte, dass Handlungsoptionen häufig nur angedeutet wurden. Grundsätzlich muss festgehalten werden, dass die untersuchten Lehrkräfte dazu neigten, ihre Reaktionen auf den Videostimulus als Beiträge zu einem Dialog mit der Forscherin zu artikulieren, was dazu führte, dass die performanznahe Erfassung häufig durch reflexive Momente beeinträchtigt wurde.

Wie eingangs erläutert, erfordert die Operationalisierung des Könnens auf den Kompetenzstufen IV und V und deren Umsetzung in Aufgabenitems als methodische Herangehensweise, dass die Items als Stimuli solche komplexen Unterrichtssituationen bzw. Szenarien enthalten müssen, die Kristallisationspunkte für eine kategoriale Wahrnehmung von zweisprachlich relevanten Ereignissen bzw. Episoden im Unterricht bieten. Kennzeichen solch komplexer Situationen und Szenarien sind dabei insbesondere auch Mehrdeutigkeiten und Distraktoren. Daher ist grundsätzlich in Frage zu stellen, ob es für solch komplexe Stimuli überhaupt Antworten im Sinne einer Musterlösung geben kann und damit auch, inwiefern ein solcher Test standardisierbar ist. Ob und wie dieser Herausforderung begegnet werden kann, muss Aufgabe einer weiteren Projektphase sein.

11.7 Literatur

Beck, E., Baer, M., Guldimann, T., Bischoff, S., Brühwiler, C., Müller, P., Niedermann, R., Rogalla, M. & Vogt, F. (2007). *Adaptive Lehrkompetenz: Analyse und Struktur, Veränderung und Wirkung handlungssteuernden Lehrerwissens*. Münster: Waxmann.

Bischoff, S., Brühwiler, C. & Baer, M. (2005). Videotest zur Erfassung adaptiver Lehrkompetenz. *Beiträge zur Lehrerbildung*, 23 (3), 382–397.

Blömeke, S., König, J., Suhl, U., Hoth, J. & Döhrmann, M. (2015). Wie situationsbezogen ist die Kompetenz von Lehrkräften. Zur Generalisierbarkeit der Ergebnisse von videobasierten Performanztests. *Zeitschrift für Pädagogik*, 61 (3), 310–327.

Brühwiler, C. (2014). *Adaptive Lehrkompetenz und schulisches Lernen. Effekte handlungssteuernder Kognitionen von Lehrpersonen auf Unterrichtsprozesse und Lernergebnisse der Schülerinnen und Schüler*. Münster: Waxmann.

Busse A. & Kaiser G. (2015). Wissen und Fähigkeiten in Fachdidaktik und Pädagogik. Zur Natur der professionellen Kompetenz bei von Lehrkräften. *Zeitschrift für Pädagogik*, 61 (3), 328–344.

Dörney, Z. & Czizér, K. (2012). How to design and analyze surveys in second language acquisition research. In A. Mackey & S. Gass (Eds.), *Research methods in second language acquisition: A practical guide* (pp. 74–94). Chichester: Wiley Blackwell.

Dreyfus, H. I. & Dreyfus S. E. (1986). *Mind over machine. The power of human intuition and expertise in the era of the computer*. Oxford: Basil Blackwell.

Forster-Heinzer, S. & Oser, F. (2015). Wer setzt das Maß? Eine kritische Auseinandersetzung mit dem Advokatorischen Ansatz. *Zeitschrift für Pädagogik*, 61 (3), 361–376.

Kersting N. B., Givvin, K. B., Thompson, B. J., Santagata, R. & Stigler, J. W. (2012). Measuring usable knowledge. Teachers' analyses of mathematics classroom videos predict teaching quality and student learning. *American Educational Research Journal*, 49 (3), 568–589.

Konrad, K. (2010). Lautes Denken. In G. Mey & K. Mruck (Hrsg.), *Handbuch Qualitative Forschung in der Psychologie* (S. 476–490). Wiesbaden: Springer Fachmedien.

Lindmeier, A. (2011). *Modelling and measuring knowledge and competencies of teachers. A threefold domain-specific structure model for mathematics*. Münster: Waxmann.

Lindmeier, A. (2013). Video-vignettenbasierte standardisierte Erhebung von Lehrerkognitionen. In U. Riegel & K. Macha (Hrsg.), *Videobasierte Kompetenzforschung in den Fachdidaktiken* (S. 45–62). Münster: Waxmann.

Lindmeier, A., Heinze, A. & Reiss, K. (2013). Eine Machbarkeitsstudie zur Operationalisierung aktionsbezogener Kompetenz von Mathematiklehrkräften mit videobasierten Maßen. *Journal für Mathematik-Didaktik*, 34, 99–119.

Neuweg, G. H. (2015). Kontextualisierte Kompetenzmessung. Eine Bilanz zu aktuellen Konzeptionen und forschungsmethodischen Zugängen. *Zeitschrift für Pädagogik*, 61 (3), 377–383.

Oser, F. (2013). Kompetenzen der Lehrenden und Auszubildenden: Ein Ressourcenmodell. In F. Oser, T. Bauder, P. Salzmann & S. Heinzer (Hrsg.), *Ohne Kompetenz keine Qualität. Entwickeln und Einschätzen von Kompetenzen bei Lehrpersonen und Berufsbildungsverantwortlichen* (S. 29–65). Bad Heilbrunn: Klinkhardt.

Oser F. & Heinzer, S. (2009). Die Entwicklung eine Qualitätskonstrukts zur advokatorischen Erfassung der Professionalität. In 0. Zlatkin-Troitschanskaia, K. Beck, D. Sembill, R. Nickolaus & R. Mulder (Hrsg.), *Lehrerprofessionalität. Bedingungen, Genese, Wirkungen und ihre Messung* (S. 29–65). Weinheim, Basel: Beltz.

Oser, F., Heinzer, S. & Salzmann, P. (2010). Die Messung der Qualität von professionellen Kompetenzprofilen von Lehrpersonen mit Hilfe der Einschätzung von Filmvignetten. Chancen und Grenzen des advokatorischen Ansatzes. *Unterrichtswissenschaft*, 38 (1), 5–28.

Prenzel, M., Sälzer, C., Klieme, E. & Köller, O. (Hrsg.). (2013). *PISA 2012. Fortschritte und Herausforderungen in Deutschland*. Münster: Waxmann.

Seidel, T., Blomberg, G. & Stürmer, K. (2010). „Observer" – Validierung eines videobasierten Instruments zur Erfassung der professionellen Wahrnehmung von Unterricht. Projekt OBSERVE. In M. Bayrhuber, T. Leuders, R. Bruder, & M. Wirtz (Hrsg.), *Kompetenzmodellierung. Zwischenbilanz des DFG-Schwerpunktprogramms und Perspektiven des Forschungsansatzes* (S. 296–306). Weinheim, Basel: Beltz.

Sherin, M. G. & Van Es, E. A. (2009). Effects of video club participation on teachers' professional vision. *Journal of Teacher Education*, 60 (1), 20-37.

Stürmer, K., Seidel, T. & Kunina-Habenicht, O. (2015). Unterricht wissensbasiert. Unterschiede und erklärende Faktoren bei Referendaren zum Berufseinstieg. *Zeitschrift für Pädagogik*, 61 (3), 345-359.

Terzer, E., Parzke, C. & Upmeier zu Belzen, A. (2012). Validierung von Multiple-Choice Items zur Modellkompetenz durch lautes Denken. In U. Harms & X. Bogner (Hrsg.), *Lehr- und Lernforschung in der Biologiedidaktik* (S. 45–62). Innsbruck: Studienverlag.

Van Es, E. A. & Sherin, M. G. (2002). Learning to notice: Scaffolding new teachers' interpretations of classroom interactions. *Journal of Technology and Teacher Education*, 10 (4), 571–596.

Kapitel 12

Bewertung der curricularen Validität des *DaZKom*-Testinstruments für die Deutsch-als-Zweitsprache-Module an Berliner Universitäten

Fränze S. Wagner & Jennifer Paetsch

Zusammenfasssung: Eine Kurzversion des *DaZKom*-Tests wurde im Rahmen des Projektes *Sprachen-Bilden-Chancen: Innovationen für das Berliner Lehramt* zur Evaluation der Berliner Deutsch-als-Zweitsprache (DaZ)-Module eingesetzt. Im vorliegenden Beitrag wird die curriculare Validität des Instruments in Bezug auf den Evaluationsgegenstand (Berliner DaZ-Module) untersucht. Zu diesem Zweck wurden die Lehrenden der Veranstaltungen der DaZ-Module als Expertinnen und Experten befragt. Die Lehrenden sollten dabei angeben, in welchem Ausmaß die von ihnen umgesetzte Lehre mit den durch die Testaufgaben abgefragten Wissensinhalten bzw. Kompetenzen übereinstimmt. Die Ergebnisse zeigen, dass die curriculare Validität des Testinstruments ‚Kurzversion *DaZKom*‘ in Bezug auf die im Untersuchungszeitraum umgesetzte Lehre in den DaZ-Modulen mit Einschränkungen als bestätigt gelten kann. Die meisten Testaufgaben wurden von den Befragten mehrheitlich als curricular valide eingeschätzt. Darüber hinaus konnten auch Inhalte identifiziert werden, die zwar gelehrt wurden, durch das Testinstrument jedoch nicht ausreichend abgedeckt sind.

Abstract: An abridged version of the *DaZKom* Test was employed within the framework of the project *Sprachen-Bilden-Chancen: Innovationen für das Berliner Lehramt* for the assessment of Berlin's German as a Second Language (GSL) modules. The present article examines the instrument's curricular validity regarding to the evaluation subject (Berlin GSL modules). For this purpose, the instructors of the GSL modules were questioned as experts. They were asked to indicate to which extent the teaching implemented by them corresponds to the knowledge or competences queried through test exercises. The results show that the test instrument's curricular validity can, with limitations, be regarded as confirmed for the teaching implemented in the evaluation period. Most test exercises were considered valid by a majority of the respondents as far as the implemented curriculum was concerned. In addition, content which was taught but not sufficiently covered by the test instrument could be identified.

12.1   Einleitung

Professionelle Kompetenzen von (angehenden) Lehrkräften stehen erst seit verhältnismäßig kurzer Zeit im Fokus der Lehrkräfteprofessionsforschung (z. B. Kaiser, 2015). Mit Large-Scale-Studien, wie COACTIV und MT21, liegen Untersuchungen vor, die sich umfangreich mit Fragen der Konzeptualisierung von Kompetenzen von (angehenden) Lehrkräften befassen und in deren Rahmen Instrumente zur domänenspezifischen Messung der Kompetenzen von (angehenden) Lehrkräften entwickelt und eingesetzt wurden (Kunter, Baumert, Blum, Klusmann, Krauss & Neubrand, 2011; Blömeke, Kaiser & Lehmann, 2008). Die Testentwicklung basiert dabei auf Kompetenzmodellen, die einerseits verschiedene Kompetenzbereiche und ihr Verhältnis zueinander beschreiben (z. B. Wissen, Überzeugungen) und andererseits Bedingungen für den Erwerb der Kompetenzen aufzeigen (z. B. persönliche Voraussetzungen, Lerngelegenheiten, Rahmenbedingungen). Vorliegende Kompetenzbeschreibungen und Ergebnisse aus empirischen Untersuchungen können für die Hochschullehre insbesondere bei der Frage, wie angehende Lehrkräfte auf Herausforderungen im Klassenzimmer vorbereitet werden können, einen wichtigen Beitrag leisten. Die Aussagekraft von empirischen Untersuchungen auf Basis von Testverfahren hängt dabei davon ab, wie ‚gut‘ ein vorliegendes Instrument zur Erfassung von professioneller Kompetenz tatsächlich die theoretisch beschriebene Kompetenz erfasst, d. h. wie inhaltsvalide es ist.

Im Kontext von Leistungsüberprüfungen in der Schule (Sacher, 2004; Lukesch, 1998) und im Rahmen von Vergleichsstudien zu Kompetenzen von Schülerinnen und Schülern (Baumert & Lehmann, 1997; Artelt, Brunner, Schneider, Prenzel & Neubrand, 2003) wird häufig die Frage nach der curricularen Validität von eingesetzten Tests gestellt: Die Instrumente sollen Kompetenzen erfassen, die im Unterricht auch tatsächlich vermittelt wurden. Curriculare Validität ist ein spezieller Aspekt von Inhaltsvalidität (Lukesch, 1998; Hartig, Frey & Jude, 2012) und wird als „das Ausmaß [...], in dem die Testitems ein vorgegebenes Curriculum repräsentieren", definiert (Lukesch, 1998, S. 514). Ein Testinstrument sollte dementsprechend die wesentlichen Bereiche eines vorgegebenen Curriculums bzw. Lehrplans abdecken, sodass die Art der Leistungs- bzw. Kompetenzerfassung mit den Vorgaben des Lehrplans übereinstimmt (Sacher, 2004, S. 40).

Diese Überlegungen lassen sich auch auf den Kontext der Erfassung von Kompetenzen (angehender) Lehrkräfte übertragen: Wenn aus den Ergebnissen von Kompetenzerfassungen Informationen über Zusammenhänge von Ausbildung einerseits und Kompetenzen von Lehrkräften andererseits hervorgehen sollen und / oder Anhaltspunkte für die Weiterentwicklung der universitären Lehrkräftebildung gewonnen werden sollen, sollte das verwendete Testinstrument dem jeweiligen zugrunde liegenden Curriculum Rechnung tragen.

Es werden verschiedene curriculare Ebenen unterschieden (Travers, 1993; Baumert & Lehmann, 1997): Dabei bezieht sich das *intendierte Curriculum* auf die jeweiligen institutionellen Vorgaben für Inhalte und Ziele, die in Lehrplänen bzw. Modulbeschreibungen und Studienordnungen festgeschrieben sind. Das *implementierte Curriculum* bezieht sich auf die tatsächliche Umsetzung dieser Vorgaben durch die Lehrenden im Unterricht bzw. in der universitären Lehre, also das Angebot an Lerngelegenheiten, das den Studierenden zur Verfügung steht. Das *erreichte Curriculum* bezieht sich auf die jeweiligen Leistungen der Schülerinnen und Schüler nach Durchlaufen eines Curriculums bzw. auf die Kompetenzen, über die die Studierenden nach dem Besuch eines Studienganges oder einzelner Module verfügen. Demnach bildet das *intendierte Curriculum* die Grundlage für die tatsächliche Umsetzung (*implementiertes Curriculum*). Das *erreichte Curriculum* stellt das Ergebnis eines Zusammenwirkens dieser beiden Ebenen dar.

Ein Instrument zur Leistungsüberprüfung bzw. Kompetenzerfassung erfasst also das *erreichte Curriculum*, sofern es die anderen beiden curricularen Ebenen, das *intendierte Curriculum* (festgeschrieben im Lehrplan / in der Modulbeschreibung) und das *implementierte Curriculum* (Umsetzung des Lehrplans durch die Lehrenden), berücksichtigt, d. h. wenn es curricular valide ist. Voraussetzung hierfür ist, dass die untersuchten Personen die Möglichkeit hatten, die im Test abgefragten Inhalte zu lernen, d. h. Lerngelegenheiten in den entsprechenden Bereichen wahrnehmen konnten (Lukesch, 1998, S. 514). Aus diesem Grund werden in Studien, die Kompetenzen von (angehenden) Lehrkräften untersuchen, meist auch Curriculumanalysen durchgeführt und die selbstberichteten universitären Lerngelegenheiten der Studierenden erfasst (Blömeke, König, Kaiser & Suhl, 2010).

12.2   Hintergrund der vorliegenden Untersuchung

Ein wichtiges Ziel der universitären Ausbildung von angehenden Lehrkräften ist es, sie auf die sprachliche Heterogenität in der Schule vorzubereiten, z. B. durch die Vermittlung von Kompetenzen im Bereich Deutsch als Zweitsprache (DaZ) in entsprechenden Modulen. An dieser Stelle setzt das Projekt *Sprachen-Bilden-Chancen: Innovationen für die Berliner Lehrkräftebildung*[1] an, in dessen Rahmen die Daten der vorliegenden Untersuchung erhoben wurden (Lütke, Wagner, Darsow, Börsel, Jostes & Paetsch, 2016). Ein Ziel des Projektes war es, die Berliner DaZ-Module zu evaluieren und Empfehlungen für die Weiterentwicklung der Module zu erarbeiten (Darsow, Wagner & Paetsch, 2017).

Im Rahmen des BMBF-Projektes *DaZKom* wurde aufbauend auf einem Kompetenzmodell ein Test entwickelt, der die DaZ-Kompetenz angehender Lehrkräfte erfasst (Köker, Rosenbrock-Agyei, Ohm, Carlson, Ehmke, Hammer, Koch-Priewe & Schulze, 2015). Eine Kurzversion dieses Tests wurde im Rahmen des Projektes *Sprachen-Bilden-Chancen* zur Erfassung der Kompetenzen der Lehramtsstudierenden bei Besuch der Berliner DaZ-Module eingesetzt. Die im vorliegenden Beitrag beschriebene Untersuchung knüpft hier an und stellt die Frage nach der curricularen Validität des Testinstruments ‚Kurzversi-

---

[1]   Das Projekt „Sprachen-Bilden-Chancen: Innovationen für das Berliner Lehramt", das vom Mercator Institut für Sprachförderung und Deutsch als Zweitsprache gefördert wurde, setzte sich aus drei Teilprojekten zusammen: „Evaluation der Deutsch als Zweitsprache (DaZ)-Module", „Sprachbildung in den Fachdidaktiken" und „Entwicklung eines phasenübergreifenden Ausbildungskonzepts für Sprachbildung im Lehramt" (Lütke, Wagner, Darsow, Börsel, Jostes & Paetsch, 2016).

on *DaZKom'* im Verhältnis zu den Berliner DaZ-Modulen. Um zu überprüfen, ob die Auswahl des Instruments für den Untersuchungsgegenstand ‚Berliner DaZ-Module' angemessen ist und um die Aussagekraft der Ergebnisse beurteilen zu können, wurde eine Untersuchung zur Bewertung der curricularen Validität durchgeführt. Zu diesem Zweck wurden Lehrende bzw. Dozentinnen und Dozenten der Berliner DaZ-Module als Expertinnen und Experten zur Passung der von ihnen durchgeführten Lehre (*implementiertes Curriculum*) mit dem genannten Testinstrument befragt. Das dem Testinstrument zugrundeliegende Kompetenzmodell basiert auf einer Dokumentenanalyse, in die eine große Zahl deutscher Universitätscurricula einbezogen wurde (Köker et al., 2015, S. 183). Deshalb ist davon auszugehen, dass die Ergebnisse der vorliegenden Untersuchung auch auf andere Standorte übertragbar sind.

Im Folgenden wird zunächst die Fragestellung der vorliegenden Untersuchung beschrieben. Anschließend werden die verschiedenen curricularen Ebenen des Untersuchungsgegenstandes ‚Berliner DaZ-Module' genauer dargestellt sowie das Testinstrument ‚Kurzversion *DaZKom*'. Nach Darstellung der Methodik der vorliegenden Untersuchung werden die Ergebnisse berichtet und diskutiert.

12.3   Fragestellung

Das Instrument *DaZKom* wurde im vorliegenden Kontext für die Evaluation der universitären Lehrkräfteausbildung in Berlin im Bereich DaZ ausgewählt. Anhand der Ergebnisse eines Prä-Post-Vergleiches sollten Empfehlungen zur Weiterentwicklung der Lehre formuliert werden. Damit die Ergebnisse als Grundlage von Empfehlungen genutzt werden können, muss dabei sichergestellt sein, dass das Instrument mit dem *intendierten* und *implementierten* Curriculum der DaZ-Module weitestgehend übereinstimmt. Ziel der vorliegenden Untersuchung ist es deshalb, die Passgenauigkeit des für die Evaluation der DaZ-Module ausgewählten Instruments mit der tatsächlich umgesetzten Lehre in den DaZ-Modulen zu bestimmen. Es steht also das *implementierte Curriculum* (und nicht das *intendierte Curriculum*) im Zentrum der vorliegenden Untersuchung.[2] Das *implementierte Curriculum* wird in diesem Fall über Aussagen der befragten Lehrenden als Expertinnen und Experten für die von ihnen umgesetzte Lehre operationalisiert. Die zentralen Fragestellungen der vorliegenden Untersuchung lauten:

1. Passt das gewählte Instrument ‚Kurzversion *DaZKom*' zu dem, was die Studierenden in den Berliner DaZ-Modulen lernen konnten?

2. Gibt es Bereiche der in den Berliner DaZ-Modulen umgesetzten Lehre, die durch das Testinstrument nicht abgedeckt werden?

3. Umfasst das Testinstrument Inhalte, die in der Berliner DaZ-Lehre nicht vermittelt werden?

---

[2]   Die Übereinstimmung des Testinstruments mit dem intendierten Curriculum ist Teil einer eigenen Analyse.

12.4   Curriculare Ebenen der Berliner DaZ-Module

Um angehende Lehrkräfte auf das Unterrichten in sprachlich heterogenen Klassen vorzubereiten, müssen ihnen unter anderem Kompetenzen im Bereich DaZ vermittelt werden. Die diesbezügliche Ausbildungssituation stellt sich in den verschiedenen Bundesländern Deutschlands sehr unterschiedlich dar (Baumann & Becker-Mrotzeck, 2014). Die Berliner DaZ-Module wurden im Wintersemester 2007/2008 an der der Humboldt-Universität zu Berlin, der Freien Universität und der Technischen Universität eingeführt und sind seitdem für alle Lehramtsstudierenden in Berlin verpflichtend. Zum Zeitpunkt der Erhebung umfassten sie im Bachelor und im Master jeweils drei Leistungspunkte, die in je zwei Lehrveranstaltungen und mit je einer Modulabschlussprüfung im Bachelor und im Master erworben wurden[3] (Darsow & Wagner, 2015). Im Folgenden werden die unterschiedlichen curricularen Ebenen der Berliner DaZ-Module näher beschrieben.

12.4.1   Intendiertes Curriculum

Im Rahmen der Modulbeschreibungen der Berliner DaZ-Module waren bis zum Sommersemester 2015 folgende Qualifikationsziele vorgegeben, die an den drei Universitäten übereinstimmen:
„Modul: Deutsch als Zweitsprache (DaZ) – Grundlagenmodul in der BA-Phase
Die Absolventinnen und Absolventen ...

- kennen Theorien zum Erwerb des Deutschen als Zweitsprache und ihre Relevanz für die Umsetzung in der Erziehungs- und Bildungsarbeit

- unterscheiden zwischen DaZ als didaktischem Prinzip in allen Unterrichtsfächern und DaZ in der Lehrgangsvariante in allen Schulstufen

- entwickeln diagnostische Fähigkeiten zur Feststellung lernerspezifischer Entwicklungen und kennen geeignete Umsetzungsinstrumente in verschiedenen Schulstufen sowie Feedbackverfahren zur Korrektur von Fehlern

- kennen Prinzipien der Sprachaneignung (u. a. Hypothesenbildung, Monitoring, Transfer von sprachlichem Wissen) und des Sprachgebrauchs (berücksichtigen Aspekte der Mündlichkeit und Schriftlichkeit und domänenspezifische Faktoren)

- kennen grammatische Besonderheiten der deutschen Sprache (z. B. Artikel, Präpositionen, Verbstellung, Deklination) und ausgewählter Minderheitensprachen

- reflektieren Unterrichtskommunikation und berücksichtigen Heterogenität und Binnendifferenzierung im Unterricht, um die schriftlichen wie mündlichen Leistungen zu optimieren, z. B. durch Textentlastung, Lesestrategien

- setzen sich kritisch mit DaZ- und Fachunterrichtsmaterialien hinsichtlich ihrer Einsatzmöglichkeiten auseinander.

---

[3]   Seit dem Wintersemester 2015/2016 wurden die Module in „Sprachbildungsmodule" umbenannt und umfassen insgesamt zehn Leistungspunkte.

Modul: Deutsch als Zweitsprache (DaZ) – Aufbaumodul in der MA-Phase
Die Absolventinnen und Absolventen ...

– beurteilen und entwickeln Unterrichtsqualität unter besonderer Berücksichtigung von DaZ als didaktischem Prinzip in allen Unterrichtsfächern und von DaZ in der Lehrgangsvariante in allen Schulstufen

– beurteilen Diagnoseverfahren und wenden sie zur Feststellung der Sprachentwicklung in ausgewählten Sprachaneignungsphasen an

– unterscheiden zwischen Erwerbsweisen des Deutschen, kennen Zusammenhänge zwischen ungesteuertem und gesteuertem Erwerb von DaZ und verfügen über Möglichkeiten, den mündlichen und schriftsprachlichen Zweitspracherwerb unterrichtlich zu erweitern und auszubauen

– berücksichtigen und nutzen Mehrsprachigkeit im Klassenzimmer

– vernetzen DaZ mit dem Fachunterricht und verwenden dazu authentische, unterrichtsrelevante Materialien des Fachunterrichts

– planen, realisieren und evaluieren exemplarische Lehr- und Lernprozesse für sprachlich heterogene Lernergruppen unter besonderer Berücksichtigung von Binnendifferenzierung, Sprachlernprogression und der Entfaltung von Sprachbewusstheit durch angeleitete Sprachbeobachtung

– kennen die Bedeutung der familiären / außerschulischen Kommunikationspraxis und verfügen über Möglichkeiten, vor allem Eltern als Bildungspartner zu gewinnen" (DaZ-Modulbeschreibung, Humboldt-Universität zu Berlin).

12.4.2 Implementiertes Curriculum

Die tatsächliche Umsetzung bzw. Gestaltung der Lehre beruht auf den Dokumenten, die das *intendierte Curriculum* beschreiben. Diese übergreifenden Qualifikationsziele und Inhalte werden von einzelnen Lehrenden vor ihrem eigenen fachlichen Hintergrund interpretiert und vermittelt. Im Rahmen einer Befragung der Lehrenden der Berliner DaZ-Module, in der das *implementierte Curriculum* erfasst wurde, wurde deutlich, dass manche Themenbereiche dabei von den verschiedenen Lehrenden unterschiedlich interpretiert werden (Darsow, 2017). Aus der Umsetzung der curricularen Vorgaben durch die Lehrenden ergibt sich dabei das Angebot an Lerngelegenheiten, das von den Studierenden wahrgenommen werden kann (Kunter, Kleickmann, Klusmann & Richter, 2011).

12.4.3 Erreichtes Curriculum

Das *erreichte Curriculum* wird im Projekt *Sprachen-Bilden-Chancen* in Form von DaZ-Kompetenzen der Studierenden (gemessen mit der Kurzversion des *DaZKom*-Tests, Köker et al., 2015) sowie ihren Fähigkeiten, Fachunterrichtsmaterialien sprachdidaktisch aufzubereiten und ihren professionellen Überzeugungen im Bereich DaZ operationalisiert (Darsow, Wagner & Paetsch, 2017). Ziel war es dabei zu untersuchen, welche Veränderungen sich in den Kompetenzen der Studierenden bei Besuch der DaZ-Module zeigen.

Die Kurzversion des *DaZKom*-Tests wurde im Rahmen eines Prä-Post-Designs im Sommersemester 2015 jeweils zu Beginn und zum Ende des Semesters in Lehrveranstaltungen des Bachelor- und des Master-Moduls eingesetzt. Insgesamt nahmen etwa 180 Lehramtsstudierende an beiden Erhebungszeitpunkten teil. Die Ergebnisse dieser Untersuchung werden an anderer Stelle dargestellt (Darsow, Wagner & Paetsch, eingereicht).[4]

12.5   Das *DaZKom*-Testinstrument (Kurzversion)

Zur Messung der DaZ-Kompetenz von (angehenden) Lehrkräften gibt es bisher wenige Ansätze und kaum standardisierte Instrumente (z. B. Grießhaber, 2014; Köker et al., 2015; Thoma & Tracy, 2015). Der im Projekt *Sprachen-Bilden-Chancen* eingesetzte *DaZKom*-Test wurde im Rahmen des BMBF-Projektes *DaZKom* (*Professionelle Kompetenzen angehender Lehrkräfte (Sek I) im Bereich DaZ*) entwickelt. Er basiert auf einem Kompetenzmodell, das auf Grundlage einer Dokumentenanalyse von 60 Curricula deutscher Universitäten und Institutionen erstellt wurde (Köker et al., 2015, S. 183). Somit kann das Kompetenzmodell gleichzeitig als eine Orientierung verstanden werden, was von Studierenden erworben bzw. in der universitären Lehre im Bereich DaZ vermittelt werden sollte.

Im genannten DaZ-Kompetenzmodell werden die drei Dimensionen *Fachregister*, *Mehrsprachigkeit* und *Didaktik* unterschieden und in Subdimensionen und Facetten untergliedert (Köker et al., 2015). Die Dimension *Fachregister* fokussiert auf Sprache als „zentrales Medium zur Steuerung unterrichtlicher Interaktion und unterrichtlichen Handelns", das sowohl der Vermittlung als auch der Demonstration von Wissen dient und gleichzeitig Lerngegenstand ist (Köker et al., 2015, S. 185). Mit der Dimension *Mehrsprachigkeit* wird der „zweisprachliche Lernprozess" der Schülerinnen und Schüler berücksichtigt (Köker et al., 2015, S. 187). Diese Dimension umfasst die „besonderen Anforderungen", denen mehrsprachige Schülerinnen und Schüler in ihrem „sprachlichen Entwicklungsprozess" begegnen (Köker et al., 2015, S. 187), sowie die „sprachlichen Ressourcen", die sie in den Fachunterricht mitbringen (Köker et al., 2015, S. 189.). Mit der Dimension *Didaktik* wird der Blick auf das Unterrichten, den „Lehrprozess", gelenkt (Köker et al., 2015, S. 187). Diese Dimension umfasst notwendige Kompetenzen, um einen Fachunterricht zu gestalten, der die „Spezifika zweisprachlicher Entwicklungsprozesse" berücksichtigt (Köker et al., 2015, S. 190).

Das Testinstrument wurde in Anlehnung an das Kompetenzmodell und am Beispiel des Faches Mathematik entwickelt. In den Testaufgaben werden als Stimuli Fallbeispiele, Transkripte von Lehrer-Schüler-Interaktionen oder Textaufgaben aus dem Mathematikunterricht verwendet (Hammer, Carlson, Ehmke, Koch-Priewe, Köker, Ohm, Rosenbrock & Schulze, 2015, S. 42). Bisherige Untersuchungen zeigen jedoch, dass Mathematikstudierende dadurch keinen Vorteil beim Lösen der Aufgaben haben (Hammer et al., 2015, S. 46). Die Testaufgaben sind den drei verschiedenen Kompetenzdimensionen zugeordnet (siehe Tabelle 12.1). Eine Testaufgabe kann mehrere Items enthalten. Die verwendete Kurzversion des *DaZKom*-Tests umfasst 44 Items, darunter offene, halb-offene und geschlossene Itemformate (OECD, 2012).

---

[4]   Eine Zusammenfassung der Projektergebnisse sowie Hinweise auf Publikationen sind unter der URL: http://www.sprachen-bilden-chancen.de/index.php/publikationen-ergebnisse einsehbar.

Tabelle 12.1: Kurztestversion *DaZKom* – Itemformate differenziert nach Kompetenzdimensionen

Dimension	Offene Items	Halb-offene Items	Geschlossene Items	Gesamt
Fachregister	4	12	1	17
Mehrsprachigkeit	2	0	13	15
Didaktik	3	0	9	12
Gesamt	9	12	23	44

Die Inhaltsvalidität des Instruments in Bezug auf „seine Relevanz für die Lehrerausbildung sowie seine Repräsentativität für den Kompetenzbereich" Deutsch als Zweitsprache wurde im Rahmen des *DaZKom*-Projektes anhand von Urteilen von Expertinnen und Experten überprüft (Köker et al., 2015, S. 198; vgl. Kapitel 6). Die Konstruktvalidität des Tests wurde im Rahmen einer Validierungsstudie überprüft (Hammer et al., 2015; vgl. Kapitel 9 in diesem Band).

12.6   Stichprobe, Instrument und Durchführung der Untersuchung

Im Erhebungszeitraum der Evaluationsstudie des Projektes *Sprachen-Bilden-Chancen* (Sommersemester 2015) lehrten acht Lehrkräfte für besondere Aufgaben (LfbA[5]) bzw. wissenschaftliche Mitarbeiterinnen und Mitarbeiter und ca. zehn Lehrbeauftragte[6] an drei Standorten in Berlin in den DaZ-Modulen. Alle Lehrenden, in deren Lehrveranstaltungen Erhebungen des Projektes *Sprachen-Bilden-Chancen* mit Hilfe des *DaZKom*-Tests durchgeführt wurden, konnten an der Erhebung freiwillig teilnehmen. Lehrbeauftragte wurden nicht in die Befragung einbezogen. Die Befragten beurteilten das Instrument als Expertinnen und Experten für die umgesetzte Lehre im Erhebungszeitraum. An der Befragung nahmen insgesamt sieben LfbA bzw. wissenschaftliche Mitarbeiterinnen und Mitarbeiter von zwei Universitäten teil. Fünf der befragten Lehrenden beurteilten das Instrument in Hinblick auf seine Passgenauigkeit zum Bachelor-Modul und zwei der Befragten schätzten es in Bezug auf die Passung zum Master-Modul ein.[7] Sämtliche Aufgaben des Testinstruments ‚Kurzversion *DaZKom*' inklusive der Anleitung zum Kodieren der offenen und halboffenen Aufgaben (Kodierleitfaden) wurden den befragten Lehrenden vorgelegt. Sie schätzten für jede der 18 Testaufgaben ein, inwieweit mit ihr Wissensinhalte bzw. Kompetenzen abgefragt werden, die von ihnen in der Lehre vermittelt wurden (siehe Abbildung 12.1).

---

[5]   Lehrkräfte für besondere Aufgaben werden an Universitäten in einem Angestelltenverhältnis beschäftigt und führen vor allem Lehrtätigkeiten aus.

[6]   Lehrbeauftragte führen ihre Lehrtätigkeit an der Universität als freie Mitarbeiterinnen bzw. freie Mitarbeiter aus.

[7]   Das Einverständnis der betreffenden Personen zur Veröffentlichung der Ergebnisse wurde eingeholt.

Abbildung 12.1: Fragebogen zur Beurteilung der Testaufgaben durch die befragten Lehrenden

Beurteilung der Testaufgabe XY (*DaZKom*)
Die vorliegende Testaufgabe fragt einen Wissensinhalt ab, der im Rahmen meiner Lehre behandelt wurde, bzw. bildet eine Kompetenz ab, die im Rahmen meiner Lehre vermittelt wurde.

Bitte nur ein Kreuz setzen.

trifft voll zu	trifft eher zu	trifft eher nicht zu	trifft nicht zu
☐	☐	☐	☐

Abbildung 12.2: Fragebogen zur Gesamteinschätzung des Testinstruments

| Der mir vorliegende Test erscheint mir insgesamt betrachtet geeignet, Wissen und Kompetenzen im Bereich Deutsch-als-Zweitsprache, wie es bzw. sie im Rahmen der Berliner DaZ-Module vermittelt werden, abzubilden. |

Bitte nur ein Kreuz setzen.

trifft voll zu	trifft eher zu	trifft eher nicht zu	trifft nicht zu
☐	☐	☐	☐

Gibt es zentrale Leerstellen des Testinstruments, die durch die Testaufgaben nicht abgedeckt werden, jedoch Vermittlungsinhalt im Rahmen Ihrer Lehre sind?

Bitte notieren Sie entsprechende Inhalte/Kompetenzen stichpunktartig.

_____

_____

_____

Abschließend hatten die befragten Lehrenden die Gelegenheit, eine Gesamtbewertung des Instruments vorzunehmen sowie in einem offenen Antwortformat anzugeben, welche Bereiche der in den Berliner DaZ-Modulen umgesetzten Lehre aus ihrer Sicht nicht durch das Testinstrument abgedeckt werden (siehe Abbildung 12.2).

12.7   Ergebnisse

Die befragten Lehrenden wurden gebeten einzuschätzen, ob die jeweilige Testaufgabe Inhalte widerspiegelt, die in ihrer Lehre im entsprechenden Zeitraum vermittelt wurden (siehe Abbildung 12.1). Die Beantwortung erfolgte auf einer 4-stufigen Antwortskala (1 = trifft nicht zu, 2 = trifft eher nicht zu, 3 = trifft eher zu, 4 = trifft voll zu). Da sich die Lehre im Bachelor- und im Master-Modul unterscheidet, werden die Ergebnisse der Befragung im Folgenden zunächst getrennt für das Bachelor- und das Master-Modul dargestellt. Danach werden die Ergebnisse für die Lehre im Bachelor- und im Master-Modul gemeinsam betrachtet, da das Ziel der vorliegenden Untersuchung war, zu ermitteln, ob das Instrument zur Lehre in den Berliner DaZ-Modulen insgesamt passt. Eine Testaufgabe wurde dann als curricular valide eingeschätzt, wenn die Mehrheit der befragten Lehrenden sie als (eher) passgenau („trifft voll zu" / „trifft eher zu") zur eigenen Lehre bewertete.

Anschließend werden die von den befragten Lehrenden abgegebenen Gesamteinschätzungen dargestellt (siehe Abbildung 12.2). Darauf folgt eine Zusammenstellung von Bereichen, die nach Auskunft der Befragten in der Lehre der Berliner DaZ-Module umgesetzt werden, durch das Testinstrument jedoch nicht abgedeckt werden (siehe Abbildung 12.2). Aus den Aufgaben, die als (eher) nicht passgenau bewertet werden, lassen sich ggf. Rückschlüsse auf Bereiche ziehen, die in der Berliner DaZ-Lehre nicht vermittelt werden. Diese werden abschließend aufgezeigt.

12.7.1   Passgenauigkeit der Testaufgaben für das Bachelor-Modul

Die Passgenauigkeit der Testaufgaben in Hinblick auf die Lehre im Bachelor-Modul wurde von fünf der befragten Lehrenden bewertet. Sie wird überwiegend positiv eingeschätzt: Insgesamt werden elf der 18 Testaufgaben von der Mehrheit der befragten Lehrenden im Bachelor als voll oder eher passgenau bewertet. Bei vier Aufgaben wird die Passgenauigkeit von allen fünf Befragten als voll oder eher zutreffend bewertet. Bei weiteren vier Aufgaben stimmen vier von fünf Befragten voll oder eher zu, bei drei Aufgaben stimmen lediglich drei von fünf Befragten voll oder eher zu. Sieben Aufgaben werden mehrheitlich als (eher) nicht passgenau zur Lehre im Bachelor bewertet. Im Kreisdiagramm in Abbildung 12.3 ist die Anzahl der Testaufgaben abgebildet, die von einer jeweils unterschiedlichen Anzahl an befragten Lehrenden als (eher) passgenau oder (eher) nicht passgenau bewertet werden.

Wie bereits beschrieben sind die Testaufgaben drei verschiedenen Kompetenzdimensionen (Köker et al., 2015) zugeordnet. Acht Aufgaben der Kurzversion *DaZKom* sind der Dimension *Fachregister* zugeordnet, fünf Aufgaben der Dimension *Mehrsprachigkeit* und weitere fünf Aufgaben der Dimension *Didaktik*. Es wurde überprüft, ob die Passgenauigkeit des *DaZKom*-Tests und der umgesetzten Lehre in einigen Dimensionen besser ist als in anderen. Hierfür wurde zunächst für jede Testaufgabe der Mittelwert der Bewertungen auf der 4-stufigen Antwortskala gebildet. Anschließend wurden diese Mittelwerte für jede Kompetenzdimension zusammengefasst. Entsprechend wurde die Standardabweichung der Mittelwerte der Einzelaufgaben innerhalb der jeweiligen Kompetenzdimensionen ermittelt: Hinsichtlich der Lehre im Bachelor-Modul wird die Passgenauigkeit im Bereich

Abbildung 12.3: Anzahl der Testaufgaben, die von einer unterschiedlichen Anzahl an befragten Lehrenden als (eher) passgenau bzw. (eher) nicht passgenau zur Lehre im Bachelor-Modul bewertet werden

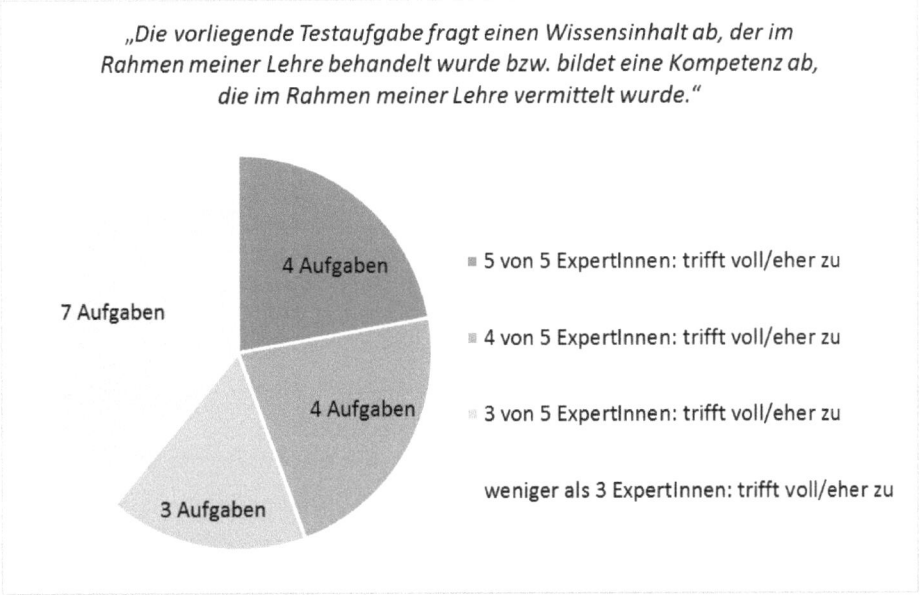

Didaktik durchschnittlich am geringsten und im Bereich Mehrsprachigkeit am höchsten eingeschätzt (siehe Tabelle 12.2).

Tabelle 12.2: Mittelwerte und Standardabweichungen der Aufgabenbewertungen innerhalb der Kompetenzdimensionen (Bachelor)

Dimension	Anzahl Aufgaben	Mittelwert	Standardabw.
Fachregister	8	2.78	0.80
Mehrsprachigkeit	5	3.08	0.72
Didaktik	5	2.64	0.26

Antwortformat: 1 = trifft nicht zu, 2 = trifft eher nicht zu, 3 = trifft eher zu, 4 = trifft voll zu.

12.7.2 Passgenauigkeit der Testaufgaben für das Master-Modul

Die Passgenauigkeit der Testaufgaben in Hinblick auf die Lehre im Master-Modul wurde von nur zwei Personen bewertet. Auch sie schätzen elf von 18 Aufgaben übereinstimmend als voll oder eher passgenau ein. Zwei der insgesamt 18 Aufgaben wurden von beiden Befragten als eher nicht passgenau bewertet, während keine der Aufgaben von beiden Befragten als nicht passgenau bewertet wird. Bei insgesamt fünf Aufgaben sind die Bewertungen der Lehrenden gegensätzlich (z. B. „trifft voll zu" / „trifft eher nicht zu" oder „trifft eher zu" / „trifft eher nicht zu"). Das Kreisdiagramm in Abbildung 12.4 zeigt die Anzahl der Testaufgaben, die von den befragten Lehrenden als (eher) passgenau, (eher) nicht passgenau oder unterschiedlich bewertet werden.

Abbildung 12.4: Anzahl der Testaufgaben, die von beiden befragten Lehrenden für das Master-Modul als (eher) passgenau, (eher) nicht passgenau oder unterschiedlich bewertet werden

Auch für den Master wurde das arithmetische Mittel der Aufgabenbewertungen innerhalb einer Kompetenzdimension sowie die Standardabweichung der Mittelwerte der Aufgabenbewertungen innerhalb der verschiedenen Kompetenzdimensionen ermittelt: Hinsichtlich der Lehre im Master-Modul wird die Passgenauigkeit im Bereich *Fachregister* durchschnittlich am geringsten und in den Bereichen *Mehrsprachigkeit* und *Didaktik* am höchsten eingeschätzt (siehe Tabelle 12.3).

Tabelle 12.3: Mittelwerte und Standardabweichungen der Aufgabenbewertungen innerhalb der Kompetenzdimensionen (Master)

Dimension	Anzahl Aufgaben	Mittelwert	Standardabw.
Fachregister	8	2.94	0.62
Mehrsprachigkeit	5	3.20	0.84
Didaktik	5	3.20	0.57

Antwortformat: 1 = trifft nicht zu, 2 = trifft eher nicht zu, 3 = trifft eher zu, 4 = trifft voll zu.

12.7.3 Gemeinsame Betrachtung der Passgenauigkeit (Bachelor und Master)

In Bezug auf die Lehre im Bachelor-Modul, die im Sommersemester 2015 von den Befragten gestaltet wurde, wird die Passgenauigkeit des Instruments bei elf von 18 Testaufgaben mehrheitlich bestätigt, bei sieben Aufgaben mehrheitlich abgelehnt (siehe Abbildung 12.3). Auch hinsichtlich der Lehre im Master-Modul werden elf Testaufgaben mehrheitlich als (eher) passgenau und zwei Testaufgaben übereinstimmend als nicht passgenau eingeschätzt, bei fünf Testaufgaben sind die Bewertungen nicht eindeutig (siehe Abbildung 12.4). Dabei werden für das Bachelor- und das Master-Modul nicht dieselben Aufgaben als (eher) passgenau bzw. (eher) nicht passgenau eingeschätzt. Es zeigt sich, dass einige Testaufgaben von den befragten Lehrenden im Bachelor als (eher) passgenau zu den von ihnen vermittelten Inhalten bewertet werden, die von den befragten Lehrenden im Master als (eher) nicht passgenau zu ihrer Lehre bewertet werden und umgekehrt. Insgesamt werden nur zwei Testaufgaben sowohl von den befragten Lehrenden im Bachelor als auch von den befragten Lehrenden im Master mehrheitlich als (eher) nicht passgenau eingeschätzt. Beide als (eher) nicht passgenau zum Bachelor- und Master-Modul eingeschätzte Aufgaben sind der Kompetenzdimension *Fachregister* zugeordnet. In Bezug auf das Master-Modul fallen die durchschnittlichen Bewertungen der Passgenauigkeit der Testaufgaben mit der Lehre in allen drei Kompetenzdimensionen höher aus als in Bezug auf das Bachelor-Modul.

12.7.4 Gesamteinschätzung der Passgenauigkeit

Die Gesamteinschätzung der Passgenauigkeit des vorgelegten Testinstruments mit der Lehre im DaZ-Modul fällt eher positiv aus. Fünf der sieben befragten Lehrenden finden, dass die Passgenauigkeit insgesamt eher zutrifft, eine Person gibt an, dass dies eher nicht zutrifft, eine Person macht dazu keine Angabe ($MW = 2.83$; $SD = 0.41$; siehe Abbildung 12.5).

12.7.5 Bereiche der in den Berliner DaZ-Modulen umgesetzten Lehre, die durch das Testinstrument nicht abgedeckt werden

Die Lehrenden wurden nach Begutachtung des Testinstruments in einem offenen Antwortformat gefragt, ob es zentrale Leerstellen bzw. Bereiche gibt, die durch das Testinstrument nicht abgedeckt werden, jedoch Vermittlungsinhalt im Rahmen der Lehre sind (siehe Abbildung 12.2). Von den befragten Lehrenden wurden insbesondere Rückmeldungen zu folgenden Bereichen gegeben: Sprache in anderen Fächern als Mathematik, Diagnoseverfahren, Spracherwerb, Lesen und Schreiben, Feedbackverfahren bzw. Verfahren zur Fehlerkorrektur (mündlich / schriftlich) und der gesellschaftspolitische Rahmen der Thematik DaZ/Sprachbildung. In Tabelle 12.4 werden die Rückmeldungen im Einzelnen aufgeführt.

Abbildung 12.5: Einschätzung der Passgenauigkeit des Testinstruments mit der Lehre

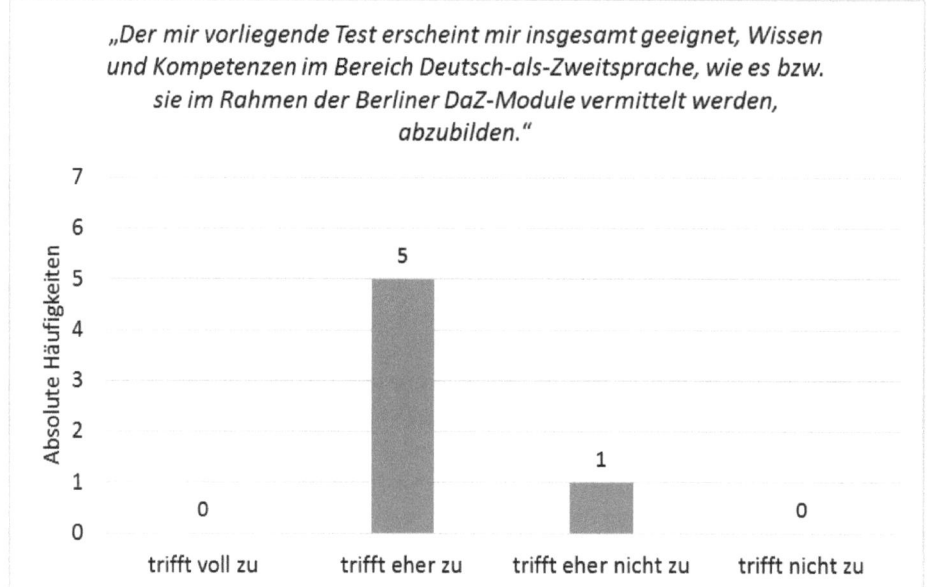

Antwortformat: 1 = trifft nicht zu, 2 = trifft eher nicht zu, 3 = trifft eher zu, 4 = trifft voll zu; fehlende Werte: $n = 1$).

12.7.6 Im Testinstrument berücksichtigte Bereiche, die in der Berliner DaZ-Lehre nicht vermittelt werden

Eine der oben genannten Fragestellungen bezieht sich darauf, ob das Testinstrument Inhalte umfasst, die in der Berliner DaZ-Lehre nicht vermittelt werden. Zwei Aufgaben des Testinstruments werden von den befragten Lehrenden als (eher) nicht passgenau zur Lehre in den DaZ-Modulen (Bachelor und Master) eingeschätzt. Eine der Aufgaben behandelt das Thema Darstellungsformen bzw. Zeichenebenen und die zweite Aufgabe behandelt das Thema Textsorten am Beispiel der mathematischen Textaufgabe.

Tabelle 12.4: Antworten der befragten Lehrenden auf die Frage nach Leerstellen des Testinstruments in Bezug auf die Lehre in den DaZ-Modulen

Zentrale Leerstellen des Instruments in Bezug auf die Lehre in den Berliner DaZ-Modulen	
Sprache im Fach	Sensibilisierung für „Sprachlichkeit im Fach"; Fächer, die nicht so stark zwischen sprachlichen und fachlichen Themen trennen, also alle Fremdsprachen, z. T. Deutschunterricht; nicht sehr grundschulrelevant; Umgang mit literarischen / ästhetischen Lerninhalten (Musik, Kunst, Deutsch, Fremdsprachen) funktioniert anders, Sport z. T. auch.
Diagnose	Spez. Sprachstandsdiagnoseverfahren, z. B. nahmen die Auswertung von C-Test und Profilanalysen nach Grießhaber einen relativ großen Umfang in der Übung ein; Diagnose und konkrete Diagnoseinstrumente.
Spracherwerb	Spracherwerbstheorien (sowohl Erst- als auch Zweitspracherwerb); Grundlagenwissen über Zweitspracherwerbshypothesen.
Lesen und Schreiben	Lese- / Textrezeption und Produktionsstrategien; Lese- / Schreibprozess, da Mathematik nicht sehr textlastig ist; Lesekompetenztraining (Schritte, Strategien).
Feedbackverfahren	Umgang mit Fehlern; Feedbackkultur und Verfahren; Korrektur / Umgang mit Fehlern; Umgang mit Fehlern (produktiv-konstruktiv); verschiedene Korrekturverfahren.
Gesellschaftspolitischer Rahmen	Sprachpolitik und Einordnung der deutschen und Berliner Politik; gesellschaftspolitische Dimension von DaZ bzw. Sprachförderung in schulischem Fachunterricht; Sensibilisierung für Benachteiligung; Überbauthemen (Diskriminierung, Othering, Unterrichtsinteraktion).
Weitere Bereiche	Unterscheidung zwischen verschiedenen Ansätzen der Sprachförderung bzw. -bildung; Wissen über das Deutsche im Kontrast zu anderen Sprachen; Kenntnis von Materialien zum Selbstlernen; Elizitierung von Mündlichkeit / Unterrichtsgespräch; Umgang mit sprachlich heterogenen Klassen; Analyse von gesellschaftswissenschaftlichen Schul-Sach-Texten (Textsorten).

12.8　Zusammenfassung und Diskussion

Insgesamt betrachtet kann die Passgenauigkeit des Testinstruments ‚Kurzversion *DaZKom*' mit der umgesetzten Lehre in den DaZ-Modulen im Sommersemester 2015 mit Einschränkungen als bestätigt gelten. Die Passgenauigkeit der Testaufgaben in Bezug auf die von den Befragten umgesetzte Lehre wird für die meisten Testaufgaben entweder für das Bachelor-Modul oder für das Master-Modul oder für beide Module mehrheitlich bestätigt. Zwei Testaufgaben werden für beide Module mehrheitlich als (eher) nicht passgenau bewertet. Dieser Befund lässt verschiedene Interpretationen zu. Das wissenschaftlich entwickelte DaZ-Kompetenzmodell (Köker et al., 2015), das die Grundlage für den eingesetzten Test war, könnte über das in Berlin umgesetzte Curriculum hinausgehen. Die beiden Testaufgaben könnten daher auf Inhaltsbereiche hinweisen, die im Kompetenzmodell angelegt sind, jedoch in der Lehre der Berliner DaZ-Module nicht vermittelt werden. Auf diese Weise könnten die Aufgaben auf Themenbereiche hinweisen, die zukünftig in der Lehre berücksichtigt werden sollten. Eine weitere Lesart dieses Befundes ist, dass die befragten Lehrenden auf Basis der dargebotenen Testaufgabe nicht erkennen konnten, welche Entsprechung diese in der von ihnen umgesetzten Lehre hat, dass sie also die mit der Testaufgabe erfassten Kompetenzen zwar vermitteln, jedoch den Testaufgaben nicht zuordnen konnten.

Von den befragten Lehrenden wurden darüber hinaus einige Bereiche genannt, die im Rahmen der Lehre vermittelt werden, jedoch durch das Testinstrument nicht abgedeckt werden. Bei einer Beschreibung der Kompetenzen von Studierenden auf Basis der mit Hilfe des vorgestellten Instruments gewonnener Daten können diese Bereiche demzufolge nicht ausreichend berücksichtigt werden.

In allen drei Kompetenzdimensionen fallen die Mittelwerte der Aufgabenbewertungen im Master höher aus als die im Bachelor (siehe Tabelle 12.2 und 12.3). Dies könnte darin begründet sein, dass im Master-Modul zwar neue Inhalte vermittelt werden, jedoch auch Aspekte der Lehre des Bachelor-Moduls wieder aufgegriffen und vertieft werden und daraus insgesamt eine höhere Zustimmung der Lehrenden im Master resultiert. Der Mittelwert der Aufgabenbewertungen für die Kompetenzdimension *Didaktik* ist für das Bachelor-Modul geringer als für das Master-Modul. Dies kann darin begründet sein, dass die Lehre im Bachelor-Modul stärker auf die Vermittlung von Grundlagenwissen ausgerichtet ist, während die in der Modulbeschreibung enthaltenen Qualifikationsziele für das Master-Modul den Fokus stärker auf die Anwendung dieses Wissens lenken (DaZ-Modulbeschreibung, Humboldt-Universität zu Berlin). Dies könnte auch erklären, warum der Mittelwert der Dimension *Fachregister* im Master der niedrigste Wert ist. Die Passgenauigkeit von umgesetzter Lehre und Testinstrument wird in allen der drei Dimensionen im Durchschnitt mindestens als eher zutreffend eingeschätzt.

Da fast alle Items des Tests nach Aussage der Mehrheit der befragten Lehrenden Inhalte des implementierten Curriculums widerspiegeln (Lukesch, 1998), kann die curriculare Validität des Instruments für den Untersuchungsgegenstand als hoch bewertet werden. Sie wird allerdings dadurch eingeschränkt, dass nicht alle Bereiche, die Teil des Curriculums sind, auch im Testinstrument repräsentiert sind. Auf Basis der vorliegenden Ergebnisse kann insgesamt davon ausgegangen werden, dass mit Hilfe des Instruments ‚Kurzversion DaZKom' Ergebnisse gewonnen werden können, die aussagekräftig für Teile des Untersuchungsgegenstands ‚Berliner DaZ-Module' sind. Bei Betrachtung der Ergebnisse muss beachtet werden, dass mit den befragten Lehrenden nur ein Teil der Dozentinnen und Dozenten, die im Sommersemester 2015 im Berliner DaZ-Modul gelehrt haben, befragt wurde. Lehrbeauftragte wurden nicht als Expertinnen und Experten in die vorliegende Untersuchung einbezogen. Die Aussagen der befragten Lehrenden beziehen sich auf die Lehre im Erhebungszeitraum (Sommersemester 2015). Insgesamt wurden nur sieben Lehrende befragt. Eine Testaufgabe wurde dann als curricular valide eingeschätzt, wenn die Mehrheit der befragten Lehrenden sie als (eher) passgenau bewertete. In manchen Studien wird hier ein strengeres Kriterium gewählt (z. B. Artelt et al., 2003); dies hätte in der vorliegenden Untersuchung entsprechend zu einer weniger hohen Bewertung der curricularen Validität geführt. Über einen weiteren Aspekt der curricularen Validität, wie gut das Testinstrument zur Qualität und Art der Vermittlung der Inhalte in der Lehre passt (Sacher, 2004, S. 38), kann auf Grundlage der vorliegenden Untersuchung keine Aussagen getroffen werden.

Eine weitere Einschränkung besteht darin, dass im Rahmen der vorliegenden Untersuchung die curriculare Validität ausschließlich auf Basis von Aussagen der Lehrenden ermittelt wurde. Aussagen der Studierenden über die von ihnen wahrgenommenen Lerngelegenheiten wurden nicht einbezogen. Das bedeutet, dass in der vorliegenden Untersuchung das Angebot und nicht die Nutzung von Lerngelegenheiten fokussiert wurde (Kunter, Kleickmann, Klusmann & Richter, 2011).

Die vorliegende Untersuchung zur Überprüfung der curricularen Validität des Testinstruments in Bezug auf den Evaluationsgegenstand wird im weiteren Verlauf des Projektes *Sprachen-Bilden-Chancen* in die Auswertung und Interpretation der Evaluationsergebnisse einfließen und kann hier zu fundierten Aussagen beitragen. Da das Kompetenzmodell und das Instrument *DaZKom* auf Basis einer Dokumentenanalyse von Curricula deutscher Universitäten und Institutionen fußt (Köker et al., 2015, S. 183) und seine Passung zu den Berliner DaZ-Modulen in der vorliegenden Untersuchung im Großen und Ganzen bestätigt werden konnte, kann angenommen werden, dass das Instrument auch für andere Standorte einsetzbar ist, die DaZ-Kompetenz als Teil der professionellen Kompetenz von Fachlehrkräften begreifen und vermitteln. Die curriculare Validität sollte jedoch in jedem Fall standortspezifisch überprüft werden.

12.9 Literatur

Artelt, C., Brunner, M., Schneider, W., Prenzel, M. & Neubrand, M. (2003). Literacy oder Lehrplanvalidität? – Ländervergleich auf der Basis lehrplanoptimierter PISA-Tests. In J. Baumert, C. Artelt, E. Klieme, M. Neubrand, M. Prenzel, U. Schiefele, W. Schneider, K.-J. Tillmann & M. Weiß (Hrsg.), *PISA 2000. Ein differenzierter Blick auf die Länder der Bundesrepublik Deutschland* (S. 77–108). Opladen: Leske + Budrich.

Baumann, B. & Becker-Mrotzek, M. (2014). *Sprachförderung und Deutsch als Zweitsprache an deutschen Schulen: Was leistet die Lehrerbildung?* Verfügbar unter: http://www.mercator-institut-sprachfoerderung.de/fileadmin/user_upload/Mercator-Institut_Was_leistet_die_Lehrerbildung_03.pdf [15.10.15].

Baumert, J. & Lehman, R. (1997). *TIMSS – Mathematisch-naturwissenschaftlicher Unterricht im internationalen Vergleich. Deskriptive Befunde.* Opladen: Leske + Budrich.

Blömeke, S., Kaiser, G. & Lehmann, R. (Hrsg.). (2008). *Professionelle Kompetenz angehender Lehrerinnen und Lehrer. Wissen, Überzeugungen und Lerngelegenheiten deutscher Mathematikstudierender und -referendare. Erste Ergebnisse zur Wirksamkeit der Lehrerausbildung.* Münster: Waxmann.

Blömeke, S., König, J., Kaiser, G. & Suhl, U. (2010). Lerngelegenheiten angehender Mathematiklehrkräfte für die Sekundarstufe I im internationalen Vergleich. In S. Blömeke, G. Kaiser & R. Lehmann (Hrsg.), *TEDS-M 2008. Professionelle Kompetenz und Lerngelegenheiten angehender Mathematiklehrkräfte für die Sekundarstufe I im internationalen Vergleich* (S. 97–136). Münster: Waxmann.

Darsow, A. (2017). Behandelte Themen in den Berliner DaZ-Modulen: Befragung der Lehrenden zum implementierten Curriculum. In B. Jostes, D. Caspari & B. Lütke (Hrsg.), *Sprachen – Bilden – Chancen: Sprachbildung in Didaktik und Lehrkräftebildung* (S. 151–164). Münster: Waxmann.

Darsow, A. & Wagner, F. S. (2015). *Die DaZ-Module an den drei Berliner Universitäten. Ein Überblick.* Verfügbar unter: http://www.sprachen-bilden-chancen.de/images/Files/Bestandsaufnahme_DaZ-Module.pdf [09.08.17].

Darsow, A., Wagner, F. S. & Paetsch, J. (2017). Konzept für die empirische Untersuchung der Berliner DaZ-Module. In M. Becker-Mrotzek, P. Rosenberg, C. Schroeder & A. Witte (Hrsg.), *Deutsch als Zweitsprache in der Lehrerbildung* (S. 187–202). Münster: Waxmann.

Darsow, A., Wagner, F.S. & Paetsch, J. (eingereicht). Kompetenzzuwachs von Berliner Lehramtsstudierenden im Bereich Deutsch als Zweitsprache. In B. Ahrenholz, S. Jenk, B. Lütke, J. Paetsch & H. Roll (Hrsg.), *Sprachbildung im Fachunterricht*. Berlin Bosten: De Gryter.

DaZ-Modulbeschreibung, Humboldt-Universität zu Berlin. Verfügbar unter: https://www2.hu-berlin.de/wipaed/Doku-mente/StudienordnungenundAnforderungen/DaZ-Modulbeschreibung.pdf [04.05.2016].

Grießhaber, W. (2014). Aspekte der Lehrqualifikation für den Unterricht mit mehrsprachigen SchülerInnen. In B. Lütke & I. Petersen (Hrsg.), *Deutsch als Zweitsprache – Erwerben, lernen und lehren. Beiträge aus dem 9. Workshop „Kinder mit Migrationshintergrund"* (S. 275–291). Stuttgart: Fillibach bei Klett.

Hammer, S., Carlson, S. A., Ehmke, T., Koch-Priewe, B., Köker, A., Ohm, U., Rosenbrock, S. & Schulze, N. (2015). Kompetenz von Lehramtsstudierenden in Deutsch als Zweitsprache: Validierung des GSL-Testinstruments. *Zeitschrift für Pädagogik*, Beiheft 61, 32–54.

Hartig, J., Frey, A. & Jude, N. (2012). Validität. In H. Moosbrugger & A. Kelava (Hrsg.), *Testtheorie und Fragebogenkonstruktion* (S. 143–171). Berlin Heidelberg: Springer-Verlag.

Kaiser, G. (2015). Erfassung berufsbezogener Kompetenzen von Studierenden. *Zeitschrift für Pädagogik*, Beiheft 61, 136–143.

Köker, A., Rosenbrock-Agyei, S., Ohm, U., Carlson, S. A., Ehmke, T., Hammer, S. & Koch-Priewe, B. (2015). *DaZKom – Ein Modell von Lehrerkompetenz im Bereich Deutsch als Zweitsprache.* In B. Koch-Priewe, A. Köker, J. Seifried & E. Wuttke, *Kompetenzerwerb an Hochschulen: Modellierung und Messung. Zur Professionalisierung angehender Lehrerinnen und Lehrer sowie frühpädagogischer Fachkräfte* (S. 177–206). Bad Heilbrunn: Klinkhardt.

Kunter, M., Baumert, J., Blum, W., Klusmann, U., Krauss, S. & Neubrand, M. (Hrsg.). (2011). *Professionelle Kompetenz von Lehrkräften. Ergebnisse des Forschungsprogramms COACTIV*. Münster: Waxmann.

Kunter, M., Kleickmann, T., Klusmann, U. & Richter, D. (2011). Die Entwicklung professioneller Kompetenz von Lehrkräften. In M. Kunter, J. Baumert, W. Blum, U. Klusmann, S. Krauss & M. Neubrand (Hrsg.), *Professionelle Kompetenz von Lehrkräften. Ergebnisse des Forschungsprogramms COACTIV* (S. 55–68). Münster: Waxmann.

Lukesch, H. (1998). *Einführung in die pädagogisch-psychologische Diagnostik*. Regensburg: S. Roderer Verlag.

Lütke, B., Wagner, F. S., Darsow, A., Börsel, A., Jostes, B. & Paetsch, J. (2016). DaZ und Sprachbildung in der Berliner Lehrkräftebildung. *Die Deutsche Schule*, Beiheft 13, 23–34.

OECD – Organisation for Economic Co-operation and Development. (2012). *PISA 2009 Technical Report*. Verfügbar unter: http://dx.doi.org/10.1787/9789264167-872-en [17.08.2016].

Sacher, W. (2004). *Leistungen entwickeln, überprüfen und beurteilen. Bewährte und neue Wege für die Primar- und Sekundarstufe*. Bad Heilbrunn/Obb.: Klinkhardt.

Thoma, D. & Tracy, R. (2015). *SprachKoPF-Online: Grundschulversion V01. Instrument zur standardisierten Erhebung der Sprachförderkompetenz pädagogischer Fachkräfte im Primarbereich.* Mannheim: MAZEM.

Travers, J. K. (1993). Overview of the longitudinal version of the second international mathematics study. In L. Burstein (Ed.), *The IEA study of mathematics 3: Student growth and classroom process* (pp. 1–14). Oxford: Pergamon Press.

Kapitel 13

DaZKom – a Structure Model of Pre-service Teachers' Competency for Teaching German as a Second Language in the Mainstream Classroom

SONJA A. CARLSON, ANNE KÖKER,
SONJA ROSENBROCK-AGYEI, UDO OHM,
BARBARA KOCH-PRIEWE, SVENJA HAMMER,
NELE FISCHER & TIMO EHMKE

Abstract: There is an absence of empirically based standards for pre-service teacher education regarding competencies in the field of German as a Second Language (GSL) needed for being able to adequately facilitate second language learners in the mainstream classroom. The *DaZKom* study aims to fill this gap by providing a theoretical framework and competency model in this field for pre-service teachers of all subjects. This article primarily focuses on the rationale, generation, and explication of the GSL competency model, which discerns three dimensions: subject-specific registers, multilingualism, and didactics. The model also describes three competency stages, which are based on the first three stages of the Five-Stage Model of Adult Skill Acquisition by Dreyfus & Dreyfus (1986). In order to empirically measure pre-service teachers' GSL competencies, a paper and pencil test was developed on the basis of the model and tested on a large sample of pre-service teachers; the model was further content validated by a group of experts from the field of GSL and educational science.

13.1   Introduction: the *DaZKom* project's aims and research questions

The objective of the interdisciplinary and inter-university project *DaZKom*, funded by the German Federal Ministry of Education and Research (BMBF) program "Modeling and Measuring Competencies in Higher Education" (KoKoHs), is to theoretically model and empirically validate pre-service teachers' competency in the field of facilitating the acquisition of German as a Second Language (GSL; *Deutsch als Zweitsprache – DaZ*) in the mainstream classroom.

Language facilitation in GSL should not be seen as an area seperate from the mainstream classroom, but as a regular, systematic, and permanent obligation for education policy (Riemer, 2009). In several German federal states, reforms in the teacher training acts (Ministry for Education and Further Education in the Federal State of North-Rhine Westphalia[1]; Recommendations by the Commission of Experts for Teacher Training in Berlin, September 2012) call for the inclusion of academic learning opportunities in pre-service teacher education in the field of GSL. The purpose of these reforms is to cater to the demand by offering adequate language facilitation within the mainstream classroom and particularly for students with German as a Second Language. However, empirical research on these professional teaching competencies is yet to be presented, resulting in a lack of empirically based evidence for the elaboration of learning opportunities within academic teacher education.

Consequently, the aim of the research study *DaZKom* is to develop a structure model which defines pre-service teachers' GSL competency relevant for subject teaching, and thereupon develop a test instrument which measures this competency. In connection with preceding studies on pre-service teachers' mathematical teaching competencies (COACTIV, Krauss, Kunter & Brunner, 2004; MT21, Blömeke, Kaiser & Lehmann, 2008; TEDS-M, König & Blömeke, 2010 etc.), the subject of mathematics serves as an exemplary frame of reference for the realization of subject content integrated language facilitation. The instrument is intended to give empirically supported insights into how learning opportunities in academic teacher education must be designed for enabling the acquisition of a substantiated and standardized GSL competency.

The central research questions are the following: Which competency must pre-service teachers possess in order to be able to effectively support, within their subject teaching, their students who have acquired or are acquiring German as a Second Language? How can this competency be measured?

---

[1]   LABG NRW, 12.05.2009; Gesetz über die Ausbildung für Lehrkräfte an öffentlichen Schulen

13.2   Outline of the issue and current state of research

13.2.1   Facilitation of German as a Second Language in the mainstream classroom

In Germany, students with an immigrant background are generally underachieving in comparison to their fellow students without an immigrant background (Statistisches Bundesamt, 2013) even when they have sufficient cognitive abilities for achieving tertiary education qualifications.

For the last 15 years, the results from diverse international comparative educational studies (e. g. PISA, OECD, 2013, 2014a,b) have shown this educational disadvantage, and although there has been a general increase in academic performance among this group of students in more recent studies, the results still remain unsatisfactory: Although the gap in mathematical performances between students with and without an immigrant background has decreased from 81 points in 2003 to 54 points in 2012, this is still a difference of one and a half school years. Almost one third of students with an immigrant background who were born in Germany merely reach the first proficiency level – twice as many as students without an immigrant background (Gebhardt, Rauch, Mang, Sälzer & Stanat, 2013).

There is a general awareness of the causal relationship between academic achievement and proficiency in academic language, which results in two explicit conclusions: (1) there is a need for structured and specialized facilitation of academic language for these students (both in GSL and in their heritage language); and (2) academic language must be taught in the context of academic contents, i. e., in all subject areas of the mainstream classroom. Up until recently there had been the common misconception that second language acquisition occurs automatically when a person is in constant contact with the new language; this has been proven to be wrong.

As a consequence, teachers are expected (cf. e. g. LABG NRW, 2009) to have both the willingness as well as the ability to scaffold language acquisition in line with subject content in addition to professional, didactical, and pedagogical knowledge in their subject area (Leisen, 2010). These expectations result from, inter alia, the latest findings in educational research on multilingualism and second language acquisition, which point to the necessity for an adequate facilitation of the language learning processes incorporated into everyday teaching and not only occurring in isolated sessions. As mentioned before, this is especially the case for the development of academic language proficiency, which is essential for the ability to produce language with the aim of communicating subject contents, and which goes beyond competencies in everyday language (Halliday, 1978; Cummins, 2000; Gogolin & Lange, 2011). Proficiency in these so-called academic registers are at the core of subject content learning as it is characterized by conceptual orality and literacy[2] (Koch & Oesterreicher, 1985): in academic language, the object of communication is removed in space and time to the situation of communication. It is therefore necessary to be able to express abstract contents in a manner which is independent of personal interaction

---

2   The term was originally coined *konzeptionelle Mündlichkeit/Schriftlichkeit* by Koch & Oesterreicher (1985), which refers to language registers on a spectrum ranging from colloquial, context-embedded conversations to formal, context-removed discourse, independent of the chosen verbal or written mode.

and on the basis of pure linguistic means (Cummins, 2000). Although academic language is relevant in cross-curricular teaching, its registers are closely linked to subject-specific contents (Schleppegrell, 2007). It has thus been claimed as undisputable in national and international academic educational discourse that cross-curricular language facilitation for students whose first language (L1) is not the language of schooling is highly relevant (Gibbons, 2002; Schleppegrell, 2007; Prediger & Özdil, 2011; Ohm, 2009).

13.2.2   Lack of standards for the qualification of pre-service teachers for the facilitation of German as a Second Language in the mainstream classroom

Recent international educational research has been focusing on competency development in pre-service teacher education as well as in student and in-service teacher education for teaching second language learners in the mainstream classroom (Lucas & Grinberg, 2008; Skinner, 2010; Lucas, 2011; Santos, Darling-Hammond & Cheuk, 2012; Ross, 2013; Shaw, Lyon, Stoddart, Mosqueda & Menon, 2014). Findings show that even teachers with many years of professional experience do not automatically acquire appropriate competencies in language facilitation ("learning on the job") in their work with students from immigrant backgrounds (Robinson, 2005), not even when they are aware of their responsibility for the students' language development process (Murakami, 2008). According to a study from the United States, especially math and science teachers do not feel self-effective or appropriately trained for working with ELL students (Banilower, Smith, Weiss, Malzahn, Campbell & Weis, 2013; Ross, 2013). This is also true for the majority of mainstream classroom teachers in Germany who are indeed aware of their students' need for language facilitation, but who at the same time either do not feel responsible or not appropriately trained (Becker-Mrotzek, Hentschel, Hippmann & Linnemann, 2012). Therefore, the development of special teacher training programs in the field of second language acquisition and teaching which help prospective and experienced teachers to acquire the abilities and skills to facilitate their students' academic language learning is seen as important in Germany as much as internationally. But both the design as well as the evaluation of those training programs (if they do take place) (e. g., Gogolin, Dirim, Klinger, Lange, Lengyel, Michel, Neumann, Reich, Roth & Schwippert, 2011; Shaw et al., 2014) has not been based on theoretical and empirical standards so far (Skinner, 2010).

The main reason why there are no standards for professional competency in the field of GSL – in contrast to the majority of the other school subjects[3] – is that GSL does not have the status of a "regular" school subject. Until now, GSL is only provided in addition to or in preparation of the regular curriculum by teachers who come from diverse professional backgrounds. Hence, the term "support teacher" (Förderlehrer), which describes any sort of person who teaches in the field of language facilitation, is a term which is not legally protected and not defined by any qualification standards. There is a wide range of persons who teach GSL in schools, ranging from university graduates with B. A. or M. A. degrees in GSL to senior citizens who work voluntarily. The diverse qualification backgrounds

---

[3]   Sekretariat der ständigen Konferenz der Kultusminister der Länder in der Bundesrepublik Deutschland, KMK 12.06.2014

also include teachers with adjunct GSL qualifications, university students participating in facilitation programs from the Stiftung Mercator, and university teachers with long-term experience in teaching German as a foreign language in the area of further education. This heterogeneity also applies to the academic learning opportunities for pre-service teachers with regard to the study contents and the degree of obligatoriness (Seipp, 2012). Three large formats can be distinguished: full-time studies in German as a Foreign- or Second Language (Bachelor or Master studies – e. g., at Bielefeld University or the Technical University (TU) of Berlin), postgraduate studies or additional qualifications for teacher candidates (e. g., Free University (FU) of Berlin, TU Dortmund, University of Bonn) and special GSL modules which are integrated in regular pre-service teacher education curricula in Bachelor and Master's studies (e. g., Humboldt University (HU) of Berlin, University of Duisburg-Essen), or state examination teacher education programs (e. g., Didaktisches Grundlagenstudium Deutsch LABG NRW, see also Baumann & Becker-Mrotzek, 2014).

So far, the only standard description of teacher qualifications in the field of GSL has been developed by the German Federal Agency of Migration and Refugees in associati-on with the Goethe Institute (BAMF, 2007). However, these refer to adult education in the context of so-called "integration courses" (*Integrationskurse*, i. e., German classes for immigrants), aiming to integrate migrants in terms of social participation and equal op-portunities. Within the last ten years, the main focus of research regarding GSL in the mainstream classroom has been on the curricular perspective (production and evaluation of teaching and learning materials; e. g., FörMig, Gogolin et al., 2011) and learners' per-spectives (evaluation of teaching measures in language facilitation lessons). As another big step in the right direction, the European Curriculum for Second Language Teaching (EUCIM-TE, Brandenburger, Bainski, Hochherz & Roth, 2011) has set up content-based recommendations for the organization of academic language learning opportunities in the mainstream classroom, which has been taken up and concretized in the context of GSL as a credit point module within pre-service teacher education by the Stiftung Mercator ("DaZ Modul", Baur, Becker-Mrotzek, Benholz, Chlosta, Hoffmann, Ralle, Salek-Schwartze, Seipp & Özdil, 2009). However, this curriculum, being focused more on educational con-tents rather than teaching competencies, is purely theoretical and lacks an empirical basis. As a consequence, the project *DaZKom* aimed to fill the gap of empirically supported bas-ed standards for pre-service teacher education regarding competency in the field of GSL by developing a framework and competency model, and, subsequently, empirically mea-suring this competency on the basis of a test instrument.

13.3 Development of the GSL competency model for pre-service teachers

13.3.1 Generation of the conceptual framework

The question concerning pre-service teachers' expertise and the corresponding ability to perform has been the main focus of academic discourse on pre-service teacher education. The complexity of professional action competency has been discussed and modelled by

Krauss et al. (2004) in the framework of their COACTIV project, which concerns competency assessment of pre-service teachers for the subject of mathematics. A whole range of studies (MT21, TEDS-M, TEDS-LT et al., Buchholtz, Scheiner, Döhrmann, Suhl, Kaiser & Blömeke 2012; see also KoKoHs, Blömeke & Zlatkin-Troinschanskaia, 2013a, 2013b) were aimed at modelling pre-service teachers' professional knowledge. The essential basis for the development of our competency model is the preliminary work by Shulman (1986) and Bromme (1992), and their differentiation of teachers' professional knowledge in content knowledge, pedagogical content knowledge, and pedagogical knowledge.

On the one hand, we had to face the challenge of falling into line with these preliminary works; but, on the other hand, it was also important to fulfill the requirements of the specific characteristic features of the competency which was to be modelled. Since GSL is not a school subject but rather a domain, GSL competency is generically included in all school subjects; therefore, it was not possible to simply adapt existing competency models for pre-service teachers. This can be explained by the circumstance that pre-service teachers do not receive professional knowledge in the GSL competency domain which they in turn teach their students, but rather acquire the competency of how to teach subject contents in a way which is aware of the linguistic needs of a diverse student population.

In fact, GSL expertise should be understood as constitutive for the mediation of specific knowledge for each subject. This applies, for example, to the knowledge of grammatical structures and vocabulary, which enables students to understand specialized texts and to engage in competent discourse in, for example, mathematics class. Hence, it is important to teach this knowledge jointly with the subject contents. Furthermore, specific knowledge in the domain of GSL competency is already didactically oriented as it is seen as the basis for a language-aware lesson planning and teaching. We therefore needed to model GSL competency as depicting GSL specific knowledge in its constitutive function in the teaching process while simultaneously taking the orientation towards pedagogical action into consideration. On the basis of a document analysis, followed by an expert rating, we established the competency model's dimensions and facets (cf. section 3.2). Furthermore, we operationalized the competency development regarding the professionalization of pre-service teachers and the assessment of appropriate academic learning opportunities, and described the competency dimensions and facets of the structural model graduated in such a way that augmented expertise could be modelled in terms of a development of action competency. This required the competency model to model competency development not only cognitively, correspondent to the growth of problem-solving skills, but also as depicting experiential learning and action orientation (Koch-Priewe, 2002; see section 3.3.3).

13.3.2   Structural model of GSL competency relevant to subject content teaching

The starting point for the hereafter presented structural model was the development of a conceptual framework for GSL competency that was generated on the basis of an analysis of 60 curricula from German universities and institutions. The conceptual framework was subsequently validated by seven experts from the most central university locations for German as a Foreign- and Second language. The following documents were, inter alia, included in the document analysis: the Mercator foundation's GSL (DaZ) module (Baur et al., 2009), the European Core Curriculum for Second Language Teaching as part of teacher training (EUCIM-TE, Brandenburger et al., 2011) as well as the standard formulations of teacher competencies for language and integration courses (BAMF, 2007). Furthermore, the following academic curricula were also included: (1) major (full-time) courses in German as a Foreign and Second Language in Germany (Bachelor and Master's study programs); (2) postgraduate programs as well as additional qualifications for pre-service teachers in the field of GSL; and (3) GSL (DaZ) modules as part of pre-service teacher education Bachelor and Master's study programs, or as part of other teacher professionalization programs in Germany. A principal result of the document analysis was distinguishing three content-related areas in the field of GSL competency: subject-specific registers, multilingualism, and didactics. The expert ratings of the framework also confirmed the relevance of GSL competency in general as well as the relevance of the three content-related dimensions, thus providing the basis for the further differentiation of the dimensions (subject-specific registers: $M = 1.71$, $SD = 0.49$; multilingualism: $M = 1.71$, $SD = 0.76$; didactics: $M = 1.00$, $SD = 0.00$). The herewith obtained textual structuring of GSL competency approximately reflects the core content of the subject German as a Foreign- and Second Language, including the fields linguistics, research on foreign and second language teaching and learning, as well as didactics and teaching methods. However, in terms of the content, the intention of the present project was to refine GSL competency as a generic competency with regard to the requirements of mainstream classroom teaching in lower secondary school, and – with view to the development of the test instrument – to structurally differentiate the necessary operationalization. For this purpose, we modelled the content-related fields, on the basis of the document analysis and the expert rating, as competency dimensions, divided into subdimensions and described by content-related facets (table 1). In the following, we will distinguish the competency dimensions from one another and outline the subdimensions on the basis of their individual facets. The competency levels (I-III) will be explicated in section 3.3.3.

Dimension 1 – subject-specific registers

Dimension 1 (subject-specific registers) focuses on language as the central medium for classroom interaction and classroom actions. But language is not only a medium in terms of mediating learning and teaching processes. Language is also the students' medium for demonstrating acquired expertise (Schleppegrell, 2004). As the acquisition of *subject-specific registers* cannot be simply expected from, in particular, GSL learners (Ohm, 2017a), language becomes not only the medium but also in itself a subject of learning (Kniffka & Sieber-Ott, 2012). All students are expected to develop competencies in school literacy starting from first grade onwards, and to expand these competencies through *subject-specific registers* in connection to the introduction of more subjects in secondary school (Ohm, 2014). The term *subject-specific registers* is based on Halliday's (1978) description of the mathematical register, which was transferred to the context of second language learning in the mainstream classroom by Schleppegrell (2004). They refer to subject-specific registers as the basis for knowledge construction. Students must master academic language use in order to participate in expertise and its acquisition. The con-

Tabelle 13.1: Structure Model of GSL competency

	Dimension	Subdimension	Facets Stage I – Stage II – Stage III
GSL compe-tency	Subject-specific registers (focus on language)	Grammatical structures and vocabulary	– Morphology – (Lexical) Semantics – Syntax – Text linguistics
		Semiotic systems	– Forms of representation – Linguistic references between forms of representation – Oral vs. literal structures
	Multilingualism (focus on the learning process)	Second language acquisition	– Interlanguage-Hypothesis – Milestones of second language acquisition – Formal vs. informal second language acquisition – Literacy/academic language
		Migration	– Linguistic diversity in school – Dealing with heterogeneity
	Didactics (focus on the teaching procss)	Formative Assessment	– Micro-scaffolding – Macro-scaffolding – Error treatment
		Language facilitation	– Micro-scaffolding – Macro-scaffolding – Error treatment

cept of *subject-specific registers* not only refers to language in a narrow sense but also includes all semiotic systems, which are required for the acquisition of subject-specific content such as symbolic language and graphical or figurative representations (Schleppe-grell, 2007). Therefore, the GSL competency model's dimension *subject-specific registers* was separated into two subdimensions: *grammatical structures and vocabulary* (subject-specific registers in a narrower, linguistic sense) as well as *semiotic systems* (subject-specific registers in a boarder sense as a multimodal medium for the acquisition and me-diation of subject-specific content).

Subdimension grammatical structures and vocabulary

The subdimension *grammatical structures and vocabulary* shall be exemplified by the facets *lexical semantics and syntax*. *Lexical semantics* deals with the meaning of lexical elements on the word-level. This includes words (e. g., "über", "tragen", "übertragen", "Übertrag", "Übertragung"; or "add", "additive", "addition"), morphemes (smallest dis-tinguishable units of speech, e. g., "über", "trag", "en", "ung"; or "add", "ive", "tion") and lexemes (units of meaning abstracted from form and function, e. g., "tragen" or "add", as an abstract unit of meaning in all words including "add"). When teaching mathematics

– just like in all subject-specific contexts – especially the use of words from everyday language (Schleppegrell, 2007, pp. 142) or supposedly known words (Ohm, 2014, pp. 8) represent a challenge concerning subject comprehension. Whereas nouns such as "Addition" and "Subtraktion" ("addition" and "subtraction") clearly show a specific mathematical meaning which students must newly incorporate into their vocabulary, students are expected to know the meaning of, e. g., the verb "tragen" ("carry") as it seems familiar to them; however, it likewise describes a subject-specific process, i. e., a sub-step during the arithmetic operation addition ("übertragen" = "carry", as in, e. g. "When adding numbers with more than one digit, and the sum of one column exceeds the number nine, the tens-number of this sum *is carried* to the next column and added to the digits in this column.").

The facet *syntax* is concerned with the grammar and structure of statements. Language use in subject-specific contexts is often characterized as being precise. This characteristic is almost exclusively demonstrated through the occurrence of unambiguous technical terms. Language structures, however, are frequently overlooked; but it is these structures in which the technical terms occur which are vital for the comprehension and acquisition of subject content. These include, for example, typical elements of statements (propositions) used in definitions, using predicative verbs such as "sein" ("to be") or "heißen" ("named") as well as related constructs (e. g. "nennt man" = "are called", or "bezeichnet man als" = "are defined as") (Ohm, Kuhn & Funk, 2007, pp. 72–75). The constructivist connection between language structure and subject content becomes apparent when comparing, e. g., identifying definitions and definitions of whole-part-relationships (Schleppegrell, 2007, pp. 143). Whilst subject and predicate can be inverted in sentences with identifying predicates ("A number which has no other divisors than itself and the number one is a prime number" is identical with its inversion. "A prime number is a number which … "), the position of phrases in sentences with identifying predicates which assign characteristics to the subject are irreversible. Hence, one can say *A square is a four-sided figure*, but one cannot say *A four-sided figure is a square*. A reversal would indeed be syntactically possible, and – considering everyday language use in which there is commonly no conceptual differentiation between four-sided figures and squares – a reversal would not even seem absurd. In mathematical terms, this reversal would lead to a technically incorrect statement as it refers to a whole-part-relationship (squares are assigned the feature of belonging to the class of four-sided figures). Therefore, the relationship between the subject and the predicative must be unambiguous.

Subdimension semiotic systems
This subdimension is substantiated by the facets *forms of representation, linguistic references between forms of representation* and *oral vs. literal structures*. The facet *forms of representation* describes knowledge on the mathematics register concerning mathematical notations, graphical and visual representations, as well as oral and written language (Schleppegrell, 2007, pp. 141). *Linguistic references between forms of representation* concerns the interaction between symbolic systems and language, which has to be (re)constructed when reading or processing mathematical texts and tasks, and dealing with mathematical concepts in class discussions. For example, students are expected to be able to comprehensibly constitute the characteristics of a functions graph and its geometric

characteristics with the resources of oral speech during a class on curve sketching. In this context, the content facet *oral vs. literal structures* focuses on changes of register based on which conceptual mode is chosen, and in regard to the choice of social forms. Continuing with our example, students who have prepared a curve sketching in pairs by using dialogic language accompanied by direct actions and supported by pointing-gestures or deictic expressions ("hier oben"/"up here", "da, über dem Punkt"/"there, above this point") are now expected to transfer these contents into a monologic and fixed argumentation using subject-specific registers.

Dimension 2 – multilingualism

The expansion of linguistic competencies in terms of subject-specific language use is constitutive for acquiring technical content. Therefore, it is basically expected of all learners (Schleppegrell, 2007). Students with German as a second language are confronted by specific challenges during this process of linguistic development. Teachers have to identify and consider this issue. Therefore, the second dimension within the GSL competency model focuses on second language learning processes, which lead to differentiated use of language registers embedded in multilingualism (Maas, 2008, p. 53). Children who speak a language other than German in their families, and possibly also in their circle of friends, grow up learning German in different social domains outside their homes (at the nursery, in shops, at school etc.). The children access these domains by expanding their second language development through an increasing level of public and formal use of registers as their developmental age progresses, and through subject-specific language as they are taught new subjects at school.

Subdimension second language acquisition

The facets *interlanguage hypothesis, milestones of second language development, formal vs. informal second language acquisition* and *literacy/academic language* specify this subdimension. The *interlanguage hypothesis* stipulates that second language learners develop a mental "interlanguage" during L2 acquisition which represents an independent grammatical system following its own rules (Selinker, 1972). From the interlanguage hypothesis' point of view, a learner language is not only assessed by characteristics of the target language but also with a view of its own developmental stages. For example, a learner might form the simple past for an irregular verb by use of the rule of how to conjugate regular verbs ("er schreibte" = "he writed" instead of "er schrieb" = "he wrote"). Instead of rating this as a deficit regarding the achievement of full proficiency in the target language, this is classified as progress in the development of a systematic and dynamic evolvement in a learner's grammar (the learner shows that he has mastered a grammar rule, although he still overgeneralizes it). Such developmental steps mark the milestones of second language acquisition. For the acquisition of German, learner language systems must incorporate other language patterns apart from verb flexion, e. g., sentence word order or case systems, and as a result cannot be changed or skipped by lesson-related activities (Kniffka & Siebert-Ott, 2012, pp. 46–56). However, not all grammatical patterns are acquired in a set order, such as prepositional cases or gender. The distinction between formal and informal second language acquisition makes clear that additional languages can be acquired both through formal instruction and in 'natural', everyday communication. In the first case, learning normally takes places in educational institutions where students receive controlled, structured input; where language progression is planned, mistakes are corrected and assessment of linguistic achievement is intended. In the second case, acquisition normally takes place in day-to-day life. In this situation L2 learners receive undirected and unstructured input through their contact with speakers of the target language which is not uncommonly formally and functionally reduced by native speakers either with the aim of sustaining communication and/or of discriminating.

Linguistic requirements of natural acquisition are the result of the need to manage tasks relevant to communication. The content facet *academic language/literacy* broaches the issue of developing academic language or literacy-related abilities right up to the acquisition of subject-specific registers (cf. Dimension 1). This refers especially to developing the ability to use language not only for interpersonal communication or in the context of concrete action, but also in order to present content from an abstract and general perspective, and to adjust one's language use towards a generalized other (Ohm, 2017b, pp. 293, 302). This is connected with the acquisition of linguistic forms and functions which are accompanied by the use of subject-specific registers, and which can be characterized as monological, text-based, and information dense (Maas, 2008, p. 332; Ohm, 2014, p. 12).

Subdimension migration

This subdimension is made up of the facets *linguistic diversity in school* and *dealing with heterogeneity. Linguistic diversity* concerns the issue of students' multiple languages and language varieties that are brought into school as a social realm. In the present competency model, as already indicated, multilingualism refers to the functional differentiation of language use into registers. Thus, children with home languages other than German have to acquire their second language German by developing social domains as part of their personal development. This is accompanied by a differentiated use of registers. This form of individual multilingualism, which affiliates to external social multilingualism (based on several languages), is only one part of represented language varieties in school. Even children with German as their first language have to develop social domains as part of their personal development, which goes along with an increasing level of publicity and formality. Often, this is – even if regionally diverse – connected to language development from an intimate, dialectal use of register, past an informal public use, towards a use of standard German in the formal register expected in school. This individual multilingualism, which is also referred to as internal multilingualism (based on dialectal forms under a common standard language), completes the picture of language variety in schools. At this point, questions concerning *dealing with heterogeneity* immediately come into play: for instance, one has to scrutinize to what extent students' home languages or language varieties are accepted, valued, and supported, or rejected, observed suspiciously, or even prohibited in schools in favor of standard German. The mainstream classroom must challenge traditional monolingual approaches by productively using students' linguistic resources, e. g., by encouraging them to use their home languages while communicating during group work. After all, the use of regional dialects in student to student interactions – and not rarely in teacher to students interactions – is already considered as unproblematic.

Dimension 3 – didactics

The competencies described in dimensions 1 and 2 are not sufficient for enabling teachers to plan and teach classes with language awareness, taking the specific characteristics of second language development processes into consideration. For this purpose, specific didactic competencies are necessary. Therefore, dimension 3 focuses on the teaching process within its description of competencies. The subdimensions *formative assessment* and *language facilitation* subdivide this dimension.

Subdimension formative assessment and subdimension language facilitation

Both terms are understood comprehensively: *Formative assessment* describes not only standardized procedures of language proficiency evaluations, but rather encompasses all forms of assessment of GSL learners' linguistic competencies. *Language facilitation* describes all forms of language-aware support for students. Both subdimensions are respectively filled by the facets *micro-scaffolding*, *macro-scaffolding*, and *error treatment*. *Micro-scaffolding* concerns immediate measures of both ad-hoc formative assessment and there-upon offered language support occurring in direct classroom interactions. On a higher level, *macro-scaffolding* describes long-term and in-lesson planning and -evaluation of embedded measures for formative assessment and language facilitation (e. g. Gibbons, 2002). Error treatment focuses on errors as an indicator for resource-oriented development of the learner language system as well as on the evaluation and learning-supportive treatment of errors with a view to the milestones of second language development.

Finally, we would like to emphasize that the described structures and textual differentiations of the competency model are to be understood analytically. Dimensions, subdimensions, and facets represent sub-areas of GSL competency which all interact when they are realized in everyday teaching, albeit one dimension will tend to be particularly focused on depending on each situation.

13.3.3   Activity-oriented scaling of GSL competency

In order to develop a competency model as a theoretical basis for the development of a test instrument, we needed to not only structurally describe this competency, as outlined above, but also describe the different competency stages. Considering the importance of praxis-oriented learning opportunities within academic teacher education for achieving GSL competency (e. g., classroom experience from a teacher's point of view; experience with the applicability of theoretical concepts; and rudimental teaching experience), modelling stages of competency that include activity orientation and learning based on concrete experiences is necessary. The *Five-Stage Model of Adult Skill Acquisition* by Dreyfus & Dreyfus (1986, pp. 17–51) gives a description of such a model of professionalization. It describes patterns of development in terms of five stages: *novice, advanced beginner, competency, proficiency*, and *expertise*. The authors explain the use of the term *stage* as follows:

> We refer to stages because (1) each individual, when confronting a particular type
> of situation in his or her skill domain, will usually approach it first in the manner of
> novice, then of the advanced beginner, and so on through the five stages, and (2) the

> most talented individuals employing the kind of thinking that characterizes a certain stage will perform more skillfully than the most talented individuals at an earlier stage in our model (Dreyfus & Dreyfus, 1986, p. 21).

As part of developing the paper-and-pencil test for measuring GSL competency, we have currently modelled the first three stages of the Dreyfus model, which indeed considers learning as based on specific experience; however, according to the authors, it shows distinct parallels to the concept of problem solving in cognitive psychology (Dreyfus & Dreyfus, 1986, 26f.). Stages IV and V will be considered at a later point of the test instrument's development. These higher competency stages are determined by an intuitive perception of the tasks that need to be solved. Therefore, they require different types of operationalization than that which is used for stages I to III. In fact, according to the Dreyfus model, agents of competency stages IV and V do not evaluate a task they are confronted with by analytically dissecting and judging individual factors gained in doing so. They perceive tasks from a specific perspective based on previous experiences in similar situations, with certain characteristics of the present situation emerging as particularly relevant (Dreyfus & Dreyfus, 1986, p. 28). For an operationalization of these competency stages, methods of observation (video analyses of teaching) in combination with reconstructive research methods (e. g., focused interview) are necessary; the conception of such items was not feasible in the first phase of the research project. Below, stages I to III of the Dreyfus model will be consecutively outlined in order to demonstrate the specific modelling of the *DaZKom* model.

Stage I: Novice

According to Dreyfus & Dreyfus, a novice knows how to identify different objective facts and relevant patterns. Based on these, he applies rules to determine his actions. Relevant features of a specific situation are defined clearly and objectively to the novice, thus they can be recognised without any previous experience in the occurring situation (= "context-free", 1986, p. 21). The processing of these clearly defined, context-free features, which are given by the precise rules, is called "information processing" (ibid.) by Dreyfus & Dreyfus.

Let us take a look at stage I in the current *DaZKom* model. As an example, we will take the content-related facet *lexical semantics* from the *subdimension grammatical structures and vocabulary* from the dimension *subject-specific registers*. A pre-service subject teacher learns that the acquisition of specialized subject content is hampered by the occurrence of unknown words in specialized texts, exercises, and tasks. Therefore, teachers must check these for such unknown words before utilizing them in their class. Based on a learned rule, a teacher classifies, for example, technical terms such as "to add" or "to subtract" as potentially difficult due to their absence in everyday language and thus their degree of difficulty and the students' potential unfamiliarity with them. In this stage, the teacher acts context-free, since he or she evaluates every teaching situation linguistically based on the objectively defined linguistic pattern "an unknown word is a difficult word and therefore a relevant learning difficulty", without considering other features of the particular situation.

Stage II: Advanced beginner

The advanced beginner is characterized by Dreyfus & Dreyfus (1986, p. 22 f.) as someone who has had notable experience in coping with actual teaching situations. This includes, above all, gaining practical experience in specific situations with meaningful aspects that cannot be defined in objectively comprehensible, context-free terms. Advanced beginners notice these meaningful aspects by recognizing similarities between them and previously experienced examples. Such aspects are called "situational" by Dreyfus & Dreyfus "to distinguish them from context-free components" (1986, p. 23). Instructional rules can then be related to both the new, situational aspects of stage II and to the context-free features and rules of stage I.

How can we expand our example for this second stage? A pre-service teacher has experienced – for example during a field placement as part of academic teacher education – that the occurrence of unknown words (cf. stage I) does not act as a general indicator for potential language difficulties for the acquisition of subject content. He or she has experienced that the acquisition of subject content is accompanied by structural und functional differentiations from non-academic speech. For example, the pre-service teacher knows now that not only allegedly difficult words such as "to subtract" can lead to misinterpretations, but that supposedly easy and common verbs are not always suitable for teaching mathematical constructs. In fact, these verbs, which seem simple at first sight, can even increase the level of difficulty of specialized texts, exercises, and tasks at a syntactic level. For instance, in German, finitely used phrasal verbs (separable complex verbs) form a syntactical verbal bracket through the separation of the verb from the affix (*abziehen – to deduct*: "Man *zieht* den Betrag, der sich aus der Berechnung ergibt, von der Summe *ab*." = "One *deducts* the amount which results from the calculation from the sum."). Text comprehension and production can be hindered by such complex structures. In competency stage II, a pre-service teacher is consequently able to evaluate the language requirements of specialized texts, exercises, and tasks on the basis of advanced insights into their complexity, and into comparable language structures and functions. The pre-service teacher acts situational because he or she identifies potential language difficulties for subject teaching due to their similarities to other structures and functions which have been classified as difficult in previous cases.

Stage III: Competency

Dreyfus & Dreyfus (1986) describe a competent person as being tactical. The need for tactical actions arises from the fact that, with gained experience, the number of context-free and situational features at some point becomes unmanageable. Therefore, the sense for the essentials of a situation is lost. To deal with complex situations, people learn to apply hierarchically organized decision-making processes. For the organization of a situation, they chose a plan in order to simplify the identification of the situation's most important elements. Thus they are able to perfect their actions. Competent people know that they are comfortable with drawing a conclusion, making a decision, or verifying an expectation if a situation offers a particular constellation of aspects (Dreyfus & Dreyfus, 1986). A competent person can neither rely on objective facts or defined rules like a novice, nor can they wait for a satisfactory number of examples that ensure an adequate decision like an advanced beginner. For acting on the stage of competency, the competent person has to adopt a structuring plan. This close link between the individual's subjective evaluation of their situation and the need for a decision leads to a very special relationship between an acting person and his or her environment. After having struggled for an appropriate plan, he or she feels responsible for the result of his or her choice of action and is accordingly emotionally committed (Dreyfus & Dreyfus, 1986).

Pre-service teachers competent in facilitating GSL plan the use of specialized texts, exercises, and tasks based on a systematic analysis of the language requirements from a perspective of subject-specific registers. The pre-service teacher's systematic and continuous evaluation of students' skills and stages of language development with a view to the necessary differentiation of subject-specific registers serves as the basis. For example, he or she takes into account when the German verbal bracket must be acquired both passively and actively for the comprehension of the subject topic; which verbs have to be known (vocabulary); and which non-separable verbs or synonymous verbs are possibly already known ("to subtract", "to deduct"). Thus, these aspects are included in the lesson planning. With these and other considerations, the pre-service teacher considers objectively provided and definable factors, on the one hand, but also, on the other hand, defines the situation by correlating the factors and weighing them up, thus making decisions and incorporating these into the lesson planning. The structural model of GSL competency developed on the basis of the Dreyfus model thus allows an operationalization of competency and builds a basis for the development of a test instrument which is illustrated in the following chapter.

13.4 Methodology: Generation of a test instrument

13.4.1 Design and procedure

Due to the lack of both standards and test instruments in the field of pre-service teachers' GSL competency, the development of test items was indispensable. Hence, stimulus material and items were generated on the basis of the development and validation of the competency model in order to empirically measure the dimensions and subdimensions with all their content facets, and to differentiate all three competency stages. References to relevant literature in the fields of GSL and school mathematics as well as authentic praxis-examples were used for the item generation. Hence, all stimuli correspond to realistic situations in the mainstream (mathematics) classroom: for example, word problems in mathematics textbooks, examples of described classroom interactions, and written pupils' productions. The item answer formats included selected responses, close-constructed responses, and open-constructed responses (Bortz & Döring, 2006). Each item-unit consists of several test items relating to one stimulus. The items were tested in several pretests with N = 150 pre-service teachers and in cognitive labs with over 30 pre-service teachers. A cognitive lab is a method based on think-aloud protocols, which identifies cognitive processes and strategies that are needed for carrying out and solving tasks, thus giving insight on whether the verbalization and intention of the items is understandable (Terzer, Patzke & Upmeier zu Belzen, 2012). Based on the results of this quality assessment, test items with insufficient psychometric values were either revised and re-tested, or removed.

The pilot study took place between November 2013 and January 2014 with a larger sample of $N = 252$ pre-service teachers of all school subjects and students from the field of GSL at a total of five German universities (in Bavaria, Northern Saxony, and North Rhine-Westphalia). The test instrument included a total of 68 items, which consists of 32 selected responses, 14 close-constructed responses, and 22 open-constructed items. To evaluate the construct validity, three additional test instruments were used to verify the correlation of GSL competency with related constructs (Hammer, Carlson, Ehmke, Koch-Priewe, Köker, Ohm, Rosenbrock & Schulze, 2015). Those three test-instruments[4] covered the subject areas of pedagogical knowledge (König & Blömeke, 2010), mathematic-didactical knowledge (Buchholtz et al., 2012), and linguistic knowledge (Nottbusch, Sahel, Civak, Stanojevic & Wiejowski, 2014). Moreover, a short questionnaire was used to survey beliefs concerning GSL along a Likert-Scale, in addition to a questionnaire with dichotomous items to collect background information (gender, subject of studies, number of semesters) and the studied academic learning opportunities in the field of GSL. Since the main focus of this article was the development of the competency model, along with its content validation, the results of the pilot study shall not be mentioned here, but can be found in other *DaZKom* publications (Carlson, Hammer, Ehmke, Rosenbrock, Köker & Koch-Piewe, submitted; Hammer et al., 2015).

13.4.2   Exemplary demonstration of test items

Due to the further use of the test instrument in later assessments, we have chosen to exemplify the conception of the test items with an exemplary item unit which has been discarded because of low psychometric values ($r_{it} = .16$). The first item illustrated in figure 13.2 belongs to the dimension *subject-specific registers*, i. e., the subdimension *grammatical structures and vocabulary*, and focuses on the content facets *semantics* and *text linguistics*. In item 1, the pre-service teacher must recognize words whose semantic meaning could be difficult for GSL learners. Depending on region and background of experience, the compound noun "Schulkiosk" (*school kiosk*) could be unfamiliar. The word is relatively important for understanding the presented situation, but not for the arithmetic operation. For this, the understanding that "Bonbon" (*candy*) is a hyponym and "Leckerei" (*treats*) is a synonym of "Süßigkeiten" (*sweets*) is of greater importance. The number and price of the sweets is the starting point for the arithmetic operation. While the single words do not necessarily cause comprehension difficulties, it is much more the similarity in word meanings which is relevant for the development of cohesion on the basis of substitution. According to the competency model, the recognition of the potential difficulty of this structure would be classified as stage II on the basis of the experience that words which are presumed to be easy might cause difficulties in specific structures because their function concerning the complex semantic context needs to be understood.

---

4   For the evaluation of the construct validity existing standardized test instruments were used.

Abbildung 13.1: *DaZKom* example item unit (German)

Peter möchte in der Pause im Schulkiosk Süßigkeiten kaufen. Er kauft 10 Bonbons für jeweils 20 Cent. Sein Freund Max kann nicht widerstehen und kauft sich ebenfalls 5 Leckereien für je 50 Cent. Wer hat mehr Geld ausgegeben – Peter oder Max?

1. Nennen Sie vier Wörter, die einen DaZ-Lernenden verwirren könnten.

2. Bei welchen sprachlichen Referenzen im Text, die für die Beantwortung der Aufgabe relevant sind, könnten DaZ-Lernende Schwierigkeiten haben? *Erläutern Sie jeweils die Schwierigkeit.*

Abbildung 13.2: *DaZKom* example item unit (English)

In his break, Peter wants to buy sweets at the school kiosk. He buys 10 pieces of candy for 20 cents each. His friend Max cannot resist and buys 5 treats for 50 cents each. Who spent more money, Peter or Max?

1. Name four words which could cause difficulties or confusion for a second language learner.

2. Which linguistic references relevant for answering the question might cause difficulties for GSL learners? *Explain the difficulties.*

Item 2 in figure 13.2 asks for language tools which signalize references in the text and are possibly difficult to understand within the sentence and throughout text cohesion. On competency stage I, a pre-service teacher could point to the pronouns "er" (*he*) and "sein" (*his*) as being potentially difficult because they might be assigned wrongly, especially because Peter and Max are both male and therefore a determination based on gender is not possible ("he" vs. "she" and "his" vs. "her"). In the context of the word problem, especially considering the order of the boys' names, the pronouns are less likely to cause difficulties for completing the mathematical task. The understanding of the connecting prepositions and adverbs are most relevant for the correct calculation: The adverb "je" (*each*) in connection with the cardinal-numbers (e. g., "20" and "50"), denotes the distribution of the number of sweets to the constant units; the number of sweets in turn being linked to their price by the preposition "für" (*for*) (Weinrich, 2003). To notice those linguistic challenges, teachers must have experienced beforehand that even inconspicuous words might have a particular function and need to be understood precisely in a specific context in connection with other linguistic tools for the correct calculation of a word problem. This understanding can mapped onto competency stage II.

The above item unit does not reach competency stage III. For the assessment of this stage, pre-service teachers need to be presented with a situation in which they must systematically analyze the relevance of linguistic tools for the reconstruction of arithmetic operations, and, on this basis, plan the introduction of these tools within subject-specific matters.

13.5   Content validation through expert ratings

After the development of the test instrument, the test instrument was presented to six experts from the field of German as a Second Language, mathematics, and/or education in order to validate test items with regard to their fit to the competency model, and to their relevance and representativeness both for the construct and for praxis.

Rater conformity amounted to 63%, with an acceptable Cohen's Kappa of $\kappa = 0.43$. In sum, the items' relevance was overall rated as 'rather relevant' and 'very relevant' ($M = 3.51$, $SD = 0.46$). No test item was rated to be 'not relevant at all' ($Min = 1.92$, $Max = 4.0$). The items' representativeness was rated as 'rather representative' and 'very representative' ($M = 3.31$, $SD = 0.67$). Again, no test item was rated as 'not representative at all' ($Min = 1.92$, $Max = 4.0$). Thus, the rating results provide evidence for high content validity.

13.6   Conclusions and outlook

The need for the pervasive facilitation of GSL learners' academic language proficiency development and the resulting requirement for language-aware teaching in all school subjects has been empirically founded and proven, and thus never been considerably contested by either educational science or education policies. By contrast, the cohering question regarding subject teachers' necessary skills and abilities for the implementation of their language awareness in an academic language-supportive classroom lacks an empirical basis. Surely it is indisputable that teachers must be further educated and up-skilled in this matter in order to meet expectations. However, these learning opportunities have neither been following standards nor uniform definitions of the aimed at competencies.

The project *DaZKom* has made a point of modeling, defining, and measuring the GSL competency of pre-service secondary classroom teachers of all subject areas. This is insomuch as presuppositional as there was a lack of standards for the project's orientation. In this article, the focus was placed on the development and empirical validation of the competency model. The project was greatly accepted and welcomed by the interviewed experts. The results from both expert ratings let us conclude the profound relevance of a standardization and modeling of pre-service teachers' GSL competency. The model's dimensions and content differentiation were confirmed with only minimal exceptions.

The standardization of the test instrument was performed in 2014 at ten German universities which have learning opportunities in the field of GSL integrated into their teacher education programs. The sample included N = 496 pre-service teachers of all subject areas. The results showed a significant positive correlation between the number of attended learning opportunities in the field of GSL and the level of GSL competency (cf. chapter 7 in this volume; Hammer et al., 2015). An analysis regarding the participants' study subjects also showed the unexpected result that pre-service teachers with the study subject of German (for native speakers) did not achieve higher results than pre-service teachers from other subject areas (cf. chapter 7 / Ehmke in this volume).

In a second project phase (*DaZKom* Video, term 3/2017-12/2019), the study aims to measure the competencies of in-service and student teachers. For this, stages IV and V of the Dreyfus competency model (proficiency, expertise) will be incorporated into the GSL competency model and realized in the test instrument development. The achievement of these competency stages is characterized by an increasing involvement of individuals in their actions, and in ongoing and intuitive performances (Dreyfus & Dreyfus, 1986). In this second phase, the project team will face the task of generating stimuli on the basis of video-items, and of developing a procedure which gives insight into the intuitive assessments and decisions of skillfully acting teachers.

13.7   References

BAMF – Bundesamt für Migration und Flüchtlinge. (2007). *Konzeption für die Zusatzqualifizierung von Lehrkräften im Bereich Deutsch als Zweitsprache.* Verfügbar unter: http://www.bamf.de/SharedDocs/Anlagen/DE/Downloads/Infothek/Integrationskurse/Lehrkraefte/konzeption-fuer-die-zusatzqualifikation-von-lehrkraeften-pdf.pdf?__blob=publicationFile [25.02.2016].

Banilower, E. R., Smith, P. S., Weiss, I. R., Malzahn, K. A., Campbell, K. M. & Weis, A. M. (2013). *Report of the 2012 national survey of science and mathematics education.* Chapel Hill, NC: Horizon Research.

Baumann, B. & Becker-Mrotzek, M. (2014). *Sprachförderung und Deutsch als Zweitsprache an deutschen Schulen: Was leistet die Lehrerbildung?* Verfügbar unter: http://www.mercator-institut-sprachfoerderung.de/fileadmin/user_upload/Mercator-Institut_Was_leistet_die_Lehrerbildung_03.pdf [15.10.15].

Baur, R., Becker-Mrotzek, M., Benholz, C., Chlosta, C., Hoffmann, L., Ralle, B., Salek-Schwartze, A., Seipp, B. & Özdil, E. (2009). *Modul „Deutsch als Zweitsprache" (DaZ) im Rahmen der neuen Lehrerausbildung in Nordrhein-Westfalen.* Verfügbar unter: http://www.mercator-institut-sprachfoerderung.de/fileadmin/user_upload/DaZ_Modul_03.pdf [15.06.2016].

Becker-Mrotzek, M., Hentschel, B., Hippmann, K. & Linnemann, M. (2012). *Sprachförderung in deutschen Schulen – die Sicht der Lehrerinnen und Lehrer. Ergebnisse einer Umfrage unter Lehrerinnen und Lehrern.* Universität zu Köln: Mercator-Institut für Sprachförderung und Deutsch als Zweitsprache.

Blömeke, S., Kaiser, G. & Lehmann, R. (Hrsg.). (2008). *Professionelle Kompetenz angehender Lehrerinnen und Lehrer: Wissen, Überzeugungen und Lerngelegenheiten deutscher Mathematikstudierender und -referendare. Erste Ergebnisse zur Wirksamkeit der Lehrerausbildung.* Münster: Waxmann.

Blömeke, S. & Zlatkin-Troitschanskaia, O. (2013a). *Kompetenzmodellierung und Kompetenzerfassung im Hochschulsektor: Ziele, theoretischer Rahmen, Design und Herausforderungen des BMBF-Forschungsprogramms KoKoHs* (KoKoHs Working Papers, 1). Berlin & Mainz: Humboldt-Universität & Johannes Gutenberg-Universität.

Blömeke, S. & Zlatkin-Troitschanskaia, O. (Eds.). (2013b). *The german funding initiative "modeling and measuring competencies in higher education": 23 research projects on engineering, economics and social sciences, education and generic skills of higher education students.* (KoKoHs Working Papers, 3). Berlin & Mainz: Humboldt University & Johannes Gutenberg University.

Bortz, J. & Döring, N. (2006). *Forschungsmethoden und Evaluation für Human- und Sozialwissenschaftler* (4. neu bearbeitete Aufl.). Heidelberg: Springer.

Brandenburger, A., Bainski, C., Hochherz, W. & Roth, H.-J. (2011). *EUCIM-TE-Adaption des europäischen Kerncurriculums für inklusive Förderung der Bildungssprache Nordrhein-Westfalen*

(NRW), Bundesrepublik Deutschland. Verfügbar unter: http://www.eucim-te.eu/data/eso27/File/Material/NRW.\%20Adaptation.pdf [10.10.2017]

Bromme, R. (1992). *Der Lehrer als Experte. Zur Psychologie des professionellen Lehrerwissens*. Göttingen: Hans Huber.

Buchholtz, N., Scheiner, T., Döhrmann, M., Suhl, U., Kaiser, G. & Blömeke, S. (2012). *TEDS-shortM: Kurzfassung der mathematischen und mathematikdidaktischen Testinstrumente aus TEDS-M, TEDS-LT und TEDS-Telekom*. Hamburg: Universität.

Carlson, S. A., Hammer, S., Ehmke, T., Rosenbrock, S., Köker, A. & Koch-Piewe, B. (submitted). *Measuring pre-service teachers' compentency in german as a second language (GSL competency)*.

Cummins, J. (2000). *Language, power and pedagogy: Bilingual children in the crossfire*. Clevedon, England: Multilingual Matters.

Dreyfus, H. L. & Dreyfus, S. E. (1986). *Mind over machine. The power of human intuition and expertise in the era of the computer*. Oxford: Basil Blackwell.

Gebhardt, M., Rauch, D., Mang, J., Sälzer, C. & Stanat, P. (2013). Mathematische Kompetenz von Schülerinnen und Schülern mit Zuwanderungshintergrund. In M. Prenzel, C. Sälzer, E. Klieme & O. Köller (Hrsg.), *PISA 2012. Fortschritte und Herausforderungen in Deutschland* (S. 275–308). Münster: Waxmann.

Gibbons, P. (2002). *Scaffolding language, scaffolding learning. Teaching second language learners in the mainstream classroom*, Portsmouth: Heinemann.

Gogolin, I. & Lange, I. (2011). Bildungssprache und Durchgängige Sprachbildung. In S. Fürstenau & M. Gomolla (Hrsg.), *Migration und schulischer Wandel: Mehrsprachigkeit*, (S. 107–127). Wiesbaden: VS Verlag für Sozialwissenschaften.

Gogolin, I., Dirim, I., Klinger, T., Lange, I., Lengyel, D., Michel, U., Neumann,U., Reich, H. H., Roth, H.-J. & Schwippert, K. (2011). *Förderung von Kindern und Jugendlichen mit Migrationshintergrund FÖRMIG. Bilanz und Perspektiven eines Modellprogramms*. Münster: Waxmann.

Halliday, M. (1978). *Language as social semiotic*. London: Edward Arnold.

Hammer, S., Carlson, S., Ehmke, T., Koch-Priewe, B., Köker, A., Ohm, U., Rosenbrock, S. & Schulze, N. (2015). Kompetenzen von Studierenden: Kompetenz von Lehramtsstudierenden in Deutsch als Zweitsprache: Validierung des GSL-Testinstruments. *Zeitschrift für Pädagogik*, Beiheft 61, 32–54.

Kniffka, G. & Siebert-Ott, G. (2012). *Deutsch als Zweitsprache. Lehren und Lernen* (3. neu bearbeitet Aufl.). Paderborn: Schöningh.

Koch, P. & Oesterreicher, W. (1985). Sprache der Nähe – Sprache der Distanz. Mündlichkeit und Schriftlichkeit im Spannungsfeld von Sprachtheorie und Sprachgeschichte. *Romanistisches Jahrbuch*, 36, 15–43.

Koch-Priewe, B. (2002). Der routinierte Umgang mit Neuem. Wie Professionalisierung von JunglehrerInnen gelingen kann. In S. Beetz-Rahm, L. Denner, & T. Riecke-Baulecke (Hrsg.), *Jahrbuch für Lehrerforschung und Bildungsarbeit, Band 3* (S. 311–324). Weinheim: Juventa.

König, J. & Blömeke, S. (2010). *Pädagogisches Unterrichtswissen (PUW). Dokumentation der Kurzfassung des TEDS-M-Testinstruments zur Kompetenzmessung in der ersten Phase der Lehrerausbildung*. Berlin: Humboldt-Universität.

Krauss, S., Kunter, M. & Brunner, M. (2004). COACTIV: Professionswissen von Lehrkräften, kognitiv aktivierender Mathematikunterricht und die Entwicklung von mathematischer Kompetenz.

In J. Doll & M. Prenzel (Hrsg.), *Die Bildungsqualität von Schule: Lehrerprofessionalisierung, Unterrichtsentwicklung und Schülerförderung als Strategien der Qualitätsverbesserung* (S. 31–53). Münster: Waxmann.

LABG – Lehrerausbildungsgesetz. (2009). *Gesetz über die Ausbildung von Lehrerämtern an öffentlichen Schulen*. Verfügbar unter: https://www.google.de/url?sa=t&rct=j&q=&esrc=s&source=web&cd=2&ved=0ahUKEwijtPqim63aAhVL6RQKHTD2BCgQFggsMAE&url=https\%3A\%2F\%2Fwww.schulministerium.nrw.de\%2Fdocs\%2FRecht\%2FLAusbildung\%2FLABG\%2FLABGNeu.pdf&usg=AOvVaw2R36nHYhUmVcvOztmKCjKQ [24.03.2014].

Leisen, J. (2010). *Handbuch Sprachförderung im Fach – Sprachsensibler Fachunterricht in der Praxis*. Bonn: Varus.

Lucas, T. (2011). Toward the transformation of teacher education to prepare all teachers for linguistically diverse classrooms. In T. Lucas (Ed.), *Teachers preparation for linguistcally diverse classrooms. A resource for teacher educators* (pp. 216–221). New York: Routledge.

Lucas, T. & Grinberg, J. (2008). Responding to the linguistic reality of mainstream classrooms. Preparing all teachers to teach english language learners. In M. Cochran-Smith, S. Feiman-Nemser & J. D. McIntyre (Eds.), *Handbook of research on teacher education. Enduring questions and changing contexts* (pp. 606–636, 3.Edition). New York: Routledge.

Maas, U. (2008). *Sprache und Sprachen in der Migrationsgesellschaft*. Göttingen: V & R unipress mit Universitätsverlag Osnabrück.

Murakami, C. (2008). 'Everybody is just fumbling along': An investigation of views regarding EAL training and support provisions in a rural area. *Language and Education*, 22 (4), 265–282.

Nottbusch, G., Sahel, S., Civak, S., Stanojevic, M. & Wiejowski, S. (2014). *LiKoM – Teilprojekt „Entwicklung sprachreflexiver Kompetenzen" – Sprachtest. Sprachkompetenztest*. Universität Bielefeld. Verfügbar unter: http://www.unibielefeld. de/lili/projekte/likom/Ergebnisse.html [24.03.2014].

OECD – Organisation for Economic Co-operation and Development (2013). *PISA 2012 Results: Excellence through equity: Giving every student the chance to succeed (Vol. II)*. OECD Publishing.

OECD – Organisation for Economic Co-operation and Development (2014a). *PISA 2012 results: What students know and can do – student performance in mathematics, reading and science (Vol.I)*. Revised Edition – February 2014. OECD Publishing.

OECD – Organisation for Economic Co-operation and Development (2014b). *PISA 2012 Ergebnisse – Was Schülerinnen und Schüler wissen und können – Schülerleistungen in Mathematik, Lesekompetenz und Naturwissenschaften (Band 1)*. überarbeitete Ausgabe – Februar 2014. OECD. Verfügbar unter: http://www.oecd.org/berlin/publikationen/pisa-2012-ergebnisse.html [04.05.2014].

Ohm, U. (2009). Zur Professionalisierung von Lehrkräften im Bereich Deutsch als Zweitsprache: Überlegungen zu zentralen Kompetenzbereichen für die Lehrerausbildung. *Zeitschrift für Interkulturellen Fremdsprachenunterricht*, 14 (2), 28–36. Verfügbar unter: https://zif.spz.tu-darmstadt.de/jg-14-2/docs/Ohm.pdf [05.05.2014].

Ohm, U. (2014). Ohne sprachliche Qualifizierung keine berufliche Qualifizierung. Zum konstitutiven Verhältnis zwischen der Aneignung von Fachwissen bzw. beruflicher Handlungskompetenz und Sprachentwicklung. *Deutsch als Zweitsprache*, 1, 7–19.

Ohm, U. (2017a). Literater Sprachausbau im Übergang Schule-Beruf. Sprachentwicklung als konstitutives Moment fachlichen Lernens und beruflichen Handelns mit einem Fokus auf Deutsch als Zweitsprache. In A. Daase, U. Ohm & M. Mertens (Hrsg.), *Interkulturelle und sprachliche Bildung im mehrsprachigen Übergang Schule-Beruf* (S. 211–247). Münster: Waxmann.

Ohm, U. (2017b). Literater Sprachausbau als konstitutives Moment fachlichen Lernens und beruflichen Handelns im Übergang Schule-Beruf. In B. Lütke, I. Petersen & T. Tajmel (Hrsg.), *Fachintegrierte Sprachbildung. Forschung, Theoriebildung und Konzepte für die Unterrichtspraxis* (S. 287–304). DaZ-Forschung: Band 8. Berlin: De Gruyter.

Ohm, U., Kuhn, C. & Funk, H. (2007). *Sprachtraining für Fachunterricht und Beruf. Fachtexte knacken – mit Fachsprache arbeiten*. Münster: Waxmann.

Prediger, S. & Özdil, E. (Hrsg.) (2011). *Mathematiklernen unter Bedingungen der Mehrsprachigkeit*. Münster: Waxmann.

Riemer, C. (2009). DaF und DaZ: Gemeinsamkeiten und Unterschiede – lerntheoretisch betrachtet. In M. Clalüna & B. Ettrich (Hrsg.), *Deutsch unterrichten zwischen DaF, DaZ und DaM: Akten der Zweiten Gesamtschweizerischen Tagung für Deutschlehrerinnen und Deutschlehrer* (S. 25–39). Luzern: Arbeitskreis Deutsch als Fremdsprache/Zweitsprache in der Schweiz (AkDaF).

Robinson, P. J. (2005). Teaching key vocabulary in geography and science classrooms: An analysis of teachers' practice with particular reference to EAL pupils' learning. *Language and Education*, 19 (5), 428–445.

Ross, K. E. L. (2013). Professional development for practicing mathematics teachers: A critical connection to English language learner students in mainstream USA classrooms. *Journal of Mathematics Teacher Education* 17 (1), 85–100.

Santos, M., Darling-Hammond, L. & Cheuk, T. (2012). *Teacher development to support english language learners in the context of common core state standards. Understanding language. Language, literacy, and learning in the content areas*. Stanford, CA: Stanford University.

Sekretariat der Ständigen Konferenz der Kultusminister der Länder in der Bundesrepublik Deutschland. (2014). *Ländergemeinsame inhaltliche Anforderungen für die Fachwissenschaften und Fachdidaktiken in der Lehrerbildung (Beschluss der Kultusministerkonferenz vom 16.10.2008, i. d. F. vom 12.06.2014)*. Verfügbar unter: http://www.kmk.org/fileadmin/ veroeffentlichungen_ beschluesse/2008/2008_10_16_Fachprofile-Lehrerbildung.pdf [03.09.2014].

Schleppegrell, M. J. (2004). *The language of schooling. A functional linguistics perspective*. Mahwah, New Jersey: Lawrence Erlbaum.

Schleppegrell, M. J. (2007). The linguistic challenges of mathematics. Teaching and learning: a research review. *Reading & Writing Quarterly*, 23, 139–159.

Seipp, B. (2012). Deutsch als Zweitsprache in der Lehrerbildung – Spagat zwischen Hoffnung und Realität. In M. Michalak, & M. Kuchenreuther (Hrsg.), *Grundlagen der Sprachdidaktik Deutsch als Zweitsprache* (S. 1–26). Baltmannsweiler: Schneider Verlag Hohengehren.

Selinker, L. (1972). Interlanguage. *International Review of Applied Linguistics*. 10 (2), 209–231.

Shaw, J. S., Lyon, E. G., Stoddart, T., Mosqueda, E. & Menon, P. (2014). Improving science and literacy learning for english language learners: Evidence from a pre-service teacher preparation intervention. *Journal of Science Teacher Education*, o. S.

Shulman, L. (1986). Those who understand: Knowledge growth in teaching. *Educational Researcher*, 15(2), 4–14.

Skinner, B. (2010). English as an additional language and initial teacher education: views and experiences from northern ireland. *Journal of Education for Teaching*, 36 (1), 75–90.

Statistisches Bundesamt (Hrsg.). (2013). *Datenreport 2013 – Ein Sozialbericht für die Bundesrepublik Deutschland*. Bonn: Bundeszentrale für politische Bildung.

Terzer, E., Patzke, C. & Upmeier zu Belzen, A. (2012). Validierung von Multiple-Choice Items zur Modellkompetenz durch lautes Denken. In U. Harms & F. X. Bogner (Hrsg.), *Lehr- und Lernforschung in der Biologiedidaktik* (S. 45–62). Innsbruck: Studienverlag.

Weinrich, H. (2003). *Textgrammatik der deutschen Sprache* (2. rev. Aufl.). Hildesheim: Georg Olms.

Kapitel 14

Nationale und internationale Kooperationen und Dissemination

Svenja Hammer & Nele Fischer

Zusammenfassung Der vorliegende Beitrag zeigt die bisherigen Forschungsaktivitäten mit den im *DaZKom*-Projekt entwickelten Instrumenten *DaZKom*-Erhebungsinstrument sowie *DaZKom*-Beliefsskala auf. Das *DaZKom*-Erhebungsinstrument ist für die Evaluation von Seminaren entwickelt worden, um die Qualität dieser Lerngelegenheiten verbessern zu können. Hierfür wird anhand der genannten Instrumente die DaZ-Kompetenz der Teilnehmenden erfasst und über ein Prä-Post-Design ein Kompetenzzuwachs ermittelt. Das *DaZKom*-Erhebungsinstrument ermittelt hierbei die kognitive Facette von Kompetenz und die *DaZKom*-Beliefsskala erfasst über die Überzeugungen die motivational-affektive Facette. Bislang wurden die Instrumente bereits an acht deutschen Universitäten bei $n = 966$ angehenden Lehrkräften zu Evaluationszwecken eingesetzt. Darüber hinaus werden die Instrumente von Lehrerfortbildungseinrichtungen angefragt und dort bereits von $n = 50$ tätigen Lehrkräften verwendet. Die Ergebnisse der Erhebungen zeigen deutliche Kompetenzzuwächse durch den Besuch einer Lerngelegenheit mit variierenden Ausprägungen in den Dimensionen des DaZ-Kompetenzmodells. Auf internationaler Ebene kooperiert das *DaZKom*-Projekt mit Universitäten in den USA (University of Colorado Denver, University of Nebraska Lincoln) und in Finnland (Universität Turku). Im Zuge dieser Kooperationen wurden die *DaZKom*-Instrumente ins Englische und Finnische übertragen, um auch dort eingesetzt zu werden und langfristig vergleichende Studien zu ermöglichen.

Abstract: This article presents an overview of the research conducted using the *DaZKom* (German as a Second Language (GSL) competence) project's own instruments: the *DaZKom*-test instrument as well as the *DaZKom* beliefs scale. The *DaZKom* test instrument was designed as an evaluation tool for seminars in order to improve the quality of learning opportunities. The instruments allow for measuring the participants' GSL competency and, by employing a pre-post-design, for determining a potential increase in competency. The *DaZKom* test instrument is used to measure the cognitive facet of competency, while the *DaZKom* beliefs scale captures the motivational-affective facet. As of yet, the instruments have been used for evaluation purposes at eight German universities and on $n = 966$ teacher candidates. In addition, numerous direct inquiries by further education facilities for teachers exist and the instrument has been employed there by $n = 50$ practicing teachers already. The results of the surveys show significant increases in competency due to attending a learning opportunity with varying characteristics in the *DaZKom* competence model's dimensions. On an international level, the *DaZKom*-project is cooperating with universities in the US (University of Colorado Denver, University of Nebraska Lincoln) and in Finland (University of Turku). As part of these cooperations, the *DaZKom* instruments were translated into English and Finnish. Now, the instruments can be used in those contexts, as well, and facilitate longitudinal comparative surveys.

14.1   Ausgangssituation

Professionelle Lehrerkompetenz wird in aktuellen Forschungsansätzen als Ergebnis von bildungsbiografischen Entwicklungsprozessen verstanden (Kunina-Habenicht, Schulze-Stocker, Kunter, Baumert, Leutner, Förster, Lohse-Bossenz & Terhart, 2013; Baumert & Kunter, 2006; Terhart, 2001). Hierbei wird universitären Lerngelegenheiten für den Aufbau von professionsbezogenen Wissensbeständen eine große Bedeutung beigemessen (Cochran-Smith & Zeichner, 2005). Erkenntnisse bezüglich der zeitlichen und inhaltlichen Ausgestaltung der Lerngelegenheiten und deren Zusammenhang mit individuellen Personenmerkmalen sowie Kontextfaktoren sind jedoch bislang spärlich (Kunina-Habenicht et al., 2013). Unter anderem besteht in vielen Bereichen ein Mangel an geeigneten Evaluationsinstrumenten. An den meisten Hochschulen besteht die Evaluation von Lehrveranstaltungen darin, selbstberichtete Erfahrungen der Studierenden zu sammeln. An der Leuphana Universität Lüneburg werden beispielsweise die Bereiche ‚Gesamtlern- und Lehrerfolg‘, ‚Strukturierung der Lehrveranstaltung & Interaktionen, Einbindung und Beteiligung‘ oder ‚Workload‘ durch Selbstauskunft der Studierenden erfasst. Die Evaluationen spiegeln die Erfahrungen der Studierenden mit dem Seminarformat, den Seminarinhalten, den anderen Seminarteilnehmerinnen und -teilnehmern als auch mit der/m Seminarleiter/in wider. Was die Seminarteilnehmerinnen und -teilnehmer hinzugelernt haben, d. h. was sie tatsächlich inhaltlich zum behandelten Themenkomplex wissen, steht bei dieser Art der Evaluationen nicht im Fokus. Zudem erfolgt die Evaluation lediglich zu einem Messzeitpunkt/ am Ende des Semesters.

Für den Bereich Deutsch als Zweitsprache bzw. sprachliche Bildung kommt hinzu, dass es sich bei diesem Fachbereich um einen sehr jungen handelt, der bislang im Fach Deutsch als Fremdsprache angesiedelt war und erst in den letzten Jahren in die Lehrkraftausbildung Einzug genommen hat. Dies hat ebenso dazu geführt, dass die Ausgestaltung der Lerngelegenheiten für die meist sogenannten ‚DaZ-Module‘ regional bzw. institutionell sehr unterschiedlich ist. Sowohl der Umfang der Module (z. B. 6 oder 12 LP) als auch deren inhaltliche Fokussierung variieren stark zwischen den Standorten, da es bislang kein einheitliches Curriculum gibt.

Unter anderem basierend auf dieser Erkenntnis war es das Ziel des *DaZKom*-Projektes, ein Evaluationsinstrument zu entwickeln, das es für den Bereich Deutsch als Zweitsprache bzw. sprachliche Bildung ermöglicht, Lerngelegenheiten zu evaluieren, um hieraus Schlüsse für die Gestaltung von geeigneten Lerngelegenheiten zu ziehen. Das entwickelte *DaZKom*-Erhebungsinstrument erfasst die drei Dimensionen *Fachregister*, *Mehrsprachigkeit* und *Didaktik* des auf Dokumentenanalysen und Experteneinschätzungen basierenden Kompetenzmodells (Köker, Rosenbrock, Ohm, Ehmke, Hammer, Koch-Priewe & Schulze, 2015, siehe auch Kapitel 4 in diesem Band). Die Normierungs- und Validierungsstudien haben gezeigt, dass das *DaZKom*-Erhebungsinstrument für Lehramtsstudierende aller Fächer einsetzbar ist (Hammer, Carlson, Ehmke, Koch-Priewe, Köker, Ohm, Rosenbrock & Schulze, 2015). Ebenso konnte gezeigt werden, dass sich mit dem Instrument Veränderungen in der Kompetenz der Studierenden auf kognitiver (*DaZKom*-Erhebungsinstrument) wie auf motivational-affektiver (*DaZKom*-Beliefsskala) Ebene zeigen lassen. Zudem erlaubt das Instrument die Unterscheidung von Kompetenzstufen (unter Mindeststandard, Mindeststandard und Regelstandard; siehe auch Kapitel 6 & 7 in diesem Band). Das *DaZKom*-Erhebungsinstrument dient zur Erfassung von Kompetenzwerten für den Bereich Deutsch als Zweitsprache für Seminargruppen; es ist jedoch nicht dafür vorgesehen, als Leistungsüberprüfung auf individueller Ebene eingesetzt zu werden. Über die Kompetenzzuwächse der Teilnehmerinnen und Teilnehmer wird durch den Einsatz eines Prä-Post-Designs auf den Lernerfolg und somit auf die Güte der Lehrveranstaltung geschlossen. Auf Grund des großen nationalen und internationalen Interesses an den *DaZKom*-Instrumenten wurden verschiedene Kooperationen vereinbart, die im Folgenden vorgestellt werden.

14.2   *DaZKom* in Deutschland

Bereits während der Projektlaufzeit wurden die Instrumente in Seminaren von Projektmitgliedern (Bielefeld: $n = 67$, Lüneburg: $n = 28$) zu Evaluierungszwecken eingesetzt, um erste Erkenntnisse darüber zu gewinnen, inwiefern Prä-Post-Messungen mit den Instrumenten möglich sind. Gleichzeitig dienten diese Erhebungen dazu, weitere Hinweise zur Validität der Testwertinterpretation zu gewinnen. So wurde im Bielefelder Seminar im Wintersemester 2014/2015 der Lesegeschwindigkeits- und verständnistest (LGTV 6-12: Schneider, Schlagmüller & Ennemoser, 2007) sowie der Berliner Test zur Erfassung fluider und kristalliner Intelligenz für die 8. bis 10. Jahrgangsstufe (BEFKI 8-10: Wilhelm, Schroeders & Schipolowski, 2014) zusätzlich zu den *DaZKom*-Instrumenten eingesetzt (siehe hierzu Kapitel 9). Im Lüneburger Seminar „Bildung und Sprache" im Sommersemester 2015 wurde zusätzlich die Skala zur Mathematikangst eingesetzt (Jenßen, Dunekacke, Eid & Blömeke, 2015), ebenfalls um die Validität der Testwertinterpretation zu prüfen. Da diese Evaluationen besonders umfangreich angelegt wurden, sollen die Voraussetzungen im Folgenden detaillierter dargestellt werden. Die Lüneburger Seminarevaluation wurde im regulären Lehramtsstudium im bildungswissenschaftlichen Modul durchgeführt und bestand aus Lehramtsstudierenden aller Unterrichtsfächer. Das Seminar erprobte in diesem Rahmen erstmals ein Seminarkonzept, das im Wechsel von Präsenz- und Online-Sitzungen angeboten wurde. Hierfür wurde das Konzept des US-amerikanischen Projektes *eCALLMS* (Viesca, Hamilton, & Davidson, 2017) für den deutschen Kontext adaptiert. Das Projekt hat für den Zweck der Lehrerfort- und -weiterbildung Online-Module entwickelt, die sich auf den Umgang mit sprachlicher Heterogenität im Fachunterricht fokussieren. Die Module verfolgen jeweils dieselbe Struktur: *Explore, Make it Work, Share*. Im Bereich *Explore* wird den Teilnehmerinnen und Teilnehmern ein theoretischer Input in Form eines wissenschaftlichen Textes, eines Videos oder einer Präsentation gegeben. Die jeweiligen Inhalte sollen im Bereich *Make it Work* praktisch angewendet werden, z. B. indem ein Interview mit mehrsprachigen Lernern und Lernerinnen geführt wird (Otto & Hammer, 2017), und in Verbindung mit den theoretischen Ideen gebracht wird. In einem letzten Schritt sollen die Teilnehmerinnen und Teilnehmer ihre Ergebnisse auf der Plattform hochladen und mit den anderen Studierenden teilen. Die ausgetauschten Inhalte können dann im Chat kommentiert werden, sodass eine Diskussion über die Thematik entsteht.

Da das Seminar nicht in einem reinen Online-Format angeboten werden sollte, wurde das Konzept insofern verändert, als dass der *Explore*-Bereich in Präsenzsitzungen mit den Studierenden gemeinsam erarbeitet wurde. In der darauffolgenden Woche wurde die *Make it Work*-Aufgabe von den Studierenden auf der Online-Plattform bearbeitet und dort hochgeladen. In der dritten Woche wurde das Thema nochmals in der Seminarsitzung aufgegriffen und auf Grundlage der erstellten *Make it Work*-Produkte besprochen. Anschließend begann der Dreischritt zu einem neuen Thema. In der ersten und letzten Sitzung wurde das *DaZKom*-Erhebungsinstrument eingesetzt.

Die Ergebnisse der Prä-Post-Messung zeigen, dass die Studierenden durch die Seminarveranstaltung signifikante Kompetenzzuwächse erzielen (Ehmke & Hammer, in Vorbereitung). Basierend auf dieser positiven Seminarevaluation wurde das *DaZKom*-Erhebungsinstrument im Rahmen des vom Mercator Instituts für Sprachförderung und Deutsch als Zweitsprache finanzierten Projektes *Tandem-Lehre* eingesetzt. Diese Förderung hatte zum Ziel, innovative Lehrkonzepte, die im Tandem an lehrerbildenden Universitäten durchgeführt wurden, zu erproben. Hierfür wurde das zuvor beschriebene *eCALLMS*-Konzept in drei verschiedenen Formaten eingesetzt. Das Seminar wurde von einer Gruppe ausschließlich auf der Online-Plattform bearbeitet, ein Seminar wurde im klassischen Anwesenheitsformat durchgeführt und eine dritte Gruppe durchlief das Semester im 2-wöchigen Wechsel zwischen Anwesenheits- und Online-Sitzungen. Erste Analysen zeigen auch für diese drei Formate statistisch signifikante Kompetenzzuwächse bei den Studierenden (Hammer & Otto, 2017).

Neben dem Einsatz an den Standorten der Projektmitglieder wurden die Instrumente auch von anderen universitären Standorten angefragt. In Zusammenarbeit mit dem Projekt *Sprachen-Bilden-Chancen: Innovationen für die Berliner Lehrkräftebildung*, das an den drei Universitäten in Berlin verortet war, wurde eine Kurzversion des *DaZKom*-Erhebungsinstrumentes erstellt (vgl. auch Kapitel 12 in diesem Band). Diese beansprucht im Vergleich zur ursprünglichen Version nur 40 statt 60 Minuten Testzeit und ermöglicht so den noch praktikableren Einsatz innerhalb einer 90-minütigen Seminarsitzung, zumal wenn begleitend weitere Instrumente (z. B. zu allgemeinen kognitiven Fähigkeiten etc.) eingesetzt werden sollen. In diesem Kontext wurden $n = 439$ Studierende in einer Prä-Post-Messung getestet, um der Frage nachzugehen, inwieweit sich die DaZ-Kompetenzen der Studierenden durch die Seminarveranstaltung verändern, und um aus diesen Ergebnissen Empfehlungen zur Weiterentwicklung der Lehre abzuleiten (Lütke, Wagner, Darsow, Börsel, Jostes & Paetsch, 2016; Darsow, Wagner & Paetsch, 2016).

Eine ähnliche Fragestellung verfolgten auch Kolleginnen und Kollegen aus Köln, die sowohl das *DaZKom*-Erhebungsinstrument als auch die *DaZKom*-Beliefsskala zur Seminarevaluation in einer Prä-Post-Messung bei $n = 28$ Studierenden einsetzten. Hier liegen erste Ergebnisse vor, die zeigen, dass sich durch den Besuch des Seminars die Beliefs der Studierenden statistisch signifikant positiv verändert haben (Fischer & Lahmann, under review).

Um eine Lehrveranstaltung auf deren Effektivität zu untersuchen, wurde im Projekt *ProfaLe* (Professionelles Lehrerhandeln zur Förderung fachlichen Lernens unter sich verändernden gesellschaftlichen Bedingungen) der Universität Hamburg das *DaZKom*-Erhebungsinstrument in der Kurzversion eingesetzt. In einer Prä-Post-Messung wurden $n = 80$ Studierende der Fächer Mathematik, Physik und Biologie getestet sowie $n = 67$ mit den Fächern Sachunterricht und Biologie. Weitere Erhebungen sind bereits angelaufen. In Bielefeld wurde im Projekt *Biprofessional – Sei professionell!* erstmals nur eine Dimension des *DaZKom*-Erhebungsinstrumentes eingesetzt. Der Einsatz der Dimension *Didaktik* mit ihren Facetten *Diagnostik* und *Förderung* sollte dazu dienen, besonders starke und besonders schwache Studierende einer Gruppe zu identifizieren, um mit ihnen in einem qualitativen Setting eine Seminarveranstaltung gepaart mit praktischen Unterrichtserfahrungen zu evaluieren. Hierfür wurden $n = 16$ Studierende mit der Dimension *Didaktik* des *DaZKom*-Erhebungsinstruments getestet.

Im Rahmen der Weiterbildungsinitiative NRW wurde an der Universität Paderborn ein Weiterbildungsstudium *Mehrsprachigkeit, Deutsch als Zweit- und Fremdsprache* implementiert, das sich an bereits praktizierende Lehrkräfte richtet. Anhand des *DaZKom*-Erhebungsinstruments wurde diese Weiterbildungsveranstaltung mit einer Dauer von einem Semester in einem Pre-Post-Design bei $n = 50$ Lehrkräften evaluiert. Diese Gruppe ermöglicht erste Einblicke in die Kompetenzen bereits praktizierender Lehrkräfte und deren Kompetenzentwicklung über die Dauer einer Weiterbildungsveranstaltung. Parallel hierzu wurde mit Hilfe des *DaZKom*-Instrumentes im Rahmen der Projekte *Deutschstart – gemeinsam!* und *Mit Deutsch starten* eine Weiterbildungsmaßnahme des Kommunalen Bildungs- und Integrationszentrums des Kreises Paderborn für $n = 50$ Lehrkräfte evaluiert.

Weiteres Interesse am Einsatz der *DaZKom*-Instrumente haben zudem andere Universitäten in Deutschland wie auch in Österreich geäußert. Tabelle 1 zeigt eine Übersicht der bisherigen Einsatzorte, die jeweiligen Stichprobenumfänge und die eingesetzten Instrumente.

Tabelle 14.1: Übersicht über die bisherigen *DaZKom*-Studien

	Institution	Stichprobe	Testversion	Verantwortliche/r
1	Leuphana Universität Lüneburg	N = 28	*DaZKom*-Test, *DaZKom*-Beliefsskala	Timo Ehmke, Svenja Hammer
2	Leuphana Universität Lüneburg	N = 162	*DaZKom*-Test	Svenja Hammer, Lisa Otto (Projekt *Tandem-Lehre*)
3	TU Berlin, FU Berlin, HU Berlin	N = 439	Kurzversion *DaZKom*-Test, *DaZKom*-Beliefsskala	Beate Lütke, Jennifer Paetsch, Annkristin Darsow, Fränze Sophie Wagner (Projekt *Sprachen-Bilden-Chancen*)
4	Universität Hamburg	N = 80	Kurzversion *DaZKom*-Test	Drorit Lengyel, Ilse Stangen, Karin Cudak (Projekt *ProfaLe*)
5	Universität Bielefeld	N = 16	*DaZKom*-Test Dimension Didaktik	Claudia Riemer, Nadja Wahbe (Projekt *BiProfessional*)
6	Universität Köln	N = 28	Kurzversion *DaZKom*-Test, *DaZKom*-Beliefsskala	Cornelia Lahmann
7	Universität Bielefeld	N = 67	Kurzversion *DaZKom*-Test	Udo Ohm
8	Universität Paderborn	N = 50 Lehrkräfte	Kurzversion *DaZKom*-Test	Constanze Niederhaus, Lisa Otto (*Weiterbildungsinitiative NRW*)
9	Komm. Bildungs- & Integrationszentrum	N = 40 Lehrkräfte	*DaZKom*-Test, *DaZKom*-Beliefsskala	Bernhard Lünz, Ljiljana Umiljenovic (*Deutschstart - gemeinsam!* und *Mit Deutsch starten*)
10	University of Nebraska Lincoln, USA	N = 50	*DaZKom*-Test, *DaZKom*-Beliefsskala (in Englisch)	Kara Viesca (Projekt *eCALLMS/ICMEE*)
11	Universität Turku, Finnland	N = 50	*DaZKom*-Test, *DaZKom*-Beliefsskala (in Finnisch)	Jenni Alissari

14.3 *DaZKom* Abroad

Neben dem nationalen Interesse, das an den *DaZKom*-Instrumenten gezeigt wird, regt sich auch immer stärker internationales Interesse. Durch die Bemühungen der KoKoHs-Koordinierungsstelle (Kompetenzmessung und Kompetenzmodellierung im Hochschulsektor), Nachwuchswissenschaftlerinnen und Nachwuchswissenschaftler auch international zu vernetzen, ist es auch dem *DaZKom*-Team gelungen, internationale Kontakte herzustellen. Zunächst wurde über Prof. Tamara Lucas ein Kontakt zu Prof. Kara Viesca an der University of Colorado Denver in den USA hergestellt. Sie leitete zu Beginn der Kooperation im Jahr 2014 das Projekt *eCALLMS*, das, wie bereits beschrieben, Online-Lerngelegenheiten für die Fort- und Weiterbildung im Bereich des sprachsensiblen Unterrichtens entwickelt. Mit ihrer Hilfe wurde einer der ca. 25 sogenannten *eWorkshops* ins Deutsche und auf die Lehramtsausbildung übertragen und mit dem *DaZKom*-Test evaluiert. Parallel zu dieser Arbeit wurde der *DaZKom*-Test in gemeinsamer Arbeit ins Englische übertragen. Die Übersetzung der Items war nur zum Teil möglich, da linguistische Eigenheiten des Deutschen auf die englische Sprache übertragen werden mussten. Es ist mittlerweile ein Test entstanden, der bereits an der University of Colorado Denver in den USA erprobt wurde. Die Ergebnisse dieser ersten Erprobung stehen bislang noch aus. Zudem wurde die *DaZKom*-Beliefsskala ins Englische übersetzt und bereits durch eine Rückübersetzung ins Deutsche durch bilinguale Sprecher und Sprecherinnen validiert. Die ersten Ergebnisse aus dem Englischen stehen ebenfalls noch aus. Wir versprechen uns, durch den Vergleich der deutschen mit den US-amerikanischen Daten Rückschlüsse auf die jeweiligen Lerngelegenheiten ziehen zu können und im besten Fall bei der Gestaltung neuer Lerngelegenheiten voneinander lernen zu können. Durch das *eCALLMS*-Projektmitglied Prof. Nancy Commins, die als *visiting professor* an der Universität Turku in Finnland tätig ist, erhielten wir Kontakt zu Akteurinnen und Akteuren in der Lehramtsausbildung in Turku, die sich ebenfalls mit sprachsensiblem Unterrichten beschäftigen. Auch hier ist es uns gelungen, Interesse für die *DaZKom*-Instrumente zu wecken, sodass die Instrumente zurzeit auch dort in übersetzter bzw. übertragener Fassung erprobt werden.

Diese Vernetzung hat zur Bildung einer Gruppe aus Forscherinnen und Forschern geführt, die nun ebenfalls Vertreterinnen und Vertreter aus den Ländern Frankreich, England und Dänemark umfasst. Gemeinsam wurden bereits kooperativ gestaltete Symposien und round tables bei Tagungen wie beispielsweise der *European Conference of Educational Research* (ECER), *American Educational Research Association* (AERA) und der *International Conference on Multilingualism and Third Language Acquisition* (IAM) erfolgreich durchgeführt. Die Kooperation mit Vertreterinnen und Vertretern dieser Länder mündete im Frühjahr 2017 in einem Erasmus+–Antrag, der als Ziel die Implementierung der *eCALLMS* eWorkshops in allen sechs Teilnahmeländern sowie die Übersetzung der *DaZKom*-Beliefsskala zur Evaluation von Mehrsprachigkeit in Schulen hat (Hammer, Fischer & Koch-Priewe, 2016). Das Projekt *eCALLMS* wurde durch das Anschlussprojekt *ICMEE* (International Consortium for Multilingual Excellence in Education – http://cehs.unl.edu/icmee/) abgelöst, das die Entwicklung weiterer eWorkshops zum Themenbereich sprachsensiblen Unterrichtens fokussiert. Darüber hinaus beinhaltet das Projekt einen Strang, der sich mit der Evaluation der eWorkshops befasst. Timo Ehmke und Svenja Hammer sind als *DaZKom*-Projektmitglieder Teil dieses Evaluationsteams und werden in diesem Zusammenhang von 2017 bis 2022 u. a. das *DaZ-Kom*-Erhebungsinstrument in der englischen Fassung bei einer geplanten Stichprobe von $n = 500$ Lehrkräften einsetzen.

14.4   Zusammenfassung

Die Ergebnisse der bereits evaluierten Standorte zeigen, dass das *DaZKom*-Modell und die darauf basierenden *DaZKom*-Erhebungsinstrumente eine kontinuierliche Lehr-Evaluation im Bereich DaZ zulassen, die ggf. in eine Curriculumrevision münden könnte. Von der großen Datenmenge, die wir bereits durch den vielfältigen Einsatz der Instrumente sammeln konnten, erhoffen wir uns weitere Hinweise zur Angemessenheit der Seminarformate und -inhalte. Hierfür sind noch weitere detaillierte Analysen und Erhebungen mit den *DaZKom*-Testinstrumenten geplant, die von Dritten unter Auflagen, die mit den Justiziaren der beteiligten Universitäten abgesprochen sind, genutzt werden können.

14.5   Literatur

Baumert, J., & Kunter, M. (2006). Stichwort: Professionelle Kompetenz von Lehrkräften. *Zeitschrift für Erziehungswissenschaft*, 9 (4), 469–520.

Cochran-Smith, M., & Zeichner, K. M. (Hrsg.). (2005). *Studying teacher education: The report of the AERA panel on research and teacher education.* Washington: American Educational Research Association.

Darsow, A., Wagner, F. S. & Paetsch, J. (2016). Konzept für die empirische Untersuchung der DaZ-Module. In M. Becker-Mrotzek, P. Rosenberg, C. Schroeder & A. Witte (Hrsg.), *Deutsch als Zweitsprache in der Lehrerbildung.* Münster: Waxmann.

Ehmke, T. & Hammer, S. (in preparation). The role of opportunities to learn for german pre-service teacher's competencies regarding teaching in linguistically diverse classrooms. In S. Hammer, K. M. Viesca & N. L. Commins (Eds.), *International research on content teachers working with multilingual learners: Policy, perspectives, preparation, practice.* New York: Routledge.

Fischer, N. & Lahmann, C. (under review). *Pre-service teachers' beliefs about multilingualism in school: An evaluation of a course concept for introducing linguistically responsive teaching.*

Hammer, S., Carlson, S. A., Ehmke, T., Koch-Priewe, B., Köker, A., Ohm, U., Rosenbrock, S. & Schulze, N. (2015). Kompetenz von Lehramtsstudierenden in Deutsch als Zweitsprache: Validierung des GSL-Testinstruments. *Zeitschrift für Pädagogik*, Beiheft 61, 32–54.

Hammer, S., Fischer, N. & Koch-Priewe, B. (2016). Überzeugungen von Lehramtsstudierenden zu Mehrsprachigkeit in der Schule. In B. Koch-Priewe & M. Krüger-Potratz (Hrsg.), Qualifizierung für sprachliche Bildung. Programme und Projekte zur Professionalisierung von Lehrkräften und pädagogischen Fachkräften. *Die Deutsche Schule*, Beiheft 13, 149–174.

Hammer, S. & Otto, L. (2017). Linguistically responsive teaching in content classrooms: E-learning module for pre-service teachers' professional competency development. *Beitrag präsentiert auf der Tagung der American Educational Research Association (AERA) 2017* (S. 37–41). San Antonio.

Jenßen, L., Dunekacke, S., Eid, M. & Blömeke, S. (2015). The relation of mathematical competence and mathematics anxiety. An application of latent-state-trait theory. *Zeitschrift für Pyschologie*, 223 (1), 31–38.

Köker, A., Rosenbrock, S., Ohm, U., Ehmke, T., Hammer, S., Koch-Priewe, B. & Schulze, N. (2015). DaZKom – Ein Modell von Lehrerkompetenz im Bereich Deutsch als Zweitsprache. In B. Koch-Priewe, A. Köker, J. Seifried & E. Wuttke (Hrsg.), *Kompetenzerwerb an Hochschulen: Modellierung und Messung. Zur Professionalisierung angehender Lehrerinnen und Lehrer sowie frühpädagogischer Fachkräfte* (S. 189–220). Bad Heilbrunn: Klinkhardt.

Kunina-Habenicht, O., Schulze-Stocker, F., Kunter, M., Baumert, J., Leutner, D., Förster, D., Lohse-Bossenz, H. & Terhart, E. (2013). Die Bedeutung der Lerngelegenheiten im Lehramtsstudium und deren individuelle Nutzung für den Aufbau des bildungswissenschaftlichen Wissens. *Zeitschrift für Pädagogik*, 59 (1), 1–23.

Lütke, B., Wagner, F. S., Darsow, A., Börsel, A., Jostes, B. & Paetsch, J. (2016). DaZ und Sprachbildung in der Berliner Lehrkräftebildung. In B. Koch-Priewe & M. Krüger-Potratz (Hrsg.), *Qualifizierung für sprachliche Bildung. Programme und Projekte zur Professionalisierung von Lehrkräften und pädagogischen Fachkräften* (S. 23–34), Beiheft 13 der DDS. Münster: Waxmann.

Otto, L. & Hammer, S. (2017). Interview mit mehrsprachigen Lerner*innen. In A. Eberhardt & C. Niederhaus (Hrsg.), *Das DaZ-Modul in der Lehrerausbildung* (S. 37–41). Stuttgart: Klett.

Schneider, W., Schlagmüller, M. & Ennemoser, M. (2007). *Lesegeschwindigkeits- und -verständnistest für die Klassen 6-12 (LGVT 6-12). Manual.* Göttingen: Hogrefe.

Terhart, E. (2001). *Lehrerberuf und Lehrerbildung. Forschungsbefunde, Problemanalysen, Reformkonzepte.* Weinheim/Basel: Beltz.

Viesca, K. M., Hamilton, B., & Davidson, A. O. (2017). Supporting linguistically responsive teachers. E-learning communities for academic learning in mathematics and science (eCALLMS). In C. P. Proctor, A. Boardman & E. H. Hiebert (Eds.), *Flexible approaches in era of new standards* (pp. 158–171). EBSCO Publishing.

Wilhelm, O., Schroeders, U. & Schipolowski, S. (2014). *Berliner Test zur Erfassung fluider und kristalliner Intelligenz für die 8. bis 10. Jahrgangsstufe (BEFKI 8-10).* Göttingen: Hogrefe.

Kapitel 15

Autorinnen und Autoren

Carlson, Sonja

Sonja A. Carlson, M. A. arbeitet als wissenschaftliche Mitarbeiterin im Fachgebiet Deutsch als Fremd- und Zweitsprache an der Fakultät für Linguistik und Literaturwissenschaft der Universität Bielefeld. 2009 Bachelorabschluss (Deutsch als Fremdsprache und Anglistik) und 2013 Masterabschluss (Deutsch als Fremdsprache und Germanistik) ebenfalls an der Universität Bielefeld. Seit 2013 Promotion an der Universität Bielefeld im Bereich Deutsch als Zweitsprache. Von 2012 bis 2014 Mitarbeit im Projekt *DaZKom* an der Fakultät für Erziehungswissenschaft der Universität Bielefeld. Seit 2014 Lehre im DaZ-Modul des Master of Education an der Universität Bielefeld. Arbeitsschwerpunkte: DaZ-Kompetenz bei angehenden Lehrkräften, Lehrerbildung im Bereich Deutsch für Schülerinnen und Schüler mit Zuwanderungsgeschichte, Soziokulturelle Theorie der Zweitsprachenerwerbsforschung.

Ehmke, Timo

Timo Ehmke, Dr. habil., arbeitet als Professor für Erziehungswissenschaft an der Leuphana Universität Lüneburg. Abschluss des ersten Staatsexamens für das Lehramt an Realschulen in Mathematik und Technik an der Universität Flensburg in 1997. Promotion an der Universität Flensburg in Didaktik der Mathematik in 2001. Von 2001 bis 2010 Mitarbeiter in der Abteilung für Erziehungswissenschaft am Leibniz-Institut für die Pädagogik der Naturwissenschaften und Mathematik (IPN) in Kiel. In 2007 Übernahme einer Vertretungsprofessur für Didaktik der Mathematik an der Universität Regensburg. In 2007 Habilitation für Pädagogik unter besonderer Berücksichtigung der empirischen Bildungsforschung an der Universität Kiel. Vertretung einer Professur für Erziehungswissenschaft an der Leuphana Universität Lüneburg in 2009. Seit 12/2010 Professor für Erziehungswissenschaft insbesondere empirische Bildungsforschung an der Leuphana Universität Lüneburg. Arbeitsschwerpunkte: Lehrerbildung, DaZ-Kompetenz bei (angehenden) Lehrkräften, Effekte der sozialen Herkunft und Sprachfähigkeit auf den Bildungserwerb, Large-Scale-Assessments (NEPS, PISA).

Erichsen, Göntje

Göntje Erichsen, M. A. arbeitet als wissenschaftliche Mitarbeiterin im Drittmittelprojekt Formative Prozessevaluation in der Sekundarstufe. Seiteneinsteiger und Sprache im Fach (EVA-Sek) im Fachbereich Deutsch als Fremd- und Zweitsprache an der Fakultät für Linguistik und Literaturwissenschaft der Universität Bielefeld. 2011 Bachelorabschluss (Skandinavistik und Friesische Philologie) an der Christian-Albrechts-Universität zu Kiel, 2015 Masterabschluss (Deutsch als Fremdsprache und Germanistik) an der Universität Bielefeld. Von 06/2015 bis 10/2015 Mitarbeit im Projekt *DaZKom*. Seit 2015 Promotion an der Universität Bielefeld im Bereich Deutsch als Zweitsprache. Arbeitsschwerpunkte: sprachsensibler Fachunterricht, Beschulung neu zugewanderter Schülerinnen und Schüler, Unterrichtsinteraktion, soziokulturelle Theorie der Zweitsprachenerwerbsforschung.

Fischer, Nele

Nele Fischer ist seit April 2015 Promotionsstipendiatin im Bereich der empirischen Bildungsforschung am Institut für Bildungswissenschaft der Leuphana Universität in Lüneburg. Dort hat sie von 2010 bis 2015 Lehramt für Grund- und Hauptschulen mit den Unterrichtsfächern Deutsch und Englisch studiert. Ihr Dissertationsvorhaben widmet sich den Überzeugungen von (angehenden) Lehrkräften hinsichtlich Mehrsprachigkeit.

Gültekin-Karakoç, Nazan

Nazan Gültekin-Karakoç, Dr., arbeitet seit 2006 als wissenschaftliche Mitarbeiterin im Fach Deutsch als Fremd- und Zweitsprache an der Universität Bielefeld. Magisterabschluss in den Fächern Deutsch als Fremdsprache, Pädagogik und Wirtschaft an der Universität Bielefeld in 2004. Promotion an der Universität Bielefeld in 2015. Im Rahmen ihrer Lehr- und Projekttätigkeit beschäftigt sie sich mit der Zweitsprachenerwerbsforschung, Sprachstandsdiagnostik sowie mit quantitativer Forschung.

Hammer, Svenja

Svenja Hammer, Dr. des., arbeitet als Postdoc-Stipendiatin am Institut für Bildungswissenschaft der Leuphana Universität Lüneburg. Bachelorabschluss in Deutsch als Fremd- und Zweitsprache sowie Sozialwissenschaften; Masterabschluss in Deutsch als Fremd- und Zweitsprache sowie Germanistik in 2012. Promotion an der Leuphana Universität Lüneburg zum Thema Modellierung und Messung professioneller Kompetenzen von (angehenden) Lehrkräften im Umgang mit sprachlicher Heterogenität im Fachunterricht. Von 2012 bis 2015 Mitarbeiterin im Projekt *DaZKom*. Arbeitsschwerpunkte: professionelle Kompetenzen von (angehenden) Lehrkräften, DaZ-Kompetenz, sprachliche Heterogenität im Fachunterricht

Koch-Priewe, Barbara

Barbara Koch-Priewe, Dr. phil. habil. (i. R.), Professorin für Erziehungswissenschaft an der Universität Bielefeld. Diplom-Psychologin (Universität Marburg, 1975), Promotion an der Philipps-Universität Marburg in Erziehungswissenschaft 1985. Habilitation mit der Venia für Allgemeine Erziehungswissenschaft an der Philipps-Universität Marburg 1995. Wissenschaftliche Mitarbeiterin in Curriculum-Entwicklungsprojekten zum Sachunterricht in Marburg und Münster (1975-1978), Wissenschaftliche Mitarbeiterin als Unterrichtsforscherin im Bereich Naturwissenschaften am Oberstufen-Kolleg der Universität Bielefeld (1979-1995). Vertretungsprofessuren (Kassel und Marburg von 1995-1998). Professorin für Allgemeine Didaktik und Schulpädagogik an der Universität zu Köln (1998-2004), Professorin für Allgemeine Didaktik und Schulpädagogik an der Universität Dortmund (2004-2008), Professorin für Erziehungswissenschaft unter besonderer Berücksichtigung der Sekundarstufe I an der Universität Bielefeld (2008-2015). Arbeitsschwerpunkte: allgemeine Didaktik/Bildungstheorie, Lehrerprofessionsforschung, forschendes Lernen, Portfolio, DaZ-Kompetenz bei angehenden Lehrkräften, Gender.

Köker, Anne

Köker, Anne, Dr. phil., arbeitet als wissenschaftliche Mitarbeiterin an der Fakultät für Erziehungswissenschaft der Universität Bielefeld. Magisterstudium der Fächer Deutsch als Fremdsprache, Literaturwissenschaft und Soziologie an der Universität Bielefeld, 2011 Promotion in an der Universität Bielefeld Erziehungswissenschaft bei Barbara Koch-Priewe, insgesamt 18-jährige Lehrtätigkeit im Bereich Deutsch als Zweitsprache u. a. in der Sekundarstufe I, Lehrwerkautorin, Lehrerfortbildnerin, 10/2004 bis 10/2008 wissenschaftliche Mitarbeiterin am Fachbereich Allgemeine Didaktik und Schulpädagogik der Technischen Universität Dortmund, seit 11/2008 wissenschaftliche Mitarbeiterin an der Fakultät für Erziehungswissenschaft der Universität Bielefeld, 04/2012 bis 03/2013 Vertretung der Professur (W 3) für Schulpädagogik am Institut für Schulpädagogik an der Philosophischen Fakultät der Universität Rostock, 04-09/2014 Vertretung der Professur (W 2) für Schulpädagogik mit dem Schwerpunkt Sekundarstufe I an der Fakultät für Kulturwissenschaften der Universität Paderborn. Arbeitsschwerpunkte: Lehrerprofessionsforschung, Lehrerkooperation, Schulentwicklung, DaZ-Kompetenz von Fachlehrer*innen, forschendes Lernen in der Lehrerbildung

Lemmrich, Svenja

Svenja Lemmrich arbeitet seit September 2017 als wissenschaftliche Mitarbeiterin im Projekt *DaZKom-Video* am Institut für Bildungswissenschaft der Leuphana Universität in Lüneburg. An dieser Universität schloss sie zuvor den Bachelorstudiengang *Lehren und Lernen* mit der Fächerkombination Deutsch und Englisch sowie den Master of Education ab. Ihr Dissertationsvorhaben widmet sich den Arbeitsschwerpunkten Performanznahe Messung professioneller Kompetenzen von Lehrkräften und Deutsch als Zweitsprache (DaZ).

Ohm, Udo

Udo Ohm, Dr. habil. Universitätsprofessor für Deutsch als Zweit- und Fremdsprache an der Universität Bielefeld; 1. und 2. Staatsexamen für das Lehramt an Gymnasien (1984/1986); Lehrer für Deutsch als Zweitsprache (1988-1989); Wiss. Mitarbeiter im Fach Deutsch als Fremdsprache (1989-1991) und im Fach Anglistik/Linguistik (1992-1997) an der Universität Kassel; Promotion in der anglistischen Linguistik (Kassel 1998); Mitarbeiter am Sprachenzentrum der Universität Kassel (1998-2000); Wiss. Mitarbeiter am Institut für Auslandsgermanistik/Deutsch als Fremd- und Zweitsprache (2000-2008) und Habilitation (2008) für das Fachgebiet Sprachlehr- und -lernforschung an der Friedrich-Schiller-Universität Jena; Vertretung einer Lehrprofessur für Deutsch als Zweitsprache an der Universität Bielefeld (WS 2008/2009); seit 2009 Professor für Deutsch als Zweit- und Fremdsprache an der Universität Bielefeld; Forschungsschwerpunkte: literater Sprachausbau mit Fokus auf die Zweitsprache Deutsch; Professionalisierung von Fachlehrkräften in Deutsch als Zweitsprache; forschendes Lernen in der Lehrerausbildung; soziokulturelle Theorie der (Zweit-)Sprachaneignung.

Paetsch, Jennifer

Jennifer Paetsch, Dr., arbeitet als Juniorprofessorin für Evaluation im Kontext von Lehrerbildung an der Otto-Friedrich-Universität Bamberg. Diplom in Psychologie im Jahr 2007 an der Technischen Universität Berlin. Promotion in Psychologie an der Freien Universität Berlin (FU) im Jahr 2016 mit dem Titel: Der Zusammenhang zwischen sprachlichen und mathematischen Kompetenzen bei Kindern deutscher und bei Kindern nichtdeutscher Familiensprache. Von 2009 bis 2014 Mitarbeiterin im Projekt BeFo (Bedeutung und Form: fachbezogene und sprachsystematische Förderung in der Zweitsprache) an der FU und am Institut zur Qualitätsentwicklung im Bildungswesen. Von 2014 bis 2016 Projektkoordinatorin des Projektes Sprachen-Bilden-Chancen: Innovationen für das Berliner Lehramt an der Professional School of Education der Humboldt-Universität zu Berlin.
Forschungsinteressen: Lehrkräftebildung, Sprachbildung/Sprachförderung, Diagnostik von sprachlichen Kompetenzen, Disparitäten im Bildungserfolg

Präg, Désirée

Désirée Präg, M. A., arbeitet als wissenschaftliche Mitarbeiterin im Fachgebiet Deutsch als Zweit- und Fremdsprache an der Fakultät für Linguistik und Literaturwissenschaft der Universität Bielefeld. 2011 Bachelorabschluss (Germanistik und Linguistik) an der Friedrich-Schiller-Universität Jena, 2013 Masterabschluss (Deutsch als Fremdsprache und Germanistik) an der Universität Bielefeld. Seit 2013 Promotion an der Universität Bielefeld im Bereich Deutsch als Zweitsprache. 2012 bis 2013 sowie 2014 bis 2015 Mitarbeit im Projekt „Professionelle Kompetenzen angehender Lehrerinnen und Lehrer der Sekundarstufe I im Bereich Deutsch als Zweitsprache (*DaZKom*)", 2013 bis 2015 wissenschaftliche Mitarbeiterin im Projekt „Sprachsensibilisierung in der beruflichen Qualifizierung – Entwicklung und Erprobung von Qualifizierungsmodulen für Lehrkräfte in dcr bcruflichcn Wcitcrbildung für Migrantinnen und Migranten" (*SpraSiBeQ*) jeweils an der Universität Bielefeld. Seit 2014 Lehre im DaZ-Modul des Master of Education an der Universität Bielefeld.

Arbeitsschwerpunkte: DaZ-Kompetenz bei (angehenden) Lehrkräften, Lehrerbildung im Bereich Deutsch für Schülerinnen und Schüler mit Zuwanderungsgeschichte, sprachsensibler Fachunterricht, soziokulturelle Theorie der Zweitsprachenerwerbsforschung.

Rosenbrock-Agyei, Sonja

Sonja Rosenbrock-Agyei arbeitet als Haupt- und Realschullehrerin für Deutsch und Deutsch als Zweitsprache an der Otto-Hahn-Schule in Wunstorf. Masterabschluss in Deutsch als Fremd- und Zweitsprache an der Universität Bielefeld in 2012. Von 2013 bis 2015 Wissenschaftliche Mitarbeiterin im Projekt „Professionelle Kompetenzen angehender Lehrerinnen und Lehrer der Sekundarstufe I im Bereich Deutsch als Zweitsprache (*DaZKom*)" an der Universität Bielefeld.

Wagner, Sophie Fränze

Fränze Sophie Wagner arbeitet als Lehrkraft für besondere Aufgaben am Institut für Erziehungswissenschaften der Humboldt-Universität zu Berlin. Diplom in Erziehungswissenschaft (Dipl. Päd.) im Jahr 2013 an der Universität Bielefeld. Von 2014 bis 2017 Wissenschaftliche Mitarbeiterin im Projekt *Sprachen-Bilden-Chancen: Innovationen für das Berliner Lehramt* an der Professional School of Education der Humboldt-Universität zu Berlin.

Forschungsinteressen: Lehrkräftebildung, Professionelle Überzeugungen von (angehenden) Lehrkräften (im Bereich DaZ/Sprachbildung).

Zörner, Anika

Anika Zörner, M. A. arbeitet als wissenschaftliche Mitarbeiterin im Fachgebiet Deutsch als Fremd- und Zweitsprache an der Fakultät für Linguistik und Literaturwissenschaft der Universität Bielefeld. 2010 Bachelorabschluss (Germanistik und Religionswissenschaft) an der Ruhr-Universität Bochum, 2015 Masterabschluss (Deutsch als Fremdsprache und Germanistik) an der Universität Bielefeld. Seit 2015 Promotion an der Universität Bielefeld. 06/2015 bis 11/2015 Mitarbeit im Projekt „Professionelle Kompetenzen angehender Lehrerinnen und Lehrer der Sekundarstufe I im Bereich Deutsch als Zweitsprache (*DaZKom*)". 12/2015 bis 02/2016 wissenschaftliche Mitarbeiterin im Arbeitsbereich Mehrsprachigkeit in der Schule an der Bergischen Universität Wuppertal. Seit 03/2016 wissenschaftliche Mitarbeiterin im Projekt Bi[professional] im Rahmen der Qualitätsoffensive Lehrerbildung an der Universität Bielefeld. Arbeitsschwerpunkte: DaZ-Kompetenz bei angehenden Lehrkräften, forschendes Lernen in der Lehrerbildung, Lehrerbildung im Bereich Deutsch für SuS mit Zuwanderungsgeschichte, soziokulturelle Theorie der Zweitsprachenerwerbsforschung.

Abbildungsverzeichnis

Tabellenverzeichnis